D1751640

25 Jahre Staatsvertrag
Protokolle des wissenschaftlichen Symposions
„Justiz und Zeitgeschichte"
24. und 25. Oktober 1980

25 JAHRE STAATSVERTRAG

Protokolle des wissenschaftlichen Symposions
„Justiz und Zeitgeschichte"
24. und 25. Oktober 1980
„Die österreichische Justiz – die Justiz in Österreich
1933 bis 1955"

Herausgegeben vom Bundesministerium für Justiz
und vom Bundesministerium für Wissenschaft und Forschung
in Zusammenarbeit mit dem Institut für Zeitgeschichte der Universität Wien
und dem Institut für Neuere Geschichte und Zeitgeschichte
der Johannes-Kepler-Universität Linz

Österreichischer Bundesverlag, Wien

Dieser Band erscheint in der Reihe
„25 Jahre Staatsvertrag"
Gesamtkoordination der Dokumentation im Auftrag
der österreichischen Bundesregierung
Dr. Hugo Portisch und Dr. Eva Janko

Wien 1981
Alle Rechte vorbehalten
© Österreichischer Bundesverlag Gesellschaft m. b. H.,
Wien 1981
Jede Art der Vervielfältigung, auch auszugsweise,
gesetzlich verboten
Graphische Gestaltung: DIE GAMMA
Satz: Garmond Times-Antiqua
Papier: Euromatt, 115 g
Druck: Leykam AG, Universitätsbuchdruckerei &
Grafische Industrie, 8054 Graz, Ankerstraße 4
ISBN: 3 215 **04522** 2

Inhaltsverzeichnis

Eröffnung
Dr. Hertha Firnberg,
Bundesminister für Wissenschaft
und Forschung 8
Dr. Christian Broda,
Bundesminister für Justiz 10

Referate vom 24. Oktober 1980
Erika Weinzierl
Die Anfänge des Wiederaufbaus der österreichischen Justiz 1945 14
Wolfgang Neugebauer
Standgerichtsbarkeit und Todesstrafe in Österreich 1933 bis 1938 46
Karl Stuhlpfarrer
Justiz und nationale Minderheiten in Österreich 1945 bis 1955 56
Helmut Konrad
Zurück zum Rechtsstaat (Am Beispiel des Strafrechts) 67

Materialien
Herbert Steiner
Die Todesstrafe – entscheidender Bestandteil der Struktur des nationalsozialistischen Machtsystems in Österreich 1938 bis 1945 80

Forumsdiskussion 91
Edwin Loebenstein – Mario Laich – Wolfgang Neugebauer – Karl Marschall – Herbert Loebenstein – Erika Weinzierl – Herbert Spehar – Hermann Langbein – Fritz Leon – Herbert Gassner – Eduard Rabofsky – Christian Broda – Wolfgang Neugebauer – Karl Stuhlpfarrer

Verzeichnis der Referenten und Diskussionsteilnehmer 112

Referate vom 25. Oktober 1980
Gerhard Jagschitz
Der Einfluß der alliierten Besatzungsmächte auf die österreichische Strafgerichtsbarkeit von 1945 bis 1955 114

Karl Haas
Zur Frage der Todesstrafe in Österreich 1945 bis 1950 132

Materialien
Herbert Loebenstein
Auswirkungen der Besetzung Österreichs auf die Strafgerichtsbarkeit 140

Forumsdiskussion 153
Herbert Loebenstein – Franz Pallin – Karl Marschall – Peter Wrabetz – Günther Kunst – Otto Lachmayer – Fritz Leon – Udo Jesionek – Elisabeth Schilder – Konrad Landau – Michael Neider – Rudolf Hartmann – Ernst Hanisch – Gabriel Lansky – Herbert Spehar – Christian Broda – Gerhard Jagschitz – Karl Haas

Verzeichnis der Referenten und Diskussionsteilnehmer 177

Schlußwort
Karl R. Stadler 180

Personenregister 182

ERÖFFNUNG

Dr. Hertha Firnberg, Bundesminister für Wissenschaft und Forschung

Für die Bundesministerien für Justiz und für Wissenschaft und Forschung ist es bereits zur Tradition geworden, gemeinsam Symposien zu veranstalten. Ich meine, daß dies eine ausgezeichnete Tradition ist. Bei diesem dritten Symposion, das 1980 aus Anlaß des Nationalfeiertages unter der Patronanz der beiden Bundesministerien stattfindet, sollen grundlegende Fragen und Probleme der zeitgeschichtlichen Forschung im Bereich der Justiz diskutiert werden.

Ich möchte die Gelegenheit nutzen, dem Herrn Bundesminister für Justiz, Dr. Christian Broda, für sein stetes Bemühen und für seine regen Initiativen um das Zustandekommen dieses alljährlichen Symposions zu danken. Er hat es ermöglicht, daß auf diese Art fruchtbringende Dialoge zwischen Juristen und Historikern stattfinden; daß es ein fruchtbarer Dialog ist, läßt sich aus den Arbeitsergebnissen der bisherigen Symposien, dokumentiert durch die bereits veröffentlichten Protokolle[1], und auch aus den im Zusammenhang mit diesen Symposien entstandenen, wertvollen wissenschaftlichen Arbeiten ablesen.

Daß ein solcher Dialog nicht immer leicht ist, zeigt sich an der Tatsache, daß jede Wissenschaft die Problemstellungen aus einer anderen Perspektive betrachtet, nach anderen Kriterien urteilt, andere Arbeitsmethoden anwendet und schließlich auch eine andere Sprache spricht. Darin liegt nicht zuletzt der Reiz jeder wissenschaftlichen Diskussion und der eigentliche Wert interdisziplinärer Zusammenarbeit. Das diesjährige Symposion steht im Zeichen des Rahmenthemas: „Die österreichische Justiz – die Justiz in Österreich 1933 bis 1955". Es wurden bereits wichtige Vorarbeiten zum Thema geleistet – vom Institut für Zeitgeschichte in Wien, vom Institut für Neuere Geschichte und Zeitgeschichte in Linz und vom Dokumentationsarchiv des österreichischen Widerstandes –, wobei tatsächlich wichtige Erkenntnisse zur neueren österreichischen Geschichte gewonnen werden konnten.

Ich darf vielleicht vor diesem Kreis festhalten, daß vom „Projektteam Zeitgeschichte" des Bundesministeriums für Wissenschaft und For-

---

[1] *Justiz und Zeitgeschichte* (= Veröffentlichungen des Ludwig-Boltzmann-Instituts für Geschichte der Gesellschaftswissenschaften 1), hrsg. von Erika Weinzierl und Karl R. Stadler, Wien 1977.
Justiz und Zeitgeschichte. Geschichte der Familienrechtsgesetzgebung in Österreich (= Veröffentlichungen des Ludwig-Boltzmann-Instituts für Geschichte der Gesellschaftswissenschaften 3), hrsg. von Erika Weinzierl und Karl R. Stadler, Wien 1978.

schung Lücken der Geschichtsschreibung geschlossen werden sollen, auch im Bereich der Justizgeschichtsschreibung, und daß wir in nächster Zeit versuchen werden, Koordinationsinstrumente zur systematischen Bearbeitung des Quellenmaterials zu entwickeln. Für dieses Symposion konnten durch das freundliche Entgegenkommen von Minister Dr. Broda erstmals die bisher nicht einsehbaren Präsidialakten des Bundesministeriums für Justiz in einer quellenmäßigen Bearbeitung verwendet werden. Das Eingreifen der Justiz in das politische, wirtschaftliche, soziale und kulturelle Geschehen aus der quellenmäßigen Dokumentation abzuleiten scheint eine besonders wichtige Aufgabe. „Justiz als Macht", als Instrument der Durchsetzung politischen Wirkens, zeichnet sich dokumentarisch ebenso ab wie die weltanschaulichen und ideologischen Motive, die dahinterstehen. Eine Dokumentation der Prozeßgeschichte vermag mehr und unmittelbarer über Einstellung, Moral, differente Auffassungen der agierenden Personen, politische, psychologische und soziologische Hintergründe auszusagen, als manche historische Quellen anderer Provenienz. Das ist eine Erfahrung, die wir aus der bisherigen Arbeit gewonnen haben.

Mit anderen Worten: Die Justiz bietet der Zeitgeschichte – der Geschichte überhaupt – Quellen besonderer Art, und ich freue mich, daß bei dem Symposion in dem Jahr, in dem wir das 25jährige Jubiläum des Staatsvertrages feiern, ein Thema behandelt wird, das zweifellos Mut abverlangt; Fragen, die immer noch als heiße Eisen gelten, Fragen aus einer der dunkelsten Epochen unserer Geschichte. In diesem Zeitraum von etwas mehr als zwanzig Jahren – von 1933 bis 1955 – ist mehr Entsetzliches geschehen, als man einer einzigen Generation zumuten möchte. Eine Schreckensbilanz, die wir für diese Zeit ziehen müssen:

Bürgerkrieg, zwei Diktaturen, Verlust der staatlichen und nationalen Existenz Österreichs, politische Verfolgung und Vertreibung, Weltkrieg, Nachkriegs- und Besatzungszeit. Jahre, in denen es gefährlich war, sich Österreicher zu nennen, in denen der Wunsch nach Freiheit auch in den Tod führen konnte. Die Entwicklung seit 1945, der innere soziale Friede Österreichs und seine gefestigte Demokratie zeigen, daß die ausschlaggebenden Kräfte dieses Staates bei aller Gegensätzlichkeit zu einer gemeinsamen Linie und zu einem gemeinsamen Bekenntnis zu diesem Staat gefunden haben. Dies ergeben auch jüngste Meinungsumfragen.[1] Überall vollzog sich die Wiederherstellung der politischen Institutionen, der staatlichen Einrichtungen, die nicht zuletzt zu einem schichtweisen Wiederaufbau der Rechtsordnung geführt haben.

Es ist an der Zeit, eine umfassende Darstellung der Ergebnisse vorzulegen, die allen Interessierten, allen Wissenschaftlern und allen Studierwilligen, die sich mit diesen Kapiteln unserer Geschichte auseinandersetzen wollen, zugänglich ist. Man muß bereit sein, die Vergangenheit verstehen zu lernen, und die Historiker müssen die Voraussetzungen für dieses Verstehen-Lernen schaffen. Nicht zuletzt darin liegt die Bedeutung und die Aufgabe solcher Symposien. Die Kooperation zwischen Justiz und Zeitgeschichte ist für das demokratische Österreich von großer Bedeutung. Denn wenn der soziale Friede, die Rechtsstaatlichkeit und der Fortschritt in allen Lebensbereichen von heute von allen Menschen unseres Landes bejaht werden, so ist es wichtig, diese Werte auch in ihrer historischen und juridischen Dimension kennenzulernen. Möge am Beginn Ihrer Diskussion und Ihrer Referate jene erschütternde Mahnung des tschechischen Antifaschisten Julius Fučik stehen, die er vor seiner Hinrichtung aus einem Berliner Gefängnis schmuggeln ließ. Er schrieb in diesen Zeilen: „Um eines bitte ich: Ihr, die Ihr diese Zeit überleben werdet, vergeßt nicht. Vergeßt weder die Guten noch die Bösen. Sammelt geduldig Zeugnisse über alle, die für sich selbst und für euch gefallen sind. Eines Tages wird das Heute Vergangenheit sein, man wird von der großen Zeit und den namenlosen Helden sprechen, die Geschichte machten. Ich möchte festhalten, daß es keinen namenlosen Helden gab. Daß sie Menschen waren, die ihren Namen, ein Gesicht, die Sehnsüchte und Hoffnungen hatten, und daß deshalb der Schmerz auch des allerletzten unter ihnen nicht geringer war als der Schmerz des ersten, dessen Name überdauert. Ich möchte, daß sie allesamt euch immer nahebleiben, wie Bekannte, wie Verwandte, wie ihr selbst."[2]

Ich wünsche in diesem Sinne diesem Symposion, das sich mit einem sehr wichtigen Teil unserer österreichischen Geschichte beschäftigen wird, den besten Erfolg – für Sie als Wissenschaftler und für uns alle als Demokraten.

---

[1] *Das österreichische Nationalbewußtsein in der öffentlichen Meinung und im Urteil der Experten,* hrsg. von der Paul-Lazarsfeld-Gesellschaft für Sozialforschung, Wien 1980.
[2] Julius Fučik, *Reportage unter dem Strang geschrieben* (edition Suhrkamp 854), Frankfurt/M. 1976, S. 57.

Dr. Christian Broda, Bundesminister für Justiz

Das Symposion „Justiz und Zeitgeschichte" findet heuer, nach den Jahren 1976 und 1977, zum drittenmal im Palais Trautson statt. Das ist ein Anlaß, kurz daran zu erinnern, wie der Gedanke zur Veranstaltung der Symposien, genau an diesem Ort, entstanden ist.

1975 habe ich an einer Fernsehdiskussion – Frau Professor Weinzierl war gleichfalls Teilnehmer – über die Gestaltung und Begehung des Nationalfeiertages teilgenommen.[1] Einer der Diskussionsteilnehmer, ein Mittelschüler, hat uns damals gefragt: „Warum hören wir von Euch nichts über die jüngsten zeitgeschichtlichen Zusammenhänge? Wie sollen wir den Nationalfeiertag feiern, wenn wir nichts über seine Geschichte wissen?" Wir älteren Teilnehmer der Fernsehdiskussion spürten, daß unser junger Gesprächspartner recht hatte. So haben wir bereits zum Nationalfeiertag 1976 ein erstes Symposion „Justiz und Zeitgeschichte" veranstaltet. 1977 folgte das zweite Symposion. Nach einer durch besondere Umstände bedingten Unterbrechung in den Jahren 1978 und 1979 setzten wir 1980 wieder fort. Wir wollten den Dialog zwischen Historikern und Juristen fördern, weil wir meinten, daß im unmittelbaren Gespräch das Interesse an zeitgeschichtlich bedeutsamen Vorgängen geweckt und wertvolles Quellenmaterial erschlossen werden könnte. Ich glaube, daß wir unser Ziel erreicht haben und die Fortsetzung des begonnenen Weges durch den Erfolg gerechtfertigt ist. Im Jubiläumsjahr des Staatsvertrages schien es legitim, den Bogen der Themen weiter zu spannen, und zwar vom Beginn der Behinderung der unabhängigen richterlichen Rechtsprechung im Jahre 1933 bis zum Abschluß des Staatsvertrages im Jahre 1955, als diese Behinderung wegfiel.

Dabei wollten wir schon im Titel die Zeit von 1938 bis 1945, in der es keine österreichische Justiz gegeben hat, besonders kennzeichnen – als Justiz in Österreich, aber nicht als österreichische Justiz. Bei der Frage der Todesstrafe, die in den Beiträgen für das Symposion aus guten Gründen einen breiten Raum einnimmt, muß die zeitgeschichtliche Forschung immer wieder auf

---

[1] Diese Fernsehdiskussion stand unter der Leitung von Univ.-Prof. Dr. Anton Pelinka, und gemeinsam mit Bundesminister Broda und Univ.-Prof. Weinzierl diskutierten Vizekanzler a. D. Dr. Hermann Withalm, der Grazer Schriftsteller Gerhard Roth, Walter Stern, Betriebsratsobmann, und ein Mittelschüler, Helmut Moser; vgl. dazu *Die Presse*, 25./26. Oktober 1975, S. 4.

Justizquellen zurückgreifen. Etwa auf die Urteile des Volksgerichtshofes, der Sonder- und Kriegsgerichte und auf das vom Oberpfarrer Köck geführte Sterbebuch im Grauen Haus in Wien mit seinen 1187 Namen von Frauen und Männern, die dort zwischen 1938 und 1945 hingerichtet worden sind. In diesem Sterbebuch findet sich auch die Eintragung über die Hinrichtung eines 23jährigen Bäckers als Anführer einer Diebsbande bei Verdunkelungseinbruch am 4. April 1945. Ich zitiere: „Er starb als letzter unter dem Fallbeil im großdeutschen Reich unter der Herrschaft der NSDAP."[1] Leider irrte Oberpfarrer Köck. Nach der letzten Hinrichtung im Grauen Haus in Wien kamen noch die Toten der Standgerichte, die Ermordung von 387 bereits freigelassenen Häftlingen und vier Justizwachebeamten – Regierungsrat Kodré, Oberinspektor Lang, die Justizwachebeamten Bölz und Lahsky – in Stein an der Donau und viele andere Opfer der letzten Tage der NS-Diktatur, mit Namen und Namenlose.[2] Es ist diese Erfahrung aus unserer Geschichte, die den wichtigsten Antrieb für die Entscheidungen des österreichischen Parlaments über die Aufhebung der Todesstrafe im ordentlichen Verfahren am 24. Mai 1950 und am 7. Februar 1968, als auch die Bestimmungen über das Standrecht einstimmig aufgehoben wurden, bildete.[3] In diesem Sinn unterstützt Österreich die Bemühungen von Amnesty International und die weltweiten Initiativen zur Abschaffung der Todesstrafe. In diesem Sinn hat Österreich auch im Europarat die Initiative ergriffen, damit durch ein Zusatzprotokoll zur Menschenrechtskonvention die Verhängung der Todesstrafe ausdrücklich für unzulässig erklärt werden soll. Dabei handelt es sich um die Weiterführung des Gedankens des Artikel 3 der Menschenrechtskonvention: Niemand darf der Folter oder unmenschlicher oder erniedrigender Strafe oder Behandlung unterworfen werden. Zwei europäische Justizministerkonferenzen – 1978 in Kopenhagen und 1980 in Luxemburg – haben sich der österreichischen Initiative einstimmig angeschlossen.[4] Besondere Unterstützung hat diese Initiative durch den Block skandinavischer Staaten mit ihrer großen demokratischen Tradition erhalten, unabhängig von der jeweiligen politischen Richtung der Regierungen, Luxemburg und Liechtenstein, durch den Vertreter des Heiligen Stuhls, der als Beobachter an der letzten Konferenz teilgenommen hat, durch den Justizminister der Bundesrepublik Deutschland und – das soll hier ganz besonders betont werden – durch die Justizminister Spaniens und Portugals.

Schließlich hat sich die parlamentarische Versammlung des Europarates am 22. April 1980 in einem Stimmenverhältnis von 98:25 ohne Stimmenthaltung für die Änderung des Artikel 2 der Europäischen Menschenrechtskonvention mit dem Ziel des Verbots der Todesstrafe ausgesprochen.[5] Die österreichischen Vertreter, die Abgeordneten zum Nationalrat Dr. Hilde Hawlicek, SPÖ, und Dr. Sixtus Lanner, ÖVP, haben sich mit großer Entschiedenheit und großem Engagement für die europaweite Abschaffung der Todesstrafe ausgesprochen. Auf dem UN-Kongreß über Verbrechensverhütung und die Behandlung von Rechtsbrechern, der vom 25. August bis 5. September 1980 in Caracas, Venezuela, tagte, hat ein österreichisch-schwedischer Resolutionsentwurf über die weltweite Abschaffung der Todesstrafe die Unterstützung zahlreicher Staaten gefunden.[6] Der Resolutionsentwurf wurde ohne Abstimmung im Wortlaut den Materialien des Kongresses beigeheftet und an die Generalversammlung der Vereinten Nationen weitergeleitet. Alle diese Tatsachen sind, so scheint es mir, Ausdruck der engen Verbindung von Zeitgeschichte und Zeitproblemen und bezeugen den Nutzen zeitgeschichtlicher Forschung.

[1] Maria Szecsi und Karl R. Stadler, *Die NS-Justiz in Österreich und ihre Opfer* (= Sammlung: Das Einsame Gewissen 1), Wien 1962, S. 31.
[2] Christian Broda, *1938–1974: Was ist geblieben?*, in: *Zeitgeschichte,* Mai 1974, S. 184.
[3] Sten.-Prot. des Nationalrates, VI.G.P. 25. Stzg., 24. Mai 1950, S. 882 ff. und Sten.-Prot., XI.G.P. 93. Stzg., 7. Februar 1968, S. 7344 ff.; S. 7346 ff. mit der Rede des damaligen Abgeordneten Dr. Christian Broda, die unter dem Titel „Das Standrecht gehört der Geschichte an" in der *Zukunft,* Anfang März 1968, S. 10 ff. veröffentlicht wurde.
[4] XI. Europäische Justizminister-Konferenz vom 20. bis 23. Juni 1978 in Kopenhagen, in: *Archiv der Gegenwart,* 11. Juli 1978, S. 21.901. Zur XII. Europäischen Justizminister-Konferenz vom 20. bis 21. Mai 1980 in Luxemburg vgl. Roland Loewe, *Die Justizministerkonferenzen des Europarates,* in: *Österreichische Juristenzeitung,* 17. Oktober 1980, S. 533 ff.
[5] Christian Broda, *Auf dem Weg zur Menschenwürde und Gerechtigkeit,* in: *Festschrift für Hans Klecatsky, dargeboten zum 60. Lebensjahr,* Bd. 1, hrsg. von Ludwig Adamovich und Peter Pernthaler, Wien 1980, S. 83 f.
[6] *Report of the Sixth United Nations Congress on the Prevention of Crime and the Treatment of Offenders,* provisional, unedited version of A/Conf. 87/14/Rev. 1, Caracas 1980, 29 ff.

Die Leitung dieser Tagung werden Frau Bundesminister Firnberg bzw. ich und die Vorstände der veranstaltenden Institute, Frau Professor Weinzierl und Herr Professor Stadler, übernehmen.

Zur Reihung der folgenden Referate möchte ich noch sagen: Es schien mir im Hinblick darauf, daß dieses Symposion in das Jubiläumsjahr des Abschlusses des Staatsvertrages fällt und sich auch in die Programmgestaltung anderer Veranstaltungen dieses Jahres einordnet, angezeigt, an die Spitze der Referate jenes von Frau Professor Weinzierl zu stellen, das von der Wiedererrichtung der österreichischen Gerichtsbarkeit und Gerichtsorganisation im Jahre 1945 und nach 1945 handelt. Herr Professor Stadler hat auf ein eigenes Referat verzichtet und wird dafür freundlicherweise die Zusammenfassung der Diskussion am Schluß der Tagung übernehmen.

Die Herren Dres. Neugebauer, Stuhlpfarrer und Konrad werden im Anschluß an den Vortrag von Frau Professor Weinzierl referieren. Nach den Referaten wollen wir mit der Diskussion beginnen. Die Herren Dres. Jagschitz und Haas werden morgen früh ihre Referate halten, woran sich wieder eine Diskussion anschließen wird.

Die Teilnehmer an diesem Symposion, die Historiker und insbesondere die sehr repräsentativ vertretenen Juristen, schaffen die Voraussetzung für ein fruchtbares interdisziplinäres Gespräch. Die österreichische Justiz ist in allen ihren Sparten vertreten, die österreichische Anwaltschaft durch ihre Sprecher; es ist also in jeder Beziehung vorgesorgt, daß die Diskussion lebendig sein wird.

REFERATE VOM 24. OKTOBER 1980

Erika Weinzierl

Die Anfänge des Wiederaufbaus der österreichischen Justiz 1945

Bei der Bildung der Provisorischen Regierung Renner am 27. April 1945 wurde das Staatsamt für Justiz dem Staatssekretär Dr. Josef Gerö (parteilos) und den Unterstaatssekretären Dr. Karl Altmann (KPÖ), Dr. Max Scheffenegger (SPÖ) sowie Dr. Ferdinand Nagl (ÖVP) unterstellt. Drei Unterstaatssekretäre gab es damals in den von Parteilosen geleiteten Ressorts, um den Dreiparteienproporz (SPÖ, ÖVP, KPÖ), der bis zu der nach den Wahlen vom 25. November 1945 erfolgten Bildung der Regierung Figl I am 20. Dezember 1945 mit Rücksicht auf die russische Besatzungsmacht eingehalten wurde.

Diese Männer, an ihrer Spitze Gerö, 1938 Erster Staatsanwalt im österreichischen Justizministerium, Präsident des österreichischen Fußballbundes, in der NS-Zeit sechzehn Monate in den Konzentrationslagern Dachau und Buchenwald, dann in Agram und in Wien in der Industrie tätig, gingen so wie alle Männer der „ersten Stunde" mit großem Elan an den Wiederaufbau. Bereits am 30. April 1945 kam es zur Bestellung von vorläufigen Leitern des Oberlandesgerichtes Wien im Umfang vom 13. März 1938. Zu seinem Präsidenten wurde Adolf Seitz ernannt.[1]

Im Bereich des Landesgerichtes für Zivilrechtssachen, das bereits am 14. April (!) mit dem Wiederaufbau der Justiz in Wien betraut wurde, hatte schon vor der Proklamierung der Wiedererrichtung der Republik Österreich Senatspräsident Dr. Eduard Schwab am 23. April eine Vorstandsverfügung mit einer vorläufigen Diensteinteilung erlassen und alle nicht mit besonderen Aufgaben betrauten Richter, Beamten und Angestellten zu Aufräumungsarbeiten aufgerufen. Schwab ist auch nach der Regierungsbildung der Leiter des Landesgerichtes für ZRS geblieben. Es hat nach Bergungs- und Ordnungsarbeiten („Die Gerichtsakten wurden fast zur Gänze zustande gebracht, und der Gerichtshof wird daher in der Lage sein, die anhängigen Rechtssachen ohne Anstand weiterzuführen") am 1. Juli 1945 seine Tätigkeit wieder aufgenommen.[2]

Es würde zu weit führen, die Besetzung der Gerichtshöfe Erster Instanz im einzelnen anzuführen, aber es sei die Bitte Gerös an die Neube-

---

[1] Staatsamt für Justiz, Präs. 2/45. – Die Verfasserin dankt Herrn Bundesminister Dr. Christian Broda für die großzügige Benützungsmöglichkeit der Präsidialakten des Bundesministeriums für Justiz 1945–1955.
[2] Beilagen zu Präs. 3/1945.

stellten zitiert, „wegen Wiederaufnahme des Gerichtsbetriebes, soweit ein solcher unter den heutigen Verhältnissen möglich ist, die erforderlichen geeigneten Maßnahmen zu treffen".[1] Am 3. Mai 1945 wurde Sektionschef Dr. Guido Strobele mit der vorläufigen Leitung der Legislativen Abteilung im Staatsamt für Justiz ernannt.[2] Tags darauf beschlossen Gerö, die drei Unterstaatssekretäre, Dr. Strobele, Dr. Seitz und Erster Staatsanwalt Dr. Hans Schmid, die vorläufige Geschäftsverteilung im Staatsamt für Justiz und die Reorganisierung des Obersten Gerichtshofes, der Generalprokuratur und des Rechnungswesens. Bezüglich des Obersten Gerichtshofes beschloß man vorläufig nur die Aufstellung eines Senates und verwaltungsmäßig die Angliederung an das Oberlandesgericht Wien. Von diesem sollte auch das gesamte Rechnungswesen – einschließlich jenes des Staatsamtes für Justiz – geführt werden. Für die Geschäftsverteilung im Staatsamt diente als Vorlage die letzte Geschäftsverteilung im Bundesministerium für Justiz vom 12. Jänner 1938. Nur entschloß man sich, statt wie damals drei vorläufig nur zwei Sektionen, aber wie früher sechs Abteilungen, einzurichten, innerhalb dieser auf die Aufteilung der Geschäfte in Referate „mit Rücksicht auf den Interimszustand" jedoch zu verzichten. Ab 5. Mai 1945 war daher das Staatsamt für Justiz folgendermaßen gegliedert: Die Präsidialsachen (Personal- und Verwaltungssachen des Staatsamtes und des Obersten Gerichtshofes, Kabinettsratsdienst, Bibliothek, Kanzleidirektion, Dienst um die Person des Staatssekretärs und der Unterstaatssekretäre) waren der Abteilung 3 angeschlossen. Die Sektion I war für die Abteilungen 1 (Legislative für Zivilrecht, Justizverwaltungssachen) und 6 (Internationale Justizangelegenheiten), die Sektion II für die Abteilungen 2 (Legislative für Straf- und Strafprozeßrecht), 4 (Strafsachen einschließlich Gnadensachen) und 5 (Strafvollzugswesen und Anstalten für Erziehungsbedürftige) zuständig.[3]

Diese Einteilung entsprach dem Ergebnis von Sitzungen, die bereits am 25. und 26. April zwischen Gerö, Scheffenegger, Strobele und Senatspräsident Antoni stattgefunden hatten.[4] Ein Vergleich der Liste der leitenden Beamten des Ministeriums am 12. Jänner 1938 und am 5. Mai 1945 zeigt nun, daß außer Gerö, Strobele und Antoni noch Ministerialrat Dr. Maximilian Engel, Sektionsrat Dr. Josef Widmann, Staatsanwalt Dr. Viktor Hoyer, Richter Dr. Viktor Weinzetl und Sektionsrat Dr. Karl Ferdinand Schumann am Ende der Justizverwaltung der Ersten und am Anfang jener der Zweiten Republik standen.[5] Das heißt, daß es auf der obersten Ebene offensichtlich möglich war, wenigstens eine partielle, personell unangefochtene Kontinuität wiederherzustellen. Weit schwieriger sah es bei den Richtern und Staatsanwälten insgesamt aus. Gerö, von 1945 bis 1949 und 1952 bis zu seinem Tod 1954 Leiter des Justizressorts, war zwar ein, im Rahmen seiner Möglichkeiten, „starker" Minister, der durch KZ-Haft und Außerdienststellung unangreifbar war, konnte jedoch auch nicht Wunder wirken. Schließlich waren bis 1933 die österreichischen Justizminister meistens Großdeutsche gewesen. Daher gab es beim Obersten Gerichtshof bis 1938 sogar eine Art „stillen Arierparagraphen". Ungefähr die Hälfte der Richter und Staatsanwälte waren Sympathisanten und Mitläufer des Nationalsozialismus gewesen. Da nur nichtbelastete Richter, ungefähr dreihundert, in Strafsachen tätig sein durften, litt die Strafjustiz in den ersten Nachkriegsjahren trotz des Einsatzes auch sehr junger Richter an drückendem Personalmangel. Erst 1949/50 war er soweit behoben, daß weitgehende Funktionsfähigkeit gegeben war. Eine von äußeren Eingriffen völlig freie Rechtsprechung war jedoch erst ab 1955 möglich, da die russische Besatzungsmacht besonders in Straf- und Wohnungsfragen, die amerikanische in Waffenprozesse einzugreifen versuchte.[6] Die Zäsur 1949/50 dürfte wohl auch mit den bis dahin erfolgten Milderungen der Gesetze gegen frühere Nationalsozialisten zusammenhängen, die auch die Wiedereinstellung Minderbelasteter ermöglichte. Im Justizministerium selbst war man nicht nur infolge der eindeutigen politischen Vergangenheit Gerös jedoch in dieser Hinsicht besonders vorsichtig. Zumindest nach den Präsidialakten hat es nur vereinzelt Fälle gegeben, bei denen sich eine verschwiegene NS-Vergangenheit herausstellte, die zur Außerdienststellung der Betreffenden führte.

Kehren wir jedoch zu den ersten Wochen und Monaten des Wiederaufbaues der Justiz-

---

[1] 30. April 1945, Präs. 2/45.
[2] 3. Mai 1945, Präs. 1/45.
[3] Beilage zu Präs. 3/1945.
[4] Präs. 12/45.
[5] Präs. 3/45.
[6] Information von Herrn Sektionschef i. R. Dr. Herbert Loebenstein am 6. September 1978; dafür und für weitere wichtige Hinweise sei ihm bestens gedankt.

verwaltung zurück, der ja der Gegenstand dieses Referates ist. Was den „Wiederaufbau der österreichischen Rechtspflege" betrifft, so hat Staatssekretär Gerö seine Vorstellungen darüber Anfang Mai 1945 in einem von dem „Organ der demokratischen Einigung", dem *Neuen Österreich,* veröffentlichten Interview[1] dargelegt: Zunächst müsse aus allen Gesetzen der „abgetretenen Machthaber" alles ausgeschieden werden, was mit den allgemein anerkannten Rechtsgrundsätzen nicht in Einklang zu bringen ist. Das ginge sofort mit den sogenannten Nürnberger Gesetzen, den Gesetzen über Blut und Boden samt allen ihren Nachwirkungen. Anders sei es beim Eherecht.[2] „Auf Grund des in den letzten Jahren in Geltung gewesenen Eherechtes haben zehntausende Eheschließungen stattgefunden, sind Scheidungen durchgeführt, Rechtsbeziehungen unter Ehepartnern geschaffen worden. Das läßt sich nun nicht kurzerhand annullieren: Daher sofortige Aufhebung aller Gesetze, die ohne Nachteil für das Volk, mit der Wirkung, als ob sie niemals erlassen worden wären, ausgeschieden werden können, hingegen vorläufige Belassung aller jener Normen, deren Beseitigung zu einem Rechtschaos führen würde — soweit notwendig allerdings unter vollständiger Ausscheidung aller dem österreichischen Rechtsgedanken widerstrebenden Bestimmungen."[3]

Nicht weniger heikel sei das Problem der Wiedergutmachung, die nicht von den Betroffenen, sondern von weitesten Kreisen der Bevölkerung stürmisch verlangt werde. Zu ihr gehörten z. B. die Rückerstattung ohne angemessenes Äquivalent arisierter Vermögenswerte, aber auch die Rückerstattung des enteigneten Vermögens der Kirche und frommer Stiftungen, die Behandlung des Vermögens reichsdeutscher Einwanderer, die Entschädigung der in den letzten Jahren aus politischen Gründen Verfolgten. Da diese Fragenkomplexe auch andere Ressorts berühren, sei mit ihrer Behandlung eine interministerielle Kommission befaßt.

Was die praktischen und technischen Aufgaben betreffe, so sei der nur zum Teil beschädigte Justizpalast wieder geöffnet[4], im Landesgericht für Strafsachen gehe die Neuaufstellung vor sich, ebenso die Einrichtung der Geschäftsstelle der Staatsanwaltschaft. Diese könne mittlerweile schon Anzeigen der Bevölkerung über noch nicht geahndete Straftaten entgegennehmen. Auch beim Landesgericht für Zivilrechtssachen, beim Handelsgericht und bei den Bezirksgerichten Riemergasse (Innere Stadt), Favoriten, Hietzing, Fünfhaus, Hernals, Döbling, Floridsdorf und Klosterneuburg seien die Organisationsarbeiten schon so weit im Gange, daß man die Bevölkerung wenigstens beraten könne. Außerdem sei es gelungen, die Wiener Grundbücher, aber auch jene von Mödling, Liesing, Schwechat u. a. sicherzustellen und „sie der geplanten sinnlosen Zerstörung zu entziehen". Die Staatsanwaltschaft Wien sei derzeit damit befaßt, den Rest der von den „gewesenen Machthabern" zum größten Teil vernichteten Akten des Volksgerichtshofes und der Sondergerichte durchzusehen. Schließlich gehöre auch die Siebung des zur Verfügung stehenden Justizpersonals zu den Aufgaben des Staatssekretärs. „Alle, die für das wiedererstandene Österreich untragbar wären und niemals in seinem Geist Recht üben könnten, werden ohne Nachsicht auszuscheiden sein. Das werden ausnahmslos alle sogenannten Illegalen sein." Das gelte nicht nur für die Richter, sondern auch für die Rechtsanwälte und Notare. Andererseits sollten sich alle unbelasteten bzw. seit 1934 außer Dienst gestellten Justizbeamten wieder melden.

---

[1] *Neues Österreich,* 4. Mai 1945.
[2] Nach dem „Anschluß" war in der „Ostmark" das „Deutsche Eherecht" mit der obligatorischen Zivileheschließung eingeführt worden, die es bis 1938 in Österreich nicht gegeben hatte.
[3] Genau so ist man dann auch vorgegangen. Das Rechtsüberleitungsgesetz vom 1. Mai 1945 (StGBl. Nr. 6/1945) besagt in Artikel 1 (1): „Alle nach dem 13. März 1938 erlassenen Gesetze und Verordnungen sowie alle einzelnen Bestimmungen in solchen Rechtsvorschriften, die mit dem Bestand eines freien und unabhängigen Staates Österreich oder den Grundsätzen einer echten Demokratie unvereinbar sind, die dem Rechtsempfinden des österreichischen Volkes widersprechen oder typisches Gedankengut des Nationalsozialismus enthalten, werden aufgehoben." Damit waren die wichtigsten NS-Gesetze — mit Ausnahme des deutschen Eherechtes und einiger anderer Gesetze, die übernommen wurden — aus dem Kernbestand des alten österreichischen Rechts, den das NS-Regime infolge des Kriegsausbruches 1939 nicht mehr ändern konnte, eliminiert. — Information von Herrn Sektionschef i. R. Dr. Herbert Loebenstein vom 6. September 1978.
[4] Den vollen Geschäftsbetrieb hat das Staatsamt für Justiz am 15. Mai 1945 wieder aufgenommen. Information aus: *Neues Österreich,* 16. Mai 1945, u. Präs. 9/1945. Die Vertretung Gerös erfolgte laut Beschluß des Kabinettsrates in der Reihenfolge Scheffenegger, Nagl, Altmann. Orig. Gerö, 27. Juni, und Orig. Renner, 10. August 1945, Präs. 84 und 162/45.

Dr. Josef Gerö (1896–1954), Staatssekretär des Staatsamtes für Justiz (April bis Dezember 1945), Bundesminister für Justiz (Dezember 1945 bis November 1949 und September 1952 bis Dezember 1954)

Die Durchführung dieser Prinzipien, d. h. zumindest die Registrierung früherer Mitglieder der NSDAP oder einer ihrer Gliederungen, wurde durch das Verbotsgesetz vom 8. Mai 1945, StGBl. Nr. 13, gesetzlich geregelt. Es bewirkte im Frühjahr und Sommer 1945 auch eine Serie von Gesuchen von Justizbeamten bis zu Senatspräsidenten an Gerö, aber auch an die Provisorische Staatsregierung, sie von der Registrierung auszunehmen, wobei manche anführten, nur über den Umweg über die Mitarbeit bei nicht unmittelbaren Parteiorganisationen sehr spät mit vordatierten Mitgliedskarten geradezu in die NSDAP gedrängt worden zu sein.[1]

Im Zusammenhang mit diesen Fragen, d. h. der Ausscheidung von Justizbediensteten nach § 14 des Verbotsgesetzes, aber auch mit den Arbeiten zur Liquidierung der im Geschäftsbereich der österreichischen Justizverwaltung bestehenden Einrichtungen des Deutschen Reiches, womit eine eigene Dienstbehörde unter der Leitung des Ministerialrates Dr. Troll befaßt war, wurde in der Abteilung 3 des Staatsamtes für Justiz im Dezember 1945 vorübergehend eine Abteilung 3a unter der Leitung des Ministerialrates Dr. Maximilian Engel eingerichtet.[2] Ende Mai 1945 machten übrigens im Staatsamt 43 Beamte und Angestellte Dienst, neunzehn von ihnen waren Akademiker.[3]

War bis zum Sommer 1945 für die Wiener Zentralbehörden, die außerhalb der russischen Besatzungszone ja noch nicht anerkannt wurden, obwohl die Wiederherstellung der *österreichischen* Gerichtsorganisation mit Gesetz vom 3. Juli 1945 angeordnet worden war (StGBl. Nr. 47/1945), das Verhältnis zur russischen Besatzungsmacht bzw. Schwierigkeiten mit dieser ei-

---

[1] Vgl. z. B. Präs. 58/45.
[2] Präs. 420/45. Vor kurzem erschienen: Dieter Stiefel, *Entnazifizierung in Österreich*, Wien 1981. Der Verfasser bestätigt unter anderem auch die starke NS-Belastung der österreichischen Justizverwaltung, aus der 1945/46 2982 Personen entfernt wurden, „das war – gemessen am Personalstand von 1938 – 44 %". (Stiefel, *Entnazifizierung*, S. 150.)
[3] Präs. 36/45.

nes der größten Probleme, so bedeutete die endgültige Festlegung der vier Besatzungszonen und die Einsetzung der „Alliierten Kommission für Österreich" auf Grund der Deklaration der vier Besatzungsmächte vom 4. bzw. 9. Juli 1945 zwar einerseits zweifellos Erleichterung, besonders für die Stadt Wien, andererseits aber auch neue Gefährdungen für die junge Republik. Der Staatskanzler erließ daher schon vorher ein Rundschreiben an alle Staatsämter, in dem es hieß: „Alarmierende Nachrichten lassen es wahrscheinlich erscheinen, daß jede der vier Besatzungsmächte ihren Gebietsanteil selbstherrlich verwalten will. Es ist unumgänglich notwendig, die Interalliierte Militärkommission (IMK) davon zu überzeugen, daß ein solcher Vorgang Österreich in chaotische Zustände stürzen müßte. Es wird daher notwendig sein, sofort am ersten Tag des Zusammentritts an die IMK mit einer Denkschrift heranzutreten, die vor einem solchen Vorgehen warnt. Diese Denkschrift muß sorgfältig durch die Mitarbeiter aller Staatsämter hergestellt werden."[1] Renner forderte auch Gerö zu dieser Vorarbeit auf, wobei er gleich Leitgedanken zu einer Denkschrift an die IMK über die „unumgängliche Notwendigkeit der einheitlichen Gesetzgebung und Verwaltung in der Republik Österreich" hinzufügte. Sie gingen von der historischen Einheit des kleinen Staates und der absoluten Notwendigkeit aus, die bisherige, von Wien ausgeübte Gesetzgebung sofort auf die Länder auszudehnen. „Das Ziel dieser Gesetzgebung war, die durch das Hitler-Regime aufgenötigten Einrichtungen auszumerzen (Reaustrifizierung)." „Durch diese Reaustrifizierung wurde mühselig die Staatsverwaltung nach altösterreichischen Grundsätzen wieder aufgebaut. Unerträglich wäre es, wenn sie durch neue Amtseinrichtungen, durch die Schaffung neuer Ämter und Kommandostellen durchbrochen würde. Das Land hat soeben zwei Umstellungen durchzumachen gehabt, eine neuerliche Umstellung würde die Verwirrung bis zur Unerträglichkeit steigern." Die IMK möge sich daher mit ihren Anordnungen in der Regel zentral an die Staatsregierung, gegebenenfalls auch an die einzelnen Ministerien bzw. Staatsämter wenden und sich bloß die Kontrolle der Durchführung ihrer Wünsche durch diese Staatsämter vorbehalten. Außerdem sollte ein ständiger wechselseitiger Verbindungsdienst zwischen der Staatskanzlei und der IMK eingerichtet werden.

Staatssekretär Gerö hat in seiner Stellungnahme vom 14. Juli 1945 Renners Leitgedanken aufgenommen und verstärkt. „Notzeiten wie die gegenwärtigen bringen erfahrungsgemäß die Neigung zum Partikularismus mit sich. Diese Neigung könnte zu einer Aufspaltung des Staates, allenfalls auch der Hauptstadt in mehr oder minder selbständige Verwaltungsbezirke führen, deren Behörden und Stellen, wenn sie nicht zentral gelenkt werden, bald zu einer grundverschiedenen Behandlung der gleichen Frage und damit zur Rechtsverschiedenheit und in weiterer Auswirkung Rechtsunsicherheit kommen würden." Dafür werden dann Beispiele aus dem Ehe-, Liegenschafts- und Strafrecht angeführt: „Unterschiedliche Rechtssetzung in einzelnen Zonen müßte auch eine unterschiedliche Rechtsübung zur Folge haben." Auch wäre nur eine einheitlich gelenkte Gerichtsbarkeit imstande, die durch die Entfernung der Nationalsozialisten bei einzelnen Gerichten entstandenen Lücken aus dem Personalstand anderer Gerichte sachgemäß auszufüllen. Zudem würde jede Erschwernis der Rechtssetzung und der Rechtsübung letzten Endes auch die ohnehin um ihre Existenz ringende Wirtschaft noch weiter behindern: „Schließlich müßte es zum völligen Zusammenbruch nicht nur unseres Rechtes, sondern auch unseres gesamten Wirtschaftslebens kommen, wenn es nicht gelingen sollte, eine einheitliche Lenkung von Staat und Wirtschaft durch eine Zentralstelle zu ermöglichen."

Die Wünsche für das Justizressort waren die eheste Ausdehnung der Wirksamkeit der bisher von der Provisorischen Staatsregierung erlassenen Gesetze auf das ganze Staatsgebiet, die Wiederherstellung der Verbindung zwischen allen Gerichten und Staatsanwaltschaften untereinander und mit den Zentralstellen sowie allen staatlichen Behörden, Anerkennung der österreichischen Gerichtsbarkeit als souveräne, Errichtung einer eigenen Stelle für die Ordnung von Konflikten mit Angehörigen der Besatzungsmacht, Räumung aller Justizgebäude von Einquartierungen, von denen möglichst auch die Wohnungen der Justizbeamten, die wegen Arbeitsüberbürdung oft noch zu Hause arbeiten mußten, verschont bleiben sollten, eheste Herstellung eines gesonderten Bahn-, Post- und Telefonverkehrs, eheste Rückforderung aller Akten, Urkunden, Register und Fachbibliotheken, die entweder wegen Sicherung vor Bombenschäden verlagert oder verschleppt wurden, und eheste Auslieferung aller von einer Besatzungsmacht auf österreichischem Boden festgenom-

---

[1] Kopie mit eigenhändiger Unterschrift Renners, Beilage zu Präs. 121/45.

menen Kriegsverbrecher. Nicht uncharakteristisch für die damalige Situation ist auch der Wunsch, bei der Garnisonierung der Besatzungstruppen nicht nur auf die Grenzsicherung zu achten, sondern auch darauf, daß bei etwaigen Unruhen in Gefängnissen und Zwangsarbeitsanstalten „insbesondere durch dort befindliche Nationalsozialisten" die einheimischen Bewachungskräfte durch Besatzungssoldaten unterstützt werden könnten.[1]

Die Entnazifizierung der österreichischen Justiz kam auch beim Besuch Gerös bei Brigade-General Charles E. Saltzman, dem Berater General Mark W. Clarks für Verwaltungs- und Wirtschaftsfragen und ab 1947 US-Unterstaatssekretär für die „besetzten Gebiete", im Amtssitz der „Regionalregierung der USA", im Gebäude der österreichischen Nationalbank am 3. September 1945 zur Sprache. Gerö folgte damit einer Einladung des amerikanischen Justizoffiziers Oberstleutnant Eberhard Deutsch, dem er einen Tätigkeitsbericht des Staatsamtes für Justiz über die ersten drei Monate übermittelt hatte. Gerö berichtete Deutsch, daß grundsätzlich alle Illegalen sowie Funktionäre der NSDAP vom Zellenleiter aufwärts und betont nationalsozialistisch eingestellte Bedienstete außer Dienst gestellt, entlassen oder pensioniert wurden und würden. Auf keinen Fall dürfe auch ein einfacher Parteigenosse auf leitendem Posten verbleiben. Parteigenossen, denen nur ihre Mitgliedschaft zur Last liegt, „also einfache Mitläufer", würden von einer Sonderkommission auf ihre Tragbarkeit überprüft.[2] In der Justiz sei diese Säuberung schon zum größten Teil durchgeführt. Im Oberlandesgerichtssprengel Wien amtierten derzeit 265 Richter. Von diesen seien 76 einfache Parteigenossen, die nur auf „nebensächlichen Dienstposten in Zivilrechtssachen" verwendet würden. Im Staatsamt selbst und in der Strafjustiz seien keine Parteigenossen in Dienst gestellt und dürfen es auch weiterhin nicht werden. Von den Richtern seien bis jetzt 84 und von den Staatsanwälten elf wegen politischer Untragbarkeit außer Dienst gestellt worden. Auf Grund des neuen Standesrechts, der Rechtsanwalts- und der Notariatsordnung seien laut Bericht des Präsidenten der Rechtsanwaltskammer von ca. neunhundert Rechtsanwälten bisher ungefähr 160 als Illegale oder stark NS-Belastete von der Liste gestrichen worden. Bei den Notaren mußten dagegen mehr als fünfzig Prozent wegen Illegalität und betont nazistischer Belastung ausgeschieden werden, „was wohl der halbamtliche Charakter der Stellung und die damit verbundene Ernennung durch das Staatsamt mit sich brachte".

Oberstleutnant Deutsch, dessen Eltern vor 65 Jahren aus Mähren in die USA ausgewandert waren, nahm diese Erklärung mit großer Befriedigung zur Kenntnis und erklärte die volle Bereitschaft der Legal Division zur Zusammenarbeit. Kritisch äußerte er sich dagegen über die Benennung der Volksgerichte, „da in England und Amerika die öffentliche Meinung diesen Begriff wegen des zu ähnlich lautenden Namens noch immer mit dem nazistischen Volksgerichtshof identifiziere und verwechsle". Gerö erklärte daraufhin, warum sich die Regierung gerade für diese Benennung entschieden hätte: „Es sollte entgegen dem nazistischen Volksgerichtshof ein wahres Volksgericht sein, bei welchem das Volk durch seine in den aus fünf Richtern bestehenden Senat entsendeten Volksrichter in der Mehrheit an der Rechtsprechung beteiligt ist." Deutsch hielt trotzdem eine Titeländerung für ratsam.

Weit weniger bedenklich war Deutsch dagegen wegen der von Gerö zu Beginn des Gespräches nach der Schilderung seines eigenen Lebenslaufes ausführlich dargelegten Position der Staatsregierung, „bei der es sich nicht um eine Bestellung der russischen Besatzungsmacht handelte ..." „Diese unbeeinflußt von der russischen Besatzungsmacht gebildete Provisorische Staatsregierung mit Staatskanzler Renner an der Spitze, sei sodann von der Roten Armee durch Marschall Tolbuchin am 27. April 1945 anerkannt worden. Es sei hiebei von diesem namens der russischen Besatzungsmacht ausdrücklich übernommen worden, die Anerkennung dieser Provisorischen Staatsregierung durch die übrigen Alliierten (Amerika, England, Frankreich) in die Wege zu leiten, zumal damals nur der Roten Armee die Möglichkeit einer telegraphischen oder Kurierverbindung mit diesen Mächten gegeben war. Es wurde der Provisorischen Staatsregierung in Aussicht gestellt, daß längstens innerhalb einer Woche die Anerkennung aus Washington, London und Paris eingetroffen sein

---

[1] Konzept und Kopie, Beilage zu Präs. 121/45. Staatskanzler Renner hat die Stellungnahme wörtlich in die Denkschrift der Provisorischen Staatsregierung übernommen. Präs. 247/45.
[2] Diese Kommissionen bestanden aus einem Vorsitzenden aus dem Justizministerium, je einem Parteienvertreter und einem Vertreter der Dienststelle. – Information von Sektionschef i. R. Dr. Herbert Loebenstein vom 6. September 1978.

werde." – Die Befürchtung Gerös vor einer Aufspaltung des Landes in abgesonderte Verwaltungsbezirke ohne zentrale Regierungsgewalt teilte Deutsch nicht, da es vor allem seine persönliche Meinung sei, „daß in ziemlich kurzer Zeit die provisorische Staatsregierung" anerkannt werde, was dann am 20. Oktober 1945 auch eintrat.

Hinsichtlich der Wiedererrichtung der Gerichtsbarkeit in der US-Besatzungszone Oberösterreich und Salzburg berichtete Deutsch, daß im oberösterreichischen Gebiet südlich der Donau das Landesgericht Linz und vier Bezirksgerichte (Linz, Ried, Steyr und Wels) in Tätigkeit seien, ebenso das Oberlandesgericht Linz als Zweite Instanz für die US-Besatzungszone. Das Land Salzburg sei wegen seiner Zugehörigkeit zur US-Zone gerichtsorganisationsmäßig vom Sprengel des Oberlandesgerichtes Innsbruck losgetrennt und dem Oberlandesgericht Linz angegliedert worden. Gerö verwies darauf, daß nach verläßlichen Berichten in der englischen Besatzungszone in der Steiermark nach österreichischen Gesetzen judiziert werde und die von der Provisorischen Staatsregierung nach durchgeführter Überprüfung der politischen Tragbarkeit eingesetzten Richter auf ihren Dienstposten belassen und anerkannt worden seien. Deutsch nahm darauf nicht Bezug, erklärte aber, daß vorläufig keine Absicht bestünde, eigene Militärgerichtshöfe für Wien zu errichten.[1]

Das Problem der Anerkennung der Regierung Renner außerhalb der russischen Besatzungszone wurde innerösterreichisch durch Länderkonferenzen gelöst, die schon ab Juni 1945 teils durch getrennte Konferenzen von Vertretern der ÖVP und der SPÖ aus den westlichen Bundesländern in Salzburg, dann von Delegierten dieser Länder ebenfalls in Salzburg vorbereitet wurden. Die von Staatskanzler Renner bzw. der Provisorischen Staatsregierung einberufenen drei Konferenzen von Vertretern aller österreichischen Bundesländer im September und Oktober 1945 in Wien besiegelten dann die Einheit der Republik von seiten ihrer politischen Vertreter.[2]

Zur ersten Länderkonferenz vom 24. bis 26. September waren die Obmänner der Landesorganisation der drei anerkannten Parteien des betreffenden Bundeslandes (SPÖ, ÖVP, KPÖ), die Landeshauptmänner und jene Landesräte, die der Landeshauptmann unter Berücksichtigung der drei Parteien zur fachlichen Behandlung der Beratungsgegenstände beizog, die Mitglieder der Staatsregierung und als Gäste Berater der Konferenzmitglieder – aus Raumgründen in beschränkter Zahl – eingeladen. Das Programm sah für den Nachmittag des 24. September nach Eröffnung, Begrüßung und kurzem Rechenschaftsbericht Renners eine Plenarsitzung mit Festsetzung der Kommissionen und des Programms vor. Die Verhandlungen der Kommissionen sollten vertraulich sein. Am 25. sollten die Sitzungen der Kommission – der Politischen, der Juridischen und der Ökonomischen – stattfinden, am 26. die Endredaktion der Kommissionsbeschlüsse und die Beschlußfassung über diese wiederum im Plenum. Der Juridischen Kommission waren schon in der Einladung folgende Aufgaben gestellt: „Aussprache über die Ausdehnung der Staatsgesetze auf die westlichen Bundesländer, über die Vereinheitlichung der Verwaltung in den Bundesländern. Gesetzgebungsvorschläge."[3]

Abgesehen von diesen gestellten Direktiven hatte die Staatsregierung einen offensichtlich vom Staatssekretariat für Justiz erstellten Bericht vorbereitet[4], mit dem zwei Berichte des Staatsamtes korrelieren. Im Bericht der Staatsregierung heißt es, daß es deren Aufgabe war, eine demokratische und österreichische Rechtsordnung zu schaffen, für die fünf Prinzipien angeführt wurden:
„1. Beseitigung aller vom nationalsozialistischen Geist durchtränkten Rechtsvorschriften.
2. Wiederherstellung des Rechtszustandes vor der Annexion, wobei insbesondere auf dem Gebiet der Justizgesetzgebung im großen und ganzen der Rechtszustand vom 13. März 1938 maßgebend war.
3. Beseitigung des nationalsozialistischen Einflusses im gesamten öffentlichen Leben, in Recht, Kultur und Wirtschaft, Ausmerzung des Nationalsozialismus überhaupt.
4. Ahndung der nationalsozialistischen Verbrechen in Österreich und an Österreichern.
5. Schaffung der durch die Zeitverhältnisse gebotenen Gesetze und sonstigen Vorschriften zur Aufrechterhaltung der Ordnung im gesamten öf-

---

[1] Amtserinnerung vom 5. September 1945, Präs. 209/45.
[2] Franz Josef Feichtenberger, *Die Länderkonferenzen 1945 – Die Wiedererrichtung der Republik Österreich*, Phil. Diss. Wien 1965, und zuletzt Manfried Rauchensteiner, *Der Sonderfall. Die Besatzungszeit in Österreich 1945–1955,* Graz 1979, S. 120 ff.
[3] Feichtenberger, *Länderkonferenzen 1945*, S. 40 f.
[4] Konzept o. D., Beilage zu Präs. 237/45.

fentlichen und Wirtschaftsleben und zur Erhaltung des Bürgerfriedens."

Die wichtigsten Gesetze, die zur Realisierung dieser Ziele bisher erlassen wurden, waren das Rechtsüberleitungsgesetz vom 1. Mai 1945 (StGBl. Nr. 6), auf Grund dessen 26 Kundmachungen erschienen, durch die insbesondere die nationalsozialistischen Rassengesetze, das Erbgesundheitsrecht, das Recht des Reichs-Arbeitsdienstes, das deutsche Wehrrecht, die Bestimmungen über die Vorrechte der NSDAP, die Vorschriften über die Reichskulturkammer und das Luftschutzrecht aufgehoben wurden. Der Wiederherstellung österreichischer Rechtseinrichtungen diente vor allem das Behördenüberleitungsgesetz vom 31. Juli 1945 (StGBl. Nr. 94), das die deutsche Behördenorganisation in Österreich beseitigte, eine neue österreichische Zentralverwaltung einrichtete und die alten österreichischen Landes- und Bezirksverwaltungsbehörden wiederherstellte. Auch die österreichische Gerichtsorganisation und andere österreichische Behörden und Anstalten wurden wieder eingeführt. Die Gerichtsorganisation wurde mit Gesetz vom 3. Juli 1945 (StGBl. Nr. 47) auch in ihren Einzelteilen, wie den Vorschriften über die Ausbildung der Richter und sonstigen Justizbeamten, den Bestimmungen über die Personalsenate, dem Dienststrafrecht der Richter und der Beeidigung vor Gericht, wieder auf die alten österreichischen Verhältnisse zurückgeführt. Mit demselbem Gesetz wurde auch das österreichische Gesetz vom 25. Jänner 1919 (StGBl. Nr. 41), betreffend die Errichtung des Obersten Gerichtshofes, mit den notwendigen Änderungen wiederhergestellt.

Da die wichtigsten der seit dem 1. Mai 1945 erlassenen Gesetze sowohl in den Berichten des Staatssekretariats für Justiz als auch in den Beratungen der Juridischen Kommission und ihrer Unterkommission behandelt wurden, seien hier nicht mehr die einzelnen Gesetzesdaten angeführt, sondern nur mehr ihr Inhalt. Es war dies: Die Wiederherstellung des österreichischen Strafgesetzes und der Strafprozeßordnung, die im Juni auch als erstes zur Gänze wiederverlautbart wurde, das österreichische Tilgungsrecht, die Rechtsanwalts- und die Notariatsordnung, die vorläufige Neuordnung des Gemeinderechtes, das neuerliche Wirksamwerden der Verfassung der Gemeinde Wien in der Fassung von 1931, das Vereinsreorganisationsgesetz und das Beamtenüberleitungsgesetz. Dieses Gesetz stellte das österreichische Dienstrecht wieder her und sah den Neuaufbau eines österreichischen Beamtenstandes auf Grund besonderer Dienstpläne vor und traf gleichzeitig Maßnahmen über die Ausscheidung der wegen ihrer politischen Haltung untragbaren Bediensteten und über die Wiedergutmachung des staatstreuen österreichischen Beamten zugefügten Unrechts. Weiters wurde eine Reihe von Hochschulgesetzen (Habilitierung, Erwerb und Führung akademischer Grade), das Gesetz über die Regelung der Arbeitsruhe an Feiertagen und die Entlohnung an diesen Tagen erlassen.

Die Basis für die Ausschaltung des Nationalsozialismus in Österreich war das schon erwähnte Verbotsgesetz vom 8. Mai 1945, zu dem mittlerweile das Nachtragsgesetz vom 10. Juli 1945 (StGBl. Nr. 61) sowie vier Durchführungsverordnungen und Novellen gekommen waren. Insgesamt beinhalteten sie das absolute Verbot der NSDAP und jeder Betätigung in deren Sinn, die unter schwerste Strafen gestellt wurde, und folgende Anordnungen: Registrierung aller Parteimitglieder, Sonderung der Parteimitglieder in gewöhnliche Parteimitglieder, schwerst belastete Nationalsozialisten und sogenannte „Illegale" (Mitglieder, die der Partei vor 1938 beigetreten waren), Bestrafung der Nichtanmeldung zur Registrierung und unwahrer Angaben als Betrug, Verfolgung illegaler Parteimitglieder, die gehobene Stellungen in der Partei eingenommen, sowie solcher Personen, welche die Partei durch erhebliche materielle Zuwendungen gefördert hatten. „Illegale Parteimitglieder verlieren ihre Anstellung im öffentlichen Dienste, sie und sonstige Nationalsozialisten, die schwer belastet sind, erleiden verschiedene rechtliche Nachteile, insbesondere als Mieter und Dienstnehmer. Die nach diesem Gesetz einzuleitenden Strafverfahren werden besonderen Schöffengerichten übertragen, die als Volksgerichte bezeichnet werden und gegen deren Urteile keine Rechtsmittel zustehen." Zur Ahndung nationalsozialistischer Verbrechen wurde das Kriegsverbrechergesetz vom 26. Juni 1945 (StGBl. Nr. 32) geschaffen, das folgende für die Strafgesetzgebung neue Tatbestände sanktionierte: Kriegsverbrechen, Kriegshetzerei, Quälereien und Mißhandlungen, Verletzungen der Menschlichkeit und der Menschenwürde, mißbräuchliche Bereicherung, Denunziation und Hochverrat am österreichischen Volke. Die für die Verbrechen angeordneten Strafen waren sehr streng. Das Verfahren stand dem Volksgericht zu, und ebenso wie im Verbotsgesetz war auch hier als Nebenstrafe der Vermögensverfall vorgesehen.

Schon im Juli war durch die Gesetze über

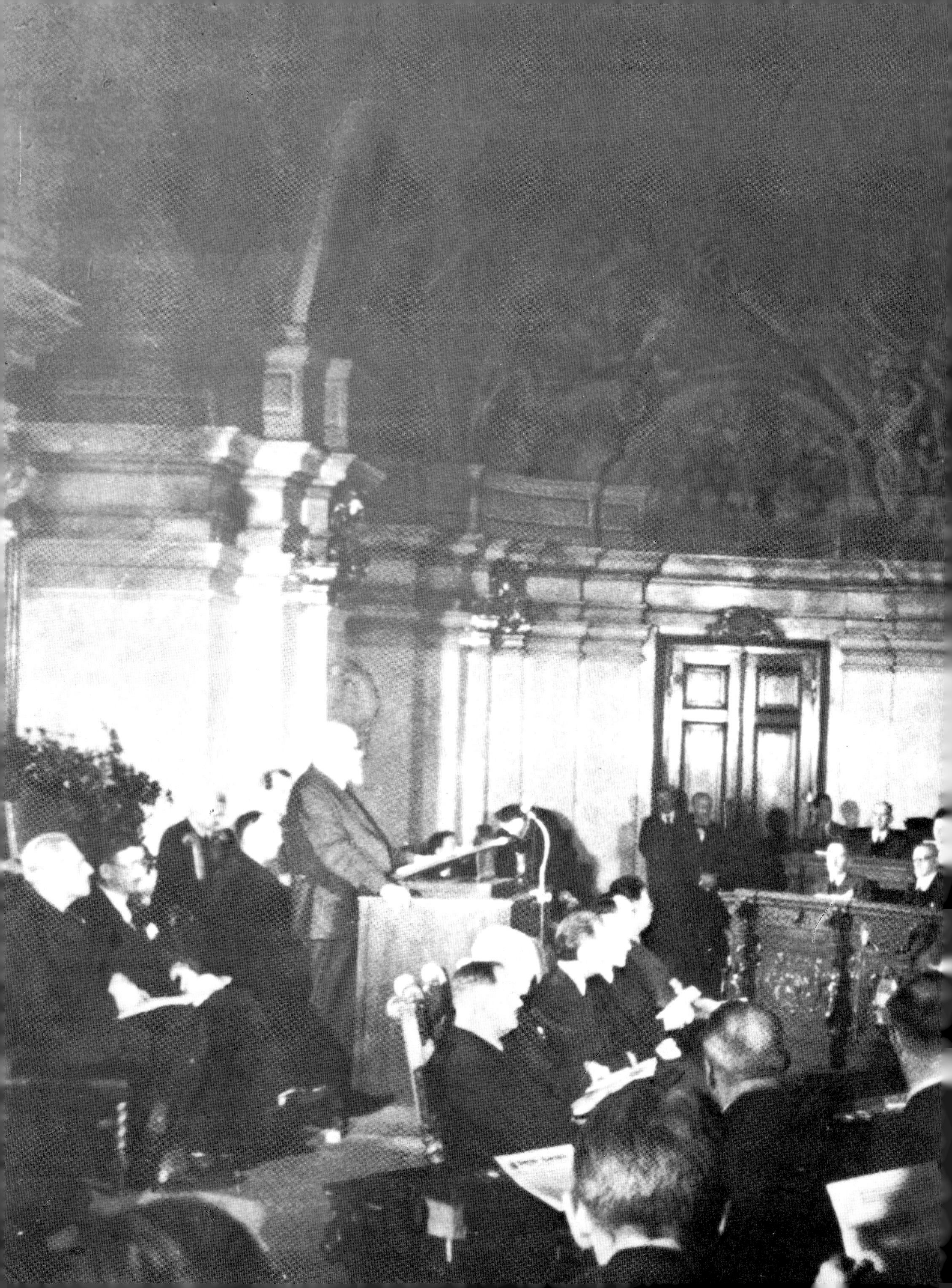

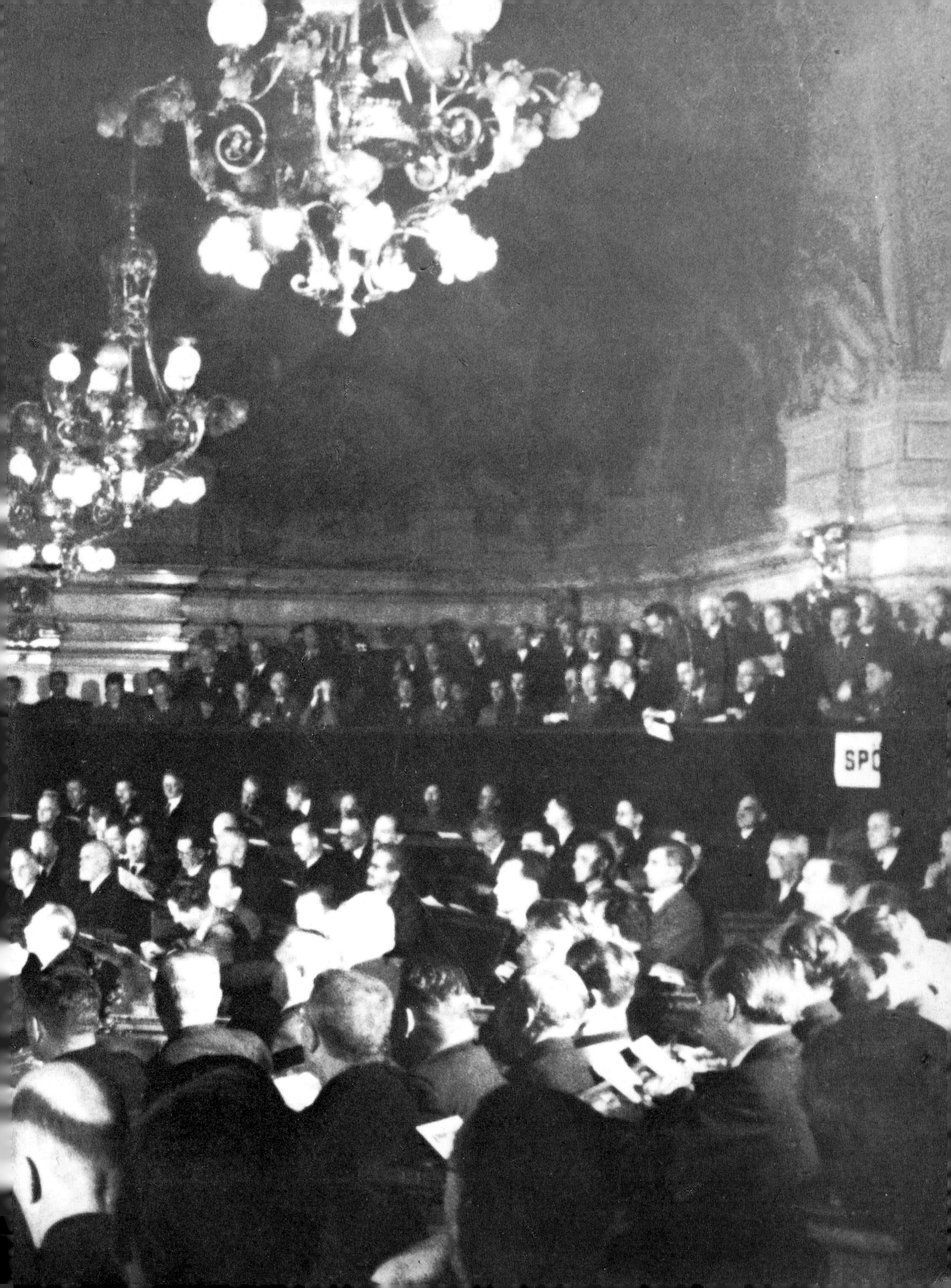
SP

die Überleitung in die österreichische Staatsbürgerschaft und deren Verlust bzw. Erwerb wieder eine österreichische Staatsbürgerschaft geschafen worden. Illegale Nationalsozialisten waren von ihr ausgeschlossen. In diesen Bereich gehört auch das Gesetz vom 10. Mai 1945 (StGBl. Nr. 9) über die Bestellung von öffentlichen Verwaltern und Aufsichtspersonen von jenen Unternehmen, die wegen Flucht oder Untragbarkeit ihrer bisherigen Inhaber herrenlos geworden waren. Das Gesetz über die Erfassung arisierter und anderer im Zusammenhange mit der NS-Machtübernahme entzogenen Vermögenschaften und das sogenannte Repatriierungsgesetz sollten entfremdete Vermögenschaften wieder dem rechtmäßigen Eigentümer zurückgeben und vor allem das in Österreich befindliche Vermögen öffentlich rechtlicher Körperschaften dem Staat sichern.

Mit dem Gesetz über Maßnahmen auf dem Gebiet des Angestelltenrechtes während der Zeit der Übergangswirtschaft sollte eine gerechte Auseinandersetzung zwischen Unternehmer und Angestellten in allen jenen Betrieben versucht werden, die infolge des Krieges in Schwierigkeiten gekommen waren.

Zum Gebiet des Strafrechtes gehörten noch das Strafaufhebungs- und Einstellungsgesetz und das Strafanwendungsgesetz. Das erste erklärte Verurteilungen, die auf Grund deutscher Rechtsvorschriften erfolgt waren (sogenannte politische Verbrechen und Vergehen), als rechtsunwirksam, da solche „Verfehlungen" vom österreichischen Standpunkt „regelmäßig nur Lob verdienen". Das zweite war eine Übergangsvorschrift, die dazu diente, die praktische Anwendung bestimmter deutscher Strafvorschriften, vor allem auf dem Gebiet des Wirtschaftsrechtes, die noch nicht außer Kraft gesetzt werden konnten, zu ermöglichen.

In dieser Zusammenstellung, die hier deswegen relativ ausführlich wiedergegeben wird, weil sie die großen Schwierigkeiten, mit denen die Staatsregierung und das Staatsamt für Justiz beim Beginn ihrer Arbeit auch und besonders in der Gesetzgebung konfrontiert waren, deutlich und übersichtlich zeigt, werden dann noch das Ehe- und Ehescheidungsrecht und das Wohnungsanforderungsrecht angeführt. Bezüglich

Plenarsitzung der 1. Länderkonferenz, die vom 24. bis 26. September 1945 im Niederösterreichischen Landhaus in Wien tagte. Am Rednerpult Dr. Karl Renner

des Ehescheidungsrechtes heißt es, daß es, weil moderner als das alte österreichische, unter Ausscheidung allen nationalsozialistischen Beiwerkes aufrechterhalten wurde. Außerdem wurden dadurch verschiedene Schwierigkeiten überbrückt, die sich aus den ungeordneten Zuständen unmittelbar nach der Befreiung Österreichs ergeben konnten. Das Wohnungsanforderungsgesetz sollte der drückenden Wohnungsnot besonders in den großen Städten, an ihrer Spitze Wien, unter gerechter Bedachtnahme auf die widerstreitenden Interessen der Beteiligten, „insbesondere aber zu Lasten der Nationalsozialisten", entgegensteuern.

Die Regierung sei sich bei allen getroffenen Maßnahmen darüber klar gewesen, daß diese nur der Behebung der Not des Augenblicks dienen konnten. Reformideen mußten zurückgestellt und ruhigeren Zeiten vorbehalten werden. „Überhaupt war sich die provisorische Staatsregierung darüber klar, daß die endgiltige Einrichtung der Staats- und die Schaffung einer zeitgemäßen Rechtsordnung dem Zeitpunkt vorbehalten bleiben mußte, in dem nach Wiederherstellung der wirklichen Gemeinsamkeit des gesamten Staatsgebietes die frei gewählte Volksvertretung über die Lebensform von Volk und Staat entscheiden werde. Unter diesem Vorbehalt mußte aber vor allem die Justizgesetzgebung sofort in Angriff genommen werden, um den Rechtsfrieden zu sichern und die öffentliche Sicherheit zu gewährleisten. Dies war um so notwendiger, als sowohl auf dem Gebiet des bürgerlichen als auch namentlich auf dem Gebiete des Strafprozeßrechtes das österreichische Recht mit deutschen Normen geradezu durchsetzt war und die deutschen Bestimmungen erst allmählich ausgelöscht und auf diesem Wege wieder die Reinheit der österreichischen Rechte hergestellt werden konnte; eine Arbeit, die noch keineswegs vollendet ist."

Das Staatsamt für Justiz bereite in diesem Zusammenhang noch eine Reihe weiterer Gesetze vor, z. B. den Entwurf über die Wiederherstellung des österreichischen Zivilprozeßrechtes. Ein zweiter richte sich gegen Schleichhandel und Preistreiberei, ein dritter betreffe das Erbhofrecht und das sogenannte Recht der Landbewirtschaftung. Das Erbhofgesetz werde ebenso wie die deutschen Bestimmungen über die Landbewirtschaftung aufgehoben werden, so daß der Bauer „wieder der freie Herr auf seiner Scholle" werde.

Schließlich wurde der Kommission ein Konzept für die von ihr zu beschließende Resolution vorgeschlagen, die den Beschluß der Ausdehnung und Verlautbarung der bisher von der Provisorischen Staatsregierung erlassenen Gesetze für das ganze Staatsgebiet der Republik beantragen sollte.[1]

Das Staatsamt für Justiz hat der Länderkonferenz bzw. der Juridischen Kommission – wie schon erwähnt – zwei Berichte vorgelegt, die inhaltlich gewisse zeitliche Zäsuren erkennen lassen[2] und über die Gesetzesaufzählung im Bericht der Staatsregierung hinaus vor allem die Umstände seiner Arbeit beschreiben. Auf sie soll im folgenden kurz eingegangen werden.

Im ersten Bericht heißt es, daß bereits am 13. April 1945 – also am Tag der endgültigen Eroberung Wiens durch Truppen der russischen Armee – im Justizpalast einige Richter, Rechtsanwälte und andere Persönlichkeiten des Rechtslebens zusammentraten, „um die durch den Zusammenbruch der nationalsozialistischen Herrschaft aufgeworfene Frage der Neugestaltung des Rechtes in Österreich zu besprechen". Dabei dürfte auch die Betrauung von Dr. Schwab mit der Leitung des Landesgerichtes Wien am 14. April[3] beschlossen worden sein. Diese Vorarbeiten erhielten mit der Bildung der Regierung und der Bildung des Staatsamtes für Justiz eine feste Grundlage. Dr. Gerö berief sofort nach seiner Ernennung zum Staatssekretär zwei Kommissionen ein, wobei die eine die Erneuerung der Gesetzgebung auf dem Gebiet des bürgerlichen Rechtes und des Zivilprozesses, die andere jene von Strafrecht und Strafprozeß vorbereiten sollte. Durch die rasch voranschreitende Einrichtung des Staatsamtes trat die Arbeit dieser Kommissionen allerdings mehr in den Hintergrund. Sie wurde in die legislativen Abteilungen des Staatsamtes verlegt.

Durch die Vermischung der altösterreichischen Gesetze mit den deutschen bzw. NS-Gesetzen seit dem März 1938 stand man im April 1945 einer Überfülle von Rechtsnormen gegenüber. Die erste Frage, die von den österreichischen Juristen erörtert wurde, war daher jene, in welcher Form die für Österreich nicht geeigneten Vorschriften zu beseitigen wären. Dabei war ursprünglich der Gedanke aufgetaucht, alle von der NS-Regierung erlassenen Normen kurzerhand für unwirksam zu erklären. Man gab ihn jedoch auf, weil er, abgesehen von seiner praktischen Undurchführbarkeit, schwere Erschütterungen des Rechtslebens und der Rechtskontinuität zur Folge gehabt hätte. Daher kam man zum Ergebnis, grundsätzlich alle jene Rechtsvorschriften aufzuheben, die typisches nationalsozialistisches Gedankengut enthielten und mit demokratischen Grundsätzen unvereinbar waren. Alle übrigen deutschen Vorschriften sollten jedoch vorläufig in Geltung gesetzt und nach und nach durch österreichische Gesetze ersetzt werden. Das war das Prinzip des Rechtsüberleitungsgesetzes vom 1. Mai 1945. Die Aufhebung jener Vorschriften, die grundsätzlich als unwirksam erklärt werden sollten, war jedoch wegen der Rechtssicherheit ausdrücklich durch eine Kundmachung der Provisorischen Staatsregierung im Staatsgesetzblatt zu verlautbaren. Die Erlassung dieser Kundmachungen wurde der gemäß § 3 des Rechtsüberleitungsgesetzes bestellten Kommission übertragen, in der das Staatsamt für Justiz durch seinen leitenden Sektionschef vertreten war. Bisher waren – im ersten Vierteljahr des neuen Österreich – achtzehn Kundmachungen erschienen. Die Kommission setzte ihre Arbeit weiter fort. Die Neugestaltung des österreichischen Straf- und Strafprozeßrechtes, die Wiederherstellung der österreichischen Gerichtsorganisation sowie die Schaffung eines Strafgesetzes gegen die nationalsozialistischen Kriegsverbrecher wurden wie die bereits im Bericht der Provisorischen Staatsregierung angeführten Gesetze in Angriff genommen.

Besondere Bedeutung maß das Staatsamt für Justiz dem Wiederverlautbarungsgesetz vom 20. Juni 1945 (StGBl. Nr. 28) zu: „Dieses Gesetz kann für die Neugestaltung des österreichischen Rechtes insofern von großer Bedeutung sein, als es gestattet, ältere Gesetze in ihrer heutigen giltigen Fassung rechtsverbindlich zu verlautbaren. Damit ist die Möglichkeit gegeben, alle veralteten Bestimmungen und Ausdrücke aus solchen Gesetzen auszuscheiden und damit einfache, klare und zeitgemäße Rechtsnormen zu schaffen." Die Mitarbeit des Staatsamtes für Justiz an allen bereits vom Kabinett beschlossenen und auch an den in Vorbereitung befindlichen Gesetzen wurde besonders betont.

Auf dem Gebiet der Justizverwaltung waren drei Probleme zu lösen: Aufbau des Personals, Wiedereinrichtung der Gebäude und Wieder-

---

[1] Ein Vergleich dieses Entwurfes mit den tatsächlich beschlossenen Resolutionen erfolgt unten, S. 36 bzw. Anm. 1.
[2] „Justizgesetzgebung und Justizverwaltung im ersten Vierteljahr des neuen Österreich" und „Justizgesetzgebung, Rechtspflege und Justizverwaltung in Österreich, Sommer 1945", Kopien, Beilagen zu Präs. 237/45.
[3] Siehe oben, S. 14.

herstellung des Betriebes; vor allem Sammlung von Vorakten und Beschaffung der sonstigen Behelfe. Alle diese Aufgaben waren für das Staatsamt für Justiz besonders schwierig, weil die beiden Zentralstellen, das Bundesministerium für Justiz und der Oberste Gerichtshof, überhaupt nicht existierten, weder Personal noch Amtsräume und Akten vorhanden waren, während die meisten anderen Staatsämter wenigstens an Reste ihrer Verwaltungsbehörde anknüpfen konnten.

Beim Staatsamt für Justiz hatte es sich um einen vollkommenen Neuaufbau gehandelt. Er sei mit Hilfe ehemaliger Beamter des seinerzeitigen österreichischen Bundesministeriums für Justiz, die sich sofort gemeldet hatten, in den benützbaren bzw. mit Einsatz aller Kräfte adaptierten Räumen des Justizpalastes erfolgt. Daher konnte das Staatsamt bereits mit 15. Mai seine Tätigkeit in vollem Umfang aufnehmen.

Für den Obersten Gerichtshof sei ein vorläufiger Senat gebildet worden. Die Gerichte zweiter und erster Instanz waren als Reichsbehörden eingerichtet gewesen, die zum Teil nach österreichischem, zum Teil nach Reichsrecht gearbeitet hatten. Für die innere Geschäftsordnung sei jedoch die österreichische Geschäftsordnung im wesentlichen aufrecht geblieben. Nur auf dem Gebiet der Geldgebarung war an die Stelle des österreichischen Geldbuches und der Amtsrechnung die deutsche Justizkasse getreten. Was die Wiederaufnahme der Tätigkeit der Gerichte betrifft, so war sie – nach Wiederherstellung der österreichischen Gerichtsorganisation, des Strafrechts und des Strafprozesses – einerseits durch die Beschädigung zahlreicher Gerichtsgebäude in Wien und Umgebung, andererseits durch die schwierigen Personalverhältnisse behindert. Von den Wiener Gerichtsgebäuden waren das frühere Landesgericht für Strafsachen Wien II am Hernalsergürtel und das Gebäude des früheren Strafbezirksgerichtes I in der Schiffamtsgasse völlig unbenützbar. Die anderen Gerichtsgebäude wurden wenigstens so weit wieder instandgesetzt, daß ein Amtsbetrieb möglich war. Was das Personal betrifft, so ergaben sich zahlreiche Abgänge: „Einerseits durch Einrückung zum Militärdienst, andererseits dadurch, daß ein großer Teil der betont nationalsozialistisch eingestellten Richter- und Beamtenschaft in der letzten Kriegszeit das Weite gesucht hat; aber auch von dem verbleibenden Personal konnte nur ein Teil verwendet werden, weil die politische Haltung der betreffenden Personen vor und während der Annexionszeit es untunlich erscheinen ließ, ihnen ein Amt bei Gericht zu übertragen."

Als Ersatz meldeten sich – wie schon erwähnt – vom NS-Regime außer Dienst gestellte Richter, Staatsanwälte und sonstige Justizbeamte, die eine entsprechende Besetzung und damit Öffnung der Wiener Gerichte ermöglichten.

Noch schwieriger als in Wien war die Situation der Gerichte in Niederösterreich und zum Teil in der Steiermark. Mit den übrigen Bundesländern war bisher ein näherer Verkehr nicht möglich. Für die östlich der Demarkationslinie (Enns) gelegenen oberösterreichischen Gebiete wurde ein vorläufiger Gerichtsbetrieb eingerichtet und eine Zweigstelle des Kreisgerichtes Steyr unter der Bezeichnung „Steyr-Ost" geschaffen. Die Strafanstalten Stein und Graz-Karlau sowie die Anstalten für jugendliche Rechtsbrecher in Kaiser-Ebersdorf und Hirtenberg sind geschlossen. „Es bleibt ein Problem, die von den Nationalsozialisten freigelassenen gemeinen Verbrecher wieder zum Strafantritt zu verhalten. Eine allfällige Amnestie wird hier eine reinliche Scheidung zwischen jenen Personen, die ohne Gemeingefahr auf freiem Fuß und daher gegen Widerruf entlassen werden können, und jenen, die als Gewohnheitsverbrecher oder als sonst gemeingefährliche Individuen wieder in Haft kommen müssen, zu treffen haben."

Die wichtige Frage des richterlichen Nachwuchses hoffte das Staatsamt durch die Wiederherstellung der österreichischen Ausbildungsvorschriften und die richtige Auswahl der jungen Richter, die als Anwärter auf Rechtsberufe der NS-Propaganda besonders ausgesetzt und zum Teil auch zugänglich waren, lösen zu können.

Die Fortsetzung dieses Berichtes bildet der schon genannte für den Sommer 1945[1], wobei manches aus dem ersten Bericht wiederholt wird, aber im Gegensatz zu diesem auch ganz konkrete Zahlenangaben gemacht werden: So waren beim Landesgericht für Strafsachen in Wien bis 4. September 1945 1521 Strafsachen politischen Charakters angefallen, von denen 343 erledigt wurden. In 45 Straffällen dieser Art war die Anklage erhoben worden, 22 Verhandlungen waren durchgeführt, von ihnen zwanzig durch Urteil erledigt. Vier Angeklagte waren wegen Mord, Totschlag, Quälereien und Mißhandlungen (§ 3 Kriegsverbrechergesetz), ein Angeklagter wegen Verbrechens der Denunziation (§ 7 Kriegsverbrechergesetz), die übrigen wegen illegaler Betätigung für die NSDAP nach

---

[1] Beilage zu Präs. 237/45.

dem Verbotsgesetz verurteilt worden, wobei in drei Fällen die Todesstrafe, in den übrigen schwere Kerkerstrafen verhängt worden sind.[1] 23 weitere Fälle waren so weit gediehen, daß die Hauptverhandlungen angeordnet wurden, unter ihnen die Anklage gegen Dr. Jörn Lange.[2] Wegen gemeiner Verbrechen und Vergehen waren in der gleichen Zeit 1277 Strafsachen angefallen, von denen 1097 noch anhängig waren. Die ersten Schöffenverhandlungen waren erst für Ende September 1945 vorgesehen, da die Aufstellung von Schöffenlisten infolge der gesetzlich vorgeschriebenen Mitteilung der drei politischen Parteien längere Zeit dauerte.

Im September 1945 arbeiteten im Straflandesgericht Wien zwanzig Vorsitzende und zwanzig Untersuchungsrichter. Von ihnen waren fünf Vorsitzende und zwölf Untersuchungsrichter für das Volksgericht tätig.

Im Landesgericht für Strafsachen in Wien befanden sich am 5. September 1945 1167 Häftlinge, darunter 717 politische Untersuchungshäftlinge. Ihre Tagesverpflegung hatte einen Nährwert von 1000–1200 Kalorien, war „also besser als die der übrigen Bevölkerung" – bis 23. September 800 Kalorien. Das Gefangenenhausspital war bereits wieder in Betrieb.

Das zweite große Wiener Gefangenenhaus (damals Landesgericht für Strafsachen Wien II) war durch Bombentreffer schwer beschädigt, aber doch schon wieder teilweise belegt (208 Häftlinge, überwiegend polizeiliche Schutzhäftlinge und 33 politische Häftlinge). Für kleinere Verfehlungen war das Strafbezirksgericht Wien neu aufgestellt und in das Landesgerichtsgebäude verlegt worden, weil das Gebäude in der Schiffamtsgasse ausgebrannt war. Beim Strafbezirksgericht Wien waren von Mitte Juli bis Anfang August 1945 2666 Strafsachen angefallen, von denen 910 erledigt wurden.

Von den Gerichtshöfen in Niederösterreich mußte das Kreisgericht Korneuburg vorläufig stillgelegt werden. Seine Geschäfte wurden von den Wiener Gerichtshöfen übernommen. Die Kreisgerichte Krems, St. Pölten und Wiener Neustadt arbeiteten seit Ende Juni sowohl in Strafsachen als auch in bürgerlichen Rechtssachen. Von den sechzig ländlichen Bezirksgerichten in Niederösterreich waren siebzehn noch während des Krieges von der deutschen Justizverwaltung stillgelegt worden. Elf mußten infolge der Kriegsereignisse ihre Tätigkeit einstellen. Alle übrigen Bezirksgerichte arbeiteten bereits wieder.

Auch die Gefangenenhäuser in Krems, St. Pölten und Wiener Neustadt waren schon in Betrieb und stark belegt (in Krems 360, in St. Pölten 350 und in Wiener Neustadt 150 Häftlinge). Die Strafanstalt in Stein war noch unbesetzt, aber für die Aufnahme von ca. achthundert Häftlingen vorbereitet. Die vom Volksgericht in Wien Verurteilten sollten nach Stein überführt und in der Ziegelei und Buchdruckerei beschäftigt werden.

Was die Justizorganisation betrifft, so sei ihre Reaustrifizierung durch das schon genannte Gerichtsorganisationsgesetz vom 3. Juli 1945 (StGBl. Nr. 47) eingeleitet und durch das Behörden-Überleitungsgesetz vom 20. Juli 1945 (StGBl. Nr. 94) Abschnitt III, vollendet worden. Dieses Gesetz hatte auch die Grundlage für eine den damaligen Verhältnissen angemessene Einteilung der Gerichtsbezirke und Gerichtssitze durch das Staatsamt für Justiz geschaffen, das z. B. die Bezirksgerichte in Matzen und Marchegg, die infolge Zerstörung ihrer Amtsgebäude nicht mehr amtieren konnten, zu einem neuen Bezirksgericht in Gänserndorf vereinigte und das Bezirksgericht Pottenstein aus demselben Grund nach Berndorf verlegte.

An neuen Gesetzen, an deren Zustandekommen das Staatsamt für Justiz maßgeblich beteiligt war, wurden das Gesetz über die Fürsorge für die Opfer des Kampfes um ein freies, demo-

---

[1] Von den 1945 bis 1955 bestehenden Volksgerichten wurden insgesamt 136.829 Fälle behandelt. Von ihnen wurden 75.613 eingestellt; in 28.148 Fällen wurde die Anklage erhoben. Sie endete mit 13.607 Urteilen (43 Todesurteile, 34 Verurteilungen zu lebenslanger Haft, 264 zu zehn bis zwanzig Jahren, 381 zu fünf bis zehn, 8326 zu einem bis fünf und 4559 bis zu einem Jahr Haft). *Volksgerichtsbarkeit und Verfolgung von nationalsozialistischen Gewaltverbrechen in Österreich (1945–1972). Eine Dokumentation,* hrsg. vom Bundesministerium für Justiz, für den Inhalt verantwortlich MR. Dr. Karl Marschall, Wien 1977, S. 31 ff.

[2] Dr. Jörn Lange war der Leiter des I. Chemischen Instituts der Universität Wien und erschoß am 5. April 1945 die Assistenten Dr. Kurt Horeischy und Dr. Hans Vollmar, als diese ihn an der Zerstörung des Elektronenmikroskopes des Instituts hindern wollten. Der Prozeß Lange war nach dem Prozeß gegen die Judenmörder von Engerau der zweite Volksgerichtsprozeß. Dr. Lange war zum Tode verurteilt worden, beging jedoch vor der Vollstreckung Selbstmord. Vgl. *Neues Österreich,* 26. Juli 1945, und Erich Fein, *Die Steine reden. Gedenkstätten des österreichischen Freiheitskampfes. Mahnmal für die Opfer des Faschismus. Eine Dokumentation,* Wien 1975, S. 60.

kratisches Österreich vom 17. Juli 1945 (StGBl. Nr. 90), das Arbeiterkammergesetz vom 20. Juli 1945 (StGBl. Nr. 95), die Wasserrechtsnovelle und das Gesetz zur Regelung der Arbeitsruhe an Feiertagen angeführt. Eine Reihe deutscher Rechtsvorschriften, die nicht aufgehoben wurden, wie z. B. die Anordnungen über das Handelsregister oder auch das friedensrichterliche Verfahren, sollten den österreichischen Vorschriften angepaßt werden. Als besonders wichtiges Problem wurde die Erarbeitung einer neuen österreichischen Agrargesetzgebung angeführt, da die diesbezügliche deutsche Gesetzgebung wegen der NS-Staatsauffassung und der aggressiven Außenpolitik mit dem Wesen eines freien Bauerntums und daher mit einer demokratischen Staatsauffassung überhaupt unvereinbar seien. Nun müsse man in Anlehnung an überlieferte österreichische Rechtseinrichtungen den richtigen Ausgleich zwischen wirtschaftlicher Freiheit des Landwirts und zwingenden Interessen der Volksernährung finden.

Weiters hatte das Staatsamt für Justiz zur Zeit der Berichterstattung eben die Ausarbeitung eines Entwurfes gegen Schleichhandel, Preistreiberei und andere Machenschaften, die eine geordnete Versorgung der Bevölkerung mit Lebensmitteln und sonstigen Bedarfsgegenständen erschweren, beendet. Der Entwurf sollte in nächster Zeit dem Kabinettsrat, der bis zur Konstituierung des am 25. November 1945 gewählten Nationalrates auch die Legislative ausübte, vorgelegt werden.

Schließlich wirkte das Staatsamt für Justiz noch bei der Ausarbeitung zahlreicher anderer Gesetzentwürfe mit, die anderen Staatsämtern oblige, wie z. B. über die Rückführung widerrechtlich entzogenen Vermögens in den Besitz des berechtigten Eigentümers (Realisierung), die Wiedergutmachung des durch die NS-Politik dem österreichischen Volke zugefügten Schadens, die Überführung von Unternehmen der Groß- und Schwerindustrie in Gemeinschaftsbesitz, die Wohnungsanforderung, die Heranziehung der Wiener Bevölkerung zu Notstandsarbeiten und die Ordnung des Reklamewesens (Wirtschaftswerbung).

Diesem Bericht ist ein weiterer, ebenfalls bis Anfang September 1945 reichender beigelegt, der sämtliche tatsächlichen Funktionen des Staatsamtes für Justiz sowie die dafür notwendigen Abteilungen und Beamten[1] sowie die für Wien, einen Teil Niederösterreichs und der Steiermark erforderlichen Richter und staatsanwaltlichen Beamten[2], die schwierigen Arbeitsumstände (Raummangel, Verkehrs- und Kommunikationsbehinderungen) anführt, und mit einem Bekenntnis zum Recht eines *jeden* Beschuldigten auf Verteidigung und Beistand und zur Wiedererweckung des Verständnisses für die großen Aufgaben der Rechtspflege endet: „ . . . denn wahre Gerechtigkeit ist die Grundlage jeder wirklichen Ordnung und damit die erste Voraussetzung für den Wiederaufbau eines Staates und die Wiederherstellung einer zerstörten Wirtschaft."[3]

Die Erste Länderkonferenz, für die alle zitierten Unterlagen erarbeitet worden waren und an der Vertreter aller Bundesländer und des Mühlviertels teilnahmen[4], wurde am 24. September im Niederösterreichischen Landhaus in der Wiener Herrengasse mit Reden von Staatskanzler Renner und des Landeshauptmannes von Niederösterreich Ing. Leopold Figl eröffnet. Die ursprünglich nur für den 24. vorgesehene Plenarsitzung mußte zunächst noch am 25. weitergeführt werden, da die Tiroler und Vorarlberger Delegation wegen der späten Übermittlung der Einladung durch die Vertreter der französischen Besatzungsmacht und Verkehrsschwierigkeiten an der Plenarsitzung vom Vortag nicht hatten teilnehmen können.[5] Das veranlaßte Renner zu einer zweiten Begrüßungsrede, in der er nochmals die Bedeutung der Länder betonte – die jetzt einberufene Konferenz sei nichts anderes als ein Ersatz für den Bundesrat – und sich besonders ausführlich mit der Tätigkeit der Juridischen Kommission befaßte: „Die judizielle Kommission wird das ganze Gesetzgebungswerk der Provisorischen Staatsregierung noch zu prüfen haben. Und da ist es vor allem das Problem der Ausmerzung der dem Nationalsozialismus dienenden Gesetze, die besonders gründlich besprochen sein müssen. Es ist dies nicht nur eine interne Angelegenheit Österreichs, sondern in

---

[1] Nach den Erfahrungen von 1928 bis 1938 waren ca. dreißig Konzeptsbeamte für einen geordneten Ablauf der Geschäfte des Justizministeriums der notwendige Minimalstand, der in der jetzigen Situation auf jeden Fall zu niedrig sei. Im September 1945 waren im Staatsamt der Staatssekretär, drei Unterstaatssekretäre und 26 Konzeptsbeamte tätig. Beilage zu Präs. 237/45.
[2] Gegenüber einem Bedarfsstand von 1430 Richtern waren 869, von 120 staatsanwaltlichen Beamten neunzig vorhanden. Ebenda.
[3] Ebenda.
[4] Die Teilnehmerliste ist bei Feichtenberger, *Länderkonferenzen 1945*, S. 43f., publiziert.
[5] Ebenda. S. 52.

besonderem Maße auch eine äußere. Bedenken Sie, daß – innenpolitisch gesehen – gesühnt werden muß, was dem österreichischen Staatswesen durch die Gewaltherrschaft der deutschen Faschisten angetan wurde. Nach außen aber müssen wir den Beweis erbringen, daß es uns ernst ist mit der Behauptung, daß wir alle faschistischen und kriegerischen Tendenzen ausmerzen und einen Volksstaat, einen Friedensstaat, aufbauen wollen. Diesen Beweis können wir aber nur dann bringen, wenn wir die Überreste des Nazifaschismus ausrotten und die Schuldigen der gerechten Bestrafung zuführen."[1]

Von den Beratungen der Juridischen Kommission am 25. September 1945 sind zwei inhaltlich im wesentlichen, aber nicht wörtlich gleiche Protokolle vorhanden. Im folgenden wird als Basis das von mir als Fassung A (Konzept, Schriftführer: Regierungsrat Maier) bezeichnete verwendet; Abweichungen oder Ergänzungen der kürzeren und wohl offiziellen Fassung B werden jedoch vermerkt. Den Vorsitz der Juridischen Kommission führte Staatssekretär Dr. Gerö. Als Schriftführer fungierten für den Staatskanzler Privatdozent Werner, für das Staatsamt für Justiz Amtsgerichtsrat Dr. Tintara und für die Staatskanzlei Regierungsrat Maier. 45 weitere Bundes- und Ländervertreter nahmen an der Sitzung teil.[2] Am stärksten war Wien infolge der Teilnahme mehrerer Unterstaatssekretäre und Beamter vertreten (achtzehn), Oberösterreich, Salzburg und Tirol mit je fünf Teilnehmern, die Steiermark mit vier, Kärnten und das laut Verfassungsgesetz vom 29. August 1945 als eigenes Bundesland wiedererrichtete Burgenland mit je drei, Vorarlberg mit zwei und das zur Gänze von den Russen besetzte und daher mit einer eigenen österreichischen Zivilverwaltung versehene Mühlviertel mit einem. Die Parteiangaben in der Teilnehmerliste sind zumindest nicht vollständig, denn Bürgermeister Körner gehörte der SPÖ an, Honner und Altmann der KPÖ, was nicht eigens vermerkt ist. Dennoch ist die aus der damaligen Situation resultierende Überrepräsentation der KPÖ unübersehbar. Die unterschiedlichen Länderansichten zu bestimmten Fragen dürften allerdings nicht vorrangig von Parteiinteressen bestimmt gewesen sein.

Gerö hatte in einer Begrüßungsansprache erklärt, daß von der Kommission das Staatsbürgergesetz, das NSDAP-Verbotsgesetz, das Kriegsverbrecher- und das Wirtschaftssäuberungsgesetz zu behandeln seien. Daraufhin erstattete Sektionschef Dr. Heiterer-Schaller einen eingehenden Bericht über das Staatsbürgergesetz. Es wurde im wesentlichen diskussionslos von der Kommission gutgeheißen, doch legten die Vertreter Kärntens, Newole und Amschl, eine Resolution zur Weiterleitung an das Plenum der Länderkonferenz vor, in der die Bewohner des Canaletales (Tarvis) den Wunsch ausdrückten, in staatsbürgerlicher Hinsicht so behandelt zu werden, wie dies im Sinne einer Gleichstellung mit den österreichischen Staatsbürgern die

[1] *Österreichische Zeitung*, 26. September 1945; zitiert nach Feichtenberger, S. 53.
[2] Die folgende Liste entspricht in Reihenfolge, Funktions- und Parteiangabe dem Protokoll B, Beilage zu Präs. 237/45. Das Protokoll A hat keine Teilnehmerliste.
Karl NEWOLE, Landesamtsdirektor, Kärnten; Norbert HORVATEK, Landesrat, Steiermark; Dr. Alois DIENSTLEDER, Landeshauptmannstellvertreter, Steiermark, ÖVP; Dr. Ludwig KOBAN, Landesamtsdirektor, Steiermark; Edmund AIGNER, SPÖ, OÖ.; Anton WEIDINGER, SPÖ, OÖ.; Dr. Hans PERNTER, ÖVP, Wien; Dr. Ernst KOREF, Obmann der SPÖ Linz; Franz HONNER, Staatssekretär für Inneres; Dr. Karl ALTMANN, Unterstaatssekretär für Justiz; Ing. MÖDLAGL, Unterstaatssekretär für öffentl. Bauten usw.; Dr. DAVID, Unterstaatssekretär für soziale Verwaltung; DUBOVSKY, KPÖ, NÖ.; Wilhelm PETRAK, KPÖ, OÖ.; KATZIANKA, KPÖ, Kärnten; Hans MEISSNITZER, Landesrat, Salzburg, KPÖ; ELSER, Landeshauptmannstellvertreter Steiermark, KPÖ; Max BAIR, KPÖ, Tirol; Josef LAUSCHER, KPÖ, Wien; Dr. Hans AMSCHL, Landeshauptmannstellvertreter Kärnten, ÖVP; Dr. Hans GAMPER, Landesrat Tirol, ÖVP; Dr. Hans VANURA, Landesamtsdirektor, NÖ.; Dr. Josef SOMMER, Leiter des Amtes des Staatsbeauftragten für das Mühlviertel; Theodor KÖRNER, Bürgermeister, Wien; Paul SPEISER, Parteiobmann, SPÖ; Dr. Ferdinand NAGL, Unterstaatssekretär für Justiz, ÖVP; Anton NEUMAYR, Landeshauptmannstellvertreter, Salzburg; Alois HEINZ, SPÖ, Tirol; Vinzenz BÖRÖCZ, Landesrat, Burgenland; LEISSING, Landesrat, Vorarlberg; Alois WESSELY, Landesrat, Burgenland; Emil OSWALD, Landesobmann der ÖVP, Wien; Dr. LORENZONI, Landesrat, OÖ.; Dr. SCHIEMEL, Landeshauptmann, Salzburg; Dr. HURDES, ÖVP, Wien; Dr. Hubert HOHENLOHE, Vertreter des Regierungsdirektors, Tirol; Hofrat Karl STEMBERGER, Landesamtsdirektor, Salzburg; Ernst HEFEL, Unterstaatssekretär Unterricht, ÖVP; Sekt.-Chef Dr. STROBELE, Staatsamt für Justiz; Sekt.-Chef Dr. HEITERER-SCHALLER, Staatskanzlei; Sen.-Präs. Dr. LEONHARD, Staatsamt für Justiz; I. StA Dr. Hans SCHMID, Staatsamt für Justiz; Min.-Rat Dr. HOFMANN, Staatsamt für soziale Verwaltung.

Provisorische Staatsregierung hinsichtlich Südtirols beschlossen habe. Gerö informierte die Kommission über den Beschluß des Kabinettsrates, daß die Südtiroler bis zu einer endgültigen Regelung als „Quasi-Österreicher" zu betrachten und zu behandeln sind.[1] Daraufhin beschloß die Kommission diese Resolution in ihre Endresolution aufzunehmen. Zusammenfassend stellte Gerö fest, daß gegen die Ausdehnung des Staatsbürgerschafts-, Überleitungs- und des Staatsbürgerschaftsgesetzes auf das ganze Gebiet Österreichs seitens der Kommission keine Bedenken bestünden.

Weniger glatt verlief die Diskussion des NSDAP-Verbotsgesetzes, über das Senatspräsident Dr. Leonhard referierte. Artikel I wurde zwar einhellig approbiert[2], bei Artikel II war das jedoch nicht mehr der Fall. Der Salzburger Landeshauptmann Schemel erklärte, daß sich das Land Salzburg bei der Regelung dieser Frage zwar die Grundsätze des Gesetzes der Provisorischen Staatsregierung zu eigen gemacht habe, eine Streichung aus der Registrierung ausschließlich durch die Regierung, wie das Gesetz das vorsah, sei jedoch eine technische Unmöglichkeit. „Wenn man 20% der Bevölkerung als nationalsozialistische Parteiangehörige annehme, so käme eine Million zur Registrierung, davon würde mindestens eine halbe Million die Streichung beantragen. Es müßte also eine halbe Million Akten in der Staatskanzlei behandelt werden." In Salzburg seien in allen Gemeinden paritätische Kommissionen, von den drei Parteien beschickt, gebildet worden, die alle Leute in der Gemeinde kennen und die Prüfung vornehmen. Gegen ihre Entscheidung gebe es nur eine Berufungsinstanz. Außerdem sei er dagegen, daß jetzt alle Gesetze der Provisorischen Staatsregierung im „Eiltempo" durchgepeitscht würden – ein Bedenken, dem sich auch der Tiroler Landesrat Gamper anschloß. Schemel bat daher um eine Frist zum Studium und zur Prüfung des umfangreichen Materials. Gerö erwiderte darauf, daß die Staatsregierung bis vor kurzem keine Möglichkeit gehabt habe, ihre Gesetze, Verordnungen und Verfügungen den Landesregierungen zu übermitteln. Sie werde nach der Länderkonferenz mit den einzelnen Besatzungsmächten in Verhandlungen treten. Die britische Besatzungsbehörde habe fast alle österreichischen Gesetze als ihr Recht anerkannt, mit Ausnahme der Gesetze über die Provisorische Verfassung, des Verbotsgesetzes und des Kriegsverbrechergesetzes – diese jedoch nur insoweit, als sie Volksgerichte einsetzen –, des Staatsbürgerschaftsgesetzes, des Gesetzes über die öffentlichen Verwalter und des Behördenüberleitungsgesetzes. Alle anderen Gesetze hätten die Besatzungsmächte als ihrem Recht entsprechend anerkannt und erklärt, daß sie sich an diesen Rechtszustand halten würden. Die Kommission habe nur zu prüfen, ob die Gesetze der Staatsregierung auch in den Ländern Anwendung finden sollen. Alles weitere werde die künftige Staatsregierung mit den Besatzungsmächten verhandeln. Der Parteiobmann der SPÖ Paul Speiser erklärte, daß die Stadt Wien mit dem Gesetzgebungswerk der Staatsregierung einverstanden sei. In Wien gebe es ca. 80.000 registrierte Nationalsozialisten, von denen „eine ungeheuer große Zahl" um ihre Streichung aus dem Register angesucht hätte. Die Stadt Wien würde gern eine Verschärfung der Maßnahmen gegen die Nationalsozialisten sehen. Es bestehe aber kein Hindernis, daß das Gesetz den Bedürfnissen der Länder angepaßt werde. Jedenfalls solle den Nationalsozialisten kein Wahlrecht gegeben werden, da sie sich als unfähig erwiesen hätten, die politischen Verhältnisse zu beurteilen und das schwerste Unglück über Österreich gebracht hätten. Speiser regte dann an, in einer kleinen Kommission festzustellen, welche Änderungen des Gesetzes gemeinsam vorgeschlagen werden sollen.

Der oberösterreichische Landesrat Lorenzoni informierte die Kommission darüber, daß die amerikanische Besatzungsbehörde den strengen Auftrag gegeben habe, die Gesetze der Wiener Regierung nicht zur Anwendung zu bringen. Es sei praktisch unmöglich, jetzt plötzlich alle diese Gesetze anzuwenden. Oberösterreich habe die Nationalsozialisten nicht registriert und sei auch nicht imstande, das noch vor den Wahlen durchzuführen.

Gerö erwiderte darauf, daß die Kommission nicht zu prüfen habe, ob die Gesetze für die Besatzungsmächte tragbar seien, sondern die Länder sollten souverän prüfen, ob sie von ihrem Standpunkt aus ohne Rücksicht auf die Besatzungsmächte wirksam werden sollen. Die Gesetze sollten auch nicht sofort, sondern erst zu

---

[1] Zu diesem Zeitpunkt hoffte nicht nur die Staatsregierung auf die Wiedergewinnung Südtirols. Endgültig abgelehnt wurde dieser österreichische Wunsch, den Außenminister Gruber noch bei der Konferenz der Außenminister der Großmächte in London am 1. Juni 1946 vorgetragen hatte, von dieser am 24. Juni 1946, doch war die Entscheidung darüber schon im Herbst 1945 gefallen.
[2] Fassung B.

einem späteren Zeitpunkt angewendet werden. Schemel meinte, daß in jenen Ländern (Oberösterreich, Kärnten), die noch nicht registriert hätten, die Registrierung nach dem Salzburger Muster in kurzer Zeit durchführbar sei. Salzburg habe die Nationalsozialisten in die Gruppen A, B, C und D eingeteilt, wobei die Gruppe D die am wenigsten belasteten Nationalsozialisten umfasse. Mit Hilfe der örtlichen Kommissionen bekomme man eine ziemlich gerechte Einteilung. Die Bundesregierung könne dann erklären, welche Gruppen kein Wahlrecht hätten, und man könne dann eventuell belastete Nationalsozialisten aus der Wählerliste streichen. Der burgenländische Vertreter Posch[1] bemerkte, daß man in fast allen burgenländischen Gemeinden über die offiziellen NSDAP-Mitgliederlisten verfüge. Falls keine Mitgliederlisten vorhanden seien, müßte man die Zellen- und Blockleiter zur Auskunfterteilung veranlassen.

Unterstaatssekretär Altmann meinte nun, die Kommission solle sagen, ob grundsätzlich etwas gegen das Gesetz einzuwenden sei. Zur Diskussion stehe die Frage, ob man die Nationalsozialisten registrieren und für die belasteten Nationalsozialisten Rechtsfolgen eintreten lassen solle. Eine Erfahrung habe man bisher jedenfalls schon gemacht, nämlich die, daß die bei den örtlichen Kommissionen vorgesehenen Gutachten und die Entscheidungen der Landeshauptmannschaft eine genügende Grundlage für ein Aufgreifen der Grundsätze der Regierung seien. Die zentrale Behandlung erfordere doch eine Überprüfung wenigstens in großen Zügen, und das dauere eben lange. Die Listen für die bevorstehenden Wahlen müßten vollständig von den Registrierungslisten getrennt bleiben. Man müßte bei der Anlage der Wählerlisten in der Weise vorgehen, daß man die Nationalsozialisten herausreklamieren könne. Der Ausweg, als letzte Instanz eine Landesinstanz zu installieren, sei nicht zielführend. Nur bei ablehnenden Bescheiden komme es zu einer Berufung, doch nütze diese nichts, weil es sich ja um eine Erfassungsmaßnahme handle. Es habe sich als richtig erwiesen, entweder gar keine Ausnahme zuzulassen oder nur in verschwindend geringen Fällen, bei denen es außer Zweifel stehe, daß ihre Zugehörigkeit zur NSDAP durch andere positive und kämpferische Handlungen zur Befreiung des wiedererstandenen Österreich überdeckt sei. Auch in der Zentrale befinde sich übrigens außerordentlich viel Material über die Parteimitglieder. Sie habe daher großes Interesse am raschen Abschluß der Registrierung, damit dann die Überprüfung auf Grund dieses zentralen Materials erfolgen könne.

Unterstaatssekretär Scheffenegger erklärte, die Forderung der Maximalisten, allen Nationalsozialisten das Wahlrecht abzuerkennen, sei nicht durchführbar, dagegen könne dem Verlangen der Minimalisten, nur den schwer Belasteten das Wahlrecht zu entziehen, bis zu den Wahlen entsprochen werden, wenn man die Registrierung grundsätzlich bei der ersten Instanz aufhalte und nur die Berufung an den Landeshauptmann zulasse. Die Landeshauptleute müßten miteinander in Kontakt treten und zur Vermeidung von Ungleichheiten allgemeine Richtlinien ausarbeiten, nach denen die Berufungen entschieden werden. Der Forderung Altmanns nach Überprüfung der Ansuchen durch die staatspolizeilichen Aufzeichnungen, die mehr als achtzig Prozent der Nationalsozialisten erfassen, schloß sich Scheffenegger an, weil nur durch die Heranziehung der Staatspolizei die Lügen aufgedeckt werden könnten, die sich die belasteten Nationalsozialisten fast ausnahmslos zuschulden kommen ließen. Wenn sich ein Landeshauptmann entschließe, einer Berufung stattzugeben, müsse jedenfalls zuerst das Einvernehmen mit der Staatspolizei hergestellt werden.

Der Salzburger Landeshauptmannstellvertreter Neumayr trat ebenfalls für die Einsetzung eines Unterausschusses ein, der die augenblicklich wichtigsten Gesetze beraten sollte, zu denen jedenfalls das Verbotsgesetz gehöre. In jenen Bundesländern, in denen die Registrierung noch nicht durchgeführt sei, solle sie unbedingt noch vor den Wahlen erfolgen. Die unbelasteten Nationalsozialisten (Gruppe D, eventuell C) sollten wahlberechtigt bleiben. Wenn man die Registrierung nicht durchführe, müßte man alle Nationalsozialisten ausschließen, was nicht ginge. Die Gemeinden als erste Instanz würden durch die Heranziehung von Vertrauensleuten aus allen drei politischen Parteien sicherlich die richtige Entscheidung treffen.

Der steirische Landeshauptmannstellvertreter Dienstleder berichtete daraufhin, daß die Steiermark die Registrierung durchgeführt habe. Ca. siebzig Prozent der Nationalsozialisten hätten sich gemeldet, doch sei die Zahl der Gnadengesuche enorm. Die englische Besatzungsbehörde habe die Weiterführung der Aktion verboten. Sie gebe nun Informationsbogen aus, untersuche dann die Angaben und nehme Verhaf-

---

[1] Der allerdings in der Anwesenheitsliste der Plenarsitzung im Protokoll B nicht aufscheint.

tungen vor. Registrierung und Durchführung von Wahlen gleichzeitig im November hielte er für unmöglich.

Gerö erklärte daraufhin nochmals, daß es Sache des Staatskanzlers sein werde, im Verhandlungsweg durchzusetzen, daß die Beschlüsse der Staatsregierung auch von den lokalen Besatzungsmächten anerkannt würden. Jetzt sei nur zu prüfen, inwieweit die souveränen Länder in der Lage seien, diese Beschlüsse in ihrem Bereich durchzuführen.

Nun wurde der schon mehrfach angeregte Unterausschuß eingesetzt[1], der nach Meinung Gerös als erstes das Verbotsgesetz behandeln müsse. Das Kriegsverbrechergesetz brauche nicht an den Unterausschuß verwiesen zu werden, da seine Notwendigkeit und Zweckmäßigkeit außer Frage stünden. Newole berichtete daraufhin, daß die Angelsachsen gegen den Ausdruck „Volksgerichtshof" seien[2], weil es ein nationalsozialistischer Terminus sei. Spezialgerichtshöfe dagegen seien eine Einrichtung des englischen Rechts. Außerdem verlangten die Briten eine Jury aus dem Volk, also zwölf Geschworene und drei Richter. Gegen die inhaltlichen Bestimmungen des Kriegsverbrechergesetzes hätten sie jedoch keine Bedenken.

Gerö ergänzte, daß das zweite, was die westlichen Alliierten besonders interessiere, die Rechtsmittelmöglichkeit sei. Er habe jedoch ihren Vertretern erklärt, wenn man den Nationalsozialisten die Rechtsmittel zugestehe, sie nach den bisherigen Erfahrungen gegen alles, Urteil, Bescheid usw., das Rechtsmittel ergreifen würden. Zur Überprüfung müßten dann zehn Senate geschaffen werden. Der Unterausschuß solle weiters das Wirtschaftssäuberungsgesetz und das Gesetz über die Einsetzung öffentlicher Verwalter beraten. Über das Kriegsverbrechergesetz erstattete Gerö im Plenum selbst Bericht.

Newole verwies dann darauf, „daß in Kärnten gegen die slowenische Minderheit ausgesprochene Schweinereien begangen worden seien. Die Leute seien ausgesiedelt, also von Haus und Hof vertrieben worden. Es frage sich, unter welchen Tatbestand diese Gewalttätigkeiten fallen". Gerö antwortete wie aus der Pistole geschossen: „§ 13 Absatz 2. Wenn jemand aus nationalsozialistischer Gesinnung Straftaten begangen hat, die nach dem allgemeinen Strafgesetz strafbar sind, so kommen diese Straftaten auch vor das Sondergericht. Wenn jemand einen anderen widerrechtlich von Haus und Hof vertreibt, so begeht er Hausfriedensbruch und Diebstahl. Hat er dies aus nationalsozialistischer Gehässigkeit getan, so kommt er vor den Volksgerichtshof." Newole bat daraufhin, eine Ergänzung von § 1 Abs. 2 in diesem Sinn in das Gesetz aufzunehmen.

Insgesamt war die Kommission jedoch einstimmig mit dem Inhalt des Kriegsverbrechergesetzes und der Ausdehnung seiner Wirksamkeit auf das ganze Staatsgebiet einverstanden. Gerö stellte weiter fest, daß die Kommission mit der Ausdehnung der Wirksamkeit der von der Staatsregierung beschlossenen Gesetze einverstanden sei – was aus den Protokollen allerdings nicht so deutlich hervorgeht –, daß sie jedoch den Wunsch ausgedrückt habe, daß dies erst später der Fall sein möge, damit die Länder Gelegenheit hätten, sich mit der Materie vertraut zu machen. Man könne eine Frist festsetzen, innerhalb derer die Landesregierungen ihre Wünsche und Vorschläge der Staatsregierung mitteilen könnten, eventuelle Zusätze oder Änderungen durchzuführen. Die Regierung werde entweder diese Vorschläge einbauen oder neue Verfügungen treffen. An dieser Stelle verzeichnet das Protokoll zum ersten und einzigen Mal „Zustimmung".[3]

Die Gesetze sollten in diesem späteren Zeitpunkt dadurch wirksam werden, daß den Landeshauptleuten zunächst eine große Zahl von Staatsgesetzblättern übermittelt und daß dann zum vorgesehenen Zeitpunkt das betreffende Gesetz als im Bundesland verkündet betrachtet wurde. Im wesentlichen handle es sich um die Wiederherstellung des alten österreichischen Rechtes, eine Frage, die auch den Unterausschuß beschäftigen werde. Damit endete die erste Plenarsitzung der Juridischen Kommission.

Der Unterausschuß beriet am Nachmittag des 25. September – wie vorgesehen – zunächst artikelweise das Verbotsgesetz. Über Artikel II, § 4 (Registrierung) diskutierten Lorenzoni, Altmann, Scheffenegger, Oswald, Dienstleder und Gamper. Sie alle – Lorenzoni ausgenommen

---

[1] Dem Unterausschuß gehörten an: Steiermark: Dr. DIENSTLEDER; Oberösterreich: Dr. LORENZONI; Vorarlberg: LEISSING; Tirol: Dr. GAMPER; Kärnten: Dr. AMSCHL; Salzburg: Dr. SCHEMEL; Burgenland: Dr. POSCH; Niederösterreich: VANURA; Stadt Wien: Dr. KRISCHA; weiters die Vertreter der drei demokratischen Parteien: SPÖ: SPEISER; ÖVP: OSWALD; KPÖ: MEISSNITZER sowie die drei Unterstaatssekretäre des Staatsamtes für Justiz: Dr. SCHEFFENEGGER, Dr. NAGL und Dr. ALTMANN.
[2] Siehe oben, S. 30.
[3] Fassung B.

– waren für die Beibehaltung der Registrierung, wenn auch durchaus differenziert wurde. Unterstaatssekretär Altmann wies z. B. darauf hin, daß sich gezeigt habe, daß die Zugehörigkeit zum NSKK oder zum NSFK oft nicht der Ausdruck nationalsozialistischer Gesinnung gewesen sei, sondern manchmal bei gegnerischer Einstellung geradezu als Ausweg gewählt worden sei. Lorenzoni war von der Notwendigkeit der Registrierung nach wie vor nicht überzeugt. Sie werde eine riesige Arbeit sein, und die oberösterreichischen Landesinstanzen seien schon jetzt mit übergroßen Aufgaben (Flüchtlinge, 400.000 Fremde in Oberösterreich) belastet. Auch hätten die Amerikaner die Nationalsozialisten zu Tausenden verhaftet und in Lager gebracht. Man könne an sie also auch schwer herankommen. Nicht nur Oberösterreich, auch Kärnten habe bisher in der Registrierungsfrage nichts unternommen. Dennoch erntete Gerö mit seiner abschließenden Feststellung, daß man an der Registrierung festhalten müsse, Zustimmung.[1]

Bei der Diskussion des Art. III, § 10 stand der Begriff der „Illegalität" im Vordergrund. Gerö berichtete, daß laut einem Buch über die Verwaltung der NSDAP in Österreich vom 1. Juli 1933 bis Mai 1938 keine formellen Aufnahmen in die Partei stattgefunden hätten. Erst durch den Bürckel-Erlaß vom 28. Mai 1938 sei die Erfassung jener Personen verfügt worden, die sich während der Verbotszeit für die Partei betätigt hatten. Diese Mitglieder galten als „Altparteigenossen" und erhielten die Mitgliedsnummer 6,100.000 bis 6,600.000. Darauf erwiderte Gamper, daß er die Meldung von 2000 Lehrern in Tirol geprüft habe, und dabei habe sich herausgestellt, daß sie vor 1938 zwar dem NS-Lehrerbund, aber nicht der Partei angehört hätten. Erst nach 1938 hätten sie sich gemeldet und wegen ihrer Zugehörigkeit eine dieser „privilegierten" Nummern bekommen. Es sei die Frage, ob man sie als illegal ansehen könne. Gerö bejahte dies, da die Parteimitgliedsnummer entscheidend sei. Darauf beschloß der Unterausschuß, in den Resolutionsentwurf den Wunsch der Juridischen Kommission nach einer präziseren Fassung des Begriffes der Illegalität aufzunehmen.[2]

Zu Art. IV § 21 teilt Lorenzoni mit, daß in Oberösterreich die Amerikaner Häuser und Liegenschaften aus dem Eigentum von Nationalsozialisten beschlagnahmen und danach Verwalter einsetzen. Außerdem hätten die Amerikaner auch sämtliche Funktionäre der NSV entlassen.

Zu Art. V § 22 wurde keine Einwendung erhoben. Man überlegte nur, durch welchen anderen Namen man die von den Engländern abgelehnte Bezeichnung „Volksgericht" ersetzen könne, wie z. B. Sühne- oder Sondergericht.

Bei der Frage einer Befreiung von der Registrierungspflicht waren Amschl und Altmann für eine ausnahmslose Registrierung, während Scheffenegger aus humanitären und praktischen Gründen und mit Hinweis auf den gesamten juristischen Nachwuchs, der in irgendeiner Weise mit der Partei verbunden sein mußte, für die Beibehaltung der Ausnahmen, wie sie die zweite Fassung des Verbotsgesetzes vorsieht, eintrat. Die Salzburger Vertreter Schemel und Meissnitzer verwiesen wiederum auf ihre Klassifizierung (A und B = schwer Belastete, C und D = minder bzw. überhaupt nicht Belastete) hin. Daraufhin kam es wieder zur Erörterung der Frage der Bedeutung der Mitgliedsnummer, die unterschiedlich bewertet wurde. Dennoch konnte Gerö schließlich als einhellige Meinung des Unterausschusses zusammenfassen, daß Art. II des Verbotsgesetzes in der Richtung geändert werden solle, daß Kategorien von Nationalsozialisten geschaffen werden und in demokratischer Form gebildete Kommissionen über die Klassifizierung entscheiden sollen. Darüber hinaus müsse allerdings die Provisorische Staatsregierung das Recht behalten, Ausnahmen von Art. III und IV zuzulassen.

Strobele referierte nun über das Verwaltergesetz. Leissing (Vorarlberg) und Gamper fanden es allerdings für zu zentralistisch, daß nur die Staatsämter öffentliche Verwalter bestellen konnten. In erster Instanz sollten dazu die Landeshauptmannschaften ermächtigt werden. Nach einem Vermittlungsvorschlag Altmanns einigte man sich schließlich dahingehend, daß die Rechte der Staatsämter zur Bestellung und Beaufsichtigung öffentlicher Verwalter in jenen Fällen, in denen nicht wichtige gesamtstaatliche Interessen entgegenstehen, auf die Landeshauptmannschaften zu übertragen seien.

Über das Wirtschaftssäuberungsgesetz berichtete Ministerialrat Dr. Hofmann vom Staatsamt für soziale Verwaltung. Daran schloß sich nur mehr eine kurze Aussprache über das Vorgehen bei Sparkassen an, da vielfach die Meinung aufgetaucht sei, daß man bei den Gemeindesparkassen nach dem Verbotsgesetz und bei den Vereinssparkassen nach dem Wirtschafts-

---

[1] Fassung B.
[2] Fassung B.

säuberungsgesetz vorgehen müßte. Man war sich jedoch rasch darüber einig, daß die Gemeindesparkassen keine Unternehmen der öffentlich-rechtlichen Körperschaften seien. Daher könnten die Angestellten in Gemeinde- und Vereinssparkassen nur nach dem Wirtschaftssäuberungsgesetz behandelt werden. Damit beschloß der Unterausschuß seine Beratungen um 16 Uhr.

Fünfzehn Minuten später wurden die Beratungen des Plenums der Juridischen Kommission mit der Mitteilung Gerös eröffnet, daß im Unterausschuß vollständige Einigung erzielt worden sei[1], was das Plenum mit Beifall zur Kenntnis nahm. Sodann referierte Gerö über das Gerichtsorganisationsgesetz, das Strafgesetz und die Strafprozeßordnung, das Tilgungsrecht, die Rechtsanwalts- und Notariatsordnung. Erst beim Beamtenüberleitungsgesetz (Berichterstatter Sektionschef Dr. Heiterer-Schaller) ergab sich wieder eine Diskussion, die sich zunächst zwar an einzelnen Worten festbiß (z. B. in § 11 Abs. 2, „sind" statt „können"), doch ging es dem Tiroler Gamper vor allem darum, daß grundsätzlich allen vom NS-Regime Entlassenen und jahrelang im KZ Festgehaltenen diese Zeit wenigstens so angerechnet werde, wie den NS-Beamten. Außerdem wurden erneut – diesmal von Salzburg und dem Burgenland – Bedenken dagegen laut, daß im Falle der Wiedereinstellung von öffentlichen Bediensteten die Rehabilitierung bei der Staatskanzlei liege. Bei kleineren Angestellten könne man diese Entscheidung doch den Landeshauptmannschaften überlassen. Die Entgegnung Heiterer-Schallers, daß eine Entscheidung durch die Staatskanzlei eine gewisse Einheitlichkeit bei den Wiedergutmachungen garantiere, fand keinen Anklang, so daß Gerö unter Zustimmung resümierte, eine Abänderung in diesem Punkt solle vorgenommen werden.

Das Feiertagsgesetz, das Gesetz über Maßnahmen auf dem Gebiete des Angestelltenrechtes, das Strafaufhebungsgesetz, das Gesetz über arisierte Vermögenschaften, das in Vorbereitung befindliche Gesetz über Wiederherstellung des österreichischen Zivilprozeßrechtes wurden diskussionslos zur Kenntnis genommen.[2]

Bezüglich der Neuordnung des Eherechtes bemerkte Schemel, daß man in den Bundesländern gern die Herstellung des früheren Rechtszustandes, also die Einführung der fakultativen Zivilehe, gesehen hätte. Unterstaatssekretär Hefel bat jedoch, hier von einer Änderung abzusehen, da es andernfalls zu unerwünschten Debatten kommen müßte. Einer künftigen Regelung durch das Parlament werde dadurch nicht vorgegriffen, und er habe diese Frage auch schon genauestens mit dem Wiener Klerus besprochen.[3]

Über das Behördenüberleitungsgesetz referierte wieder Sektionschef Heiterer-Schaller. In der Diskussion verwies Unterstaatssekretär Altmann darauf, daß bei den Bezirken demokratische Instanzen fehlten. Die Länderkonferenz solle daher in ihrer Resolution den Wunsch äußern, in der Bezirksinstanz dem Bezirkshauptmann aus Vertretern der Parteien demokratisch zusammengesetzte Beiräte obligatorisch beizugeben, wogegen sich sofort Schemel aussprach. Die Vertreter der westlichen Bundesländer forderten dagegen wie früher die Errichtung eige-

---

[1] „Bezüglich des Verbotsgesetzes sei Artikel I einmütig angenommen worden.
Zu Artikel II wurde einmütig festgestellt, daß die Registrierung notwendig sei, daß sie aber in der Form vor sich gehen solle, daß nach gewissen Richtlinien Gruppen gebildet werden sollen. Hierüber hätten örtliche Kommissionen zu entscheiden, die durch die politischen Parteien in demokratischer Form gebildet werden. § 10 (Illegalität) soll präziser gefaßt werden. Die Bestimmungen des § 27 sollen aufrecht bleiben bezüglich derjenigen Kategorie, die als A oder B als schwer Belastete oder Illegale weiterhin nicht ausgenommen werden sollen. Bezüglich der milder zu qualifizierenden Nationalsozialisten, die registriert werden, soll die Staatsregierung ermächtigt werden, Entregistrierungen ganzer Kategorien von Nationalsozialisten vorzunehmen, um eine Befriedungsaktion durchzuführen und die Nationalsozialisten, welche irregeleitet waren und als Mitläufer und Minderbelastete in Frage kommen, wieder dem Staat zuzuführen.
Bezüglich des Verwaltungsgesetzes wurde lediglich angeregt, daß § 8 geändert wird, indem die zuständigen Staatsämter in der Regel die ihnen nach dem Gesetz zustehenden Befugnisse der nachgeordneten Behörde, das ist in den Landeshauptmannschaften, übertragen können, um Schwierigkeiten zu vermeiden, die sich in den Ländern ergeben haben. Die Durchführung von raschen Maßnahmen werde durch die Einschaltung des Staatsamtes gewährleistet.
Gegen das Wirtschaftssäuberungsgesetz wurde kein Einspruch erhoben.
Es wird hier jedoch eine Novellierung derjenigen Kategorien notwendig sein, die nicht entregistriert werden, sondern weiter im Register bleiben, die aber andererseits nicht als Illegale zu bezeichnen sind."
[2] Kompilation aus Fassung A und B.
[3] Fassung B.

Abteilung für Rechtsfragen im Alliierten Rat um 1945/46. Im Vordergrund die Leiter der Rechtssektionen der vier Besatzungsmächte, v.l.n.r.: Oberst Leygue (Frankreich), Major Schalamow (UdSSR, Stellvertreter von Oberst Pokrowskij, der zu dieser Zeit als stellvertretender Ankläger beim Internationalen Militärtribunal in Nürnberg tätig war), Oberst Deutsch (USA), Lord Schuster (GB), ein Dolmetsch; direkt hinter Schalamow ein sowjetischer Oberstleutnant, daneben Oberleutnant Keleher (US-Militärrichter): halbrechts hinter Schuster Hauptmann Loewy (USA, Stellvertreter von Deutsch); dahinter links Leutnant Hoyt (USA) und rechts Leutnant Seidler (USA) – alle übrigen Personen waren als Dolmetscher tätig

ner Finanz- und Landesdirektionen für Salzburg, Tirol und Vorarlberg.[1]

Zu diesem Zeitpunkt löste ein vom Verfassungsdienst ausgearbeiteter Resolutionsentwurf über die Frage der Inkraftsetzung der Gesetze der Provisorischen Staatsregierung in den westlichen Bundesländern eine Debatte aus, in der Gamper die Meinung vertrat, daß sich die Ländervertreter jetzt die Gesetze zur Überlegung mitnehmen und Gegenvorschläge machen könnten. Erst nach deren Berücksichtigung werde die Zustimmung zur Anwendung in den Ländern erteilt werden. Gerö erwiderte, daß dies nicht möglich sei, da die Ländervertreter dadurch das Recht erhielten, die Gesetze gänzlich zu negieren. Es ginge nur um Anerkennung und Prüfung und die Möglichkeit von Abänderungsvorschlägen. Als auch Schemel ein stärkeres Mitspracherecht der Länder wünschte, machte der Wiener Landesobmann der ÖVP Oswald einen Kompromißvorschlag, dem sich mehrere andere Ländervertreter anschlossen: Das in Aussicht genommene Verfassungsgesetz über die Inkraftsetzung könne erst nach Anhörung der Länder erlassen werden.

Gerö unterbrach daraufhin die Sitzung und holte die Meinung des Politischen Kabinettsrates ein, der sich mit der Einfügung der Worte „nach Anhörung der Länder" einverstanden erklärte, jedoch eine Frist von vierzehn Tagen vorschlug, was auch die Zustimmung der Juridischen Kommission fand. Damit endete die zweite Plenarsitzung am 25. September.

Am Vormittag des 26. beriet der Unterausschuß die der Länderkonferenz von der Kommission vorzuschlagende Resolution und einigte

[1] Ebenda.

sich auf zwei Resolutionen[1], denen das Plenum anschließend ohne Änderungsvorschläge zustimmte. Landeshauptmann Schemel sollte sie in der Länderkonferenz vortragen. Die Resolutionen wurden von Schemel im beschlossenen Wortlaut vorgetragen, von der Länderkonferenz gebilligt und unverändert veröffentlicht.[2]

Die von der Länderkonferenz beschlossene nächste (zweite) Konferenz fand bereits vom 9. bis 11. Oktober 1945 wieder im Niederösterreichischen Landhaus statt und bestand auch wieder aus drei Kommissionen. Laut Einladung von Staatskanzler Renner war diesmal die Juridische Kommission von besonderer Bedeutung: „Sie hat nach den an die Ländervertreter gerichteten Aufforderungen die bisherigen Gesetze auf ihre Anwendbarkeit auf die Länder nachzuprüfen. Dabei wird ein Unterausschuß für das Verbots-, Kriegsverbrecher- und Wirtschaftssäuberungsgesetz und ein zweiter Unterausschuß für alle übrigen Gesetze zu bestellen sein."[3]

Im Gegensatz zur ersten Länderkonferenz sind in den Präsidialakten des Bundesministeriums für Justiz sowohl von der zweiten als auch

---

[1] „*Resolution I.*
Die von der Länderkonferenz berufene Juridische Kommission hat, erfüllt von dem Wunsche, die Einheit der Republik Österreich auch auf dem Gebiet des Rechtes ehestens in vollem Umfang wiederhergestellt zu sehen, die von der Provisorischen Staatsregierung erlassenen Gesetze, Verordnungen und Kundmachungen besprochen. Sie freut sich, hiebei feststellen zu können, daß bei diesem Gesetzgebungswerk das Gesamtstaatsinteresse stets im Auge behalten worden ist.
Die Kommission schlägt der Länderkonferenz folgende Resolution vor:
1. Zur Herstellung der Einheit in der Anwendung des österreichischen Rechtes im gesamten Staatsgebiet soll den Ländern Gelegenheit gegeben werden, zu diesem Rechte Stellung zu nehmen. Die Länder werden diese Stellungnahme der Provisorischen Staatsregierung bis zur nächsten Länderkonferenz, spätestens innerhalb zweier Wochen, bekanntgeben.
2. Die Provisorische Staatsregierung wird eingeladen, ein Verfassungsgesetz zu beschließen, das sie ermächtigt, für die Länder Oberösterreich (hinsichtlich des Teiles südlich der Donau), Salzburg, Tirol, Vorarlberg, Kärnten und Steiermark durch Verordnung den Zeitpunkt des Anwendungsbeginns der einzelnen bisher erlassenen Verfassungsgesetze und sonstigen Gesetze sowie der Kundmachung und Verordnungen zu bestimmen, ferner durch Verordnung Übergangsbestimmungen und Fristerstreckungen zu verfügen.
3. Nach Inkrafttreten des in Punkt 2 genannten Verfassungsgesetzes erlassene Verfassungsgesetze und sonstige Gesetze sowie Kundmachungen und Verordnungen werden im gesamten Staatsgebiet anzuwenden sein.
Resolution II.
Die Juridische Kommission hat bei Besprechung der wichtigsten neuen österreichischen Rechtsvorschriften sich geeinigt, folgende Änderungen und Ergänzungen anzuregen:
1. *Verbotsgesetz.*
Die Länderkonferenz stimmt den Grundsätzen des Verbotsgesetzes zu. Sie hält es für zweckmäßig, bei der Registrierung Kommissionen aus Vertretern der demokratischen Parteien vorzusehen, die eine Klassifizierung der registrierten Nationalsozialisten einhellig vorzunehmen haben. Die Grundsätze der Klassifizierung sind für das ganze Staatsgebiet gleichmäßig festzusetzen.
Die Länderkonferenz hält es für angezeigt, den in § 10 des Verbotsgesetzes enthaltenen Begriff der Illegalität präziser zu formulieren.
Die Provisorische Staatsregierung soll ermächtigt werden, durch Beschluß die Streichung einzelner Gruppen entsprechend der vorbezeichneten Klassifizierung aus dem Register der Nationalsozialisten vorzunehmen.
Das Recht der Provisorischen Staatsregierung, in Einzelfällen Ausnahmen von den Bestimmungen der Artikel III und IV zu gewähren, bleibt aufrecht.
2. *Kriegsverbrechergesetz.*
Die Länderkonferenz begrüßt die Verfolgung nationalsozialistischer Untaten, wie sie im Kriegsverbrechergesetz vorgesehen ist.
Einer Anregung des Landes Kärnten folgend, empfiehlt sie, in das Gesetz eine Bestimmung aufzunehmen, die die gewaltsame Vertreibung österreichischer Staatsbürger von Haus und Hof, wie es bei den Kärntner Slowenen der Fall war, unter schwere Strafe stellt.
3. *Verwaltungsgesetz* (St.G.Bl.Nr. 9).
Die Länderkonferenz erachtet es für notwendig, daß die Rechte der Staatsämter zur Bestellung und Beaufsichtigung öffentlicher Verwalter in den Fällen, in denen nicht wichtige gesamtstaatliche Interessen entgegenstehen, auf die Landeshauptmannschaft übertragen werden.
4. *Beamten-Überleitungsgesetz.*
Die Länderkonferenz erachtet es nicht für notwendig, daß jede Wiedereinstellung in den Dienst von einer Zentralbehörde genehmigt werden muß.
5. *Staatsbürgerschaftsgesetz.*
Die Länderkonferenz nimmt mit Befriedigung den Beschluß der Provisorischen Staatsregierung über die Behandlung der Südtiroler zur Kenntnis. Sie wünscht eine gleichartige Behandlung der Einwohner des Canaletales (Tarvis)."

[2] *Neues Österreich*, 27. September 1945, zitiert nach Feichtenberger, *Länderkonferenzen 1945*, S. 61ff.

[3] Einladung Renners vom 3. Oktober 1945. Kop. Beilage zu Präs. 265/45.

von der dritten Länderkonferenz am 25. Oktober 1945 keine Protokolle von den Beratungen der Juridischen Kommission vorhanden. Es können daher für diese nur auf die seinerzeit publizierten Ergebnisse zurückgegriffen werden. Die Juridische Kommission beschloß auf der zweiten Länderkonferenz keine Resolutionen. Sie hat zwar auftragsgemäß die von der Provisorischen Staatsregierung erlassenen Gesetze beraten und, von geringfügigen Änderungen abgesehen, keine Einwände gegen sie erhoben. Die Anwendung dieser Gesetze in den Ländern sollte durch ein eigenes Rechtsanwendungsgesetz ermöglicht werden. Weiters wurde der von der Provisorischen Regierung beabsichtigten Änderung der vorläufigen Verfassung, wie sie auf der ersten Konferenz von den Ländervertretern angeregt worden war, daß nämlich die Landesgesetzgebung wieder gemäß den Zuständigkeitsbestimmungen der Verfassung 1929 auf die Länder vorläufig bis zur Durchführung der Landtagswahlen auf die provisorischen Landesregierungen übergehen solle, zugestimmt. In diesem Zusammenhang wurde in der Verfassungsnovelle die Errichtung des Verfassungsgerichtshofes vorgesehen.[1]

In Anbetracht der bevorstehenden Wahlen, für die ja die Frage des Stimmrechtes der ehemaligen Nationalsozialisten eine zentrale war, verlagerte sich das Schwergewicht der Beratungen in die Politische Kommission. Sie löste diese Frage in dem Sinn, daß allen Parteimitgliedern, Parteianwärtern und Angehörigen von NS-Wehrverbänden das Wahlrecht entzogen wurde. Nur die Mitglieder des NS-Kraftfahrkorps (NSKK) und des NS-Fliegerkorps (NSFK) durften wählen, wenn sie keine Parteimitglieder waren, und jene Parteimitglieder, die aus politischen Gründen in der NS-Zeit verfolgt worden waren. Obwohl man sich darauf geeinigt hatte, war die Haltung der einzelnen Parteien doch so unterschiedlich – was ja auch schon in den Beratungen der Juridischen Kommission der ersten Länderkonferenz zum Ausdruck gekommen war –, daß ihre Vertreter öffentliche Erklärungen dazu abgaben. Nach diesen war die ÖVP zu den größten Zugeständnissen bereit gewesen, da sie einen Trennungsstrich zwischen den aktiven Nationalsozialisten und den Mitläufern ziehen wollte (Landeshauptmann Dr. Gruber). Am radikalsten war die KPÖ, während die SPÖ in der Praxis eine Mittellinie einzunehmen versuchte, aber auch den Grundsatz vertrat, daß die Nationalsozialisten bei diesen ersten Wahlen nicht wählen sollten.[2]

Das Klima dieser Länderkonferenz war zweifellos am gespanntesten, weil am politischesten. Die dritte beschäftigte sich mit anderen, letztlich existentiellen Problemen, nämlich angesichts des bevorstehenden Winters vor allem mit dem Kampf gegen Hunger, Kälte und Seuchen. Daher war auch hier die Einigkeit größer, obwohl die Lebensverhältnisse in Ostösterreich und speziell in Wien eindeutig am schlechtesten waren.

Auch eine Novellierung des Verbotsgesetzes im Sinne einer schärferen Präzisierung des Begriffs der Illegalität und der Amnestierung bestimmter Gruppen wurde vorgenommen und in der von der Länderkonferenz vorgeschlagenen Form vom Kabinettsrat am 16. November beschlossen. Die Juridische Kommission hatte bei dieser Konferenz die Aufarbeitung des gesamten Gesetzgebungswerkes der Provisorischen Staatsregierung abgeschlossen und stellte fest, daß diese in ihrer Gesetzgebung bis auf einige wenige Punkte das gemeinsame Interesse ganz Österreichs und aller Bundesländer erfaßt habe. Der einzige Wunsch, den sie jetzt noch äußerte, war, „daß die nunmehr unifizierten Gesetze bis zum 10. November[3] von allen vier Mächten gebilligt würden".[4] Damit hatten die Länder die Anerkennung der Provisorischen Regierung für Gesamtösterreich und damit die Einheit der Republik, die ja schon das Ergebnis der wichtigsten, nämlich der ersten Länderkonferenz, gewesen war, auch in der Gesetzgebung akzeptiert.

Zu diesem Zeitpunkt war die Provisorische Staatsregierung bereits von allen Besatzungsmächten anerkannt worden (20. Oktober 1945). Die dadurch bedingte Ausdehnung des Machtbereiches der Zentralstellen auf das gesamte Staatsgebiet veranlaßte Justizminister Gerö zu einer Einladung der Leiter der nachgeordneten Justizbehörden aus den Bundesländern für den 29. und 30. Oktober 1945 nach Wien, „zu einer gemeinsamen Aussprache über unterschiedliche Fragen materiellen und formellen Rechtes und der Justizverwaltung, insbesondere in Personal-

---

[1] Feichtenberger, *Länderkonferenzen 1945*, S. 98 f.
[2] *Neues Österreich*, 11. Oktober 1945, zitiert nach Feichtenberger, *Länderkonferenzen 1945*, S. 97 f.
[3] Laut des vom Kabinettsrat am 6. November beschlossenen Rechtsanwendungsgesetzes war der 10. November der Stichtag, von dem an diese Gesetze für ganz Österreich in Geltung treten sollten. *Wiener Zeitung*, 7. November 1945.
[4] *Kleines Volksblatt*, 27. Oktober 1945, zitiert nach Feichtenberger, *Länderkonferenzen 1945*, S. 121.

angelegenheiten".[1] Alle Eingeladenen nahmen auch an der im Justizpalast stattfindenden Sitzung teil. Aus Linz war zusätzlich noch Bezirksrichter Fundulus gekommen, vom Oberlandesgericht Wien Präsident Dr. Seitz und von der Oberstaatsanwaltschaft Wien Erster Staatsanwalt Dr. Reitinger. Das Staatsamt war durch Gerö, die drei Unterstaatssekretäre, Sektionschef Dr. Strobele, Präsident Dr. Leonhard, Hofrat Dr. Peither, Erster Staatsanwalt Dr. Schmid, Senatspräsident Dr. Antoni, Sektionsrat Dr. Widmann, Landesgerichtsrat Dr. Barry, Landesgerichtsrat Dr. Tintara und die Schriftführer Frau Redermeier und Staatsanwalt Dr. Hoyer vertreten.[2]

Gerö eröffnete die Sitzung mit einem Bericht über die in diesem Referat schon erwähnten bisherigen Arbeiten des Staatsamtes. Hinsichtlich des Zusammenwirkens mit den Besatzungsmächten hob er hervor, daß in Wien von Seite der russischen Besatzungsbehörden keine Schwierigkeiten gemacht wurden, während in den Ländern weitgehende Eingriffe in die Unabhängigkeit der Justiz vorgekommen seien. Was die eben stattfindende Überprüfung der bisher von der Zentralregierung erlassenen Gesetze und Verordnungen durch die Alliierten betreffe, so sei ein großer Teil (69) schon gebilligt. Es sei zu erwarten, daß das auch beim Verbotsgesetz und beim Kriegsverbrechergesetz der Fall sein werde.

Anschließend referierte Landesgerichtspräsident Dr. Zigeuner, der am 24. Mai zum Leiter des Oberlandesgerichtes bestellt worden war, über die Lage in der Steiermark. Der Justizpalast sei unverwendbar, das Strafgerichtsgebäude stark beschädigt. Über Auftrag des früheren Oberlandesgerichtspräsidenten seien die Präsidialakten und die politischen Akten seit 1934 sowie alle Akten in Strafsachen mit Todesurteilen und eine Reihe von anderen Akten vernichtet worden. Während der russischen Besetzung konnte die Gerichtsbarkeit im russisch besetzten Teil der Steiermark in Gang gesetzt werden. Schwierigkeiten gab es nur mit den Schöffengerichten. Am 24. Juli übernahm die britische Militärregierung die Leitung aller Angelegenheiten und wollte ursprünglich die Justiz überhaupt stillegen, was jedoch abgewehrt werden konnte. Er, Zigeuner, habe erreicht, daß kein Richter oder Angestellter seines Amtes enthoben wurde, den er für tragbar erklärte. Am 14. September habe er der Militärregierung ein umfangreiches Gutachten erstattet, vor allem auch über das Verbots- und das Kriegsverbrechergesetz. Bei ersterem wurde nur das Volksgericht beanstandet. Am 1. Oktober sei jedoch mitgeteilt worden, daß beide Gesetze in Kraft bleiben. Die Aufstellung der Schöffenlisten nach dem Schöffenlistengesetz sei nicht durchführbar gewesen. Daher wurde sein Vorschlag, die Schöffen auf Antrag des Landeshauptmannes zu bestellen, mit der Abänderung angenommen, daß das Vorschlagsrecht dem Landesamtsdirektor zusteht. Die Ernennung erfolgt durch die Militärregierung. Von den steirischen Rechtsanwälten wurden 76 aus der Amtsliste gestrichen. Das Gefängniswesen wurde durch die englische Militärregierung der Polizei unterstellt, was zu Schwierigkeiten führte. Am 17. Oktober wurden die Gerichte feierlich wiedereröffnet. Die Ernennung der Richter obliegt der Militärregierung. In Zivilsachen werde nach dem Stand vom 13. März 1938, vor allem auch hinsichtlich der Rechtsmittel, gearbeitet. In Strafsachen haben sich Schwierigkeiten nur bezüglich der Volksgerichte und der Schöffenlisten ergeben.

Über Kärnten berichteten Oberstaatsanwalt Dr. Amschl und Oberlandesgerichtsrat Dr. Schwendenwein. In Kärnten waren die Gerichte bis 15. August gesperrt. Seit damals durften die Bezirksgerichte, das Landesgericht nur als zweite Instanz, ihre Tätigkeit aufnehmen. Die bis dahin verbotene Verbindung mit dem Oberlandesgericht Graz konnte mit 1. Oktober aufgenommen werden. Die Personalsituation bei den Staatsanwaltschaften sei sehr schlecht. In Klagenfurt stünden zwei, in Graz insgesamt zehn und in Leoben vier Staatsanwälte zur Verfügung. Die Richterschaft gehörte fast durchwegs der Partei an. Ca. 45 Prozent wurden enthoben. Der

---

[1] Eingeladen wurden:
1. Aus Feldkirch: Vizepräsident Franz Josef ERNE des Landesgerichtes.
2. Aus Graz: Präs. Dr. Gustav ZIGEUNER des Oberlandesgerichtes, I. StA Dr. Hans AMSCHL der Oberstaatsanwaltschaft.
3. Aus Innsbruck: Präs. Dr. Ludwig PRAXMARER des Oberlandesgerichtes, OLGR. Dr. Richard GLÄTZLE des Landesgerichtes, I. StA Dr. Ernst GRÜNEWALD der Oberstaatsanwaltschaft.
4. Aus Klagenfurt: OLGR. Dr. KURT SCHWENDENWEIN des Landesgerichtes.
5. Aus Linz: OLGR. Dr. Hermann GARHOFER des Oberlandesgerichtes, OLGR. Dr. Anton NEUMANN des Oberlandesgerichtes.
6. Aus Salzburg: OLGR. Wilhelm WILLOMITZER des Landesgerichtes, StA Dr. Heinrich SCHMID der Staatsanwaltschaft, Präs. 312/45.

[2] Präs. 325/45.

Reinigungsprozeß sei noch nicht abgeschlossen. Auch Illegale seien noch im Dienst, allerdings nur solche, die sich in den letzten Jahren gegen den Nationalsozialismus betätigt hätten. 44 Rechtsanwälte wurden zugelassen, 26 enthoben, bei vier sei noch die Überprüfung im Gang. Von den Notaren wurden 21 zugelassen, zwölf enthoben. Das Landesgericht Klagenfurt habe mit 1. Oktober seine Tätigkeit aufgenommen. Die Zusammenarbeit mit den englischen Gerichtsoffizieren, die auch das Gnadenrecht ausüben, sei sehr gut. Schwierigkeiten gebe es wegen der Schöffenlisten, da die Engländer gegen das Vorschlagsrecht der Parteien seien. Die NS-Gesetze seien mit Ausnahme der „typischen" aufrecht geblieben. Abgeschafft wurden vor allem die Bestimmungen, die eine unterschiedliche Behandlung nach Rasse, Religion usw. verfügten. Verbotsgesetz und Kriegsverbrechergesetz würden bis heute nicht angewendet. Dagegen würden nunmehr Strafgesetz und Strafprozeßordnung nach dem Stand vom 13. März 1938 angewendet, die Strafverfahren aber nur bis zur Klärung des Sachverhaltes geführt. Verfahren nach den Verbrauchsregelungsvorschriften sind den politischen Behörden übertragen, denen, wenn sie ihren Strafrahmen überschreiten wollen, ein Antragsrecht an die Staatsanwaltschaft zusteht.

Oberlandesgerichtspräsident Dr. Praxmarer und Erster Staatsanwalt Dr. Grünewald skizzierten die Situation in Tirol. Dort war die Säuberung der Richterschaft auf Grund der zum Teil vorhandenen Personalakten zunächst von der amerikanischen Militärregierung mit einer gewissen Neigung zur Toleranz durchgeführt worden. Dann begannen die Franzosen von neuem und beanspruchten im Gegensatz zu den Amerikanern auch die Behandlung der pensionierten oder entlassenen Richter. Die Kommission zur Ordnung der Beamtenschaft, die aus drei Österreichern und zwei Franzosen mit beratender Funktion bestehe, habe seit 28. September zu arbeiten begonnen. Auf Veranlassung der Militärregierung wurde ein Stellenplan aufgestellt. Die Personalfragen sind – von wenigen Ausnahmen abgesehen – geregelt. Sieben Staatsanwälte wurden entfernt, fünf stehen zur Verfügung. Im Sprengel Innsbruck wurden 34 Richter entfernt, im Linz unterstellten Salzburger Sprengel zehn. Grundsatz dabei war, daß es auf die Gesinnung und nicht auf die bloße Parteizugehörigkeit ankomme. Die Gerichte arbeiteten nach österreichischem Recht, allerdings in beschränktem Umfang, da Urteile im allgemeinen nicht gefällt wurden. Nur Entscheidungen über außereheliche Vaterschaft und in Unterhaltsfragen würden getroffen. In kleinen Strafsachen werde die Haft verhängt und nach einiger Zeit wieder aufgehoben. Die Strafakten von früher seien alle vernichtet. Das deutsche Ehegesetz wurde unter Ausscheidung des typischen NS-Gedankengutes belassen. Bezüglich des Kriegsverbrechergesetzes und des Verbotsgesetzes sei noch keine Stellungnahme erfolgt. Schöffengerichte seien noch nicht tätig, und es gebe auch keine Vorkehrungen dafür. Die Rechtsanwaltskammer hätten die Franzosen selbst mit Hilfe der Rechtsanwälte bestellt. Die Südtiroler Richter würden wie Österreicher behandelt.

Von Vorarlberg berichtete Präsident Erne, daß die dortige Militärregierung das Entscheidungsrecht in Personalsachen verlange und den österreichischen Behörden nur ein Vorschlagsrecht zustehe. Neun Richter wurden entfernt. Die deutschen Gesetze gelten weiter, sofern sie nicht NS-Gedankengut enthalten.

Oberlandesgerichtsrat Garhofer und Erster Staatsanwalt Stronski, in deren Bericht über Oberösterreich auch einige Sonderfälle und eine Reihe von Namen vorkommen, die auf Grund des Datenschutzgesetzes hier nicht genannt werden, teilten mit, daß die US-Militärregierung unmittelbar nach der Besetzung des größten Teiles von Oberösterreich mit Erlaß Nr. 1 die Stillegung aller Gerichte angeordnet habe. Sie durften ihre Tätigkeit erst nach der Ermächtigung durch die Militärregierung wieder aufnehmen. Alle Gesetze, welche Personen wegen ihrer Religion, Rasse usw. unterschiedlich behandelten, wurden aufgehoben. Alle übrigen Vorschriften blieben in Kraft, soweit sie nicht durch die Militärregierung außer Kraft gesetzt wurden. Alle Richter und Beamten wurden enthoben. Nach und nach wurden einzelne Gerichte wieder eröffnet. Die Verordnung Nr. 101 ordnete schließlich die Eröffnung der Gerichte wieder an. Ihre Zuständigkeit blieb in sachlichen Beziehungen im wesentlichen unverändert, nur über Angehörige der Vereinten Nationen stehe ihnen keine Gerichtsbarkeit zu. Außer den Richtern und Beamten dürfe auch kein Staatsanwalt, kein Rechtsanwalt und kein Notar sein Amt ausüben, ehe er nicht von der Militärregierung zugelassen wird und einen Diensteid geleistet hat. Von den Justizbeamten seien insgesamt 22 vereidigt worden. Die reinen Verwaltungsagenden wurden erledigt, jede Rechtsprechung aber eingestellt. Für die Überprüfung des Personals wurden von der Landesregierung Richtlinien erlassen, nach denen die „alten Kämpfer" entlassen wurden und zum größten Teil auch jene, die seit März 1938 in den höheren Dienst eingetreten sind. Die weitere Überprüfung wurde und werde jedoch von der Militärregierung durchgeführt, die von der amerikanischen Anschauung ausgehe, daß Beamte bei jedem Regierungswechsel zu entlassen seien. Zu verhaften waren alle, die seit dem 13. März 1938 den Ratstitel erhalten hatten, und alle Parteibeamten auch der angeschlossenen Verbände, wobei man bis zu den Blockwarten der NSV (NS-Volkswohlfahrt) ging. Überprüfung und Entlassung würden durch die amerikanische Behörde vorgenommen. Die Justizverwaltung habe nur die Fragebogen zu sammeln und vorzulegen. Erst in letzter Zeit sei ein Beirat mit beratender Stimme gebildet worden. Die Entscheidung stehe jedoch dem amerikanischen Justizoffizier zu. Erfahrungsgemäß würden Richter und Notare, die NSDAP-Mitglieder waren, nicht zugelassen. Bei Rechtsanwälten und Beamten werde ein etwas milderer Standpunkt eingenommen, doch sei die Zulassung nur eine provisorische. Bei Anwendung dieser Grundsätze sei es unmöglich, die Gerichte in Oberösterreich wieder aufzubauen. Am 15. Juli wurde das Landesgericht Linz für den amerikanisch besetzten Teil von Oberösterreich, dann die Bezirksgerichte Linz, Ried im Innkreis, Steyr und Wels eröffnet, in letzter Zeit auch Kirchdorf an der Krems, Windischgarsten und das Kreisgericht Wels. Einzelne Rechtsanwälte und ein Notar in Wels wurden zugelassen. Die Zahl der zugelassenen Richter sei jedoch sehr gering. Daher konnte die Gerichtstätigkeit nur in geringem Ausmaß ausgeübt werden. Auf die Entscheidung der einzelnen Fälle nähmen die Amerikaner keinen Einfluß, verlangten aber Berichte. Im allgemeinen gelten die gesetzlichen Bestimmungen von Anfang Mai 1945 mit Ausnahme der typischen NS-Gesetze und der von den Amerikanern ausdrücklich aufgehobenen Bestimmungen. Bei der Einführung der neuen österreichischen Gesetze bestünden verschiedene Schwierigkeiten; z. B. könne beim Oberlandesgericht Linz wegen Personalmangels kein Berufungsressort gebildet werden. An den Gebäuden sei mehr Schaden durch Einquartierung als durch Kriegshandlungen entstanden. Die Gefängnisse und Arbeitshäuser unterständen vielfach den politischen Behörden. Die Bezirksgerichtsgefängnisse seien häufig gesperrt. Da aber oft eine größere Zahl von Häftlingen untergebracht werden müsse, trete häufig eine starke Überbelegung ein. Das Gefängnis Grieskirchen, in dem für achtzehn Sträflinge Platz ist, mußte daher einmal sechzig aufnehmen. Seit 1. September gelte in den Gefängnissen wieder die österreichische Hausordnung. Die Untersuchungshäftlinge würden von den Amerikanern überprüft, wobei es zu zahlreichen Entlassungen ohne Aktenkenntnis gekommen sei. Sie übten auch das Gnadenrecht aus, da sie es zum Strafvollzug rechnen. Auf dem Land taten dies zum Beispiel einige amerikanische Sicherheitsoffiziere anläßlich des amerikanischen Unabhängigkeitstages. Von den Akten ist ein Teil weggekommen, in der NS-Zeit kam es zuletzt zu Fälschungen (Austausch von Blättern). Eine Ordnung und Sichtung der Akten war noch nicht möglich.

Oberlandesgerichtsrat Dr. Willomitzer und Staatsanwalt Dr. Schmid bezogen sich auf die Ausführungen ihrer oberösterreichischen Vorredner. Sie bemerkten jedoch, daß ein Unterschied zwischen Salzburg und Oberösterreich darin bestehe, daß die Salzburger Landesregierung keine Ingerenz auf die Justizverwaltung ausübe. Sie hätte auch keinen Justizreferenten. Nach dem Einmarsch der Amerikaner wurden alle Gerichte geschlossen, die Wiederaufnahme der Gerichtstätigkeit von der Zulassung durch die Militärregierung abhängig gemacht. Infolge Raumnot und Möbelmangels sei nur ein Notbetrieb beim Landes- und beim Bezirksgericht Salzburg möglich, die am 27. Juli eröffnet wurden, vorerst für Strafsachen, aber auch für das Grundbuch und die anderen Verfahren außer Streitsachen. Später wurden auch Hallein, St. Johann im Pongau, Tamsweg, Hofgastein und Zell am See eröffnet, wobei auch die Einsetzung von Rechtsanwälten als Richter vorgesehen worden sei.

Die Zulassung der Funktionäre erfolgte nach sehr strengen Maßstäben. Parteigenossen würden nur ganz selten zugelassen, es wurden aber auch Mitglieder der Heimwehr und der Sturmscharen nicht zugelassen. Bisher wurden 15 Richter und 44 Beamte zugelassen; 115 Funktionäre wurden nicht zugelassen. Der Militärregierung sei wöchentlich zu berichten, einzeln außerdem über jede Einstellung. Die reichsdeutschen Gesetze bestünden mit Ausnahme der NS-Grundgesetze fort, die vorgesehene Aufhebung weiterer Gesetze sei noch nicht durchgeführt.

Am 30. Oktober wurde die Sitzung fortgesetzt, in der vor allem personelle Fragen behandelt wurden. Zu diesen bemerkte Gerö, daß über sie nicht nur Kontakte mit den alliierten Stellen, sondern auch mit den Vertretern der drei demokratischen Parteien aufzunehmen seien, wie dies im Gebiet des Oberlandesgerichtes Wien geschehe. Bei Einsprüchen der Alliierten müßte auf jeden Fall versucht werden, den österreichischen Grundsätzen zum Durchbruch zu verhelfen und eine Bevormundung durch die Alliierten auszuschließen. Auch müßte man danach trachten, die Gerichtshofgefängnisse wiederzubekommen. Bezüglich gerichtsorganisatorischer Fragen beschloß man, das Land Salzburg mit Rücksicht auf die durch die Besatzungsmacht geschaffene Situation durch Verordnung dem Sprengel des Oberlandesgerichtes Linz zuzuteilen. Das von den Amerikanern besetzte Bad Aussee solle vorläufig beim Oberlandesgericht Linz, Osttirol (Lienz und Matrei) beim Landesgericht Klagenfurt bleiben. Abschließend verlas Sektionschef Dr. Strobele die Resolution der dritten Länderkonferenz und den Wortlaut des Entwurfes des Rechtsanwendungsgesetzes. Gerö richtete in seinem Schlußwort an alle Teilnehmer den Appell, „trotz der bestandenen Schwierigkeiten und unter Umständen auch mit der erforderlichen Nackensteife den österreichischen Grundsätzen zum Siege zu verhelfen", und bat, die enge Verbindung mit den Zentralstellen aufrechtzuerhalten.

„Nackensteife" hatte Gerö selbst wenige Tage vorher in einem Gespräch mit Vertretern der sowjetischen Besatzungsmacht zu beweisen, die ihn am 23. Oktober zur Besprechung „aktueller Fragen" in ihr Hauptquartier, das Hotel Imperial, eingeladen hatten.[1] Es ging dabei vor allem um die von der Staatsanwaltschaft Wien angeordnete und auch erfolgte Verhaftung von Polizeifunktionären im 2. Bezirk, die von den Russen eingesetzt und über deren Verlangen auch wieder enthaftet worden waren, worüber sich Gerö beschwert hatte. Generalleutnant Morosow teilte Gerö dabei folgenden Grundsatz mit: „Die russische Besatzungsmacht wünsche eine Kontrolle darüber auszuüben, wer die Polizeigewalt als eine militärähnliche Organisation in ihren Zonen ausübt, sie wünsche einen Einfluß darauf zu haben, wer die Waffen, die die russische Besatzungsmacht der Polizei zur Verfügung gestellt habe, in der Gewalt habe, und begehrt, daß vor Einschreiten gegen einen derartigen, von der Besatzungsmacht eingesetzten Funktionär mit dem betreffenden Funktionär oder der russischen Zentralstelle im Hotel Imperial Fühlung genommen werde." Gerö erwähnte zunächst die bisher reibungslose Zusammenarbeit mit der russischen Besatzungsmacht, führte prinzipiell aber dann folgendes aus:

„Durch die Übergabe der Zivilgewalt an die Provisorische österreichische Regierung seitens der Roten Armee und seitens der hohen Regierung der Sowjet-Union habe die Sowjet-Union der Provisorischen österreichischen Regierung ein gewisses Maß von Vertrauen geschenkt. Aufgrund dieses Vertrauens muß es ihr auch zugebilligt werden, gegen Beamte, auch wenn sie von der russischen Besatzungsmacht bestellt worden seien, ohne vorherige Rückfrage bei der russischen Besatzungsmacht einzuschreiten, weil es sich ja um österreichische Beamte handle, die durch die Übertragung der Zivilgewalt an die österreichische Regierung der österreichischen Regierung unterstehen. Würde man eine vorherige Rücksprache mit dem betreffenden bestellenden Organ oder der Zentralstelle im Hotel Imperial begehren, so wäre meines Erachtens darin ein Mißtrauensbeweis gegenüber der Provisorischen österreichischen Regierung und ihrer Funktionäre zu erblicken."

Morosow erwiderte, daß durchaus kein Mißtrauen gegen die Amtshandlungen der Mitglieder der Provisorischen österreichischen Regierung bestehe, beharrte aber auf seinem Wunsch nach Waffenkontrolle. Nach längerer Debatte einigte man sich dann doch dahingehend, daß vor dem Einschreiten gegen von der russischen Besatzungsmacht eingesetzte Organe das Einvernehmen mit dieser gepflogen werde.

Als zweites Thema brachte Morosow das Einschreiten österreichischer Polizei- und Gerichtsorgane gegen Bürger der UdSSR zur Sprache. Diese könnten zwar im Falle der Notwendigkeit einer Festnahme von den Polizei- und Gerichtsorganen verhaftet werden, müßten aber sofort den russischen Militär- oder Justizstellen zur Fortsetzung des Verfahrens übergeben werden. Dieser Wunsch sei auch bereits dem Staatsamt für Inneres mitgeteilt worden. Gerö erklärte sich bereit, den Gerichtsbehörden entsprechende Anweisungen zu geben, brachte aber nun seinerseits mehrere Fälle vor, in denen in Wien und Niederösterreich die Besatzungsmacht Häftlinge „befreit" bzw. deren Enthaftung veranlaßt hatte, obwohl sie wegen Verbrechen des Diebstahls mit einer hohen Schadenssumme „mit allem Grund" in Haft gehalten wurden. Morosow erklärte daraufhin abschließend, daß die russische Besatzungsmacht ein wesentliches Interesse

---

[1] Orig.-Bericht Gerös 24. Oktober 1945, Präs. 302/45.

an einem richtigen Funktionieren der österreichischen Justiz habe, daß sie sich jedes Eingriffs in die Gerichtsbarkeit enthalten wolle und gewillt sei, an der Festigung der österreichischen Justiz mit allen Mitteln mitzuwirken.

Nur drei Tage später, am 26. Oktober, wurde Gerö vom Leiter der Legal Division Großbritanniens für Österreich, Lord Schuster, zu einem Gespräch im 13. Bezirk in der Kopfgasse eingeladen. Im Gegensatz zur Unterredung im Hotel Imperial, in der es vor allem um Polizeifälle gegangen war, galt diese Besprechung dem Verbots- und dem Kriegsverbrechergesetz. Einige Bestimmungen beider Gesetze fanden nicht die persönliche Zustimmung Lord Schusters, und er wollte Gerös Stellungnahme dazu hören. Schuster fand es merkwürdig, daß gegen „Illegale" eine Spezialbestimmung im Verbotsgesetz geschaffen worden sei. Seiner Ansicht nach sei die Verfolgung der „Illegalen" wegen Hochverrates nach dem allgemeinen Strafgesetz ohne weiteres möglich. Gerö sah im Faktum eines Spezialgesetzes gegen die „Illegalen" keinen Widerspruch zu einer demokratischen Rechtsordnung. Der privaten Meinung Schusters widersprach allerdings auch ein Spezialgesetz gegen Kriegsverbrecher, worauf Gerö erwiderte, daß nach dem allgemeinen Strafgesetz keine entsprechende Sühne für die Bestialität möglich sei, die die Nationalsozialisten bei der Begehung strafbarer Handlungen entwickelt hatten. Lord Schuster war aber auch ein Gegner der Beiziehung des Laienelementes in die Gerichtsbarkeit. Gerö antwortete, daß die Provisorische Regierung dem Volk dieses Versprechen, das auch der österreichischen Rechtstradition vor 1938 entspreche, schon in der Provisorischen Verfassung gegeben habe, und schließlich sei die Laienmitwirkung an der Gerichtsbarkeit ja auch in England eine alte Institution. Nun zeigte sich, daß Lord Schuster vor allem die Art der Auswahl mißfiel. In England würden die Geschworenen aus der Wählerliste ohne Rücksicht auf ihre politische Einstellung genommen, während in Österreich nach den neuen Bestimmungen die Schöffen gleichsam von den politischen Parteien präsentiert würden. Die Notwendigkeit dieses Faktums erklärte Gerö aus der derzeitigen schwierigen Situation heraus und verwies darauf, daß die Durchführung der Hauptverhandlung, z. B. von den Volksgerichten, durchaus auch von der englischen Presse anerkannt worden sei. Lord Schuster hatte allerdings noch weitere Einwände: die zwingende Vorschreibung des Vermögensverfalls im Kriegsverbrechergesetz und daß gegen die Urteile der Volksgerichte kein Rechtsmittel zulässig sei. Gerö entgegnete diesen Einwänden mit dem Hinweis auf die Schwere der Verbrechen der nach dem Kriegsverbrechergesetz Schuldigen, und daß in besonders berücksichtigungswürdigen Umständen vom obligatorischen Vermögensverfall ohnedies abgesehen werden könne. Was die Nichtzulassung von Rechtsmitteln betreffe, so wäre dies auch in England zu verschiedenen Zeiten der Fall gewesen, und auch jetzt fänden in der englischen Besatzungszone Deutschlands laufend Prozesse gegen Kriegsverbrecher statt, ohne daß ein Rechtsmittel zulässig sei.

Das Gespräch Gerös mit Schuster dauerte drei Stunden, und Gerö verließ den alten Herrn mit dem vermutlich richtigen Eindruck, daß er von Gerös Argumenten nicht überzeugt worden war.[1] Ganz anders verlief der Besuch zweier Mitarbeiter der britischen Legal Division bei Gerö am 31. Oktober, die vor allem Fragen der Praxis besprechen wollten.[2] In erster Linie sorgten sie sich um das Gefängniswesen. In der Steiermark und in Kärnten fehle es an Decken, Koch- und Eßgeschirr. Man habe zwar gehört, daß all das bis zur Besetzung in ausreichendem Maß vorhanden gewesen, dann aber von den Russen entfernt worden sei. Großbritannien wäre hier zur Hilfe bereit, wenn Gerö zustimme – was natürlich der Fall war. Weiters hatten die Briten Kaiser-Ebersdorf besucht und den Eindruck gewonnen, daß eine ordnungsgemäße Aufnahme des Betriebes möglich sei. Sie fragten Gerö daher, ob es gestattet würde, daß Jugendliche, die von englischen Militärgerichten auf österreichischem Boden wegen Straftaten gegen die Besatzungsmacht verurteilt worden seien oder würden, in Kaiser-Ebersdorf ihre Strafe verbüßen konnten. Gerö war damit unter der Voraussetzung einverstanden, daß die Häftlinge dort den österreichischen Bestimmungen unterworfen seien und der Direktion der Strafanstalt unterstünden. Eine weitere Sorge der Legal Division war die Heizung an den Gerichten. Gerö verwies für die Wiener Gerichte auf die im Gang befindliche Aktion, Brennholz zu beschaffen, doch stünden dafür zuwenig Autos zur Verfügung. Die Engländer erklärten sich auch hier zur Hilfe bereit. Dann bemerkten sie, daß im Strafbezirksgericht Wien nur vier Richter tätig seien

---

[1] Orig.-Bericht Gerös 27. Oktober 1945, Präs. 314/45.
[2] Orig.-Bericht Gerös 1. November 1945, Präs. 327/45.

und ob es nicht möglich sei, Richter von den Zivilgerichten abzuziehen und dem Strafbezirksgericht Wien zuzuteilen. Darauf antwortete Gerö, daß er sich hiervon nicht viel verspreche, weil die Zivilrichter seiner Meinung nach nicht über die erforderliche Expeditivität für bezirksrichterliche Angelegenheiten verfügten und daher für das Strafbezirksgericht Wien keine wesentliche Entlastung bedeuten würden. Er versprach aber dennoch, die Zahl der beim Strafbezirksgericht Wien tätigen Richter auf acht zu erhöhen.

Weiters teilten ihm Colonel Hurst und Mr. Smith mit, daß die Engländer nach der Besetzung der Steiermark und Kärntens rasch Vorkehrungen treffen und Besetzungen vornehmen mußten, die möglicherweise nicht seine, Gerös, Zustimmung fänden. Gerö antwortete, daß die leitenden Posten in der Steiermark schon vor dem Eintreffen der englischen Besatzungsmacht vom Staatsamt für Justiz besetzt worden seien und daher die englische Besatzungsmacht nur einen in der Steiermark schon bestehenden Zustand sanktioniert habe. Etwas anders sei die Situation in Klagenfurt. Daraufhin erklärten sich die Briten durchaus einverstanden, gemeinsam mit dem Staatsamt Änderungen vorzunehmen. Bezüglich der Personalpolitik im Justizdienst erreichte Gerö die Zusage, daß, nach Herstellung des Einvernehmens mit der Legal Division, die britischen Lokalinstanzen in Kärnten und der Steiermark kein Einfluß- oder Einspruchsrecht mehr haben. Die Bestellung der Organe der Rechtsanwalts- und Notariatskammer sollte nach Herstellung des Einvernehmens mit der Legal Division ebenfalls durch das Staatsamt erfolgen. Was das Problem der Nationalsozialisten betraf, so waren sich Gerö und seine Gesprächspartner über die Ausscheidung der Illegalen und schwer belasteten Nationalsozialisten einig. Mitläufer und minder belastete Nationalsozialisten könnten auf Stellen ohne Einfluß verbleiben. Schließlich wurde Gerö noch gefragt, ob es richtig sei, daß er sich mit dem Gedanken trage, Studenten als Richter heranzuziehen. Gerö verneinte dies entschieden. Wohl sei dies einmal in einer Besprechung von einer Besatzungsmacht vorgeschlagen worden, doch habe er sofort abgelehnt. Dem großen Richtermangel wolle man zunächst durch eine Erhöhung der Altersgrenze begegnen. Außerdem müsse man die Rückkehr der Richter aus der Kriegsgefangenschaft und die Heimkehr der sich noch in den verschiedenen Besatzungszonen aufhaltenden Justizbeamten abwarten. Erst wenn man einen endgültigen Überblick über das Personal habe, könne man weitere Beschlüsse zur Behebung des Richtermangels treffen. Damit war das Gespräch zu Ende, aus dem Gerö den Eindruck gewonnen hatte, daß mit der Legal Division eine gute Zusammenarbeit möglich sein werde.

Ein Vergleich mit der Information der schon behandelten „Justiz"-Länderkonferenz und den soeben geschilderten Gesprächen zeigt mit besonderer Deutlichkeit die unterschiedliche Einstellung der Besatzungsmächte zu Justizfragen, im besonderen auch zum Problem der Entnazifizierung und die daraus resultierenden großen Unterschiede in der Justiz in den einzelnen Besatzungszonen bzw. Bundesländern.[1] Sie in mühevoller und zäher Arbeit zu verringern, *eine* österreichische Justiz zu erreichen, war eine der wichtigsten Aufgaben der Wiener Justizzentralbehörde nicht nur 1945, sondern auch in den folgenden Jahren.

Die Anerkennung der Provisorischen Staatsregierung durch die Besatzungsmächte dehnte den Wirkungsbereich aller Zentralstellen auf das gesamte Staatsgebiet aus, was natürlich deren Agenden und Aktenzahlen beträchtlich erhöhte. Im Justizministerium, in dem zu dieser Zeit 82 Beamte und Angestellte, davon 25 Akademiker, arbeiteten[2], wurde daher mit Wirkung vom 10. November eine neue Geschäftsverteilung vorgenommen.[3] Sie basierte auf der bisher geltenden provisorischen[4], war aber schon wesentlich umfangreicher.[5] Vergleicht man diese

---

[1] Vgl. dazu auch den Beitrag von Gerhard Jagschitz, *Der Einfluß der alliierten Besatzungsmächte auf die Strafgerichtsbarkeit,* im vorliegenden Band, S. 114 ff.
[2] Präs. 299/45.
[3] Präs. 333/45.
[4] Siehe oben, S. 14 f.
[5] Präsidialakten: Personal- und Verwaltungssachen des Staatsamtes für Justiz, des Obersten Gerichtshofes, Kabinettsratsdienst, Bibliothek, Kanzleidirektion, Dienst um den Staatssekretär und die Unterstaatssekretäre. Angeschlossen waren die Präsidialsachen der Abt. 3. – Sektion I: Abt. 1, Abt. 3, Ref. 1 – A und B und Abt. 6. – Sektion II: Abt. 2, 4 und 5. – Sektion III. Außerhalb des Sektionsverbandes: Abt. 3 mit Ausnahme der der Sektion I zugewiesenen Angelegenheiten. – Abt. 1, Legislative für Zivilrecht. – Ref. 1: Bürgerliches Recht, soweit nicht einzelne Rechtsgebiete anderen Referaten zugewiesen sind – Jugendfürsorge, Enteignungsrecht, Agrarrecht. – Ref. 2: Zivilprozeß- und Exekutionsrecht, Scheidungswesen, Schiedsgerichtswesen, Verfahren außer Streitsachen einschließlich der öffentlichen Bücher, Gerichtsorganisationsgesetz, Geschäftsordnung. – Ref. 3: Handelsrecht ohne Gesellschaftsrecht, Wechsel- und Scheckrecht, Sozial- und Privat-

Geschäftsverteilung mit jener, die ab 1. Jänner 1954 in Kraft gesetzt wurde (Präsidium, Zivilsektion, Strafsektion und Verwaltungs- und Personalsektion mit insgesamt 22 Abteilungen)[1], so kann man ermessen, welche Dimensionen die Aufgaben des Ministeriums im ersten Jahrzehnt der Republik, das zugleich jenes des Wartens und Kämpfens um den Staatsvertrag war, seit den Anfängen im Jahre 1945 erreicht haben.

Nach den Wahlen vom 25. November 1945 und dem ersten Zusammentreten des Parlaments sowie der Bildung der Regierung Figl I am 19. und 20. Dezember 1945 wurden die bisherigen Staatsämter Ministerien. Gerö, der als den Sozialisten nahestehender Parteiloser Leiter des nunmehrigen Bundesministeriums für Justiz blieb, führte deshalb ab Jänner 1946 wöchentliche „Ministerialkonferenzen" ein, die „ein einheitliches Zusammenwirken aller Abteilungen innerhalb des Bundesministeriums für Justiz" herbeiführen und gewährleisten sollten.[2]

Am 4. Jänner 1946 empfing der Minister Vertreter der in- und ausländischen Presse, um besonders zur Frage der Verfolgung der Kriegsverbrecher und der Entnazifizierung, die seit den Novemberwahlen ein Hauptangriffspunkt der sowjetischen Besatzungsmacht geworden war und vor allem das ganze Jahr 1946 das Justizministerium dauernd beschäftigte, Stellung zu nehmen. Gerö stellte den zu Beginn des Jahres 1946 von der Wiener Alliierten Stadtkommandantur verlautbarten Zahlen (in Wien 6874 Verhaftungen von Nationalsozialisten, von ihnen 2599 schon wieder in Freiheit, nur für 2025 ein Gerichtsverfahren vorbereitet, nur 119 Fälle abgeschlossen, unter denen sich auch Freisprüche befanden) die amtlichen österreichischen gegenüber: Bisher 323 Anklagen erhoben, von ihnen 130 erledigt. Von den bisher behandelten 6874 Straffällen 1900 durch Einstellung des Verfahrens erledigt. Bis 22. Dezember 1945 1900 erledigte Straffälle. Der Neuanfall von politischen Straffällen habe allein im Dezember bis zum 22. die horrende Zahl von 1758 erreicht. Dazu kamen noch die rein kriminellen Strafsachen, von denen bis Ende November beim Landesgericht für Strafsachen Wien 5502 anhängig waren. Gerö ging dann auf die enormen Personalschwierigkeiten im Justizwesen und auf den Vorwurf von zu guter Behandlung von Dr. Guido Schmidt, dem seinerzeitigen Staatssekretär für Äußere Angelegenheiten von Bundeskanzler Schuschnigg, im Inquisitspital ein, den er zurückwies. Zuletzt sprach Gerö von den legislativen Arbeiten seines Ressorts, die zu dieser Zeit noch vor allem von der schon genannten Reaustrifizierung, der Entflechtung von öster-

versicherungsrecht, Arbeitsrecht, Gewerberecht und gewerbliches Gerichtswesen. – Ref. 4: Miet- und Pachtrecht, Schadenersatzrecht, Urheberrecht und Angelegenheiten des gewerblichen Rechtsschutzes, Insolvenzrecht, Notariatsordnung, Rechtsanwaltsordnung. – Ref. 5: Gesellschaftsrecht, Angelegenheiten des Verfassungs- und Verwaltungsrechtes, Steuer- und Gebührenwesen, Verkehrsrecht, Depositenwesen, Syndikatswesen. – Abt. 2, Legislative für Straf- und Strafprozeßrecht. – Ref. 1: Strafrecht. – Ref. 2: Strafprozeßrecht. – Abt. 3, Justizverwaltungssachen. – Ref. 1: A: Allgemeine Justizverwaltungssachen einschließlich des Beamtendienstrechtes. – B: Personalangelegenheiten des Staatsamtes, des Obersten Gerichtshofes, der Generalprokuratur, der Oberlandesgerichtspräsidenten und der Oberstaatsanwälte. – C: Angelegenheiten des Dienstverhältnisses der Justizangestellten (mit Ausnahme der der Abteilung 5 zugewiesenen Angelegenheiten). – D: Verwaltungsangelegenheiten des OLG-Sprengels Wien und des Landes Oberösterreich, des OLG-Sprengels Linz, Personal- und Verwaltungsangelegenheiten der Notare und Rechtsanwälte sowie Geschäfte des Gerichtsinspektors für die gleichen Sprengel. – Ref. 2: Personal- und Verwaltungsangelegenheiten der OLG-Sprengel Graz und Innsbruck sowie des Landes Salzburg und des OLG-Sprengels Linz, Personal- und Verwaltungsangelegenheiten der Notare und Rechtsanwälte sowie Geschäfte des Gerichtsinspektors für die gleichen Sprengel. – Ref. 3: Budget-, Gebäude- und Beschaffungswesen, Unterbringungsfragen (mit Ausnahme der der Abt. 5 zugewiesenen Angelegenheiten), Syndikatsansprüche, Reisegebühren, Dienstzeitanrechnungen, Untersuchung der Geschäftsstellen, Justizstatistik, Archiv und Liquidierung. – Abt. 4: Strafsachen einschließlich Gnadensachen. Ref. 1: Politische Strafsachen einschließlich Gnadensachen und Preßsachen. – Ref. 2: Andere Strafsachen einschließlich Gnadensachen aus den OLG-Sprengeln Wien, Graz, Innsbruck und Linz sowie Entschädigung für Untersuchungshaft und für ungerechtfertigte Verurteilung. – Abt. 5: Strafvollzugswesen und Anstalten für Erziehungsbedürftige. – A: Verwaltung der Strafanstalten, Gerichtshofgefängnisse und Arbeitshäuser, Angelegenheiten des Dienstverhältnisses der Angestellten dieser Anstalten, periodische Begnadigungen. – B: Verwaltung der Anstalten für Erziehungsbedürftige, Angelegenheiten des Dienstverhältnisses der Angestellten dieser Anstalten. – Abt. 6, Internationale Justizangelegenheiten; Rechtshilfeverträge, Rechtshilfe im bürgerlichen Rechtswesen, Auslieferungsverträge, Rechtshilfe in Strafsachen.

[1] Präs. 1533/53.
[2] Konzept Gerös, 23. Dezember 1945, Präs. 448/45.

reichischem und NS- bzw. deutschem Recht bestimmt war.[1]

Von den großen Rechtsreformen der Zweiten Republik war damals noch nicht die Rede. So wurde zum Beispiel die große Strafrechtsreform erst 1954 in Angriff genommen.[2] Die Enquete über die Abschaffung der Todesstrafe fand allerdings schon 1948 statt.[3]

Dennoch läßt sich abschließend sagen, daß – von diesem zuletzt genannten Problemkreis abgesehen – alle wichtigen Fragen, mit denen sich das Bundesministerium für Justiz von 1945 bis 1955 zu befassen hatte, schon 1945 unter schwierigsten Umständen Gegenstand seiner Arbeit waren. Dieses Faktum rechtfertigt zumindest nach Meinung der Verfasserin die relativ ausführliche Darstellung jener Zeit.

---

[1] *Wiener Zeitung,* 5. Jänner 1946. Freundlicher Hinweis von Dr. Karl Haas, Wien.

[2] Eugen Serini, *Entwicklung des Strafrechtes,* in: *Österreich. Die Zweite Republik,* hrsg. von Erika Weinzierl und Kurt Skalnik, Bd. 2, Graz 1972, S. 12 f.

[3] Vgl. dazu den Beitrag von Karl Haas, *Zur Frage der Todesstrafe in Österreich 1945–1950,* im vorliegenden Band, S. 132 ff.

Wolfgang Neugebauer

Standgerichtsbarkeit und Todesstrafe in Österreich 1933 bis 1938

Der Galgen muß für uns in Österreich, getreu einer sehr wohl begründeten Tradition, wirklich nur die Ultima ratio sein.
Justizminister Kurt Schuschnigg (1933)

Gegen Standgerichte und Todesurteile – wo immer in der Welt – erheben wir unsere Stimme als österreichische Sozialisten ...
Justizminister Christian Broda (1974)

Vorbemerkung

Anläßlich des Symposions „Justiz und Zeitgeschichte" 1976 hat der Verfasser in einem Referat einen Überblick über die politische Justiz in Österreich von 1934 bis 1945 gegeben und darin auf die Quellenlage und den Literaturstand hingewiesen[1], sodaß sich das vorliegende Referat auf die engere Thematik beschränken kann. Die nachfolgenden Ausführungen beruhen auf langjährigen eigenen einschlägigen Forschungsarbeiten sowie auf den bereits vorliegenden, ausgezeichneten Untersuchungen von Everhard Holtmann, Gerhard Jagschitz, Hilde Verena Lang u. a.[2]

Standgerichtsbarkeit und Todesstrafe – Begriff und rechtliche Grundlagen

Im Brockhaus-Lexikon wird das Standrecht definiert als „das im Ausnahme-, Belagerungs- oder Kriegszustand nach Maßgabe der Verfas-

---

[1] Wolfgang Neugebauer, *Politische Justiz in Österreich 1934–1945*, in: *Justiz und Zeitgeschichte*, hrsg. von Erika Weinzierl und Karl R. Stadler (= Veröffentlichungen des Ludwig-Boltzmann-Instituts für Geschichte der Gesellschaftswissenschaften 1), Wien 1977, S. 169–209.

[2] Everhard Holtmann, *Politische Tendenzjustiz während des Februaraufstands 1934*, in: *Das Jahr 1934: 12. Februar* (= Wissenschaftliche Kommission, Veröffentlichungen 2), Wien 1975, S. 45 ff.; ders., *Zwischen „Blutschuld" und „Befriedung": Autoritäre Julijustiz*, in: *Das Jahr 1934: 25. Juli* (= Wissenschaftliche Kommission, Veröffentlichungen 3), Wien 1975, S. 36 ff.; Gerhard Jagschitz, *Der Putsch*, Graz 1976; Hilde Verena Lang, *Wilhelm Miklas*, in: *Vom Justizpalast zum Heldenplatz*, hrsg. von Ludwig Jedlicka und Rudolf Neck, Wien 1975, S. 192 ff.

sung bestehende Recht, über Verbrechen und Vergehen bestimmter Art in einem abgekürzten gerichtlichen Verfahren durch Standgerichte zu entscheiden und eine dabei verhängte Todesstrafe alsbald zu vollstrecken durch standrechtliche Erschießung".[1] Das Besondere am Standgericht – neben dem beschleunigten und summarischen Verfahren – ist in der Regel die Alternative beim Urteilsspruch: Freispruch oder Todesstrafe (unter Umständen auch Überweisung an das ordentliche Gericht).

Die Institution der Standgerichtsbarkeit ist keine spezielle Erfindung faschistischer oder totalitärer Systeme. Historisch rührt das Standrecht wohl von den Kriegsbräuchen der feudalen und absolutistischen Ära her und wurde in die sich im 19. Jahrhundert entwickelnden bürgerlich-liberalen Rechtssysteme übernommen. Politisch-sozial ist das Standrecht als Herrschaftsinstrument der bürgerlichen Klasse zur Unterdrückung von Auflehnungs- und Umsturzversuchen der Unterklassen zu verstehen. Zwar wurde das standrechtliche Verfahren auch in die demokratischen Verfassungen der Weimarer Republik und der ersten österreichischen Republik aufgenommen, doch der Mißbrauch des Standrechtes, d. h. die maßlose Anwendung durch faschistische Regime, hat diese Einrichtung in weiten Kreisen als fragwürdig erscheinen lassen. Die geänderte Bewußtseinshaltung – weniger des „gesunden Volksempfindens" als der politisch Verantwortlichen – äußerte sich in der Abschaffung von Standrecht und Todesstrafe sowohl in der Bundesrepublik Deutschland (bei der Einführung des Grundgesetzes 1949) als auch in Österreich (1950 bzw. 1968).[2]

Die rechtliche Grundlage für das Standrecht in Österreich bildete die Strafprozeßordnung vom 23. Mai 1873, in der im XXV. Hauptstück das standrechtliche Verfahren festgelegt wird. In der Regel war das Standrecht nur für Aufruhr vorgesehen, lediglich bei Umsichgreifen von Mord, Raub, Brandlegung und öffentlicher Gewalttätigkeit war eine Ausdehnung auf diese Delikte möglich. Die Verhängung des Standrechtes sowie dessen Aufhebung, was öffentlich zu erfolgen hatte, oblagen dem Landeschef (in der Republik Österreich der Sicherheitsdirektion des jeweiligen Bundeslandes) im Einverständnis mit dem Präsidenten des Gerichtshofes Zweiter Instanz und mit dem Oberstaatsanwalt. Die Standgerichte waren beim Gerichtshof Erster Instanz, also bei den Landesgerichten für Strafsachen bzw. Kreisgerichten, aus vier Berufsrichtern zu bilden. Das Standgericht hatte bei einstimmigem Schuldspruch auf Todesstrafe zu erkennen, bei Nichteinstimmigkeit hatte die Überweisung an das ordentliche Gericht zu erfolgen. Nur wenn das abschreckende Beispiel durch die Vollziehung der Todesstrafe an anderen bereits gegeben war, konnte das Standgericht bei minder Beteiligten aus wichtigen Milderungsgründen, ebenso bei unter Zwanzigjährigen, auf schweren Kerker von fünf bis zwanzig Jahren entscheiden. Das Todesurteil hatte innerhalb von zwei Stunden, bei ausdrücklichen Bitten des Delinquenten drei Stunden, vollzogen zu werden.[3]

In Österreich war die Todesstrafe im ordentlichen Verfahren durch die österreichische Bundesverfassung 1920 abgeschafft worden[4]; gleichzeitig war auch die Militärgerichtsbarkeit – außer für Kriegszeiten – aufgehoben worden. Das bedeutete, daß die Todesstrafe nur mehr im standrechtlichen Verfahren zur Anwendung kommen konnte. Infolge der verfassungsgesetzlichen Regelung wäre eine Wiedereinführung der Todesstrafe nur mit Zwei-Drittel-Mehrheit im Nationalrat, also auf Grund eines Konsenses beider großen Parteien, möglich gewesen. Da während der demokratischen Phase der Ersten Republik meines Wissens das Standrecht niemals verkündet wurde, auch nicht während der Julitage 1927, wurde in dieser Zeit kein einziges Todesurteil in Österreich ausgesprochen.

Standgerichtsbarkeit und Todesstrafe – Instrumente faschistischer Herrschaft

In der immer wieder aufflammenden Diskussion über die Zweckmäßigkeit der Todesstrafe wird von deren Gegnern der von den Befürwortern behauptete Abschreckungscharakter der Todesstrafe geleugnet, und es wird stets auf den möglichen Mißbrauch der Todesstrafe gegen politi-

---

[1] *Der große Brockhaus*, 60. Aufl., Bd. 11, Wiesbaden 1957, S. 170.
[2] Der Artikel 102 des Grundgesetzes der Bundesrepublik Deutschland lautet: „Die Todesstrafe ist abgeschafft." Zitiert nach Iring Fetscher, *Terrorismus und Reaktion*, 2. Aufl., Köln 1978, S. 90; *Volksgerichtsbarkeit und Verfolgung von nationalsozialistischen Gewaltverbrechen in Österreich (1945–1972). Eine Dokumentation*, hrsg. vom Bundesministerium für Justiz, für den Inhalt verantwortlich MR Dr. Karl Marschall, Wien 1977, S. 30 f.
[3] RGBl. Nr. 119/1873.
[4] BGBl. Nr. 1/1920 (B.-VG. Art. 85).

Kundmachung über die **Verhängung der Todesstrafe** wegen der Verbrechen des Mordes, der Brandlegung und der öffentlichen Gewalttätigkeit durch boshafte Beschädigung fremden Eigentums.

Der Bundeskanzler hat im Einvernehmen mit dem mit der Leitung des Bundesministeriums für Justiz betrauten Bundesminister gemäß § 430 St. P. O. das standrechtliche Verfahren in den Fällen der Verbrechen des Mordes (§§ 134 bis 138 St. G.), der Brandlegung (§§ 166 bis 168 St. G.) und der öffentlichen Gewalttätigkeit durch boshafte Beschädigung fremden Eigentums nach § 85 St. G. für das ganze Bundesgebiet angeordnet.

Dies wird mit dem Beifügen kundgemacht, daß jeder, der sich nach dieser Kundmachung eines der angeführten Verbrechen oder der Aufreizung hiezu oder der Teilnahme daran schuldig macht, standrechtlich gerichtet und mit dem Tode bestraft würde.

Diese Anordnung ist kundgemacht und daher in Kraft getreten.

Wien, am 10. November 1933.

Die Bundesregierung.

Die Kundmachung über die Verhängung der Todesstrafe wurde im November 1933 in ganz Österreich affichiert

sche Gegner und Andersdenkende verwiesen.[1] Beide Momente spielten 1933 bei der Wiedereinführung der Todesstrafe in Österreich eine Rolle: Die Todesstrafe sollte abschreckend wirken, und sie wurde schon bald und in größerem Ausmaß gegen politische Täter angewendet.

Der Griff nach der Justiz, ihre Umfunktionierung in ein Instrument zur Unterdrückung politischer Gegner und sonstiger „Feindgruppen" zählt zu den ersten und wichtigsten Maßnahmen diktatorischer Systeme. Die Einführung von Standgerichtsbarkeit und Todesstrafe durch die Regierung Dollfuß 1933 muß in diesem Licht gesehen werden: Sie war Bestandteil einer zielbewußten Politik, die Schritt für Schritt die demokratischen Institutionen in ein mehr oder weniger faschistisches System umformte.[2] Im „Kriegswirtschaftlichen Ermächtigungsgesetz" aus dem Jahr 1917 hatte die Regierung Dollfuß jenes Mittel gefunden, das den gesetz- und verfassungswidrigen Maßnahmen den Anschein von Legalität geben sollte.[3] Da der geschickt taktierende Dollfuß vor dem Februar 1934 vor dem offenen Verfassungsbruch zurückschreckte, standen der beabsichtigten politischen Tendenzjustiz erhebliche Hindernisse, wie die Laiengerichtsbarkeit, die proporzmäßige Zusammensetzung der Schöffen- und Geschworenenlisten u. a., entgegen. Robert A. Kann hat auf den Umstand hingewiesen, daß das Gros der Richter keineswegs regierungsfreundlich, sondern großdeutsch eingestellt war[4] – nicht zuletzt, weil die Justizminister durch mehr als zehn Jahre von den Großdeutschen gestellt worden waren.[5] Ludwig Jedlicka berichtete in diesem Zusammenhang über einen aufschlußreichen Ausspruch des Heimwehr-Ministers Stockinger, der im Ministerrat wörtlich sagte: „Und jetzt ist Schluß mit der Justiz, wir müssen endlich die Richter bestrafen, einsperren, denn sie sind ja eigentlich alle gegen uns."[6] Aus diesem Grund schritt die Regierung zur Standgerichtsbarkeit[7]; erst nach dem Februar 1934 sollten die Geschworenengerichte abgeschafft werden.

Am 11. November 1933 wurde auf Grund des „Kriegswirtschaftlichen Ermächtigungsgesetzes" eine Regierungsverordnung erlassen, kraft derer das Standrecht auf Mord, Brandstiftung und boshafte Sachbeschädigung verkündet wurde.[8] Schon die ersten beiden Fälle – zwei

---

[1] Siehe dazu: Heinz Steinert, *Die Todesstrafe, der autoritäre Staat, ihre Befürworter, und was man dagegen tun (oder wenigstens sagen) kann;* Vortrag, gehalten am 13. November 1977 im Arbeitskreis „Todesstrafe" von Amnesty International Österreich (M.S.).

[2] Zur Diskussion über den „faschistischen" Charakter des „Ständestaates" siehe: Willibald Holzer, *Faschismus in Österreich 1918–1938,* in: *Austriaca,* numéro spécial, Juli 1978; *Zeitgeschichte,* August/September 1979; Klaus-Jörg Siegfried, *„Klerikal-Faschismus". Zur Entstehung und sozialen Funktion des Dollfuß-Regimes in Österreich. Ein Beitrag zur Faschismusdiskussion,* Bern 1979.

[3] Siehe dazu ausführlich die auch juristische Arbeiten berücksichtigende Dissertation Peter Huemer, *Sektionschef Dr. Robert Hecht und die Entstehung der ständisch-autoritären Verfassung in Österreich,* Phil. Diss., Wien 1968.

[4] Diskussionsbeitrag Robert A. Kann, in: *Das Jahr 1934: 12. Februar,* S. 155.

[5] Diskussionsbeitrag Adam Wandruszka, in: *Das Jahr 1934: 25. Juli,* S. 110.

[6] Diskussionsbeitrag Ludwig Jedlicka, in: *Das Jahr 1934: 12. Februar,* S. 157.

[7] Diskussionsbeitrag Fritz Bock, in: *Das Jahr 1934: 25. Juli,* S. 108.

[8] Holtmann, *Februarjustiz,* S. 47.

Der Verhandlungssaal in Wels während des Standgerichtsprozesses gegen Johann Breitwieser

kriminelle Delikte – warfen auf die „Gerechtigkeit" der Dollfuß-Justiz ein bezeichnendes Licht. In einem Fall – Johann Breitwieser, Sohn eines reichen Bauern, der seine schwangere Geliebte, eine Magd, ermordet hatte – wurde das vom Standgericht verhängte Todesurteil auf Antrag von Justizminister Schuschnigg von Bundespräsident Miklas in eine lebenslängliche Kerkerstrafe umgewandelt. Der andere, Peter Strauss, ein aus ärmstem Milieu kommender, schwachsinniger Vagabund, der im Rausch und Affekt eine Scheune angezündet hatte, wurde hingerichtet.[1] Zwar war der Bundespräsident – ebenso wie das Grazer Standgericht – für die Begnadigung eingetreten, doch hatte Justizminister Schuschnigg trotz Aufforderung durch Miklas keinen Gnadenantrag vorgelegt.[2] Bundespräsident Miklas, der die Auffassung vertrat, daß das „Kriegswirtschaftliche Ermächtigungsgesetz moralisch keine genügend rechtliche Grundlage sei", wenn es sich um Leben und Tod eines Menschen handle, artikulierte seinen Protest in der *Kremser Zeitung*[3], fand jedoch nie die Kraft, gegen die von ihm privat kritisierten Verfassungsbrüche der Regierung Dollfuß einzuschreiten. Justizminister Schuschnigg, der die volle Verantwortung für die unterschiedliche Behandlung zweier Täter trug, begründete die Begnadigung im Ministerrat damit, daß „der Mann aus einer guten Familie stammt, aus einem Bauernhaus". Mit Recht konnte Rudolf Neck – von Karl Stadler assistiert – feststellen, daß sich darin „der klassenkämpferische Charakter der faschistischen Justiz" zeigte.[4] Die standrechtliche Aburteilung einzelner Krimineller war jedoch lediglich das Vorspiel für die massenhafte Aburteilung politischer Täter im Jahr 1934.

[1] Rudolf Neck, *Thesen zum Februar. Ursprünge, Verlauf und Folgen,* in: *Das Jahr 1934: 12. Februar,* S. 19 f. und 158 ff. Siehe dazu auch die Flugblätter DÖW-Bibliothek 4002/186 und 4073/171.
[2] Diskussionsbeitrag Hilde Verena Lang, in: *Das Jahr 1934: 12. Februar,* S. 158.
[3] Lang, *Miklas,* S. 200.
[4] Neck, *Thesen,* S. 158 ff.

Das erste Standgerichtsverfahren der Republik Österreich fand am 14. Dezember 1933 in Wels statt. Das Bild zeigt den Angeklagten Johann Breitwieser beim Verhör durch die Gerichtskommission, bestehend aus v. l. n. r.: den Beisitzern LGR Dr. Meixner und OLGR Dr. Schima, dem Vorsitzenden OLGR Dr. Bayer sowie dem ebenfalls als Beisitzer fungierenden LGR Dr. Ominger

Die Standgerichtsbarkeit im Februar 1934

Unmittelbar nach Bekanntwerden der ersten Kampfhandlungen zwischen Schutzbündlern und Exekutivangehörigen am 12. Februar 1934 in Linz – noch vor Ausbruch der Kämpfe in Wien – setzten neben den militärischen Aktionen die Unterdrückungsmaßnahmen der Regierung Dollfuß ein. In einer Verordnung wurde das Standrecht auf Aufruhr ausgedehnt. Um die Mittagszeit wurde vom Polizeipräsidenten von Wien in seiner Funktion als Sicherheitsdirektor für das Bundesland Wien das Standrecht verkündet und im Einvernehmen mit dem Präsidenten des Oberlandesgerichtes Wien und der Oberstaatsanwaltschaft Wien das standrechtliche Verfahren in Fällen des Aufruhrs für das Bundesland Wien angeordnet.[1] Auf Weisung von Vizekanzler Fey wurden gleichartige Maßnahmen in den anderen Bundesländern getroffen.[2] Fey glaubte, durch die rasche Aburteilung die Kämpfe schneller beenden zu können.

Als erste wurden am 14. Februar 1934 der Hietzinger Schutzbündler Karl Münichreiter und der Kommandant der Floridsdorfer Feuerwache Ing. Georg Weissel zum Tode verurteilt und nach Ablauf der sogenannten „dritten Stunde" gehenkt. Dem – laut Spitalsbefund – schwerverletzten Münichreiter hatte ein Amtsarzt die Verhandlungsfähigkeit bescheinigt.[3] Schuschnigg bezeichnete später in einem Fernsehinterview den Fall Münichreiter als „Fauxpas". Obwohl der Rundfunk am 14. Februar gegen 23 Uhr den Pardon-Appell Dollfuß' ausgestrahlt hatte, gingen die Standgerichtsprozesse unvermindert weiter. Die Richter vertraten die Rechtsauffassung, daß Pardonierung sich „lediglich als eine Maßnahme der Regierung im Gnadenwege" darstelle und juristisch „nicht zur Anwendung komme". In der Praxis bedeute dies die Um-

---

[1] Kurt Peball, *Die Kämpfe in Wien im Februar 1934* (= Militärhistorische Schriftenreihe 25), Wien 1974, S. 23.
[2] Ministerratsprotokoll vom 12. Februar 1934, in: *Vom Justizpalast zum Heldenplatz*, S. 387.
[3] Landesgericht für Strafsachen Wien, 3 Vr 654/34 (Kopie DÖW 6715).

wandlung der Todesstrafen in langjährige Kerkerstrafen.¹

Insbesondere die Verhandlung gegen den steirischen Nationalratsabgeordneten Koloman Wallisch sprach jeder ordentlichen Prozeßführung hohn.² Rudolf Neck meint, daß Wallisch „aus niederen Rachemotiven ein in jeder Hinsicht unfairer Prozeß gemacht wurde" und kommt zu dem vernichtenden Urteil: „Auf Grund der Aktenlage handelt es sich um einen von oben anbefohlenen Justizmord, für den Dollfuß, Schuschnigg und Fey gemeinsam die Verantwortung tragen."³

Auch bei den zum Tode verurteilten Februarkämpfern, insbesondere in den Fällen Münichreiter und Weissel, bemühte sich Bundespräsident Miklas um die Begnadigung, doch Justizminister Schuschnigg blieb hart. Er rechtfertigte seine Haltung mit der Rücksicht auf die zahlreichen Opfer der kämpfenden Exekutive und das „dringend nötige abschreckende Beispiel".⁴ Als am 21. Februar um 7 Uhr das Standrecht und die Todesstrafe für „Aufruhr" aufgehoben wurden, waren 140 Schutzbundangehörige standrechtlich abgeurteilt; von einigen Dutzend Todesurteilen waren neun vollstreckt worden.⁵

Die brutale Unterdrückung der österreichischen Arbeiterschaft, insbesondere die Hinrichtungen, führten im Ausland zu einem Sturm der Empörung. Unzählige Proteste – nicht nur von der europäischen Linken, sondern auch von eher neutralen Kreisen sowie von westlichen Regierungsstellen – gingen in Wien ein. So berichtete der österreichische Botschafter Franckenstein aus London, „daß die von der Wiener Regierung angewendeten Mittel sie (die Regierung) und die hiesige Öffentlichkeit tief bewegten". Kabinett und öffentliche Meinung Großbritanniens hegten die „dringendste Hoffnung", daß die österreichische Regierung „sich den Gefangenen und Gegnern gegenüber milde zeigen" werde.⁶ Nicht zuletzt die drohende Schädigung der politischen Reputation im Ausland ließ die Regierung Dollfuß auf einen milderen Kurs einschwenken. In diesem Sinne sind die schon bald einsetzenden diversen „Befriedungsbemühungen" der Regierung zu sehen, d. h. die demagogischen Bemühungen zur Gewinnung der „ehrlichen", „verhetzten" Arbeiter, die vom „radikalen marxistischen Führerklüngel", von „verrotteten, bankrotten Parteibonzen des Marxismus" in die Irre geführt worden waren. Die Justizpraxis stand freilich in diametralem Gegensatz dazu. Vor die Standgerichte kamen – mit Ausnahme von Wal-

Titelseite der „Illustrierten Kronen Zeitung" über das Standgericht gegen Karl Münichreiter und Ing. Georg Weissel am 14. Februar 1934

lisch – eher die kleinen Leute, die Kämpfer, während die politisch Verantwortlichen, die „Bürgerkriegsgenerale", eher glimpflich davonkamen. Die Pläne, den inhaftierten Führern der österreichischen Sozialdemokratie den Prozeß zu machen, wurden fallengelassen und sämtliche Politiker freigelassen.

---

¹ Landesgericht für Strafsachen Wien, 3 Vr 704/34 (Kopie DÖW 7071), Urteil gegen Dangl, Fidra und andere vom 16. Februar 1934. Siehe dazu auch das Urteil gegen den nunmehrigen DÖW-Mitarbeiter Bruno Sokoll (Landesgericht für Strafsachen Wien, 3 Vr 706/34; DÖW. 5557), der am 16. Februar unmittelbar vor der Hinrichtung vom Bundespräsidenten begnadigt wurde.
² Bezüglich Einzelheiten siehe: Holtmann, *Februarjustiz*, S. 50 f.
³ Neck, *Thesen*, S. 23. Neck stützt sich dabei auf die Ministerratsprotokolle.
⁴ Lang, *Miklas*, S. 201; Holtmann, *Februarjustiz*, S. 48.
⁵ Holtmann, *Februarjustiz*, S. 51.
⁶ Zitiert nach Holtmann, *Februarjustiz*, S. 52.

Standgerichtsbarkeit und Todesstrafe als Mittel gegen Terrorismus

Mit dem Sieg im Bürgerkrieg und der Verfolgung tausender politischer Gegner hatte der „Ständestaat" seine Gegner keineswegs endgültig ausgeschaltet. Sowohl die Linke als auch die Nationalsozialisten entfalteten eine starke Untergrundtätigkeit. Vor allem der zunehmende, von Hitlerdeutschland massiv geförderte Terrorismus der Nationalsozialisten machte der Regierung zu schaffen. Als Reaktion wurde die Todesstrafe für Mord, Totschlag, gewaltsame Sachbeschädigung, Brandstiftung und Sprengstoffdelikte mit Wirkung vom 1. Juli 1934 wiedereingeführt. Am 19. Juli wurde die Todesstrafe auf den bloßen Besitz von Sprengmitteln gesetzt – eine Radikalität der Strafandrohung, wie sie nicht einmal die NS-Justiz kannte.[1]

Es war jedoch bezeichnend, daß die erste Anwendung nicht einen der zahlreichen nationalsozialistischen Terroristen traf, zu deren Bekämpfung die Todesstrafe vorgeblich eingeführt worden war, sondern einen Parteigänger der Linken. Am 24. Juli 1934 wurde der arbeitslose sozialistische Jugendliche Josef Gerl, der einen – lediglich geringen Sachschaden verursachenden – Sprengstoffanschlag auf ein Bahngeleise durchgeführt und auf der Flucht einen Polizeibeamten angeschossen hatte, von einem Standgericht in Wien zum Tode verurteilt.[2] Wie Ernst Karl Winter, damals Vizebürgermeister von Wien, und andere berichteten, lehnte Bundeskanzler Dollfuß, kaum zwölf Stunden später selbst Opfer politischer Gewalt, eine Begnadigung ab.[3] Josef Gerl wurde zum Märtyrer der illegalen sozialistischen Bewegung.[4]

Standgerichtsbarkeit im Juli 1934

Der Putsch der illegalen österreichischen Nationalsozialisten am 25. Juli 1934, der in dem Mord an Bundeskanzler Dollfuß gipfelte, stellte die von den Februarkämpfen noch stark in Anspruch genommene Justiz des „Ständestaates" neuerlich vor die Aufgabe, die Massenaburteilung politischer Täter durchzuführen. Da in den Putsch eine große Zahl von Exekutivangehörigen verwickelt war und man in die Verläßlichkeit des Richterstandes kein Vertrauen hatte, wurde mit Gesetz vom 26. Juli 1934 eine neue gerichtliche Instanz, der Militärgerichtshof (MGH), geschaffen.[5] Das den Putschisten von Minister Neustädter-Stürmer gegebene Versprechen des freien Geleits wurde in der Ministerratssitzung am 26. Juli, in der die gegen die Putschisten zu ergreifenden Maßnahmen besprochen wurden, verworfen.[6]

Sämtliche nationalsozialistischen Aufständischen wurden – sofern sie nicht als Minderbeteiligte ohne Verfahren in Anhaltelager gebracht wurden – vor die Senate des MGH, insgesamt sechs (Wien zwei, Graz zwei, Linz und Innsbruck), gestellt. In die Kompetenz des MGH, der wie ein Standgericht funktionierte, fielen Hochverrat, Aufstand, Aufruhr, Mord, Totschlag, Brandlegung und Verbrechen nach dem Sprengstoffgesetz. Zusammengesetzt waren die MGH-Senate aus einem Berufsrichter (als Verhandlungsleiter) und drei Offizieren, die ausnahmslos vom Justiz- bzw. Verteidigungsminister bestimmt wurden.[7] In dieser Zusammensetzung – sowohl Laiengerichtsbarkeit als auch professionelle Richter waren praktisch ausgeschaltet – spiegelte sich der geringe Rückhalt des Regimes im Volke wider.

Die Prozeßführung des MGH war nicht weniger tendenziös als die der Februar-Standgerichte: kurze Verhandlung, Voreingenommenheit der Richter, Behinderung der Verteidigung, ausschließlich Ladung anklagekonformer Zeugen, Ablehnung sämtlicher der Entlastung dienenden Beweisanträge.[8] Der Verteidiger des

---

[1] BGBl. Nr. 77/1934/II (Strafrechtsänderungsgesetz) bzw. Nr. 119/1934/II. Siehe dazu auch: Everhard Holtmann, *Zwischen Unterdrückung und Befriedung. Sozialistische Arbeiterbewegung und autoritäres Regime in Österreich 1933–1938*, München 1978, S. 111f.

[2] Landesgericht für Strafsachen Wien, 6b Vr 5216/34 (Kopie DÖW 7000); siehe dazu auch die Auszüge in: *Widerstand und Verfolgung in Wien 1934–1945. Eine Dokumentation,* hrsg. vom Dokumentationsarchiv des Österreichischen Widerstandes, Bd. 1, Wien 1975, S. 169 ff.

[3] *Widerstand Wien,* Bd. 1, S. 557 f; siehe dazu ferner Wolfgang Neugebauer, *Bauvolk der kommenden Welt. Geschichte der sozialistischen Jugendbewegung in Österreich,* Wien 1975, S. 368, Anm. 4.

[4] Siehe dazu etwa die illegal in Österreich verbreitete Broschüre Ernst Papanek, *Die Idee steht mir höher als das Leben. Ein Buch über Josef Gerl und seine Freunde,* Karlsbad 1935.

[5] Bundesverfassungsgesetz vom 26. Juli 1934 über die Einführung eines Militärgerichtshofes zur Aburteilung der mit dem Umsturzversuch vom 25. Juli 1934 im Zusammenhang stehenden strafbaren Handlungen, BGBl. Nr. 163/1934.

[6] Jagschitz, *Putsch,* S. 170.

[7] Siehe Anm. 32.

[8] Holtmann, *Julijustiz,* S. 39.

Neue Freie Presse, Extra-Ausgabe.
Nr. 25101, Wien, Dienstag den 31. Juli 1934.

Todesurteil gegen Planetta und Holzweber

Otto Planetta und Friedrich Holzweber wurden wegen Verbrechens des Hochverrates, Otto Planetta auch wegen Mordes an Bundeskanzler Dr. Dollfuß schuldig erkannt und zum Tode durch den Strang verurteilt.

Das Urteil ist innerhalb von drei Stunden zu vollziehen. Gnadengesuche haben keine aufschiebende Wirkung.

Der Schluß der Verhandlung.

(Fortsetzung unseres ausführlichen Berichtes im Abendblatt.)

Beweisanträge der Verteidigung.

Nach den Verlesungen stellt die Verteidigung eine Reihe von Beweisanträgen. Zunächst meldet sich Dr. Jerabek zum Wort. Er behauptet, daß das Beweisverfahren die Zusicherungen eines freien Geleites bestätigt habe. Es sei zu erheben, ob der Bundespräsident von den diesbezüglichen Erklärungen der Minister Kenntnis erhalten habe. Der

Wenn ich auch den verwirrenden Teilereignissen des 25. Juli nicht gerecht werden kann, so wird doch dieser Tag ein besonders unglücklicher Tag in dem an unglücklichen Tagen nicht armen Vaterland für alle Zeiten bleiben. Um der Gesamtheit der Ereignisse gerecht zu werden, dazu fehlt mir die Kraft und Fähigkeit eines großen Geschichtschreibers wie des alten Tacitus, der mit Wucht, Kraft, Kürze und Prägnanz die geschichtlichen Geschehnisse von einst geschildert hat.

Beide Angeklagten sind des Verbrechens des Hochverrates beschuldigt, daß sie am 25. Juli eine Tat eingeleitet haben, die auf Bürgerkrieg abzielte. Der Staatsanwalt schildert die sich blitzartig abspielenden Ereignisse des 25. Juli, das Eindringen der Putschisten in das Bundeskanzleramt, und führt

durch eine unglückselige Verkettung losgegangen wären. Ich muß sagen, daß es in dieser furchtbar traurigen Zeit eine Erleichterung gewähren würde, wenn wir daran glauben könnten, daß der Bundeskanzler nicht einer Tat des Hasses, sondern einer unglückseligen Schicksalsverkettung zum Opfer gefallen wäre.

Wie können wir aber nach diesen Beweisen daran glauben? Die eigene Darstellung Planettas ist derartig, daß es niemand glauben kann. Er, weil er zufällig einen Schatten vorüberhuschen sah, zufällig einen Schuß abgegeben habe? Das ist nicht glaubhaft. Wir haben einwandfreie Beweise dafür, daß es kein Doppelschuß war. Es ist kein Schatten vorüber-

---

Kanzlermörders Otto Planetta, der bekannte Nationalsozialist Erich Führer, der die Verhandlungsführung kritisierte, wurde wenige Tage später verhaftet und wegen nationalsozialistischer Betätigung für drei Monate in das Anhaltelager Wöllersdorf eingewiesen.[1] Die nationalsozialistische Propaganda stellte später die Militärrichter als Marionetten der Regierung hin. Manche, wie Major Franz Heckenast, der 1939 im KZ Buchenwald ermordet wurde, traf die Rache der Sieger.[2]

Wie im Februar 1934 wurden die Gnadenanträge vom nunmehrigen Justizminister, dem Heimwehrfunktionär Egon Berger-Waldenegg, nicht an den Bundespräsidenten weitergeleitet, sodaß keine Begnadigung erfolgen konnte; allerdings hatte Miklas dies so gewünscht.[3] Auch der Scharfrichter Johann Lang, der die Hinrichtungen im Februar und im Juli 1934 im Hof des Wiener Landesgerichtes durchführte, sollte 1938 ein Opfer der Nationalsozialisten werden.[4]

Am 22. Oktober meldete der MGH-Präsident dem Justizminister 527 Personen in 213 Verfahren rechtskräftig verurteilt; 23 Verfahren mit 126 Angeklagten waren an ordentliche Gerichte abgetreten und 96 Fälle mit 231 Beteiligten eingestellt worden; 313 Strafverfahren mit 672 Beschuldigten waren noch anhängig. Von einigen Dutzend Todesurteilen waren zwölf vollstreckt worden.[5]

Die Tendenz zur Klassenjustiz, Härte gegen die „Kleinen", die Kämpfer, Milde gegen die „Großen", die Drahtzieher, zeigte sich auch im Juli. Im Falle des von den Putschisten als Bundeskanzler vorgesehenen Anton Rintelen, des ehemaligen Landeshauptmannes der Steiermark, wies Justizminister Berger-Waldenegg den Staatsanwalt an, den Prozeß so zu führen, daß Rintelen nur lebenslangen Kerker zu erwar-

---

[1] Jagschitz, *Putsch*, S. 172.
[2] Franz Loidl, *Oberst Franz Heckenast*, in: Franz Loidl, *Fünf Katholikenführer*, Wien 1975, S. 1 ff.
[3] Jagschitz, *Putsch*, S. 172.
[4] Eric Walters, *Tiere bewachen Menschen* (Manuskript im DÖW 9622).
[5] Holtmann, *Julijustiz*, S. 38.

ten hätte. Der Leiter der Kriminalpolizei und von den Putschisten designierte Wiener Polizeipräsident, Otto Steinhäusl, kam mit sieben Jahren Kerker glimpflich davon; auch die zwielichtige Rolle des Sicherheitsministers Emil Fey wurde aus Gründen der Staatsräson nicht aufgedeckt.[1]

Everhard Holtmann weist in seinen Arbeiten über die Februar- und Julijustiz nach, daß die Februarkämpfer durchwegs härter behandelt wurden als die Juliputschisten, insbesondere was die vorzeitige Freilassung Verurteilter betraf.[2] Dabei spielte neben großdeutschen und nationalsozialistischen Sympathien im Beamtenapparat des „Ständestaates" der politische Druck von seiten Hitlerdeutschlands eine Rolle, unter Umständen auch persönliche Beziehungen. Adam Wandruszka hat dabei auf den Fall des zum Tode verurteilten nationalsozialistischen Sprengstoffattentäters Diesenreiter hingewiesen, der auf Grund einer Familienbekanntschaft von Bundespräsident Miklas im letzten Augenblick begnadigt wurde.[3]

Die Mäßigung der „Ständestaat"-Justiz nach 1934

Nach der Niederwerfung des nationalsozialistischen Aufstandes und der relativen Stabilisierung des „Ständestaates" konnte die Regierung Schuschnigg auf die weitere Anwendung von Standgerichtsbarkeit und Todesstrafe verzichten. Es wurden zwar noch Todesurteile verkündet – etwa gegen die illegalen Schutzbündler Karl Ditscheiner, Franz Poslusny und Otto Reisl –, jedoch nicht mehr vollstreckt.[4] Lediglich an kriminellen Tätern wurde die Todesstrafe weiter vollzogen. Für diese unverkennbare Milderung der Strafjustiz dürfte weniger christliche Nächstenliebe als vielmehr der ausländische Druck – Hitlerdeutschland für die Nationalsozialisten, die internationale Arbeiterbewegung und die demokratischen Länder für die Linken – ausschlaggebend gewesen sein.

Besonders deutlich wurde dies im Sozialistenprozeß im März 1936, als die Staatsanwaltschaft Wien gegen zwei führende Funktionäre der Revolutionären Sozialisten, Karl Hans Sailer und Marie Emhart, die Todesstrafe beantragte. Eine breite internationale Solidaritätskampagne – von diplomatischen Protesten über öffentliche Kundgebungen bis zur Prozeßbeobachtung durch bekannte ausländische Sozialisten – führte dazu, daß die Urteile relativ mild ausfielen.[5]

Freilich darf dabei nicht übersehen werden, daß – wie dies in weit höherem Maß für das NS-Regime zutraf – die Justiz nicht alleiniger Arm des staatlichen Repressionsapparates war. Den Herrschenden stand eine Fülle von polizeilichen und administrativen Maßnahmen zur Bestrafung politischer Gegner zur Verfügung (Polizeistrafen, Anhaltelager, Landesverweisung, Arbeitsplatz- bzw. Pensionsverlust, Wohnungsverlust etc.)[6], die in Umfang und Wirkung die Justizstrafen übertrafen – nicht zuletzt weil sie auch die Familienangehörigen in Mitleidenschaft zogen und zudem problemloser zu handhaben waren. Die schwersten Übergriffe gegen rechtsstaatliche Prinzipien bildeten die Vorfälle in Holzleiten im Februar 1934 und in Lamprechtshausen im Juli 1934. Ohne jedes gerichtliche Verfahren wurden sechs Schutzbündler bzw. mehrere nationalsozialistische Aufständische auf Befehl des Stadtkommandanten von Salzburg von Bundesheerangehörigen erschossen.[7]

Die Auswirkungen von Standgerichtsbarkeit und Todesstrafe

Standgerichtsbarkeit und Todesstrafe haben den „Ständestaat" nicht stabilisiert; im Gegenteil: Sie trugen zur weiteren Isolierung des Regimes bei. Vor allem verfehlte die Todesstrafe die abschreckende Wirkung. Weder die Nationalsozialisten noch die Linken ließen sich aus Angst vor Strafe in ihrer illegalen Aktivität einschränken. Die Hinrichtung von politischen Aktivisten bewirkte den gegenteiligen Effekt. Haß und Empö-

---

[1] Jagschitz, *Putsch,* S. 173 und 176 f.
[2] Holtmann, *Julijustiz,* S. 43 f.
[3] Diskussionsbeitrag Adam Wandruszka, in: *Das Jahr 1934: 25. Juli,* S. 111.
[4] *Widerstand Wien,* Bd. 1, S. 361.
[5] Landesgericht für Strafsachen Wien, 26 b Vr 3327/35 (Kopie DÖW 8050); siehe dazu auch *Widerstand Wien,* Bd. 1, S. 100–111, 184 ff., 267; Inez Kykal, *Der Sozialistenprozeß 1936,* Phil. Diss., Wien 1968.
[6] In *Widerstand Wien,* Bd. 1, finden sich zahlreiche Beispiele.
[7] Rudolf Walter Litschel, *1934 – Das Jahr der Irrungen,* Linz 1974, S. 82f; Landesgericht Wien 106 c Vr 1009/42 (DÖW 13050). Der Verantwortliche des Lamprechthausener Massakers, Generalmajor Josef Stochmal, wurde zu acht Jahren Zuchthaus verurteilt, jedoch im Juli 1942 auf höhere Weisung der Gestapo Wien übergeben und nach seiner Überführung in das KZ Auschwitz erschossen.

rung gaben neue Impulse zum Widerstand, und die illegale Propaganda erhielt dadurch neue Munition. Die Namen der Hingerichteten wurden zu Symbolen des Kampfes gegen ein ungerechtes System. Nach dem hingerichteten Georg Weissel etwa wurde im Spanischen Bürgerkrieg eine Maschinengewehrkompanie der Internationalen Brigaden benannt.[1] Die Nationalsozialisten wiederum betrieben nach dem März 1938 einen regelrechten Märtyrerkult um ihre Opfer, die „Blutzeugen der Bewegung".[2]

Während die Nationalsozialisten 1938 eine gründliche Säuberung des Schuschniggschen Justizapparates von politischen und „rassischen" Gegnern durchführten[3] und mit einzelnen, besonders verhaßten Justizfunktionären – wie etwa dem Richter Alois Osio – blutig abrechneten, ist in der Zweiten Republik eine politische und juristische Auseinandersetzung mit den fragwürdigen Justizmaßnahmen des „Ständestaates" nicht erfolgt. Die grundsätzliche Einstellung zu Standgerichtsbarkeit und Todesstrafe freilich hat sich – wie die eingangs zitierten Äußerungen zweier österreichischer Justizminister zeigen – auf Grund der tragischen Erfahrungen im Sinne von Humanität und Rechtsstaatlichkeit gewandelt.

---

[1] Max Stern, *Spaniens Himmel – Die Österreicher in den Internationalen Brigaden,* Wien 1966.
[2] Siehe dazu die bei Jagschitz, *Putsch,* S. 195 ff., zitierte NS-Literatur.
[3] Siehe dazu: Christian Broda, *1938–1974: Was ist geblieben?,* Rede bei der Jahresversammlung des DÖW, in: *Zeitgeschichte,* Mai 1974, S. 182 ff.

Karl Stuhlpfarrer

Justiz und nationale Minderheiten in Österreich 1945 bis 1955

Das Verhältnis von Justiz und nationalen Minderheiten in Österreich kann von mehreren Perspektiven her untersucht werden. Man könnte sich zum Beispiel die Frage stellen, wie strafbare Tatbestände, die im Zusammenhang mit dem nationalsozialistischen Unrecht, das an Angehörigen oder an Organisationen der nationalen Minderheiten begangen worden ist, nach der Wiedererrichtung der Republik Österreich im Jahre 1945 verfolgt wurden oder wie allfällige zivilrechtliche Ansprüche im Zusammenhang mit der Wiedergutmachung dieses Unrechts von den Gerichten behandelt worden sind. Man könnte auch statistisch zu erheben versuchen, ob Urteile – welcher Art auch immer – in Verfahren gegen Angehörige von nationalen Minderheiten bei gleichen Straftatbeständen gleich oder höher ausgefallen sind oder ob es im Strafvollzug zu Diskriminierungen gekommen ist. Man könnte sich darüber hinaus aber auch fragen, ob Angehörige von nationalen Minderheiten gleichberechtigten Zugang zu den Ämtern im Justizbereich hatten und, wenn dies der Fall war, ob sie diesen auch auf allen Ebenen nutzen konnten.

Alles das ist jedoch nicht Gegenstand meiner Untersuchung. Diese beschränkt sich auf die Sprachenfrage, die schon zu Zeiten der Habsburgermonarchie eine eminente Rolle insbesondere in Kärnten gespielt hat.[1] Für die behandelte Periode von 1945 bis 1955 sind zwei Fragenkomplexe von Bedeutung. Die Frage, in welcher Weise die gerichtssprachlichen Verhältnisse in bezug auf die nationalen Minderheiten in Österreich bis zum Inkrafttreten des österreichischen Staatsvertrags am 27. Juli 1955[2] geregelt waren, und die Frage, ob und inwieweit es von seiten der Justizverwaltung Pläne oder Vorbereitungen, Vorkehrungen oder Vorstellungen gegeben hat, den seit 1949 im Entwurf vorliegenden Art. 7bis, endgültig Art. 7 des österreichischen Staatsvertrages, durchzuführen.

Für unsere Fragestellung ist Art. 8 B.-VG. grundlegend, der festlegt: „Die deutsche Sprache ist, unbeschadet der den sprachlichen Minderheiten bundesgesetzlich eingeräumten Rechte, die Staatssprache der Republik."[3] Diese Ver-

---

[1] Vgl. Karl Stuhlpfarrer, *Von der Nationalität zur nationalen Minderheit: Die Kärntner Slowenen,* in: *Die Republik,* Heft 3, 1976, S. 11–18.
[2] Staatsvertrag betreffend die Wiederherstellung eines unabhängigen und demokratischen Österreich vom 15. Mai 1955, BGBl. Nr. 152/1955.
[3] *Das österreichische Bundesverfassungsrecht,* hrsg. v. Leopold Werner und Hans Klecatsky, Wien 1961, S. 72.

fassungsbestimmung stand seit dem Verfassungs-Überleitungsgesetz vom 1. Mai 1945[1] wieder in Geltung. Damit war aber auch auf Grund Art. 149 Abs. 1 B.-VG. wieder der Minderheitenschutzartikel des Staatsvertrags von Saint-Germain in Kraft.

Mit dem Schutz der nationalen bzw. sprachlichen Minderheiten beschäftigen sich die Art. 62 bis 69 in Abschnitt V des Staatsvertrages von Saint-Germain vom 10. September 1919, der am 16. Juli 1920 in Kraft getreten ist.[2] Für den Justizbereich von Bedeutung ist insbesondere sein Art. 66 Abs. 4, der lautet: „Unbeschadet der Einführung einer Staatssprache durch die österreichische Regierung werden nicht deutschsprechenden österreichischen Staatsangehörigen angemessene Erleichterungen beim Gebrauche ihrer Sprache vor Gericht in Wort und Schrift geboten werden." Der Vergleich dieser Bestimmung mit dem nach Art. 381 des St.V.v.St.-G. allein authentischen französischen Vertragstext wirft allerdings einige Probleme auf. Während nämlich in Art. 68 Abs. 1 der Passus „de langue autre que la langue allemande" mit „anderssprachiger als deutscher" wiedergegeben ist, ist der nahezu gleichlautende Text in bezug auf die angemessenen Erleichterungen vor Gericht – „de langue autre que l'allemande" – mit „nicht deutschsprechend" wiedergegeben. Durch den französischen Text scheint damit im Gegensatz zum deutschen ausgedrückt zu sein, daß auch alle jene angemessene Erleichterungen beim Gebrauch der Sprache vor Gericht erhalten sollten, die zwar anderssprachig als deutscher Sprache sind, diese jedoch auch beherrschen, also gemischtsprachig sind.[3]

Darauf ist allerdings bei der Durchführung dieser Bestimmung nicht eingegangen worden, weil in erster Linie auch die Interpretation dessen, was angemessene Erleichterungen zu heißen habe, von Bedeutung schien. Daß diese Erleichterungen nicht sehr weit gehen würden, war in einem Staat, der sich als national einheitlich deutscher Staat schon seit den Friedensverhandlungen von 1919 verstand[4], nicht zu erwarten. Schon in einem Gutachten vom 19. Juni 1919 hatte die Staatskanzlei vermerkt, daß man in einem solchen Staat nicht verlangen könne, „bei sämtlichen Gerichten Beamte anzustellen, welche alle nur denkbarer Weise vorkommenden Sprachen beherrschen".[5] Und die entsprechende Interpretation dessen, was als angemessene Erleichterungen zu gewähren war, wurde in einem Gutachten des Justizministeriums vom 9. November 1921 zusammengefaßt, in dem es hieß:

„Im zivilrechtlichen Verfahren ist mit den Parteien, die der deutschen Sprache nicht kundig sind und ohne Anwalt bei Gericht erscheinen, unter Beiziehung eines Dolmetschers zu verhandeln (§ 123 der auf Grund des Gesetzes über das Verfahren und die Verfassung der Gerichte erlassenen Geschäftsordnung für die Gerichte erster und zweiter Instanz vom 5. Mai 1897, R.G.Bl. Nr. 112). Unbemittelte Parteien genießen Armenrecht (§§ 63 ff. des Gesetzes vom 1. August 1895, R.G.Bl. Nr. 113). Der Notar hat mit Parteien, die der deutschen Sprache nicht mächtig sind, die Urkunde in ihrer Sprache aufzunehmen, wenn es die Parteien verlangen und er als Dolmetsch für diese Sprache bestellt ist (§ 62 der Notariatsordnung vom 25. Juli 1871, R.G.Bl. Nr. 75).

In Strafsachen sind Beschuldigte, Zeugen und Sachverständige, die der Gerichtssprache nicht kundig sind, mit Zuziehung eines beeideten Dolmetschers zu vernehmen und für die Untersuchung erhebliche Schriften, die in einer nicht gerichtsüblichen Sprache geschrieben sind, durch einen Dolmetsch übersetzen zu lassen (§§ 100, 163 und 198 der Strafprozeßordnung vom 23. Mai 1873, R.G.Bl. Nr. 119).

Da in den wenigen Gerichtssprengeln, in denen sprachliche Minderheiten bestehen, bei Gericht in der Regel ein der Sprache der Minderheit kundiger Beamter als Dolmetsch beeidet ist, dessen Zuziehung keine Kosten verursacht (letzter Absatz des § 123 der Geschäftsordnung für die Gerichte erster und zweiter Instanz und letzter Absatz des § 385 der Strafprozeßordnung), werden hiedurch rechtsuchenden Parteien, die der Minderheit angehören, beim Gebrauche ihrer Sprache vor Gericht in Wort und Schrift solche Erleichterungen geboten, wie sie

---

[1] Verfassungsgesetz vom 1. Mai 1945 über das neuerliche Wirksamwerden des Bundes-Verfassungsgesetzes in der Fassung von 1929 (Verfassungs-Überleitungsgesetz – V.-ÜG.). StGBl. Nr. 4/1945.
[2] Staatsvertrag von Saint-Germain-en-Laye vom 10. September 1919, StGBl. Nr. 303/1920.
[3] Theodor Veiter, *Verfassungsrechtslage und Rechtswirklichkeit der Volksgruppen und Sprachminderheiten in Österreich 1918–1938*, in: *Die österreichische Verfassung von 1918 bis 1938* (= Wissenschaftliche Kommission, Veröffentlichungen 6), Wien 1980, S. 122 f.
[4] Hanns Haas, *Die österreichische Regierung und die Minderheitenschutzbestimmungen von Saint Germain*, in: *Die Volksgruppen in Österreich. Integratio* 11–12, Wien 1979, S. 23 f.
[5] Ebenda, S. 26.

sich aus den Bestimmungen des Artikels 66, Absatz 4, des Staatsvertrages von Saint Germain ergeben."[1]

Diese reine Dolmetsch-Regelung wurde noch 1929 durch die Völkerrechtsabteilung des Außenamtes vollinhaltlich bestätigt.[2] Bis 1938 – die Maiverfassung von 1934 nahm die Minderheitenschutzbestimmungen von Saint-Germain als Verfassungsgesetz auf[3] – war daher „die bis 1918 bestandene", wenngleich nicht immer praktizierte[4] „Zulassung des Slowenischen für Eingaben, Klagen, Anträge, Verhandlungen, Urteile, Beschlüsse aufgehoben".[5] Nach der deutschen Besetzung Österreichs war daran ohnehin nicht mehr zu denken.

Durch das Verfassungs-Überleitungsgesetz vom 1. Mai 1945 ist aber auf Grund Art. 149 Abs. 1 B.-VG. auch das Staatsgrundgesetz vom 21. Dezember 1867, RGBl. Nr. 142, über die allgemeinen Rechte der Staatsbürger wieder in Kraft gesetzt worden, das seit 1934 aufgehoben war. Die Fortgeltung von dessen Art. 19, der in seinem zweiten Absatz festlegt, daß die Gleichberechtigung aller landesüblichen Sprachen in Schule, Amt und öffentlichem Leben vom Staate anerkannt wird, ist jedoch bestritten; 1952 ist er vom Verfassungsgerichtshof inhaltlich als derogiert erklärt worden[6]; für seine Fortgeltung bis heute plädiert jedoch u. a. Veiter.[7] Dies ist jedoch für unseren Zeitraum und für unsere Fragestellung insofern unerheblich, als die Frage der Derogierung von Art. 19 StGG. von den nationalen Minderheiten nicht bestritten wurde, die Frage seiner Fortgeltung aber auch in den Stellungnahmen und Überlegungen des Justizministeriums in dieser Zeit überhaupt nicht zur Diskussion stand. Man wird also annehmen können, daß seine Derogierung auch schon vor 1952 allgemeine Auffassung war.

Die Frage einer anderen als der deutschen Gerichtssprache taucht, so scheint es, das erste Mal auf, als im Jahre 1946 das neue Schöffenlistengesetz dem Nationalrat vorgelegt wurde. Ursprünglich war im Juni 1945 durch die Provisorische Staatsregierung beschlossen worden, vorläufige Schöffenlisten auf der Grundlage der Vorschriften aus dem Jahre 1873 in der Fassung der Gesetze von 1919 und 1920 zu bilden[8], eine Regelung, die bis 16. Mai 1946 verlängert wurde.[9] Die Regelung von 1919 hatte in ihrem § 1 in Abänderung der Bestimmungen aus der Habsburgermonarchie festgelegt, daß in das Amt eines Geschworenen nur Personen berufen werden können, die „deutsch lesen und schreiben können".[10] Diese Bestimmung ist im Schöffenlistengesetz vom 13. Juni 1946 durch den Passus ersetzt worden, daß zum Schöffenamte unfähig sei, „wer der Gerichtssprache nicht so weit mächtig ist, daß er dem Gange der Verhandlung verläßlich zu folgen vermag".[11] Diese Änderung ist, wie aus der Berichterstattung zu diesem Gesetz im Nationalrat hervorgeht, ausdrücklich deshalb gewählt worden, weil dies durch die gemischtsprachigen Gebiete erforderlich erschien.[12] Die Wahl des Begriffes Gerichtssprache in diesem Zusammenhang läßt keinen anderen Schluß zu, als daß die deutsche Sprache in den gemischtsprachigen Gebieten, ohne daß diese vorerst noch näher abgegrenzt worden wären, nicht alleinige Gerichtssprache sein sollte, son-

---

[1] JMZ. 30.696/1921, wiedergegeben in: Ergebnis der im Bundeskanzleramt am 26. und 28. November 1921 abgehaltenen Besprechung über die Frage der Behandlung der Minoritäten in Österreich, HHStA, NPA, Völkerrecht, Karton 137/alt, Minoritätenschutz II/4 I/5 Zl. 77388/1921, abgedruckt in: Haas, *Regierung,* S. 39.

[2] Haas, *Regierung,* S. 26.

[3] Kundmachung der Bundesregierung vom 1. Mai 1934, womit die Verfassung 1934 verlautbart wird. Verfassung 1934, BGBl. f. d. Bundesstaat Österreich, Nr. 1/1934, Art. 181.

[4] Vgl. Sergij Vilfan, *Die Österreichische Zivilprozeßordnung von 1895 und der Gebrauch der slowenischen Sprache vor Gericht* (= Kleine Arbeitsreihe des Instituts für europäische und vergleichende Rechtsgeschichte an der rechts- und staatswissenschaftlichen Fakultät der Universität Graz 2), Graz 1970.

[5] Veiter, *Verfassungsrechtslage,* S. 132.

[6] Werner/Klecatsky, *Bundesverfassungsrecht,* S. 381.

[7] Vgl. Veiter, *Verfassungsrechtslage,* S. 113f. und die dort angegebene Literatur. Vgl. auch Felix Ermacora, *Grundzüge des österreichischen Minderheitenrechts,* in: *Österreich. Die Zweite Republik,* hrsg. von Erika Weinzierl und Kurt Skalnik, Bd. 2, Graz 1972, S. 90f.

[8] Gesetz vom 26. Juni 1945 über die Bildung vorläufiger Schöffenlisten (Schöffenlistengesetz), StGBl. Nr. 30/1945.

[9] Bundesgesetz vom 16. Mai 1946, womit die Geltungsdauer des Gesetzes über die Bildung vorläufiger Schöffenlisten verlängert wird (Schöffenlistengesetznovelle), BGBl. Nr. 86/1946.

[10] Gesetz vom 23. Jänner 1919 über die Änderung einiger Bestimmungen des Gesetzes vom 23. Mai 1873, RGBl. Nr. 121, betreffend die Bildung der Geschworenenlisten, StGBl. Nr. 37/1919, § 1.

[11] Bundesgesetz vom 13. Juni 1946 über die Bildung der Schöffenlisten (Schöffenlistengesetz), BGBl. Nr. 135/1946, § 2 Abs. 2.

[12] *Wiener Zeitung,* 14. Juni 1946, S. 2.

dern daß auch beabsichtigt war, die Sprache der Minderheiten als Gerichtssprache zur Geltung zu bringen. Man war also damals offensichtlich bereit, über die Regelungen des Staatsvertrags von Saint-Germain hinauszugehen oder aber zumindest dessen Bestimmungen in dieser Frage anders als in den zwanziger Jahren zu interpretieren. Dem widerspricht allerdings, daß die Geschäftsordnung für die Gerichte Erster und Zweiter Instanz aus dem Jahre 1930, die die deutsche Sprache als Gerichtssprache festlegte[1], nicht geändert wurde und daß diese Bestimmung auch bei der Neuverlautbarung der Geschäftsordnung im Jahre 1951 unverändert geblieben ist.[2] Entweder sind daher die ursprünglichen Absichten sehr bald fallengelassen worden, oder die Änderung im Schöffenlistengesetz versteht sich als eher kosmetische Korrektur.

Die Sprachenfrage bzw. die Frage der nationalen Minderheiten in Österreich artikulierte sich vorerst offenbar nahezu ausschließlich als Frage der Kärntner Slowenen, das heißt aber auch als Frage der jugoslawischen Gebietsansprüche auf Südkärnten. Das geht schon aus einem Schreiben des Bundespräsidenten hervor, das dieser am 13. Dezember 1946 unter anderem an den Justizminister richtete und in dem er zur Vorbereitung der Staatsvertragsverhandlungen die einzelnen Ressorts zur Koordinierung der österreichischen Wünsche aufforderte. An großen Verhandlungsthemen wurde dabei neben der Auseinandersetzung mit dem Deutschen Reich, der Frage des deutschen Eigentums in Österreich und dem Problem der österreichischen Vermögenswerte in den Sukzessionsstaaten als vierter Punkt angegeben:

„Zum Kampfe um unsere Südgrenze, die, wie man sieht, von Jugoslawien auf jeden Fall bestritten werden wird, müßte man sich in der Form rüsten, daß man jetzt schon durch unsere Gesandten ein Memorandum über die seinerzeitige Volksabstimmung ergehen läßt und dabei den Gesichtspunkt geltend macht, daß wir weit mehr Österreicher in Jugoslawien zurücklassen, als derzeit Jugoslaven in Kärnten sind. Auch ein geopolitisches Memorandum von fachlicher Seite wäre beizustellen, welches die absolute Gegebenheit der Karawankengrenze und die Unmöglichkeit einer Staatsgrenze erweisen müßte, die alle wirtschaftlichen Zusammenhänge zerschneiden und unverhältnismäßige Grenzschutzvorkehrungen erfordern würde."[3]

Zur Abwehr der jugoslawischen Gebietsansprüche auf Südkärnten glaubte der Justizminister in einem Gespräch mit dem Außenminister am 17. Jänner 1947 ins Treffen führen zu können, daß die „Slowenen in Österreich in sprachlicher Beziehung bei den Gerichten immer bevorzugt behandelt" worden seien.[4] Ganz sicher scheint sich dieser Einschätzung jedoch auch der zuständige Referent im Justizministerium nicht gewesen zu sein, weil er noch zusätzliche Erkundigungen einholte und durch den Präsidenten des Oberlandesgerichtes in Graz erfuhr, es sei bei den Bezirksgerichten im gemischtsprachigen Bereich Kärntens „immer nur deutsch verhandelt worden, slowenische Eingaben seien nicht angenommen worden, wohl aber sei z. B. im Außerstreitverfahren mit Slowenen in der slowenischen Sprache verkehrt worden".[5] Aber auch der OLG-Präsident mußte noch genauere Erkundigungen beim Präsidenten des Landesgerichtes Klagenfurt einholen. Aus diesen ging hervor:

– daß zum damaligen Zeitpunkt bei den Bezirksgerichten Wolfsberg, Völkermarkt, Klagenfurt und Villach – es waren damals nur Bezirksgerichte am Sitz einer Bezirkshauptmannschaft tätig, während bei den anderen nur Amtstage abgehalten wurden – überall Richter und Kanzleibeamte tätig waren, die die slowenische Sprache beherrschen; was die Ernennungspraxis von Richtern betraf, bestätigte dies auch der für die Personal- und Verwaltungsangelegenheiten des OLG-Sprengels Graz zuständige Ministerialbeamte;

– daß slowenische Parteien bei diesen Bezirksgerichten ihre Anliegen in eigener Sprache vortrugen. Nach § 84 Geo. war bei Vernehmungen die Beiziehung eines Dolmetschers nicht nötig, wenn der Richter und ein allenfalls notwendiger Schriftführer die fremde Sprache beherrschten;

– und schließlich, daß bisher keine einzige Beschwerde vorgebracht worden sei.[6]

Daß in dieser Praxis eine begünstigte Behandlung der Kärntner Slowenen vorlag, ist bestimmt richtig, wenn man von der restriktiven Interpretation des Art. 66 Abs. 4 des Staatsvertrags von

---

[1] Geschäftsordnung für die Gerichte I. und II. Instanz (Geo.), BGBl. Nr. 74/1930, § 55 Abs. 1.
[2] BGBl. Nr. 264/1951, § 53 Abs. 1.
[3] JMZ. 20.662/1946 in Z. 25.441 Bd. 1.
[4] JMZ. 20.268/1947 in Z. 25.441 Bd. 1, Referat v. 18. Jänner 1947.
[5] Ebenda, Telefonat v. 17. Jänner 1947 mit dem OLG-Präs. Graz.
[6] Ebenda, Amtsnotiz v. 18. Jänner 1947 und Note an das BKA, AA, v. 18. Jänner 1947.

Saint-Germain durch das Justizministerium ausging und darauf vergaß, daß dieser angemessene Erleichterungen nicht nur in Wort, sondern auch in Schrift vorsah. Ob durch diese Praxis jedoch die jugoslawischen Gebietsansprüche abzuwehren waren[1], mag zu bezweifeln sein.

Der Staatsvertragsentwurf vom Februar 1947 verbarg jedenfalls nicht, daß die Sowjetunion die Gebietsansprüche an Österreich entsprechend dem jugoslawischen Memorandum vom 22. Jänner 1947 unterstützte und empfahl, für das Studium dieser Frage ein besonderes Komitee einzusetzen (Art. 5 des Entwurfes). Er enthielt aber auch in seinen Art. 7 (Menschenrechte) und 8 (Demokratische Einrichtungen) Bestimmungen, die im Justizministerium Bedenken im Falle ihrer buchstäblichen Auslegung hervorriefen. Ein Unterschied zwischen Personen österreichischer Staatsbürgerschaft in sprachlicher Hinsicht müsse schon deshalb gemacht werden, weil diese nach dem Schöffenlistengesetz der Gerichtssprache, das heißt also der deutschen Sprache, mächtig sein müßten. Bedenken rief die Ausweitung der Bestimmungen des Art. 66 des Staatsvertrags von Saint-Germain durch diese Art. 7 und 8 des Staatsvertragsentwurfes jedoch – das sei in Parenthese vermerkt – nicht allein in bezug auf die Sprachenfrage hervor.[2]

„Es würden ferner", so hieß es nämlich in der Stellungnahme des Justizministeriums, „z. B. Frauen ohne jede Einschränkung zum Richterberufe zugelassen und, da auch bei der Anwendung des Gesetzes eine unterschiedliche Behandlung verboten sein soll, wie Männer als Richter beschäftigt werden müssen. Der Artikel 66 des Staatsvertrags von St.-Germain enthielt keine Bestimmung über die gesetzliche Gleichstellung der Geschlechter und kein Verbot der Berücksichtigung der politischen Meinung. Er anerkennt ferner die Zulässigkeit der Einführung einer Staatssprache, wobei aber nicht deutsch sprechenden österreichischen Staatsbürgern angemessene Erleichterungen beim Gebrauche ihrer Sprache vor Gericht geboten werden müssen."

Nachdem Jugoslawien sukzessive seine Gebietsansprüche auf Südkärnten reduziert und dann ganz aufgegeben hatte, entwarfen die vier Großmächte auf Grund von Vorschlägen der britischen und der sowjetischen Delegation, die sich von Vorschlägen des jugoslawischen Memorandums von 1948 leiten ließen[3], jenen Art. 7 bis, der mit nur ganz geringfügigen Änderungen dann als Art. 7 des Staatsvertrags von 1955 grundlegend die Rechte der slowenischen und kroatischen Minderheit in Österreich bestimmt. Noch im Jahre 1949 wies dabei das Justizministerium das Außenamt in einer Stellungnahme auf den gewissen Widerspruch in Art. 7bis Z.3 hin, der darin bestand, daß die slowenische und kroatische Sprache zusätzlich zum Deutschen zwar als Amtssprache zuzulassen wäre, aber nur die Ortsnamen und Ortsaufschriften, nach Möglichkeit aber nicht die Aufschriften der amtlichen Stellen, in beiden Sprachen verfaßt werden sollten. „Es wird sich daher empfehlen", meinte man damals, ohne natürlich über das, wenngleich aus anderer Richtung herrührende, Konfliktpotential, das in dieser Frage der topographischen Aufschriften später entstehen würde, kennen zu können, „die bezüglichen Zweifel zeitgerecht zu beseitigen, um nicht späterhin Beschwerden der nicht deutschsprachigen Bevölkerungskreise behandeln zu müssen".[4]

Durch die Festlegung der österreichischen Politik auf die Linie des Kurzvertrages der Westalliierten seit dem März 1952[5] war vorerst auch Artikel 7bis des bisherigen Staatsvertragsentwurfes von 1949 obsolet geworden. Vermutlich war dies der Grund dafür, daß die jugoslawische Regierung bei einem Besuch des österreichischen Außenministers in Belgrad im Juni 1952 diesen auch auf die Minderheitenfrage ansprach[6] und ihm bei dieser Gelegenheit inoffiziell eine Denkschrift überreichte, die den jugoslawischen Standpunkt zur Minderheitenfrage darlegte. Nach der Demission des österreichischen Außenministers Gruber Ende 1953 versuchte dann die jugoslawische Regierung, vielleicht auch weil sie nicht sicher sein konnte, daß Art. 7bis des Staatsvertragsentwurfes von 1949

---

[1] Ebenda, Referat v. 18. Jänner 1947.
[2] JMZ. 21.067/47 in Z. 25.441 Bd. 1, Stellungnahme zum Staatsvertragsentwurf 1947.
[3] Vgl.: Karl Stuhlpfarrer, *Die Kärntner Slowenen in der Zweiten Republik*, in: *Die Volksgruppen in Österreich*. Integratio 11–12, Wien 1979, S. 101f.; Gerald Stourzh, *Geschichte des Staatsvertrages 1945–1955. Österreichs Weg zur Neutralität*, Graz 1980, S. 52 und 58.
[4] JMZ. 81.678/48 in Z. 25.441 Bd. 1, BMfJ an BKA, AA, v. Oktober 1949 in Beantwortung von dessen Schreiben v. 6. Oktober 1949.
[5] Stourzh, *Geschichte,* S. 76f.
[6] Eva-Marie Csáky, *Der Weg zur Freiheit und Neutralität. Dokumentation zur österreichischen Außenpolitik 1945–1955* (= Schriftenreihe der Österreichischen Gesellschaft für Außenpolitik und Internationale Beziehungen 10), Wien 1980, Dok. Nr. 104.

überhaupt wieder zur Diskussion stehen würde, zumal schon im August 1952 die Sowjetunion diesen Punkt in ihr Forderungsprogramm zur Ausweitung des Kurzvertrages nicht aufgenommen hatte[1], neuerlich diese Frage auf bilateralem Wege mit Österreich zu lösen. Sie schlug der österreichischen Regierung „Maßnahmen für die Verwirklichung jener Forderungen der jugoslawischen Minderheiten" vor, „die für die Sicherung ihrer Rechte wesentlich sind". Zur Vermeidung der ungleichberechtigten Behandlung der Minderheiten als ethnischer Gruppe hielt die jugoslawische Regierung für notwendig:
„1. das Recht der slowenischen und der kroatischen Minderheit zu sichern, daß ihre Sprache als zweite Amtssprache anerkannt wird, der deutschen Sprache gleichgestellt bei allen Verwaltungs- und Justizbehörden des Gebietes, wo die Minderheiten angesiedelt sind;
2. daß die wirtschaftlichen Organisationen der Minderheiten wie auch Einzelpersonen als gleichberechtigt mit den entsprechenden österreichischen Organisationen und Bürgern österreichischer Nationalität behandelt werden.
3. Auf dem Gebiet des Schulwesens wäre neben der Durchführung der Schulverordnung aus dem Jahre 1945 die Schaffung eines Schulgesetzes für das Burgenland und die Eröffnung eines slowenischen Gymnasiums, einer Lehrerbildungsanstalt und einer landwirtschaftlichen Schule in Kärnten notwendig."[2]

Das österreichische Außenamt vertrat zwar die Auffassung, daß die Minderheiten vor dem Gesetz und in der Praxis völlig gleichgestellt seien und hielt vor allem vom österreichischen Standpunkt aus den Begriff „jugoslawische" Minderheiten für völlig unannehmbar, weil es höchstens eine slowenische oder windische bzw. kroatische Minorität gebe, bat aber zur Zusammenstellung einer umfassenden Dokumentation des österreichischen Standpunktes neben anderen Ministerien auch das Justizministerium um mit Argumenten und Ziffern belegte Stellungnahmen, um „den immer wieder erfolgenden Demarchen Jugoslawiens die Grundlage zu entziehen".[3]

Die Haltung im Justizministerium war vorerst nicht einheitlich. Die Abteilung 17 verwies auf die Gewährleistung der Gleichheit aller österreichischer Staatsbürger vor dem Gesetz durch die Bestimmungen der Art. 7 B.-VG., Art. 2 Abs. 2 StG-G. und Art. 66 Abs. 1 StVvSt-G. und stellte die seit den zwanziger Jahren bestehende Dolmetsch-Regelung dar. Sie hielt die bestehende österreichische Rechtslage für einen „vorbildlichen Minderheitenschutz" und vertrat gegenüber den jugoslawischen Wünschen auf Einführung einer zweiten Amtssprache die Auffassung: „Die Einführung einer zweiten Amtssprache in Teilen Österreichs ist nicht erforderlich und wäre nur dann in Erwägung zu ziehen (durch Bundesverfassungsgesetz!), wenn Jugoslawien gleichartige Maßnahmen zu Gunsten seiner deutschsprachigen Minderheit beabsichtigt . . . Die sprachlichen Rechte der slowenischen und kroatischen Minderheit in Österreich sind bei den Justizbehörden ausreichend gesichert."[4]

Damit waren Reziprozitätserwägungen wieder aufgenommen, die die Regelung von Minderheitenfragen schon in den zwanziger und dreißiger Jahren sehr stark bestimmt hatten.[5]

Einen anderen Weg der Argumentation ging die Abteilung 7. Diese wollte vorerst geprüft wissen, „ob in Österreich überhaupt eine kroatische oder eine slowenische Minderheit in völkerrechtlichem Sinne oder doch im Sinne einer Staatenpraxis" bestehe, und erst dann diskutieren, ob besondere Minderheitenrechte zu gewähren seien. Ausgangspunkt der Überlegungen war daher nicht eine Neuinterpretation des Begriffes „angemessene Erleichterungen" nach Art. 66 Abs. 4 StVvSt-G., der ja keinerlei quantitative Einschränkungen kennt, sondern offensichtlich der unter anderem die Schulfrage berührende Art. 68 StVvSt-G., der die Klausel von den „Städten und Bezirken" enthält, „wo eine verhältnismäßig beträchtliche Zahl anderssprachiger als deutscher österreichischer Staatsbürgerschaft wohnt".[6]

Für den internen Gebrauch verwies der Referent dabei auf die Praxis in der Tschechoslowakei mit ihrer Zwanzig-Prozent-Regelung nach dem Gesetz vom 29. Februar 1920[7], auf die Re-

---

[1] Stourzh, Geschichte, S. 77.
[2] JMZ. 20.727/54–1, Beilage (undatiert) zu BKA, AA, Zl. 325.602-Pol/53 an BMfJ v. 31. Dezember 1953.
[3] Ebenda, BKA, AA, Zl. 325.602-Pol./53 an BMfJ v. 31. Dezember 1953.
[4] Ebenda, Einsichtsbemerkung der Abt. 17 v. 23. Jänner 1954.
[5] Hanns Haas und Karl Stuhlpfarrer, Österreich und seine Slowenen, Wien 1977, insbes. S. 54 u. 72.
[6] StGBl. Nr. 303/1920.
[7] Gesetz vom 29. Februar 1920, Nr. 122, eine Abschrift in deutscher Sprache in JMZ. 25.441/55-1.

gelung für die Rätoromanen in der Schweiz[1] und auf die den deutschsprachigen Bewohnern Estlands in der Zwischenkriegszeit eingeräumte Kulturautonomie[2], die jedoch, wie er meinte, „einer sehr kleinen Minderheit von allerdings hoher kultureller Stellung zugute gekommen" war.[3] Da auch nach Ansicht des Referenten im Justizministerium allgemein anerkannte Regeln des Völkerrechtes für die Ermittlung eines perzentuellen Verhältnisses von Minderheit zu Mehrheit, das erst die Minderheit als solche konstituiere, nicht vorlagen, sollte diese Klärung des Minderheitenbegriffes das Außenamt durchführen, woraufhin mit den vom Innenministerium angeforderten Volkszählungsergebnissen von 1951 geprüft werden sollte, ob die Minderheiten diese Voraussetzungen in der für die Justizverwaltung allein maßgebenden territorialen Einheit, dem Sprengel des Bezirksgerichtes, erfüllen würde.[4]

Das Außenamt schien an einer solchen Klärung der Frage nicht sehr interessiert gewesen zu sein. Es bestätigte in seiner Antwort nur die Tatsache, daß keine allgemein anerkannten Regeln des Völkerrechtes für eine ziffernmäßige Festlegung des Minderheitenbegriffes bestünden, ging aber auf eine inhaltliche Diskussion der diesbezüglichen Staatenpraxis überhaupt nicht ein. Es betonte zudem, ohne damit die entsprechende österreichische Praxis zu vergleichen, daß nach allgemeiner Ansicht das, was in der Zwischenkriegszeit „in der Staatenpraxis Minderheiten jemals an Rechten eingeräumt wurde", das erreichbare Höchstmaß darstelle, das „durch die spätere Entwicklung im Sinne einer Besserung der Minderheiten" nicht überholt worden sei. Daher verwies das Außenamt sehr deutlich auf die Rechtsmeinung, die nur wieder die Haltung seit den zwanziger Jahren wiederholt:

„Das Bundeskanzleramt, Verfassungsdienst, hat hiezu ergänzend festgestellt, daß die Einführung einer weiteren Amtssprache, die einer Staatssprache gleichkommt, eine Verfassungsänderung bedeuten würde. Der Verfassungsdienst vertritt ferner die Auffassung, daß die im Art. 66, Abs. 4 des Staatsvertrags von St.-Germain angeführten ‚angemessenen Erleichterungen' nicht in einer für die Republik Österreich festgelegten Verpflichtung bestehen, eine 2. Staatssprache als Amtssprache einzuführen."[5]

Diese eindeutige Stellungnahme enthob das Justizministerium der genauen Prüfung der Volkszählungsunterlagen, auf die es das Innenministerium hingewiesen hatte[6], war doch die Auswertung der Angaben für die Umgangssprache nach politischen Bezirken und Gemeinden, nicht aber nach Gerichtsbezirken, durchgeführt worden. Es begnügte sich daher mit dem Hinweis, daß die Minderheiten „auch in der kleinsten für die Justizverwaltung in Betracht kommenden Einheit, dem Sprengel eines Bezirksgerichtes, kaum einen höheren Prozentsatz erreichen dürften" und deshalb „die Einräumung besonderer Minderheitenrechte offenbar nicht in Betracht" komme.[7]

Holt man diese Auswertung nach Gerichtsbezirken jedoch nach (vgl. Tabelle 1 und 2) und berücksichtigt man nur für slowenische oder kroatische Umgangssprache ohne ihre Kombinationen gemachte Eintragungen in die Haushaltslisten, dann zeigt sich, daß bei einer Zwanzig-Prozent-Regelung wie in der Tschechoslowakei der Zwischenkriegszeit ein Gerichtsbezirk in Kärnten, nämlich Ferlach, bei einer minderheitenfreundlicheren Zehn-Prozent-Regelung, wie sie etwa für die schwedische Bevölkerung in Finnland nach dem Sprachgesetz von 1920 gewährt worden war[8], drei Gerichtsbezirke in Kärnten, nämlich Ferlach, Bleiburg und Eisenkappel, und ein Gerichtsbezirk im Burgenland, nämlich Eisenstadt, für eine Regelung in Frage gekommen wäre. Natürlich ist in diesem Zusammenhang der Einwand zu diskutieren, ob und inwieweit überhaupt Volkszählungsergebnisse für solche Regelungen herangezogen werden können. Im September 1954 schloß sich jedenfalls das Justizministerium der Auffassung des Außenamtes an, daß die Dolmetsch-Rege-

---

[1] Das Rätoromanische wurde in der Schweiz 1938 als vierte Nationalsprache, nicht jedoch als Amtssprache eingeführt. Vgl. Dorothee Ninck, *Die Rätoromanen,* in: *Handbuch der Rätoromanischen Regionalbewegungen,* hrsg. von Jochen Blaschke, Frankfurt/Main 1980, S. 238.

[2] Autonome Verbände konnte nach den Autonomiegesetzen von 1925 und 1937 außer den Deutschen, den Russen und den Schweden auch jede Volksgruppe bilden, deren Gesamtzahl auf estländischem Gebiet nicht niedriger als 3000 Personen war. Vgl. Theodor Veiter, *Nationale Autonomie,* Wien 1938, S. 111.

[3] JMZ. 20.727/54-2, Referat v. 1. März 1954.

[4] Ebenda, BMfJ an BMfI v. 1. März 1954 sowie BMfJ an BKA, AA, v. 1. März 1954.

[5] JMZ. 20.727/54-4, BKA, AA, Zl. 142.246-Pol/54, an BMfJ v. 18. August 1954.

[6] JMZ. 20.727/54-3, BMfI an BMfJ v. 16. März 1954, Zl. 44979-7/54.

[7] JMZ. 20.727/54-4, BMfJ an BKA, AA v. 18. September 1954.

[8] Veiter, *Verfassungsrechtslage,* S. 118.

lung, wie sie seit den zwanziger Jahren bestand, ausreiche und „den Bestimmungen des Art. 66 Abs. 4 des Staatsvertrages von Saint-Germain damit Genüge getan" werde.[1]

Zu beachten war jedoch zu dieser Zeit auch, daß die durch die jugoslawische Demarche aufgeworfene Sprachenfrage nicht durch die Bestimmungen des geplanten Rechtshilfevertrages zwischen Österreich und Jugoslawien präjudiziert würde. Der Zusammenhang mit der Sprachenfrage war schon bei der Übermittlung eines Entwurfes des zivilrechtlichen Teiles des Rechtshilfevertrages an das Außenamt am 2. November 1953 bemerkt worden, insofern nämlich, als durch den vorgesehenen unmittelbaren Verkehr von österreichischen und slowenischen Gerichten von slowenischer Seite das Problem aufgeworfen werden könnte, „ob bei bestimmten Kärntner Gerichten auch die slowenische Sprache als Gerichtssprache verwendet wird".[2] Die Befürchtungen des Justizministeriums waren jedoch, wie sich sehr rasch herausstellte, ganz unbegründet, weil der Chef der Rechtsabteilung des jugoslawischen Außenministeriums, als ihm der österreichische Entwurf übergeben wurde, mitteilte, daß beim direkten Verkehr zwischen Österreich und Slowenien auf Übersetzungen verzichtet werden könne, weil die Gerichtsfunktionäre in Slowenien der deutschen Sprache mächtig seien.[3]

Darüber hinaus sah der jugoslawische Vertragsentwurf keinen direkten Verkehr zwischen den Gerichten vor (Art. 8 des Entwurfes); die Sprachenfrage regelte er derart, daß gleichwertig in serbokroatischer, slowenischer, makedonischer und deutscher Sprache die Ansuchen gestellt und die Erledigungen durchgeführt werden konnten (Art. 9 des jgsl. Entwurfes), und die Frage der Zustellung löste er, indem vorgesehen wurde, daß Schriftstücke, die nicht in der Sprache des ersuchten Gerichtes abgefaßt und auch ohne Übersetzung wären, nur zugestellt werden würden, wenn sie der Empfänger freiwillig übernähme (Art. 14 des jgsl. Entwurfes).[4] Auf dieser Grundlage wurde dann auch der Vertrag am 16. Dezember 1954 abgeschlossen und trat am 12. Dezember 1955 in Kraft. In Punkt b seines Schlußprotokolles hatten die jugoslawischen Vertragspartner zudem anerkannt, daß für das Gebiet der Republik Österreich unter Sprache des ersuchten Gerichtes die deutsche Sprache zu verstehen sei.[5]

Die Frage einer Änderung der Bestimmung über die deutsche Gerichtssprache in der Geschäftsordnung der Gerichte stellte sich erst nach der Unterzeichnung des Staatsvertrages von 1955 auf Grund der Bestimmung des Art. 7 Z.3 über die zusätzliche Zulassung der slowenischen oder kroatischen Amtssprache. Bezweifelt wurde jedoch im Justizministerium, daß die in den erläuternden Bemerkungen zum Staatsvertrag vertretene Ansicht richtig sei, diese Bestimmung bedürfe keiner näheren Ausführungsgesetzgebung und sei unmittelbar anzuwenden.[6] Einig war man sich jedoch, daß sich die Zulassung der zusätzlichen Amtssprache im Justizbereich nur auf bestimmte Bezirksgerichtssprengel, nämlich jene in Kärnten, der Steiermark und im Burgenland mit slowenischer, kroatischer oder gemischter Bevölkerung, nicht aber auf die Gerichtshöfe und die Verfahren vor den Rechtsmittelinstanzen beziehen könne.[7]

Darüber hinaus vertrat die Abteilung 7 des Justizministeriums die Auffassung, daß die Durchführung von Art. 7 Z.3 des Staatsvertrages „nicht ganz ohne Rückwirkung auf die Behandlung der deutschen Amtssprache in Südtirol bleiben könnte und daher die Regelung in Österreich auch hierauf Rücksicht nehmen sollte".[8]

---

[1] JMZ. 20.727/54-4, BMfJ an BKA v. 18. September 1954. Es betraf dies § 82 Geo. v. 9. Mai 1951, BGBl. Nr. 264/1951, für die Zeit davor inhaltlich gleichlautend § 84 Geo. BGBl. Nr. 74/1930, und die darin genannten §§ 207 u. 213 ZPO, §§ 163 u. 198 StPO.

[2] JMZ. 20.850/53-11, BMfJ an BKA, AA, zu Zl. 312.425-6 VR/53, v. 2. November 1953. Ebenda der Entwurf samt Bemerkungen, in denen es zu Art. 9 heißt: „Möglicherweise nehmen die jugoslawischen Stellen die Bestimmung zum Anlaß, um die Frage der Verwendung der slowenischen Sprache als Gerichtssprache bei Südkärntner Gerichten aufzurollen. Durch vorsichtige Textierung der Bestimmung wurde versucht, die Aufmerksamkeit der jugoslawischen Behörden nicht auf diese Frage zu lenken."

[3] JMZ. 20.850/54-1, Österreichische Gesandtschaft Belgrad an BKA, AA, zu Zl. 313.060-6 VR/53, v. 9. Dezember 1953, in Beilage zu BKA, AA, Zl. 313.531-6 VR/53, an BMfJ v. 29. Dezember 1953.

[4] JMZ. 20.850/54-13, Referat v. 8. November 1954.

[5] Vertrag zwischen der Republik Österreich und der Föderativen Volksrepublik Jugoslawien über den wechselseitigen rechtlichen Verkehr, BGBl. Nr. 224/1955.

[6] JMZ. 11.760-2/55, Stellungnahme der Abt. 2 v. Juni 1955.

[7] JMZ. 11.760-2/55, Stellungnahme der Abt. 2 v. Juni 1955, JMZ. 25.441/55-1, Stellungnahme der Abt. 7 v. Juni 1955.

[8] JMZ 25.441/55-1, Stellungnahme der Abt. 7 v. Juni 1955.

Sie griff zudem als Modell für eine mögliche gesetzliche Regelung der Frage wieder auf das tschechoslowakische Sprachengesetz von 1920 mit seiner Zwanzig-Prozent-Regelung zurück[1], obwohl Art. 7 des Staatsvertrages von 1955 im Gegensatz zum Staatsvertrag von Saint-Germain keine quantitativen Einschränkungen enthält, ja diese aus dem ursprünglichen britischen Entwurf entfernt worden waren.[2]

Wären damals auf Grund dieser Vorstellungen Durchführungsbestimmungen im Justizbereich erlassen worden, so hätte in Kärnten – je nach Auffassung vom Windischen – in vier bzw. sechs Gerichtsbezirken, nämlich Ferlach, Rosegg, Bleiburg und Eisenkappel bzw. zusätzlich Eberndorf und Völkermarkt, im Burgenland in zwei Gerichtsbezirken, nämlich Eisenstadt und Oberpullendorf, die slowenische bzw. kroatische Sprache als Gerichtssprache zusätzlich zugelassen werden müssen, bei einer Zehn-Prozent-Regelung entsprechend mehr, wenn man von der Basis des Volkszählungsergebnisses von 1951 ausgeht (vgl. Tabelle 1 und 2).

Abgesehen davon, daß bei einer gesetzlichen Regelung im Justizministerium einhellige Auffassung herrschte, daß in dieser Frage nicht das Justizministerium, sondern das Bundeskanzleramt federführend sein müsse[3], war die Notwendigkeit einer gesetzlichen Regelung nicht unbestritten. Insbesondere der Präsident des Oberlandesgerichtes Graz vertrat die Ansicht, „daß gesetzgeberische Maßnahmen nicht erforderlich sein werden; alle diese Gerichte sind mit Personal besetzt, das beide Sprachen kennt. Eine Protokollierung in der fremden Schriftsprache würde kaum möglich sein, da die Bevölkerung die Schriftsprache nicht versteht. Schwierigkeiten dürften sich bei Anwendung des Art. 7 Z.3 des Staatsvertrages nicht ergeben, sie könnten höchstens durch gesetzgeberische Maßnahmen hervorgerufen werden. Das gilt insbesondere für die Frage, ob jene Bezirke in einem Gesetz bestimmt werden sollen, auf die die Voraussetzungen zutreffen."[4]

Der offenkundige Widerspruch zwischen der Tatsache, daß die gemischtsprachigen Gerichtsbezirke bekannt waren, weil sich dort eben überall zweisprachiges Gerichtspersonal befand, und der Tatsache, daß diese Gerichtsbezirke erst festgestellt werden sollten, löst sich nur darin auf, daß der OLG-Präs. von Graz bei einer gesetzlichen Festlegung Widerspruch oder Widerstand aus den Reihen der deutschsprachigen Bevölkerung Kärntens befürchtete. Was die Frage der Protokollierung in der slowenischen Schriftsprache betraf, so war die slowenischsprachige Bevölkerung Kärntens entweder ihrer Schriftsprache in gleichem Maße mächtig, in dem auch die deutschsprachige Bevölkerung der deutschen Schriftsprache mächtig war, oder die slowenischsprachige Bevölkerung war ihrer Schriftsprache wirklich nicht mächtig, dann wirft dies ein bezeichnendes Licht auf die tatsächliche Durchführung des damals in Südkärnten noch bestehenden zweisprachigen Schulwesens.

Virulent ist die Angelegenheit noch im Juli 1955 geworden, als ein Richter in Kärnten die Aussage eines Slowenen in slowenischer Sprache nicht zuließ, allerdings, wie das Bundeskanzleramt direkt erhob, mit der Begründung, daß der Staatsvertrag noch nicht ordentlich kundgemacht worden sei. Die Abteilung 6VR des Bundeskanzleramtes betonte bei dieser Gelegenheit nochmals auf Grund der Erläuternden Bemerkungen zu Art. 7 Z.3 des Staatsvertrages, „daß die Einführung der kroatischen und slowenischen Sprache in den Verwaltungs- und Gerichtsbezirken Kärntens, des Burgenlandes und der Steiermark mit slowenischer, kroatischer oder gemischter Bevölkerung keiner näheren Ausführungsgesetzgebung bedarf und daher unmittelbar anwendbar sei. Die Gerichte und Verwaltungsbehörden wären daher an diese Bestimmung ab 27. Juli 1955 gesetzlich gebunden."[5]

Das blieb zwar für den erwähnten Einzelfall ohne Belang, weil sich dieser vor dem Inkrafttreten des Staatsvertrages zugetragen hatte, das Justizministerium nahm dies jedoch neuerlich zum Anlaß, die Frage gesetzgeberischer Maßnahmen in Durchführung des Art. 7 Z.3 im Bereich der Justiz zu prüfen. Dabei wollte man folgende Vorfragen klären:

„a) Festsetzung der Gerichtsbezirke, auf die Art. 7 Z.3 des Staatsvertrages Anwendung findet;

b) Klärung der Frage, was unter Gerichtsbezirk zu verstehen ist (nur Bezirksgericht oder auch Gerichtshof);

c) Ausstattung der Gerichte mit sprachkundigen Personen;

---

[1] Ebenda.
[2] Stourzh, *Geschichte,* S. 61.
[3] JMZ. 11.760-2/55, Stellungnahme der Abteilung 2 v. Juni 1955. JMZ. 25.441/55-1, Stellungnahme der Abt. 7 v. Juni 1955 JMZ. 3512/55, Stellungnahme der Sektion III v. Juli 1955.
[4] JMZ. 11.985-2/55, Vermerk v. Juni 1955.
[5] JMZ. 12.661-2/55, Referat v. 6. September 1955.

d) Art der Protokollierung;
e) Fragen der Zustellung;
f) Eintragungen im Grundbuch."[1]

Die Abteilung 7 vertrat jedenfalls die Auffassung, daß man ohne jede Regelung, sei es interner Natur, sei sie durch Gesetz, nicht auskommen könne, weil ohne eine solche „die Richter und Beamten der etwa zehn in Betracht kommenden Gerichte in Kärnten eine verschiedene Praxis entwickeln (würden), die von Seite der zwar kleinen, aber anscheinend sehr rührigen slowenischen Minderheit ausgenützt werden könnte".[2] Die Weiterführung dieser Frage betrifft jedoch bereits die Vorgeschichte des Kärntner Gerichtssprachengesetzes von 1959. „Für das Burgenland", war schon vorher bemerkt worden, „dürften ähnliche Schwierigkeiten kaum zu erwarten sein."[3]

[1] Ebenda, Schreiben BMfJ an OLG-Präs. Graz v. 6. September 1955, cessat, weil Erledigung mit JMZ. 12.777/55 geändert wurde.
[2] Ebenda, Einsichtsbemerkung der Abt. 7, undatiert.
[3] Ebenda, Referat v. 6. September 1955.

Tabelle 1
Wohnbevölkerung nach der Umgangssprache 1951 (Gebietsstand 1. Juni 1951) – *Kärnten*

Politische Bezirke Gerichtsbezirke	Wohnbevölkerung insges.	Slowenisch absolut	in %	Slowenisch und Kombin.* absolut	in %	Slow., Windisch und Kombinationen** absolut	in %
Klagenfurt Stadt	62.782	256	0,4	959	1,5	975	1,6
Villach Stadt	30.066	6	0,0	166	0,6	177	0,6
Hermagor	20.656	91	0,4	378	1,8	1.464	7,1
Hermagor	11.216	89	0,8	368	3,3	1.454	13,0
Kötschach	9.440	2	0,0	10	0,1	10	0,1
Klagenfurt Land	69.464	2.584	3,7	7.081	10,2	10.753	15,5
Feldkirchen	23.532	8	0,0	31	0,1	31	0,1
Ferlach	11.633	1.608	13,8	3.178	27,3	5.291	45,5
Klagenfurt	34.299	968	2,8	3.872	11,3	5.431	15,8
Klgft. + Klgft. St.	97.081	1.224	1,3	4.831	5,0	6.406	6,6
St. Veit/Glan	62.533	50	0,1	202	0,3	212	0,3
Spittal/Drau	68.588	509	0,7	545	0,8	549	0,8
Villach Land	69.883	1.242	1,8	6.406	9,2	8.621	12,3
Paternion	15.164	43	0,3	109	0,7	209	1,4
Rosegg	12.714	656	5,1	3.651	26,7	4.917	38,6
Villach	42.005	543	1,3	2.646	6,3	3.495	8,3
Vill. + Vill. St.	72.071	549	0,7	2.812	3,9	3.672	5,1
Völkermarkt	40.214	2.871	7,1	6.421	16,0	19.133	47,6
Bleiburg	7.555	880	11,6	2.146	28,4	5.104	67,6
Eberndorf	11.551	791	6,8	1.807	15,6	7.264	62,8
Eisenkappel	3.894	898	23,6	1.501	38,5	2.117	54,4
Völkermarkt	17.214	302	1,7	967	5,6	4.648	27,0
Wolfsberg	50.608	98	0,2	209	0,4	211	0,4
Kärnten	474.764	7.707	1,6	22.367	4,7	42.095	8,9

* Das ist: Deutsch-slowenisch, Slowenisch, Slowenisch-deutsch, Slowenisch-windisch, Windisch-slowenisch
** Wie * und: Deutsch-windisch, Windisch, Windisch-deutsch

Quelle: ÖStZA; territ. Umfang der GB aus: *Österr. Amtskalender f. d. Jahr 1954*, Wien 1954.

Tabelle 2
Wohnbevölkerung nach der Umgangssprache 1951 (Gebietsstand 1. Juni 1951) – *Burgenland*

Gerichtsbezirke	Wohnbevölkerung insg.	Kroatisch absolut	in %	Kroat. mit Komb.* absolut	in %
Eisenstadt Land sowie Eisenstadt Stadt und Rust Stadt	42.920	6.156	14,3	11.442	26,6
Güssing	31.312	1.667	5,3	3.847	12,3
Jennersdorf	20.530	7	0,0	7	0,0
Mattersburg	32.141	386	1,1	2.477	7,7
Neusiedl/See	50.572	1.024	2,0	3.478	6,9
Oberpullendorf	46.470	3.925	8,4	9.509	20,5
Oberwart	52.691	2.564	4,9	3.667	7,0
Burgenland	276.136	15.729	5,7	34.427	12,5

* Das ist: Deutsch-kroatisch, Kroatisch, Kroatisch-deutsch und Kroatisch-magyarisch

Quelle: *Ergebnisse der Volkszählung vom 1. Juni 1951 nach Gemeinden. Burgenland. Die sprachliche Gliederung nach den Eintragungen in die Haushaltungsbogen,* Wien 1952.

Helmut Konrad

Zurück zum Rechtsstaat (Am Beispiel des Strafrechts)

Zweifellos ist gerade das Strafrecht ein Bereich, der deutlicher als andere Rechtsgebiete seine Abhängigkeit von den jeweiligen politischen Wertsystemen erkennen läßt. „Jedes politische System hat sein eigenes Strafrecht, und dem Wechsel der politischen Systeme in unserem Lande folgten daher auch stets strafrechtliche Bestimmungen auf dem Fuß, die die geänderten politischen Überzeugungen und Zielsetzungen zum Ausdruck brachten."[1]

In Österreich wurden am 1. Mai 1945 durch das Rechts-Überleitungsgesetz (StGBl. Nr. 6/1945) alle jene Gesetze des Deutschen Reiches aufgehoben, die „mit dem Bestand eines freien und unabhängigen Staates Österreich oder mit den Grundsätzen einer echten Demokratie unvereinbar sind, dem Rechtsempfinden des österreichischen Volkes widersprechen oder typisches Gedankengut des Nationalsozialismus enthalten".[2] Am 12. Juni 1945 folgten zwei Gesetze, die das österreichische Strafrecht und das Strafgesetzrecht jeweils in der Fassung vom 13. März 1938 wiederherstellten. Dennoch waren damit nicht alle Probleme geklärt. Einerseits gab es Unterschiede zwischen diesen Gesetzen und der Verfassung von 1929, die wieder in Kraft getreten war, anderseits erforderte die spezielle Situation der ersten Nachkriegszeit auch Maßnahmen, die durchaus nicht unbedingt mit den zitierten Grundsätzen des Rechts-Überleitungsgesetzes in Einklang standen. Einige dieser Problemkreise sollen hier kurz skizziert werden.

Das Ausnahmegesetz

„Schon in der Regierungserklärung vom 27. April 1945 wurde angekündigt, daß gegen die Schuldigen nach einem zu erstellenden Ausnahmerecht vorgegangen werden soll. Dies entsprach auch etwa dem Befehl Nr. 1 des sowjetischen Militärkommandanten von Wien."[3]

In der Erklärung hieß es, daß die Verantwortlichen „nach demselben Ausnahmerecht behandelt werden, das sie selbst den anderen

---

[1] Eugen Serini, *Entwicklung des Strafrechts,* in: *Österreich. Die Zweite Republik,* hrsg. von Erika Weinzierl und Kurt Skalnik. Graz 1972, Bd. 2, S. 109.
[2] Ebenda, S. 111.
[3] Rudolf Neck, *Innenpolitische Entwicklung,* in: Weinzierl/Skalnik, *Österreich,* Bd. 1, S. 157.

aufgezwungen haben und jetzt auch für sich selbst für gut befinden sollen".[1]

Auch die Öffentlichkeit forderte vehement ein strenges Vorgehen gegen jene, „die nicht einfach mißbrauchtes Kanonenfutter und marschierende ‚Gefolgschaft' waren, sondern die ihre Hände zu Henkersdiensten und Grausamkeiten hergegeben haben, und vor allem auch jene, die bewußt geholfen haben, Österreich in den Krieg hineinzureißen".[2] So forderte die bedeutendste österreichische Zeitung der Nachkriegsjahre, das Allparteienblatt *Neues Österreich*, am 11. Mai 1945 unter der Schlagzeile: „Tod den Kriegsverbrechern" härteste Bestrafung: „Das österreichische Volk ist nicht rachsüchtig. Es ist maßvoll und gerecht. Es verzeiht manche Verfehlung und Verirrung. Es will jedoch Österreich von der Pest des Faschismus reinigen, gründlich und für alle Zeit. Das ist der einmütige Wunsch. Und dieser Wunsch und Wille gebietet: Tod den Kriegsverbrechern!"[3] Vier Wochen später wurde die Forderung nochmals mit Nachdruck erhoben: „Reinigung und Erneuerung unseres Volkskörpers; also Ausschaltung und Unschädlichmachung der Naziverbrecher. [Wir] fordern nicht Rache, sondern das Walten der Gerechtigkeit... Der Glaube unseres Volkes an die Gerechtigkeit würde schwer erschüttert werden, wenn den Kriegsverbrechern nicht bald der Prozeß gemacht wird. Wer Menschenleben auf dem Gewissen hat, muß sühnen. Das Urteil kann nur lauten: Tod den Kriegsverbrechern!"[4] Wenn man natürlich berücksichtigen muß, daß diese Artikel auch mit einem Seitenblick auf die Besatzungsmächte geschrieben wurden, so kann man doch annehmen, daß sie die Stimmung der Antifaschisten unseres Landes zum Ausdruck brachten.

Über die gesetzliche Basis und die Durchführung der Verfolgung nationalsozialistischer Gewaltverbrechen in Österreich hat Generalanwalt Dr. Karl Marschall vom Bundesministerium für Justiz eine ausgezeichnete Dokumentation vorgelegt[5], sodaß hier kurze zusammenfassende Bemerkungen genügen.

Bereits am 8. Mai wurde das Verfassungsgesetz über das Verbot der NSDAP von der Provisorischen Staatsregierung erlassen. Dieses Gesetz, als „Verbotsgesetz" bekannt, erhielt am 6. Februar 1947 als „Nationalsozialistengesetz" (BGBl. Nr. 25/1947) seine endgültige Form. Von zumindest ebensolcher Bedeutung war schließlich das Kriegsverbrechergesetz vom 26. Juni 1945, das im *Neuen Österreich* am 26. Juni im vollen Wortlaut veröffentlicht wurde.

Es stellte in seinen ersten acht Paragraphen verschiedene Handlungen der vergangenen Jahre unter Strafe. § 1 behandelte die Kriegsverbrechen im engeren Sinne, die „mit schwerem Kerker von 10 bis 20 Jahren, wenn aber durch das Vorgehen des Täters die schwere körperliche Beschädigung einer Person oder ein größerer Vermögensschaden angerichtet wurde, mit lebenslangem schwerem Kerker, falls jedoch das Vorgehen den Tod einer Person zur Folge hatte, mit dem Tode bestraft"[6] werden sollten. Als Kriegsverbrecher wurden auch jene Personen betrachtet, „die während der nationalsozialistischen Gewaltherrschaft in Österreich, wenn auch nur zeitweise, als Mitglieder der Reichsregierung, Hoheitsträger der NSDAP, vom Gauleiter oder Gleichgestellten und vom Reichsleiter oder Gleichgestellten aufwärts, Reichsstatthalter, Reichsverteidigungskommissare oder Führer der SS einschließlich der Waffen-SS vom Standartenführer aufwärts, tätig waren. Sie sind als Urheber und Rädelsführer dieses Verbrechens mit dem Tode zu bestrafen".[7]

Für Kriegshetzerei (§ 2) wurde fakultativ die Todesstrafe angedroht, ebenso für Quälereien und Mißhandlungen (§ 3), Verletzungen der Menschlichkeit und Menschenwürde (§ 4) und Erschwerungen (= Anordnungen von solchen Maßnahmen, § 5). Wegen mißbräuchlicher Bereicherung (§ 6) konnte man zu schwerem Kerker, wegen Denunziation (§ 7) zu lebenslangem Kerker verurteilt werden. Auf Verrat am österreichischen Volk (§ 8) stand die Todesstrafe.

Dieses Kriegsverbrechergesetz fand großen Widerhall in der Öffentlichkeit. Als Beispiel sei eine Versammlung angeführt, die auf Aufforderung der Kommunistischen Partei, der Volkspartei und der tschechoslowakischen Minderheit in Favoriten stattfand und zu der immerhin 3000 Menschen auf dem Antonsplatz erschienen waren. Der Bezirksleiter der ÖVP Favoriten, H. Hofstadler, brachte eine Resolution ein, der die

---

[1] Zitiert nach: *Volksgerichtsbarkeit und Verfolgung von nationalsozialistischen Gewaltverbrechen in Österreich (1945 bis 1972). Eine Dokumentation*, hrsg. vom Bundesministerium für Justiz, für den Inhalt verantwortlich: MR Dr. Karl Marschall, Wien 1977, S. 5.
[2] *Neues Österreich*, 11. Mai 1945.
[3] Ebenda.
[4] *Neues Österreich*, 7. Juni 1945.
[5] *Volksgerichtsbarkeit*.
[6] *Neues Österreich*, 27. Juni 1945.
[7] Ebenda. Siehe auch: *Volksgerichtsbarkeit*, S. 12 f.

Strafanstalt Stein/Donau

Teilnehmer „in einmütiger Begeisterung"[1] zustimmten und die folgenden Wortlaut hatte: „Die auf dem Antonsplatz in Favoriten am Samstag, 7. Juli, versammelte demokratische Bevölkerung begrüßt das Erscheinen des Kriegsverbrechergesetzes und fordert seine sofortige kompromißlose Anwendung. Sie verlangt ferner den Zusammentritt der Volksgerichte und die rasche, öffentliche Verurteilung und Hinrichtung der Kriegsverbrecher und Naziführer . . ."[2]

Die hier erwähnten *Volksgerichte* waren durch den Artikel des Verbotsgesetzes geschaffen worden und nach § 13 des Kriegsverbrechergesetzes auch für dieses Gesetz sinngemäß anzuwenden.

Diese problematische Institution, die aus zwei Berufsrichtern und drei Schöffen bestand[3] und die, zumindest vom Namen, aber auch von der Zusammensetzung her, Assoziationen zu dem Volksgerichtshof der vorangegangenen Epoche weckt, wurde „bei den Landesgerichten am Sitze des Oberlandesgerichtes gebildet; auch an anderen Gerichtsorten, wie in Klagenfurt und Leoben, wurden Außensenate gegründet, doch gehörten diese Senate zum Volksgericht Graz."[4] Diese Volksgerichte entschieden grundsätzlich in erster und einziger Instanz, d. h., die Urteile konnten durch ein ordentliches Rechtsmittel nicht angefochten werden. Erst ein Überprüfungsgesetz aus dem Jahre 1946 ermöglichte eine amtswegige Nachprüfung der Urteile.

Daß diese Gerichte in der Öffentlichkeit stark beachtet wurden und auch mancher Kritik ausgesetzt waren, ist wohl selbstverständlich. Manchen waren die Verfahren zu langsam, viele hielten die Urteile für zu milde, manche auch für zu hart. Nach knapp einem Jahr Arbeit zog Justizminister Dr. Gerö eine erste Bilanz. Allein im Bereich des Volksgerichtes Wien waren in den

---

[1] *Neues Österreich,* 10. Juli 1945.
[2] Ebenda.
[3] Serini, *Entwicklung des Strafrechts,* S. 112.
[4] *Volksgerichtsbarkeit,* S. 14.

ersten zehn Monaten nach der Einrichtung des Senats am 15. Juli 1945 in 8549 Fällen Voruntersuchungen wegen Kriegsverbrechen eingeleitet worden. Hievon wurden 3360 Straffälle erledigt, und von diesen führten 1184 zur Erhebung der Anklage. Im gleichen Zeitraum wurden in Wien zehn Todesurteile gefällt, in den Bundesländern vier – auf der ganzen Welt wurden in diesem Zeitraum 273 Todesurteile gegen Kriegsverbrecher ausgesprochen. Der Justizminister konnte also feststellen, „daß das kleine Österreich bei der Verfolgung der Kriegsverbrecher einen nicht ganz geringen Beitrag zur Befreiung der Welt von Kriegsverbrechern geleistet hat".[1]

Die Volksgerichtsbarkeit gab es in Österreich bis 1955. Erst die Wiederherstellung der vollen staatlichen Souveränität Österreichs brachte auch die Rückkehr zu den traditionellen Formen der Gerichtsbarkeit. „Infolge der Verfassungsbestimmung des § 1 des Bundesgesetzes vom 20. 12. 1955, BGBl. Nr. 285/1955, über die Aufhebung der Volksgerichte und die Ahndung der bisher diesen Gerichten zur Aburteilung zugewiesenen Verbrechen stellten die Volksgerichte ihre Tätigkeit mit dem Tage des Inkrafttretens dieses Bundesgesetzes ein."[2] Da aber bis 1968 die gesetzliche Möglichkeit zur Bildung von Ausnahmegerichten bestand, war auch die Todesstrafe in Österreich 1955 noch lange nicht endgültig abgeschafft.

Aus der Dokumentation des Justizministeriums ist ersichtlich, daß die Volksgerichte in den zehn Jahren ihres Bestehens 13.607 Schuldsprüche fällten, davon 43 Todesurteile, 34 lebenslange Kerkerstrafen, 264 Freiheitsstrafen zwischen zehn und zwanzig Jahren, 381 Strafen zwischen fünf und zehn Jahren, 8326 Strafen zwischen einem und fünf Jahren und 4559 Freiheitsstrafen bis zu einem Jahr. Von den Todesurteilen wurden dreißig vollstreckt, zwei zum Tode Verurteilte starben durch Selbstmord vor der Verurteilung. Die letzten Todesurteile wurden 1948 ausgesprochen.[3]

Im März 1950 konnte im Nationalrat Abg. Karl Mark (SPÖ) berichten, daß nur mehr 2,5 % aller Fälle der Volksgerichte noch nicht erledigt waren. Er führte aus: „Im ganzen wurden bisher 43 Todesurteile gefällt, von denen 30 vollstreckt wurden. Wenn wir diese Zahl in Vergleich setzen zu den Millionen von Toten, die in der Zeit des Nationalsozialismus zugrunde gegangen sind, so ist dies, wie immer man zur Todesstrafe stehen mag, eine Relation, die wirklich unbeträchtlich ist."[4]

Die Todesstrafe im ordentlichen Verfahren

Am Morgen des 20. Juni 1946 konnte die österreichische Bevölkerung den Tageszeitungen entnehmen, daß am Vortag im Mordprozeß gegen Rinderknecht und Gewürz, die eine Frau vergiftet hatten, die beiden Angeklagten zum Tode verurteilt worden waren. Einige Monate vorher hatte der Nationalrat mit nur vier Gegenstimmen (den kommunistischen Abgeordneten) bekräftigt, daß das Bundesverfassungsgesetz von 1929 in allen seinen Bestimmungen, also auch in seinem Artikel 85, der die Todesstrafe im ordentlichen Verfahren für abgeschafft erklärt hatte, Bestandteil der gegenwärtigen Rechtsordnung ist.

So mußten, bei aller Widerwärtigkeit des Verbrechens, Stimmen laut werden, die die Einwände des Verteidigers, der die Verfassungswidrigkeit des Urteils betonte, unterstützten. Als erstes reagierte die *Arbeiter-Zeitung,* in der bereits am Tag nach der Urteilsverkündigung Oscar Pollak scharf gegen das Urteil auftrat, obwohl der Verteidiger, dessen Argumentation damit unterstützt wurde, Dr. Hans Gürtler, „ein alter Gegner der Sozialisten" war.[5] Pollak betonte: „...wahre Sicherheit gegen die furchtbare Flut des Unrechts und der Gewalt, die uns der Faschismus zurückgelassen hat, gegen Demoralisierung, Verlotterung und Verbrechen bietet nur die kompromißlose, die unnachgiebige, die nicht auf den Augenblick schielende, die manchmal unbequeme Rückkehr zum Recht."[6]

Die *Wiener Zeitung* ging einen Schritt weiter und holte sich bei der Justizverwaltung eine Auskunft über die Zulässigkeit dieses Todesurteils ein.[7] In der offiziellen Stellungnahme stellte man sich natürlich hinter die Entscheidung des Gerichts. Man argumentierte, daß durch die Verfassung von 1934 und durch das Strafrechtsänderungsgesetz des gleichen Jahres die Todesstrafe in ordentlichen Verfahren wiedereingeführt worden war. Das Bundesgesetz über die Wiederherstellung des österreichischen Strafrechts vom 12. Juni 1945 hätte für die Zweite Republik das Strafrecht in der Fassung vom 13. März 1938 wieder in Kraft gesetzt, also mit

---

[1] *Wiener Zeitung,* 6. Juli 1946.
[2] *Volksgerichtsbarkeit,* S. 17.
[3] Ebenda, S. 33 ff.
[4] *Neues Österreich,* 10. März 1950.
[5] *Arbeiter-Zeitung,* 20. Juni 1946.
[6] Ebenda.
[7] *Wiener Zeitung,* 22. Juni 1946.

Die Todeszelle im Landesgericht Wien

den Todesstrafdrohungen, die auf Grund des Strafrechtsänderungsgesetzes von 1934 wieder gegolten hatten. Man argumentierte ferner, daß auch das Kriegsverbrechergesetz vom 26. Juni 1945[1] und das Bedarfsdeckungsgesetz vom 24. Oktober 1945 nur auf dieser Basis interpretiert werden könnten.

Dennoch war man sich der Schwäche dieses Standpunktes bewußt und unternahm daher den Versuch, mit einem Bundesverfassungsgesetz Klarheit zu schaffen. Am 24. Juli 1946 wurde vom österreichischen Nationalrat das Bundesverfassungsgesetz über die Anwendung der Todesstrafe und das Schwurgerichtsverfahren[2] beschlossen, das rückwirkend ab 19. Juni 1946 in Kraft trat. Damit war auch das an diesem Tage ausgesprochene Urteil gegen Rinderknecht und Gewürz von der Verfassung gedeckt. Rechtsanwalt Gürtler faßte seine Bedenken gegen diese Vorgangsweise in einer Broschüre zusammen.[3]

Das Gesetz, das nebenbei gesagt genau zwölf Jahre nach dem Strafrechtsänderungsgesetz vom 19. Juni 1934 in Kraft trat, hatte allerdings nur für die Dauer eines Jahres Gültigkeit, da man in der Begründung der Regierungsvorlage die Ansicht vertrat, daß es nur unter den gegenwärtigen Verhältnissen unmöglich sei, auf die Todesstrafe im ordentlichen Verfahren zu verzichten. Daher mußte man sich 1947 erneut dieser Frage zuwenden.

Bereits am 30. April 1947 berichtete das *Neue Österreich* über den Entwurf zu einem Bundesverfassungsgesetz, das die Geltungsdauer der Vorschriften über die Anwendung der Todesstrafe verlängern sollte. Der Entwurf wurde von Justizminister Dr. Gerö vorgelegt.[4] Im Plenum des Nationalrates kam der Bericht des Justizausschusses schließlich in der 53. Sit-

[1] StGBl. Nr. 32/1945. Siehe: René Marcic, *Zur Geschichte der Verfassung und der Grundrechte*, in: Weinzierl/Skalnik, *Österreich*, S. 651.
[2] BGBl. Nr. 141/1946. Siehe: Marcic, *Zur Geschichte der Verfassung*, S. 653.
[3] Siehe: *Wiener Zeitung*, 10. Juli 1946.
[4] *Neues Österreich*, 30. April 1947.

zung vom 21. Mai 1947 zur Abstimmung.¹ Der Berichterstatter Dr. Tschadek schlug eine Verlängerung der Bestimmungen bis 30. Juni 1948 vor und führte aus: „Wir haben erlebt, daß die Kriminalität in Österreich im abgelaufenen Jahre nicht zurückgegangen, sondern ungeheuer angestiegen ist. Die besonderen Umstände unseres Landes, für die wir keineswegs allein die Verantwortung tragen, lassen daher die Aufhebung der Todesstrafe im ordentlichen Verfahren noch nicht zu.

Ich darf feststellen, daß sämtliche Mitglieder des Justizausschusses einmütig erklärt haben, daß sie grundsätzliche Gegner der Todesstrafe sind. Wir alle wünschen den Tag herbei, an dem Sicherheit und Ordnung in unserem Lande wieder eingekehrt sind und an dem wir die Todesstrafe endgültig abschaffen können. Der Justizausschuß aber war zugleich der Überzeugung, daß in der heutigen Zeit auf die Androhung der Todesstrafe noch nicht verzichtet werden kann. Ich kann dem Hohen Haus mitteilen, daß die Todesstrafe äußerst sparsam angewendet worden ist. Es ist im abgelaufenen Jahre in Österreich die Todesstrafe im ordentlichen Verfahren nur einmal vollstreckt worden; nicht eingerechnet sind dabei Todesurteile im politischen Ausnahmeverfahren. Sie sehen also, daß unsere Gerichte außerordentlich vorsichtig zu Werke gehen. In mehreren Fällen hat auch der Herr Bundespräsident von seinem Gnadenrecht Gebrauch gemacht. Zur Zeit aber brauchen wir die Androhung der Todesstrafe; denn nur, wenn die außer Rand und Band geratenen Verbrecher wissen, daß eine Bluttat ihr eigenes Blut kosten kann, werden sie doch in vielen Fällen abgeschreckt werden, neue Gewalttaten gegen unser ohnehin schwer geprüftes Volk zu begehen.

Der Justizausschuß hat daher, obwohl er grundsätzlich gegen die Todesstrafe ist, dem Gesetzentwurf seine Zustimmung gegeben und schlägt vor, daß die Anwendung der Todesstrafe im ordentlichen Verfahren bis zum 30. Juni 1948 verlängert wird."²

Der Gesetzesentwurf wurde einstimmig zum Beschluß erhoben und von der Presse emotionslos und ohne Kritik zur Kenntnis genommen.³

Im Folgejahr geriet aber die Todesstrafe erstmals in der Zweiten Republik in eine heftige Diskussion, in der sie in Frage gestellt wurde. Unter dem hoffnungsvollen Titel: „Abschaffung der Todesstrafe in Österreich?" kündigte die *Weltpresse* Ende Februar an⁴, daß das Bundesministerium für Justiz für Anfang März zu einer Enquete mit Vertretern der Wissenschaft und der Praxis geladen hatte, die diese Frage zum Thema hatte. Obwohl man sich prinzipiell gegen die Todesstrafe aussprach, war doch die Mehrheit der Teilnehmer dieser Enquete für eine vorläufige Beibehaltung.

Das löste eine breite Diskussion von Fachleuten in der Presse aus, wobei sich besonders die Zeitschriften des konservativen Lagers (*Österreichische Monatshefte, Die Furche*) beteiligten, während die Auseinandersetzung an den Sozialisten ziemlich vorbeilief. Der einzige Beitrag in der *Zukunft*, der 1948 zur Todesstrafe Stellung bezieht, ist ein Artikel von Fritz Kurz, der allerdings eher die politischen Todesurteile in den Volksdemokratien, den Militärdiktaturen und in Österreich zum Inhalt hatte. Zur Todesstrafe im ordentlichen Verfahren heißt es nur lakonisch: „Zugegeben, daß der schimpfliche Galgentod eine gerechte Strafe für die schauerlichen Raubmorde ist, die in Nachahmung der Gepflogenheiten unserer unbekannten Befreier von Unmenschen begangen werden, denen ein Menschenleben nicht mehr als ein Taschengeld oder ein wackliges Fahrrad wert ist; zugegeben auch, daß der Schutz der Republik es erfordert, politische Betätigungen, die den neuerlichen Sturz der Demokratie zum Ziele haben, mit dem Tode zu bestrafen."⁵

Ganz heftig verlief die Diskussion jedoch in der *Furche*. Sie wurde von Univ.-Prof. Dr. Ferdinand Kadečka eröffnet, der die Ansicht vertrat, daß „die Meinung, daß die Todesstrafe eine absolute Forderung der Gerechtigkeit sei, obwohl sie unter anderem von Kant und Hegel vertreten wird, nichts anderes als ein atavistischer Rückstand des uralten starren Vergeltungsgedankens"⁶ sei. Er bestritt auch jede abschreckende Wirkung dieser Strafe und führte Statistiken aus jenen Ländern ins Treffen, die die Todesstrafe bereits abgeschafft hatten, ohne daß eine Zunahme der früher mit dem Tode bedrohten Verbrechen festzustellen war. Ihm widersprach drei Wochen später ganz vehement ein Praktiker, Oberlandesgerichtsrat Dr. Gustav

---

¹ Stenographische Protokolle des Nationalrates, V.G.P. 53. Stzg., 21. Mai 1947, S. 1465.
² Ebenda.
³ Siehe etwa: *Welt am Abend*, 21. Mai 1947.
⁴ *Weltpresse*, 23. Februar 1948.
⁵ Fritz Kurz, *Im Schatten der Galgen*, in: *Die Zukunft*, März 1948, S. 87.
⁶ Ferdinand Kadečka, *Um die Abschaffung der Todesstrafe*, in: *Die Furche*, 20. März 1948.

Das Volksgericht unter dem Vorsitz des Präsidenten des LG Wien, Dr. Nahrhaft (Bildmitte), bei der Urteilsverkündung im Engerauer Judenmordprozeß; vom 14. bis 17. August 1945 fand diese „erste" Verhandlung vor dem Wiener Volksgericht in Anwesenheit des Staatssekretärs für Justiz, Dr. Gerö, der Unterstaatssekretäre Dr. Altmann und Dr. Nagl sowie höchster richterlicher Funktionäre und Beamter der Justizverwaltung statt. Von den vier wegen Mißhandlung und Ermordung von zahlreichen ungarischen Juden des Konzentrationslagers Engerau angeklagten ehemaligen SA-Männern wurden drei zum Tod durch den Strang verurteilt und hingerichtet

Camillo Chamrath, der zu dieser Frage ausführte: „Es ist anläßlich der Enquete des Justizministeriums von den meisten befragten sachverständigen Autoritäten, Persönlichkeiten des öffentlichen Lebens und Vertretern der Berufsverbände der Standpunkt eingenommen worden, die Todesstrafe sei grundsätzlich zwar abzulehnen, mit Rücksicht auf die besonders schwere Kriminalität der Gegenwart zeitlich begrenzt jedoch beizubehalten. Im wesentlichen haben sich hiefür auch die politischen Parteien ausgesprochen. Bei der auffallenden Zunahme der Mordverbrechen sieht man eben keinen anderen Ausweg, die ansteigende Kurve wieder zum Absinken zu bringen. Mit einem Wort, der Abschreckungszweck der Strafe im allgemeinen, insbesondere der Todesstrafe, gibt für diese Erwägungen den Ausschlag."[1]

Auch er bringt Zahlen und versucht, an Hand einer Statistik aus Sachsen zu belegen, wie sehr die Vollstreckung von Todesurteilen die Zahl der Schwerverbrechen senken konnte. Das führt ihn zur folgenden Ansicht: „Im übrigen darf man sich keiner Täuschung hingeben. Die Androhung der Todesstrafe allein wird selten den Abschreckungszweck erfüllen. Auf den Vollzug dieser Strafe kommt es an. Wenn wir der Statistik entnehmen, daß in den letzten Jahren in Österreich von 23 zum Tode verurteilten Mördern 18 vom Staatsoberhaupt zu Freiheitsstrafen begnadigt wurden, so kann der Möglichkeit und der Tatsache eines Todesurteils in einem solchen Staate nicht mehr eine besonders abschreckende Wirkung beigemessen werden, denn jeder Mör-

[1] Gustav Camillo Chamrath, *Das umstrittene Problem: Todesstrafe oder nicht?*, in: *Die Furche*, 10. April 1948.

der wird nicht mit Unrecht darauf rechnen, daß die prozentuelle Wahrscheinlichkeit für seine Begnadigung spricht.

Genauso wie ein Erzieher, der seinem Zögling eine strenge Strafe wiederholt androht und sie fast nie verwirklicht, schließlich von diesem kaum mehr ernstgenommen und letzten Endes vielleicht sogar verlacht wird."[1]

Ein weiteres Argument, das er für die Todesstrafe ins Treffen führte, ist der Schutz der Polizei- und Gendarmeriebeamten. „Glaubt man wirklich, von den mutigen, braven Männern des öffentlichen Sicherheitsdienstes Pflichterfüllung bis zum letzten und Aufopferung weiterhin verlangen zu können, ohne ihnen und ihren Angehörigen durch Androhung und Verhängung der strengsten Strafe einige Sicherheit zu geben, daß sie von der Verbrecherwelt nicht als Freiwild betrachtet werden."[2]

Dennoch kommt Chamrath schließlich zur Kompromißauffassung, daß man den Versuch wagen könnte, die Todesstrafe zwar auszusprechen, aber sie automatisch in eine lebenslange schwere Kerkerstrafe umzuwandeln, bei der eine weitere Begnadigung durch ein eigenes Verfassungsgesetz ausgeschaltet werden sollte. Damit wäre „die Sicherung der menschlichen Gesellschaft vor dem Verbrecher erreicht".[3] Doch gerade dieses Argument war eine Woche vor dem Erscheinen dieses Artikels Gegenstand eines breit angelegten Leserbriefes an den Herausgeber der *Furche,* der die Furcht vor Ausbrüchen dieser Schwerverbrecher artikulierte.[4]

An die Seite der scharfen Gegner der Todesstrafe trat schließlich noch der Psychologe und Soziologe Adolf Albrecht Friedländer, der für die Ersetzung der Todesstrafe durch Anhaltung zu werteschaffender Arbeit eintrat. „Österreich, das als erstes Land die Segnungen Hitlerscher Weltanschauung erfahren hat und dem größte Blutopfer auferlegt worden waren, sollte beispielgebend wie so oft in kultureller Beziehung wirken und in der weithin verpesteten Welt die verdunkelte, vielfach vergessene Lehre aufs neue erstrahlen lassen, gemäß dem Gesetz: ‚Du sollst nicht töten!'"[5]

Wenn man aus den publizierten Stellungnahmen auch fast den Eindruck erhalten könnte, daß Anhänger und Gegner der Todesstrafe sich annähernd die Waage hielten, so mußte die Redaktion der *Furche* dennoch eingestehen, daß unter der Fülle der Zuschriften, die zu dieser Frage eingegangen waren, die Stimmen für die Beibehaltung der Todesstrafe bei weitem überwogen.

In den *Österreichischen Monatsheften,* dem theoretischen Organ der Österreichischen Volkspartei, wurde eine ähnliche Diskussion in den Monaten April bis Juni 1948 geführt. Den Auftakt machte ein strikter Gegner der Todesstrafe, Dr. Josef A. Tzöbl. Der Herausgeber der *Monatshefte* sah sich immerhin veranlaßt, seinem Artikel folgende redaktionelle Vorbemerkung voranzustellen: „Der Verfasser des vorliegenden Artikels, der vor 1938 bereits als entschiedener Gegner der Todesstrafe aufgetreten ist, wendet sich auch gegen die vorübergehende Beibehaltung der Todesstrafe. Er vertritt damit nur seine eigene Auffassung. Ihre Wiedergabe erfolgt, ohne daß damit der Stellungnahme der ÖVP irgendwie vorgegriffen werden soll."[6]

Tzöbl bestritt vor allem die abschreckende Wirkung der Todesstrafe, da kein Verbrecher damit rechnet, daß seine Tat entdeckt werden könnte und vor allem keinem bei der Tat die Strafe gegenwärtig sei. „Die Quellen für das Steigen und Fallen der Kriminalität sind eben soziologischer Natur, nicht kriminalistischer."[7]

In die gleiche Kerbe schlug in der nächsten Nummer der Zeitschrift Abg. Dr. Nadine Paunovic, die vor allem auch moralische Überlegungen in die Diskussion warf. In ihrer Argumentation schwingen allerdings bereits Elemente mit, die in späteren Jahren immer wieder auftauchten, dann allerdings gegen die Humanisierung und Liberalisierung des Strafvollzugs verwendet wurden. Sie spricht vom gesunden Kern im Volk, der gegen die Weichheit und Sentimentalität dem Verbrecher gegenüber eingestellt ist, und führt dann aus: „Nie oder fast nie wird ein Mensch als Verbrecher geboren. Die moderne Justiz sollte sich daher zuerst fragen, wo die dunklen Quellen sind, aus denen die Menschen trinken, ehe sie Verbrecher werden. Ist es nicht so, daß die Gesellschaft viel Schuld trägt durch die vollständige Säkularisierung des öffentlichen Lebens, daß sie unter dem Vorwand einer falsch

---

[1] Ebenda.
[2] Ebenda.
[3] Ebenda.
[4] Alma Motzko, *Die Todesstrafe als Genugtuung,* Brief an den Herausgeber der *Furche,* in: *Die Furche,* 3. April 1948.
[5] Adolf Albert Friedländer, *Todesstrafe?,* in: *Die Furche,* 27. März 1948.
[6] *Österreichische Monatshefte,* April 1948, S. 316.
[7] Josef A. Tzöbl, *Die Todesstrafe – kriminologisch wertlos,* in: *Österreichische Monatshefte,* April 1948, S. 318.

verstandenen Freiheit moralische Morde geschehen läßt, sie sogar unterstützt, und daß sie dann heuchlerisch hergeht und ihre eigenen Kinder henkt? Wenn der Staat auf Sauberkeit nicht sieht, wenn er ein schrankenloses Dirnentum sogar sanktioniert, wenn er plötzlich milde gestimmt wird, sobald es sich um die Tötung werdenden Lebens handelt, wenn er Kindermißhandlung, Trunksucht verhältnismäßig milde beurteilt, dann darf er nicht auf der anderen Seite eine Gerechtigkeit in die Tat umsetzen, die sich von dem Grundsatz: Auge um Auge, Zahn um Zahn herleitet."[1]

Schließlich meldete sich nochmals Oberlandesgerichtsrat Dr. Chamrath zu Wort, der sich bereits an der Diskussion in der *Furche* beteiligt hatte, wiederholte seine Argumente und meinte, daß „die tatsächlich sehr weitgehend abschreckenden Wirkungen der Todesstrafe den Fachleuten und Hochschulprofessoren mitunter verschlossen bleiben, während sie jedem Polizeibeamten, jedem Untersuchungsrichter seit jeher eine Selbstverständlichkeit sind. Irgendwelche Zahlen von Statistiken sind hier nicht zu gebrauchen; denn niemals kann statistisch nachgewiesen werden, wie viele Morde aus Angst vor der Todesstrafe nicht begangen wurden. Die Häufigkeit von Morden hängt selbstverständlich auch von den gegebenen wirtschaftlichen und sozialen Verhältnissen und dem sittlichen Niveau der Bevölkerung ab, und man kann bei einiger Erfahrung in der Strafrechtspflege mit gutem Grund sagen, daß die Häufigkeit der Mordverbrechen trotz ihrer ohnedies schon hohen Zahl zweifellos noch größer wäre, wenn wir heute die Todesstrafe nicht hätten. Dies leugnen zu wollen kann – wie ich mir anläßlich der Urteilsbegründung im Raubmordprozeß Barta, den ich als Vorsitzender zu führen das Mißvergnügen hatte, zu sagen erlaubte – vom Strafrechtspraktiker höchstens als wissenschaftliches Geplauder vereinzelter lebensfremder Theoretiker und Gelehrter empfunden werden".[2]

Als beste Lösung schlug Chamrath eine Volksabstimmung über diese Frage vor, denn „das Volk denkt viel gesünder, einfacher und naturhafter, als seine Vertreter oft glauben wollen. Und wenn eine Volksabstimmung nicht durch einseitige und demagogische Propaganda weitgehend beeinflußt und damit ihr Ergebnis gefälscht wird, kann der Ausgang einer solchen Volksbefragung wohl nicht zweifelhaft sein".[3] Soziologische Untersuchungen der jüngsten Vergangenheit[4] können leider Chamraths Optimismus voll bestätigen.

Als sich also im Mai 1948 der Nationalrat erneut mit der Frage der Verlängerung der Bestimmungen zur Todesstrafe im ordentlichen Verfahren befassen mußte, hatten die Enquete des Justizministeriums und die Diskussion in der Presse die Basis für eine fundiertere Auseinandersetzung mit dieser Frage als in den Jahren zuvor geschaffen. Berichterstatter Dr. Tschadek legte Zahlen vor, daß sich allein in der Zeit vom 1. Juli 1947 bis zum 1. März 1948 in Österreich 172 Mordfälle zugetragen hätten. „Die Todesstrafe ist daher zur Zeit als Abschreckungsmittel unentbehrlich, und die Bevölkerung würde es in ihrer überwiegenden Mehrheit nicht verstehen, wenn sie des Schutzes dieser Strafandrohung beraubt würde. Dazu kommt noch, daß die Zeit noch nicht reif ist, um die Todesstrafe aus den Sondergesetzen des politischen Verfahrens zu beseitigen. Noch braucht die junge Demokratie einen starken Schutz gegen alle Elemente, die den Staat unterhöhlen, die Verfassung gewaltsam beseitigen und die demokratischen Freiheitsrechte des Volkes vernichten wollen."[5]

Ernst Fischer, als erster Diskussionsredner, erinnerte an die Einführung der Todesstrafe im Jahre 1933. Während Tschadek die Meinung vertreten hatte, die Todesstrafe ließe sich nur generell (also auch in der Sondergerichtsbarkeit) oder überhaupt nicht abschaffen, zog Fischer eine klare Trennlinie zwischen dem Kriegsverbrecher, der durch seine Verbrechen ein neues System konstituieren wollte, und dem pathologischen oder aus der Bahn geworfenen Einzeltäter. Er kündigte an, seine Fraktion werde gegen die Verlängerung der Todesstrafe stimmen, weil Kommunisten zwar das Prinzip der Sühne akzeptieren, nicht aber das der Strafe.

Gabriele Proft meldete für die sozialistische Fraktion ihre Bedenken gegen eine Verlängerung an. Sie stellte die Frage: „Ist die Todesstrafe ein Heilmittel gegen alle diese furchtbaren

---

[1] Nadine Paunovic, *Betrachtungen über die Todesstrafe,* in: Österreichische Monatshefte, Mai 1948. S. 366.
[2] Gustav Camillo Chamrath, *Und noch einmal die Todesstrafe,* in: Österreichische Monatshefte, Juni 1948, S. 410.
[3] Ebenda, S. 412.
[4] *Vergangenheitsbewältigung. Unveröffentlichter Bericht über ein Forschungsprojekt,* durchgeführt am Institut für Neuere Geschichte und Zeitgeschichte, Universität Linz, 1978.
[5] Sten.-Prot., V.G.P., 81. Stzg., 12. Mai 1948, S. 2268.

Verbrechen gewesen, die in den letzten Jahren begangen worden sind und immer wieder begangen werden? Nein! Das kann man nicht behaupten. Im Gegenteil! Der Bericht des Justizausschusses sagt ja selbst, es häufen sich die Verbrechen, daher sei die Verlängerung der Todesstrafe im ordentlichen Verfahren notwendig.

Wenn es überhaupt eines Beweises bedürfte, daß der Zweck dieses Gesetzes, das wir seit 1946 zweimal beschlossen haben und jetzt ein drittes Mal beschließen sollen, nicht erreicht worden ist, dann geht das aus dem Bericht des Justizausschusses selbst hervor. Obwohl die Todesstrafe besteht, haben die Kapitalverbrechen nicht nur nicht aufgehört, sondern – der Bericht sagt es selbst, und das wird wohl richtig sein – die Mordfälle, die Kapitalverbrechen häufen sich, ihre Zahl steigt weiter an."[1]

Trotz heftigster Bedenken konnte sich die sozialistische Fraktion aber nicht zu einer Ablehnung der Verlängerung entschließen, sondern sie gab, wie Proft ausführte, ihren Abgeordneten die Abstimmung frei. Konsequent für eine Verlängerung der Zulassung der Todesstrafe im ordentlichen Verfahren sprach sich sodann Dr. Scheff von der ÖVP aus.

Das Abstimmungsergebnis brachte die notwendige Zweidrittelmehrheit von 102 gegen 29 Stimmen. Anscheinend hatten viele Sozialisten vor der Abstimmung den Saal verlassen. Bei denen, die sich an der Abstimmung beteiligten, scheinen die Gegner der Verlängerung knapp in der Überzahl gewesen zu sein.

Da das Gesetz in seiner Gültigkeit auf zwei Jahre begrenzt war, mußte die Frage im Frühjahr 1950 erneut diskutiert werden. Dr. Tschadek, nunmehr Justizminister, brachte am 29. März für die Bundesregierung einen Gesetzesentwurf zur neuerlichen Verlängerung der Todesstrafe ein. Er verwies darauf, daß sich die Verhältnisse wenig geändert hätten. Im Sprengel des Oberlandesgerichtes Wien hätten sich 1949 149 Straffälle ereignet, die nach dem Stand der Gesetzgebung dieser Zeit mit der Todesstrafe bedroht waren, im Sprengel des Oberlandesgerichtes Graz 51, im Sprengel des Oberlandesgerichtes Linz 39 und im Sprengel des Oberlandesgerichtes Innsbruck 31. Daraus schloß Tschadek: „Wer nicht selbst zur Bejahung des menschlichen Lebensrechts zurückkehrt, muß durch Strafandrohungen, die geeignet sind, wirkliche Furcht zu erzeugen, von der Begehung krimineller Handlungen abgehalten werden."[2]

Noch ehe im Mai die Beratung und Abstimmung über die Vorlage erfolgte, meldete sich Tschadek auch in der *Zukunft* zu Wort. Er wiederholte seine Argumente aus dem Parlament und berichtete von einem konkreten Fall: „Für die Wirksamkeit der Todesstrafe als Abschreckungsmittel spricht die erwiesene Tatsache, daß in einem Mordfall die Ausübung der Tat einem Jugendlichen übertragen wurde, weil man wußte, daß dieser im Falle der Aufdeckung nicht zum Tode verurteilt werden kann. Die strafmündigen Täter haben also aus Furcht vor der Todesstrafe darauf verzichtet, an das Opfer Hand anzulegen."[3]

Vom Standpunkt der Generalprävention könne in Zeiten schwerer Kriminalität auf die Todesstrafe nicht verzichtet werden, die zudem aus moralischen Gründen nur in allen Fällen, also auch der Ausnahmegesetzgebung, abgelehnt werden könnte.

Ganz vehement gegen Tschadeks Ansichten griff Johann Wolfgang Brügel in die Diskussion ein. Die *Zukunft* konnte aber aus drucktechnischen Gründen seinen Beitrag erst in der Juni-Nummer 1950 bringen, als die Entscheidung im Nationalrat bereits gefallen war. Brügel führte aus: „Unter Sozialisten kann es wohl kaum eine Meinungsverschiedenheit darüber geben, daß die Wurzel der meisten Verbrechen, nicht nur der in Bereicherungsabsicht ausgeführten, in den sozialen Verhältnissen zu suchen ist und daß die wirksamste Verbrechensvorbeugung in einer großzügigen Sozialpolitik, in einer gerechteren Aufteilung des Volkseinkommens, in einer Verbesserung der Wohnungsverhältnisse und in allen den anderen Programmpunkten der sozialistischen Bewegung liegt. Hier ist eine stärkere Garantie dafür, daß Schäden verhütet werden, als sie die Todesstrafe zu geben vermöchte – wenn sie es überhaupt vermöchte."[4]

Am 24. Mai 1950 fand im Nationalrat die entscheidende Sitzung in dieser Frage statt. Dr. Häuslmayer faßte als Berichterstatter des Justizausschusses nochmals die Argumente zusammen, die für eine Verlängerung der Geltungsdauer der Vorschriften über die Anwendung der Todesstrafe sprachen. Als erster ergriff Abg. Scharf von den Linkssozialisten das Wort. In einer von heftigen Zwischenrufen unterbrochenen

---

[1] Ebenda, S. 2272.
[2] Sten.-Prot., VI. G. P., 22. Stzg., 29. März 1950, S. 785.
[3] Otto Tschadek, *Die Todesstrafe*, in: *Die Zukunft*, April 1950, S. 91.
[4] Johann Wolfgang Brügel, *Um die Todesstrafe*, in: *Die Zukunft*, Juni 1950, S. 166.

Rede führte er aus, daß es in der Geschichte immer die fortschrittlichen Kräfte waren, die gegen die Todesstrafe eingetreten waren, von Joseph II. über das fortschrittliche Bürgertum von 1848 bis zur Arbeiterbewegung: „Heute sind es die Vertreter des Linksblocks, die Linkssozialisten und Kommunisten, die sich den Glauben an das Gute im Menschen bewahrt haben (Heiterkeit und anhaltende Zwischenrufe – der Präsident gibt neuerlich das Glockenzeichen), die von der Überzeugung ausgehen, daß der Fortschritt der Geschichte ein Fortschritt zu größerer Humanität sein muß. In diesem Sinne werden die Vertreter des Linksblocks gegen die Verlängerung der Todesstrafe stimmen. (Lebhafte Zwischenrufe.)"[1]

Für die Sozialisten war es wieder Gabriele Proft, die ihre Bedenken gegen die Todesstrafe vorbrachte und mit den Worten schloß: „Hohes Haus! Wenn die Abstimmung über dieses Gesetz ergibt, daß die Todesstrafe im ordentlichen Verfahren nicht weiter beibehalten wird, dann wird uns die Nachwelt dies ganz bestimmt als eine Kulturtat anrechnen, und sie wird es uns danken. (Lebhafter Beifall bei den Sozialisten.)"[2]

Scharf gegen die Todesstrafe trat auch Dr. Herbert Kraus vom Klub der Unabhängigen auf, der die Ansicht vertrat, auch gegen die Meinung eines großen Teiles der Bevölkerung müßten solche Änderungen möglich sein, die mehr Humanität bringen.

Abg. Dr. Bock entgegnete hierauf scharf, daß er den Klub der Unabhängigen nicht für berechtigt halte, „sich hier für Humanität und Menschlichkeit auszusprechen"[3], was zu Tumulten und zum Auszug der Abgeordneten des Klubs der Unabhängigen führte. Scharfe Zwischenrufe erntete er auch bei seiner Auseinandersetzung mit den Kommunisten. Bock trat für eine geheime Abstimmung nach dem Gewissen der Abgeordneten ein.

Dem Präsidium lag ein Antrag von Ing. Raab und Dr. Pittermann auf geheime Abstimmung vor, der einstimmig angenommen wurde. Die Abstimmung brachte folgendes Ergebnis: „Abgegeben wurden 150 Stimmen. Es ist also die für die Beschlußfassung über ein Verfassungsgesetz erforderliche Anwesenheitszahl gegeben. Die erforderliche Zweidrittelmehrheit beträgt 100 Stimmen. Von den abgegebenen Stimmen lauten auf Ja 64, auf Nein 86. Damit ist der Antrag des Justizausschusses gefallen. (Lebhafter Beifall.)"[4]

Damit war ein wesentlicher Schritt nicht nur der Rechtsgeschichte in der Zweiten Republik gesetzt worden, wenn auch das Abstimmungsergebnis konsequente Gegner der Todesstrafe kaum wirklich befriedigen kann. Zudem bestand die Todesstrafe in der Ausnahmegesetzgebung ja noch weiter, obwohl ab 1950 in Österreich in keinem Verfahren mehr ein Todesurteil ausgesprochen wurde.

Die Wiedereinführung der Geschworenengerichtsbarkeit*

Der Gedanke der Rechtsprechung durch das Volk ist alt und in den meisten Staaten anzutreffen. Sie tritt vor allem in zwei Formen auf, als Geschworenen- oder als Schöffengerichtsbarkeit. „Während die Schöffengerichtsbarkeit erst 1920 in Österreich Eingang fand, ist die Geschworenengerichtsbarkeit vorerst in den Jahren 1848/49 für Preßedelikte, dann 1850 vorübergehend für schwere politische Verbrechen und 1873 für Jahrzehnte durch die geltende Strafprozeßordnung in Österreich eingeführt worden."[5]

Erst die Bundesverfassung von 1920 brachte daneben die zweite Form der Mitwirkung des Volkes bei der Rechtsprechung, nämlich die Schöffen. „Während beim Schöffengericht zwei Berufs- und zwei Laienrichter gemeinsam über Schuld und Strafe entschieden, waren die Aufgaben der Berufsrichter und Geschworenen ... streng voneinander getrennt. Die Geschworenen selbst hatten vor allem über die Schuld, der aus drei Berufsrichtern bestehende Schwurgerichtshof im Fall eines auf schuldig lautenden Verdikts der Geschworenen allein über die Strafe zu entscheiden."[6] Für die politischen Verbrechen und schweren Kriminalfälle blieben jedoch die Geschworenen zuständig.

Manche Urteile der Geschworenengerichte waren auf heftige Kritik gestoßen, eines hatte

---

[1] Sten.-Prot., VI. G. P., 25. Stzg., 24. Mai 1950, S. 885 f.
[2] Ebenda, S. 888.
[3] Ebenda, S. 889.
[4] Ebenda, S. 891.
[5] Otto Tschadek, *Die Wiedereinführung der Geschworenengerichtsbarkeit in Österreich*, in: *Die Zukunft*, Oktober/November 1950, S. 291.
[6] Serini, *Entwicklung des Strafrechts*, S. 125.
* Da es sich bei diesem Referat eher um eine historische Analyse handelt, wird bewußt auf den in der Rechtssprache üblichen Terminus „Geschworne" zugunsten des landläufigen Begriffs „Geschworene" verzichtet.

1927 sogar die österreichische Innenpolitik wesentlich beeinflußt. Nicht zuletzt deshalb wurden diese Gerichte 1933/34 wesentlich eingeschränkt, um im Ständestaat vollständig der Schöffengerichtsbarkeit zu weichen.

Nach 1945 ging es nun darum, einerseits dieses Erbe der austrofaschistischen Epoche zu beseitigen, andererseits aber die Geschworenengerichtsbarkeit der Zweiten Republik von den Schwächen ihrer Vorläufer zu befreien.[1] Daher war man nicht in der Lage, mit der Wiederherstellung des verfassungsmäßigen Zustandes von 1929 auch die Geschworenengerichte sofort wieder einzuführen. Gemeinsam mit den Verlängerungen der Todesstrafe im ordentlichen Verfahren mußte der Nationalrat also auch stets die Verlängerung des Schwurgerichtsverfahrens behandeln. Die letzte Verlängerung lief am 31. Dezember 1950 aus, seit 1. Jänner 1951 ist ein neues Geschworenengesetz in Kraft. Dieses Gesetz legt den Geschworenen die Pflicht auf, im Falle eines Schuldspruchs gemeinsam mit den Berufsrichtern über die Strafe zu beraten und abzustimmen. Das hat vor allem den Sinn, unmotivierte Freisprüche, die oft dadurch entstanden waren, weil die Geschworenen eine zu strenge Bestrafung durch die Berufsrichter befürchteten, zu verhindern.

Mit der Wiedereinführung der Geschworenengerichte war ein weiterer wichtiger Schritt zur Wiederherstellung demokratischer rechtsstaatlicher Strukturen gesetzt. Dennoch war es bis zur Herstellung eines echten Rechtsstaates noch weit, nicht zuletzt deshalb, da die Anwesenheit der Besatzungsmächte es nicht erlaubte, wirklich die Unabhängigkeit der Rechtsprechung von fremden Einflüssen zu garantieren. Aber selbst 1955 stellte keinen Endpunkt in der Entwicklung dar, da einzelne Elemente, wie etwa die Möglickeit der Todesstrafe in Ausnahmeverfahren, noch lange nicht beseitigt wurden. 1968 und die große Strafrechtsreform der siebziger Jahre bildeten weitere Etappen auf dem Weg zum demokratischen Rechtsstaat.

---

[1] Siehe etwa: Sten.-Prot., V.G.P., 53. Stzg., 21. Mai 1947, S. 1465.

MATERIALIEN

Herbert Steiner

Die Todesstrafe — entscheidender Bestandteil der Struktur des nationalsozialistischen Machtsystems in Österreich 1938 bis 1945*

Der Historiker Wolfgang Neugebauer beschäftigte sich beim Justizsymposion 1976 umfassend mit den Voraussetzungen der NS-Justiz 1938 bis 1945, und Ernst Hanisch schilderte die Folgen am Beispiel von Prozessen vor dem Sondergericht in Salzburg.[1] Neugebauer zeigt deutlich, wie die Nationalsozialisten bereits unmittelbar nach der Machtergreifung 1933 den vorhandenen Justizapparat der Weimarer Republik ohne große Veränderungen — und ohne nennenswerten Widerstand seitens der Justizfunktionäre — für ihre Zwecke einspannen konnten. 1938 vollzog sich nach einer gründlichen Säuberung ein ähnlicher Vorgang in Österreich.[2] Damit wurde das Prinzip einer „Legalität" vorgetäuscht und noch zu einem Zeitpunkt aufrechterhalten, als durch Sondergesetze, Erlässe und Führerbefehle ein engmaschiges Netz reinster Willküreinrichtungen geschaffen wurde, welches deutlich allen bisher bekannten Rechtsnormen widersprach: Organe der Gestapo, SS und Polizei, Militärgerichte und Standgerichte, der gefürchtete Volksgerichtshof, die Besonderen Senate bei den Oberlandesgerichten und die im „verkürzten Verfahren" amtierenden Sondergerichte — derartige Einrichtungen pervertierter „Justiz" entsprachen jedoch den wahren Bedürfnissen und Zielen der NS-Machthaber.

Nach dem nationalsozialistischen Machtantritt 1933 in Deutschland wurde der Justizapparat aus der Weimarer Republik — ohne wesentliche Veränderungen — übernommen. Er wurde

---

[1] Wolfgang Neugebauer, *Politische Justiz in Österreich 1934–1945*, in: *Justiz und Zeitgeschichte*, hrsg. von Erika Weinzierl und Karl R. Stadler (= Veröffentlichungen des Ludwig-Boltzmann-Instituts für Geschichte der Gesellschaftswissenschaften 1), Wien 1977, S. 169 ff.; Ernst Hanisch, *Politische Prozesse vor dem Sondergericht im Reichsgau Salzburg 1939–1945*, in: *Justiz und Zeitgeschichte*, S. 210 f.

[2] Bundesminister Dr. Christian Broda erwähnte bei einer Gedenkrede am 11. März 1974, daß im März 1938 205 Richter, 197 andere Justizbeamte und 80 Justizwachebeamte aus dem österreichischen Justizdienst entfernt wurden. Von 2521 Rechtsanwälten in Wien wurde nicht weniger als 1199 die Ausübung ihres Berufes untersagt! Im KZ umgebracht wurden u. a. Bundesminister Generalprokurator Dr. Robert G. Winterstein und Oberlandesgerichtsrat Dr. Alois Osio.

* Dieser Beitrag stand den Symposionsteilnehmern in hektographierter Form als Diskussionsgrundlage zur Verfügung. Professor Dr. Steiner war aus beruflichen Gründen im Ausland und konnte daher selbst kein Referat halten.

Am 14. Juli 1939 „feierte" die nationalsozialistische Justiz das fünfjährige Bestehen des Volksgerichtshofes. Am Rednerpult Reichsminister Dr. Frank, weiters in der ersten Reihe v.l.n.r.: der Präsident des italienischen Staatsverteidigungsgerichtshofes in Rom Tringali-Casanova, der Präsident des Volksgerichtshofes Dr. Thierack und Generaloberst Keitel

vorerst gegen die organisierte Arbeiterbewegung (Kommunisten, Sozialdemokraten, Gewerkschafter) eingesetzt. Die mit Hilfe des Justizapparates erfolgte Kriminalisierung der Arbeiterbewegung wurde bedauerlicherweise von Richtern und Staatsanwälten ohne öffentlichen Protest hingenommen. Später richteten sich die Verfolgungen gegen alle demokratisch Gesinnten.

Die massenweise Anwendung der Todesstrafe in allen Formen (Gerichte, KZ, Verschikkungen, medizinische Versuche, „auf der Flucht erschossen" etc.) wurde praktisch durch die NS-Justiz legalisiert. Sie, die über Leben und Tod zu entscheiden hatte, ist niemals gegen diese schwerste Rechtsbeugung in der Geschichte aufgetreten. Damit wurde aber die Justiz zu einer der tragenden Säulen des mörderischen NS-Systems. Das heute historisch belegbare und erkennbare Unrecht wird in der österreichischen Rechtsgeschichte kaum erwähnt oder erläutert. Gerade angehenden Juristen sollte in Österreich dieses opfervolle und wichtige Kapitel der Rechtsgeschichte ausführlich erklärt und in Vorlesungen und Seminaren nähergebracht werden. Ähnlich wie die militärischen Eroberungen im Zweiten Weltkrieg eine Fortsetzung der imperialistischen „Politik mit anderen Mitteln" waren, kann die nationalsozialistische Anwendung der Todesstrafe als folgerichtige und konsequente Durchführung nationalsozialistischer Ideologie auf dem Justizsektor betrachtet werden. Nur in diesem Zusammenhang wird der Problemkreis „Todesstrafe" im NS-System für uns verständlich. Deshalb scheint es notwendig, daß Historiker, Juristen, Soziologen, Politologen diesen Fragen ein weit größeres Augenmerk zuwenden.

Über diesen Fragenkomplex liegt heute eine umfangreiche historische und juristische Literatur vor. Es scheint jedoch von einiger Bedeutung zu sein, vor allem den Fragenkomplex der Todesstrafe im Zusammenhang mit der NS-Herrschaft, insbesondere für die Jahre 1938 bis 1945 in Österreich, zu untersuchen. Zu oft hören wir noch die weitverbreiteten und für uns Wissende so erschütternd klingenden Aussprüche „Unter Hitler hätte es dies nicht gegeben" oder „Der gehört sofort umgebracht". Unterschätzen Sie bitte nicht, daß derartige, für eine „öffentliche Moral" und zur Erhaltung der „Ordnung" gedachte unüberlegte „Äußerungen" einfacher Menschen, aber oft auch „überlegte" gedruckte Bemerkungen von Journalisten, in möglichen Not- und Krisenzeiten Voraussetzung für unbändige Haßorgien und Massenmorde sein können. Ohne jenes falsche Bewußtsein breiter Kreise wäre der Völkermord in der NS-Zeit kaum denkbar und eher unmöglich gewesen.

Felix Ermacora hat deshalb mit Recht, nicht nur rückblickend, vor den Vereinten Nationen gegen die Verjährung solcher Verbrechen Stellung genommen: „...Überzeugt, daß die Verfolgung und Bestrafung von Kriegsverbrechen und Verbrechen gegen die Menschlichkeit andere von der Begehung ähnlicher Verbrechen abhalte..."[1]

Mit Berufung auf den Beschluß des 46. Deutschen Juristentages in Essen 1966, „die mit NS-Gewaltverbrechen verbundenen Fragen gründlich zu untersuchen"[2], wurden mehrere Forschungen begonnen.

Allein in der Bundesrepublik Deutschland wurden zwischen 1945 und 1968 mehr als 12.000 Personen im Zusammenhang mit „Gewaltverbrechen" verurteilt. Die dort angeführten Delikte Mord, Totschlag, Körperverletzung mit Todesfolge, Freiheitsberaubung mit Todesfolge, Kriegsverbrechen mit Todesfolge, Verbrechen gegen die Menschlichkeit mit Todesfolge charakterisieren auch ungefähr den weitläufigen Rahmen der „Todesstrafe" innerhalb des NS-Regimes. Über die Zahlen der Opfer „mit Todesfolge" gibt es bekanntlich noch immer Diskussionen. Apologeten des NS-Mordregimes versuchen die unfaßbare Opferbilanz nachträglich zu ändern oder zu fälschen. Bisher blieb jedoch eine wichtige „Todesfolge" in allen Statistiken unberücksichtigt. Gezählt werden nur jene Opfer, die den 8. Mai 1945 nicht mehr überlebten. Es ist aber bekannt, daß noch weitere Hunderttausende das Jahresende 1945 nicht mehr überlebten, daß sie an den erlittenen Verfolgungen oder Entbehrungen Wochen oder Monate nach der Befreiung starben. Bis heute ist bei vielen Naziopfern die jeweilige Todesursache nur teilweise altersbedingt. Die psychischen Erschütterungen der „Zeit ohne Gnade" sind erwiesener-, aber nicht zugegebenermaßen eine Todesfolge nationalsozialistischer Verbrechen mit Langzeitwirkung.[3]

Eine annähernde Zahl der Opfer in Österreich läßt sich aus den Akten der Opferfürsorgeabteilungen der Landesregierungen, des Sozialministeriums, den Akten des KZ-Verbandes aus dem Jahre 1945 und den Unterlagen der Israelitischen Kultusgemeinde ermitteln.[4] Darin zum Teil nicht enthalten sind die durch Militär- und Feldgerichte zum Tode Verurteilten, da diese Unterlagen weitgehend verlorengegangen sind. Nicht berücksichtigt werden auch die zahlreichen Todesurteile und der Tod in Konzentrationslagern oder Gefängnissen von sogenannten „Kriminellen". Die Höchststrafe stand meist in keinem Verhältnis zum begangenen Delikt. To-

---

[1] Felix Ermacora, *Die Verjährung von Kriegsverbrechen und Verbrechen gegen die Menschlichkeit vor Organen der Vereinten Nationen*, in: Österreichische Zeitschrift für öffentliches Recht, XVII/1967, 1–2, S. 27.

[2] *Justiz und NS-Verbrechen. Sammlung deutscher Strafurteile wegen nationalsozialistischer Tötungsverbrechen 1945–1966*, Amsterdam 1968ff. Bis Ende 1979 sind 20 Bände erschienen, die neben den Nürnberger Urteilen die umfassendste Sammlung zu diesem Thema sind. Die englische Ausgabe: *Trial of the major war criminals before the International Military Tribunal*, Nürnberg 1947, enthält 78 Bände!

[3] Über medizinische Spätfolgen der nationalsozialistischen Verfolgungen gibt es mehrere Untersuchungen, auch wissenschaftliche Konferenzen waren damit befaßt. Siehe insbesondere: H. Paul und H. J. Herberg, *Psychische Spätfolgen nach politischer Verfolgung*, Basel, New York 1963; Ärztekonferenzen der Internationalen Föderation der Widerstandskämpfer, Bd. 1: *Die chronische progressive Astenie*, Bd. 2: *Andere Spätfolgen*, Wien o. J.; Nelly Wolffheim, *Kinder aus Konzentrationslagern. Mitteilungen über die Nachwirkungen des KZ-Aufenthaltes auf Kinder und Jugendliche*, in: Psychoanalyse und Kindergarten, München 1966.

[4] Siehe dazu Herbert Steiner, *Gestorben für Österreich*, Wien 1968, S. 41. Jonny Moser, *Die Judenverfolgungen in Österreich 1938–1945*, Wien 1966, hat mit großer Sorgfalt die Zahlen jüdischer Opfer aus Österreich ermittelt. Auch hier muß angenommen werden, daß noch mehr Juden, deren Schicksal uns unbekannt blieb, ums Leben kamen. Selma Steinmetz, *Österreichs Zigeuner im NS-Staat*, Wien 1966, kam zum Ergebnis, daß von den 11.000 im Jahre 1938 in Österreich lebenden Zigeunern 6000 durch die Nationalsozialisten ausgerottet wurden.

Senat des Sondergerichtes beim Landesgericht Wien 1944 (Original undatiert)

desstrafe für einfachen Diebstahl, für Homosexualität, für Selbstverstümmelung, für Simulierung von Krankheiten usw. zeugte von der skrupellosen Verachtung von Menschenleben seitens der nationalsozialistischen Justiz. Nicht berücksichtigt in den folgenden Zahlen sind auch jene 3000 Kinder und 100.000 hilflosen alten Menschen, deren Todesurteile (im Zuge der nationalsozialistischen Euthanasie in Großdeutschland) rassenpolitisch begründet wurden.[1]

2700 Österreicher wurden in den Jahren 1938 bis 1945 in Gerichtsverfahren als aktive Widerstandskämpfer zum Tode verurteilt und hingerichtet.

16.493 österreichische Widerstandskämpfer wurden in verschiedenen Konzentrationslagern ermordet.

9687 Österreicher wurden in Gestapogefängnissen ermordet.

6420 Österreicher sind in Zuchthäusern, Gefängnissen und Lagern in den von der Hitlerwehrmacht besetzten Ländern umgekommen.

65.459 österreichische Juden wurden in Ghettos und Vernichtungslagern umgebracht.

Allein die hier angeführten Zahlen der Opfer sind eine ernste Mahnung an Historiker, über Ursachen, Hintergründe, Zusammenhänge dieser beispiellosen Massenmorde an Angehörigen aller sozialen Schichten, aller Bundesländer, aller Konfessionen und politischen Bekenntnisse nachzudenken.

Die Wiedererrichtung eines unabhängigen Österreich nach der alliierten Befreiung im April und Mai 1945 ist u. a. in der Erklärung der Provisorischen Regierung vom 27. April 1945 begründet, wo es heißt: „Art. II: Der im Jahre

---

[1] Bezüglich des Euthanasieprogramms gibt es bereits eine beachtliche Literatur; Hermann Weinkauff, *Die deutsche Justiz und der Nationalsozialismus* (= Veröffentlichungen des Instituts für Zeitgeschichte. Die Deutsche Justiz und der Nationalsozialismus 1), Stuttgart 1968, S. 198 f., behandelt das Problem.

Angeklagter vor dem Sondergericht beim Landesgericht Wien 1944 (Original undatiert)

1938 dem österreichischen Volke aufgezwungene Anschluß ist null und nichtig."¹

Überdenken wir diese staatspolitisch bedeutungsvolle Tatsache der gewaltsamen Annexion Österreichs im Zusammenhang mit den nationalsozialistischen Verfolgungsmaßnahmen in Österreich, so wird nicht nur das ungeheure Ausmaß, sondern auch die totale Ungesetzlichkeit deutlicher. Im Prozeß gegen die Nazijuristen vor dem amerikanischen Militärgerichtshof in Nürnberg 1947 hieß es bezüglich der von den Nazigerichten verurteilten Menschen: „Nach allen anerkannten Grundsätzen des Völkerrechtes schuldeten diese Menschen dem Reich weder eine tatsächliche noch rechtlich begründete Treue, die Anklagen wegen Verrates oder Hochverrates an Deutschland gerechtfertigt hätten."²

Diese Feststellung trifft ebenso auf Österreicher zu, die von verschiedenen Nazigerichten verurteilt wurden. Nicht zufällig wurde in den meisten Anklageschriften der Vorwurf erhoben, „der Versuch, ein dem Großdeutschen Reich zugehöriges Gebiet abtrennen zu wollen" – womit Österreich gemeint war.

Besondere Bedeutung erlangte das „Treueverhältnis" nach der schon erwähnten Unabhängigkeitserklärung der österreichischen Regierung vom 27. April 1945. So heißt es verbindlich, daß alle „dem Deutschen Reiche und seiner Führung geleisteten militärischen, dienstlichen oder persönlichen Gelöbnisse nichtig und unverbindlich" sind.³ Trotzdem wurden viele Österreicher noch bis zur Kapitulation am 8. Mai – und in einzelnen Fällen sogar später – hingerichtet. Derartige Exekutionen wurden von Sondergerichten, Feldgerichten und Standgerichten angeordnet.

Nicht selten wird die Frage gestellt, warum man sich immer wieder mit der Nazijustiz beschäftigt, wo es doch auch heute viele Rechtsbeugungen in verschiedenen Ländern gibt. Zweifellos ist es notwendig, immer und überall gegen Willkürjustiz aufzutreten, aber gerade die Kenntnis der Folgen der nationalsozialistischen Justiz kann uns helfen, den Zusammenhang von Gesellschaft und Justiz besser zu begreifen. Im Zusammenhang mit den Prozessen gegen nationalsozialistische Gewaltverbrecher nach 1945 erklärte ein westdeutscher Jurist: „Das Strafrecht ist erstmals in seiner Geschichte mit Großformen der Kriminalität in Berührung gekommen, die alles, was bisher Verbrechen genannt und von Gerichten abgeurteilt worden ist, in den Schatten stellen..."⁴ Im Zusammenhang mit

---

¹ Siehe dazu Walter Goldinger, *Geschichte der Republik Österreich,* Wien 1962, S. 268 f. Die gegen das Völkerrecht gerichtete nationalsozialistische Annexion Österreichs 1938 wird heute nur mehr in neonazistischen Publikationen als „freiwillig" und „rechtmäßig" dargestellt.
² *Fall 3. Das Urteil im Juristenprozeß, gefällt am 4. Dezember 1947 vom Militärgerichtshof III der Vereinigten Staaten von Amerika,* Berlin 1969, S. 75.
³ In der Unabhängigkeitserklärung vom 27. April 1945 wird festgestellt, daß alle Österreicher „wieder im staatsbürgerlichen Pflicht- und Treueverhältnis zur Republik Österreich" stehen. Die politische und rechtliche Bedeutung dieser Erklärung wurde in der Forschung bisher zuwenig beachtet. Am 27. April 1945 waren der ganze Westen Österreichs, Teile des Südens, aber auch Niederösterreichs noch unter nationalsozialistischer Besetzung – es dauerte noch fast zwei Wochen bis zur bedingungslosen Kapitulation und bis zum Ende des Zweiten Weltkrieges.
⁴ *Der Unrechts-Staat. Recht und Justiz im Nationalsozialismus,* Frankfurt 1979, S. 143. So wurde ein KZ-Kommandant beschuldigt, für Mord in 350.000 Fällen verantwortlich zu sein. Im Fall Heyde ging es um 100.000 Morde.

diesen Prozessen wurde jedoch in der Öffentlichkeit vielfach der Eindruck vermittelt, als handle es sich bei den NS-Gewaltverbrechen fast nur um „Befehlsempfänge". Eine genaue Untersuchung[1] ergab jedoch, daß man lediglich zwanzig Prozent der Angeklagten Befehlsnotstand zubilligen könnte. Zwanzig Prozent sind verschiedener Verbrechen schuldig, für die keinerlei Befehle vorlagen, und weitere zwanzig Prozent haben in relativ selbständiger Weise an Verbrechen teilgenommen.

Dafür einige Beispiele: Am verbrecherischen Euthanasieprogramm, das einem Todesurteil für Tausende Kranke und hilflose Alte gleichkam, nahmen zahlreiche Ärzte „freiwillig" teil. Bisher ist uns noch kein „Widerstand" der ausführenden Ärzte gegen dieses großangelegte Mordprogramm bekannt geworden. In der angesehenen *Wiener Klinischen Wochenschrift* begründet ein Arzt, daß die „Führenden" eben kräftiger, tüchtiger und widerstandsfähiger sein werden und die Ärzte die Aufgabe hätten, dieser Entwicklung nachzuhelfen, indem sie „dieses Unkraut des minderwertigen Charakters jäten und ausrotten" sollten.[2] Derselbe Arzt konnte 25 Jahre später, als er bereits angesehener Universitätsprofessor war, schreiben: „Ich habe nie in meinem Leben einem Menschen ein Leid zugefügt. Mein damaliger Vortrag bezog sich ausschließlich auf die Sterilisation von Erbkranken..."[3] Im Oktober 1973 hatte ich eine diesbezügliche Korrespondenz[4] mit dem Nobelpreisträger Univ.-Prof. Dr. Konrad Lorenz, der 1940 geschrieben hatte: „...so müßte die Rassenpflege dennoch auf eine noch schärfere Ausmerzung ethisch Minderwertiger bedacht sein, als sie es schon heute ist..." Ich ersuchte Professor Lorenz, heute dazu seine Meinung zu sagen, nachdem „in Österreich allein mehr als 65.000 jüdische Mitbürger als ethisch Minderwertige ausgemerzt" worden sind. Professor Lorenz hatte, wie sehr viele andere im März 1938, „die Hoffnung, die neuen Machthaber würden vernünftigen eugenischen Gedanken zugänglich sein". Er erklärte 1973 rückblickend: „Ich schäme mich meiner unverzeihlichen Naivität." Leider gibt es bei uns viel zu wenige Menschen, die ihre damalige Haltung, die das grauenvolle Geschehen überhaupt erst möglich machte, ähnlich bedauern.

Die sehr verschiedenen Urteile bei gleichen oder ähnlichen Delikten zeigen sehr deutlich, daß auch Staatsanwälte und Richter sehr unterschiedlich handeln konnten. Gerade die jeglicher Rechtsauffassung hohnsprechenden Weisungen und Anweisungen des Justizministeriums und anderer Organe hätten die kritische Aufmerksamkeit der Justizfunktionäre wecken müssen. So erklärte der Justizminister Thierack 1942 in einer Weisung gegen milde Strafen: „Es ist aber immer besser, der Richter vernichtet einen solchen Seuchenträger rechtzeitig..."[5]

Pfarrer Hans Rieger, der zahlreichen Häftlingen im Landesgericht Trost spendete, schildert, wie er in einer Nacht bereits zum vierzigsten Mal einem gefesselten Menschen gegenübersteht und vom Gerichtsvorsitzenden die Worte hört: „Das Urteil wird jetzt vollstreckt!"[6] Rieger erkannte, daß der zum Tode verurteilte Hühnerdieb das Opfer eines Systems ist, „das tausendfach in den Kellern und auf den Straßen, in den Konzentrationslagern und auf den Schlachtfeldern tötet..."[7]

Im Jahre 1943 gab es mehrere Verfahren vor Sondergerichten wegen Diebstählen von Postpaketen. In drei ähnlichen Fällen, bei denen die Staatsanwälte Todesurteile beantragten, wurden von den Richtern ein Todesurteil, einmal acht Jahre Gefängnis und einmal ein Jahr Gefängnis als Strafen verhängt.[8]

---

[1] Ebenda, S. 146.
[2] *Wiener Klinische Wochenschrift*, 1938, S. 1150 („Aus den Schulungsabenden des SS-Oberabschnittes Donau über die Vererbung der Nervenkrankheiten." Von SS-Untersturmführer Dr. Walter Birkmayer).
[3] Brief Univ.-Prof. Dr. Walter Birkmayers an Dr. Eduard Rabofsky vom 29. Juni 1969. Darin gibt Birkmayer zu, daß er „mit zunehmender Reifung" aber den Irrtum erkannte, den er damals „medizinisch verantworten zu können glaubte".
[4] Die Korrespondenz Lorenz-Steiner ist im Wortlaut in den *Mitteilungen. Dokumentationsarchiv des österreichischen Widerstandes,* Folge 12, Februar 1974, veröffentlicht.
[5] *Richterbriefe,* Oktober 1942. Thierack weist darauf hin, daß „jede milde Strafe der Gemeinschaft schade" und „Gefahr einer seuchenähnlichen Verbreitung" bestehe.
[6] Hans Rieger, *Das Urteil wird jetzt vollstreckt,* Wien 1977, S. 21.
[7] Ebenda, S. 10. Bundespräsident Dr. Rudolf Kirchschläger sieht das als Mahnung, „daß noch vor wenigen Jahrzehnten bei uns ein Menschenleben äußerst gering eingeschätzt wurde".
[8] Herbert Steiner, *Zum Tode verurteilt,* Wien 1964, S. 20. Im DÖW liegen zahlreiche Urteile von Sondergerichten auf, die deutlich zeigen, daß es nur dem Ermessen – aber auch der Einsicht und dem Mut – des Richters oblag, keine Todesurteile zu verhängen bzw. das Leben der Verurteilten zu retten.

Aus der großen Zahl der Todesurteile, die man beliebig zitieren könnte, möchte ich nur einige Fälle herausgreifen, die besonders erschütternd sind.[1] Im April 1944 verhängte ein Sondergericht in Salzburg gegen den jungen Zigeuner Johann Walter ein Todesurteil.[2] Es wurde ihm vorgeworfen, elf Hühner im Werte von 100 RM und 200 RM Bargeld gestohlen zu haben. Im Februar 1944 wurden ein 19jähriger und ein 22jähriger Grieche in Steyr zum Tode verurteilt, da sie aus den Trümmern eines zerbombten Hauses zwei gebrauchte Hosen entwendet hatten. Obwohl es verschiedene Milderungsgründe gab, veranlaßte der Generalstaatsanwalt die baldige Erschießung – im Lichte von Autoscheinwerfern – in Linz.

Der 19jährige Kriegsfreiwillige Karl Kral und der 19jährige Anton Seyfried wurden 1942 zum Tode verurteilt, da sie aus Winterhilfsspenden pelzbesetzte Pappeinlagesohlen beziehungsweise ein Paar Handschuhe entwendet hatten.

Den Richtern und Staatsanwälten räumte die unsystematische nationalsozialistische Gesetzgebung zahlreiche Freiräume bei der Auslegung ein. Es scheint daher gerechtfertigt, der Justiz den Vorwurf zu machen, diese nur ungenügend genützt zu haben. „Der schwerstwiegende Vorwurf gegen die Rechtsprechung im Dritten Reich geht dahin, daß sie diesen Ermessensspielraum allzusehr in nationalsozialistischem Sinne genützt hat . . ."[3]

Egon Arthur Schmidt hat im Auftrage des Reichspropagandaministeriums zahlreichen Gerichtsverhandlungen gegen österreichische Freiheitskämpfer beigewohnt. Seine Beobachtungen sind in einem Tagebuch und in Berichten festgehalten.[4] Im August 1942 wohnte Schmidt Verhandlungen in Graz bei, bei denen von 64 angeklagten Freiheitskämpfern 43 zum Tode verurteilt wurden. Schmidt polemisierte gegen Richter und Verteidiger, die zuwenig „streng" waren und sprach sich gegen die Einvernahme von Zeugen aus.

Der persönliche Wunsch Adolf Hitlers, zur Abschreckung möglichst viele Todesurteile zu fällen, wurde von der Justiz weitgehend erfüllt. Bis zum Jahre 1944 wurden die mit der Todesstrafe zu ahndenden Tatbestände von drei auf 46 erhöht.[5] Die Unzufriedenheit Hitlers und seine ständigen Ermahnungen zeigen, daß es auch einzelne Richter und Staatsanwälte gab, die trotz des starken Drucks bemüht waren, an rechtsstaatlichen Grundsätzen festzuhalten. Es soll jedoch vermerkt werden, daß eine andere Haltung der Richter und Staatsanwälte an der Ausführung der NS-Justiz kaum etwas ändern hätte können. Aber so wie der oft aussichtslos scheinende Widerstand gegen die nationalsozialistische Herrschaft doch von größter Bedeutung war, so hätte „eine kritischere und mutigere Haltung der gesamten Justiz dieser bei allen rechtlich Gesinnten hohe Achtung verschafft".[6] Die rechtspositivistische Grundhaltung der deutschen Juristen hat diese Einstellung verhindert. In ihrem heilen Weltbild gab es keinen Raum für die Vorstellung, daß der Gesetzgeber selber Unrecht tun könnte – oder gar ein ganzes Unrechtssystem, wie es der nationalsozialistische Staat war, errichten könnte.

Es entspricht keineswegs den Tatsachen, daß die Todesstrafe und der Massenmord erst infolge der Kriegsereignisse angewendet wurden. Das größte Vernichtungslager auf österreichischem Boden, das KZ Mauthausen, wurde bereits im März und April 1938 geplant und gebaut.[7]

---

[1] Hon.-Prof. Dr. Eduard Rabofsky hat in mehreren Arbeiten ausführlich zur Blutjustiz der Nationalsozialisten Stellung genommen. Ich danke ihm, daß er mehrere Akten zur Verfügung stellte. Sie sind jetzt im DÖW aufbewahrt.

[2] Die hier angeführten Todesurteile können im DÖW unter den Namen der Verurteilten eingesehen werden.

[3] Ernst Noam und Wolf Arno Kropat, *Juden vor Gericht 1933–1945* (= Justiz u. Judenverfolgung 1. Schriften der Kommission für die Geschichte der Juden in Hessen 1), Wiesbaden 1975.

[4] Tagebuch des Reichshauptstellenleiters Egon Arthur Schmidt im DÖW; Herbert Steiner, *Zum Tode verurteilt*, S. 31. Schmidt, der gegenwärtig in der Bundesrepublik Deutschland lebt und gegen den ein Aufenthaltsverbot für die Republik Österreich erlassen wurde, hat in Briefen an Bundespräsident Dr. Rudolf Kirchschläger und Bundeskanzler Dr. Bruno Kreisky seine damalige Tätigkeit falsch dargestellt. Er denunzierte Richter und Verteidiger, die sich zu „milde" verhielten.

[5] Weinkauff, *Die deutsche Justiz und der Nationalsozialismus*, S. 364. In diesem Werk finden sich die verschiedenen Sondererlässe und eine Beschreibung der Methoden, wie z. B. Vorschau und Nachschau, die auf die Justizfunktionäre Druck von oben ausübten. Weinkauff schildert mehrere Fälle wirkungsvollen Widerstandes seitens der Richter.

[6] Ebenda, S. 365.

[7] Hans Marsalek, *Die Geschichte des Konzentrationslagers Mauthausen*, Wien 1974, schildert die frühe Planung; Maria Szecsi und Karl R. Stadler, *Die NS-Justiz in Österreich und ihre Opfer* (= Sammlung: Das Einsame Gewissen, Bd. 1), Wien 1962, bringen Erlässe und Zahlen über Verfolgungen.

Der 20jährige Wiener Otto Vogl wurde am ersten Jahrestag der Annexion Österreichs als Soldat vor ein Militärgericht gestellt, wegen „Vorbereitung zum Hochverrat" zum Tode verurteilt und in Berlin Plötzensee am 16. März 1939 hingerichtet. In der gleichen Hinrichtungsstätte wurden im Jahre 1939 weitere fünf österreichische Soldaten hingerichtet. Ihnen hatte das Kriegsgericht „Verweigerung des Fahneneides" vorgeworfen.[1]

Die Militärjustiz ist bisher zuwenig erforscht, da es darüber weniger Quellen gibt.[2] Obwohl von höchsten Stellen der Wehrmacht auch bei geringeren Vergehen höchste Strafen, vor allem die Todesstrafe gefordert wurden, gab es einen breiten Ermessensraum. So gelang es Verteidigern und einsichtigen Offizieren, beantragte Todesurteile in geringere Strafen zu verwandeln.[3]

Es gibt jedoch nicht wenige Militärrichter, die auch heute noch rückblickend „aus Gründen der Abschreckung im Regelfall nur eine einzige Strafe in Betracht ziehen: Die Todesstrafe".[4] Der Autor zählt selbst zahlreiche Beispiele auf, in denen Todesstrafen in Gefängnishaft oder Frontbewährung umgewandelt wurden. Er zeigt damit selbst die Möglichkeiten, die in den „Richtlinien bei der Strafbemessung wiederholter oder gemeinschaftlicher Fahnenflucht" angedeutet werden, wo von „Zuchthausstrafe als ausreichende Sühne" gesprochen wird.[5] Auch dazu nur einige Beispiele aus den vielen Fällen, die dokumentiert werden können. Der Österreicher Hauptfeldwebel Viktor Krenner hatte in Polen zahlreichen bedrohten Bewohnern von Czestochowa geholfen. Vor einem Militärgericht in Wien wurde er zu fünfzehn Jahren Haft verurteilt. Nach Aufhebung dieses zu „milden" Urteils wurde er am 14. Februar 1945 bei einer Verhandlung auf der Festung Torgau zum Tode verurteilt. Im Urteil wird er der Hilfe für Frauen beschuldigt, „die sich dem Arbeitseinsatz entziehen" wollten.[6] Der Wiener Feldwebel Anton Schmid, der Juden in Wilna half, wurde von einem Militärgericht zum Tode verurteilt und am 13. April 1942 hingerichtet.[7] In dem letzten Brief an seine Frau schrieb Schmid: „Ich habe ja nur Menschen, obwohl Juden, gerettet von dem, was mich ereilt, und das war mein Tod..."

Der katholische Priester Franz D. Reinisch wurde von einem Feldgericht am 7. Februar 1942 zum Tode verurteilt und hingerichtet.[8] Reinisch hatte den Eid in der deutschen Wehrmacht mit der Begründung verweigert: „Den Soldateneid auf die NS-Fahne, auf den Führer, darf man nicht leisten. Das ist sündhaft. Man würde ja einem Verbrecher einen Eid leisten." Reinisch hatte sich übrigens in der Verhandlung selbst verteidigt und vor Gericht festgestellt, daß „Österreich unrechtmäßig besetzt" wurde.

Die besonders unmenschliche und sinnlose Mordjustiz unmittelbar vor dem Zusammenbruch des nationalsozialistischen Systems im April und Mai 1945 sollte besonders untersucht und angeprangert werden. Allen einsichtigen Menschen war es damals klar, daß unter den Schlägen der alliierten Armeen das Ende der nationalsozialistischen Herrschaft unweigerlich herannahte. Jede Kriegsverlängerung konnte nur mehr Opfer an Menschen und materiellen Gütern kosten. Dazu kam die schon erwähnte Erklärung der österreichischen Regierung vom 27. April 1945, mit der der unabhängige österreichische Staat wieder geschaffen wurde.

Aus den zahlreichen unentschuldbaren und sadistischen Verbrechen der NS-Justiz der letz-

---

[1] Kopien der Totenscheine aus der Strafanstalt Plötzensee befinden sich im DÖW; eine Liste ist abgedruckt in: Herbert Steiner, *Gestorben für Österreich*, S. 27; über die Widerstandstätigkeit von Otto Vogl berichtet die illegale Zeitung *Jung Österreich*, Nr. 2, 1939.

[2] Die Bestände des Militärarchivs in Potsdam wurden durch Bomben zerstört, und nur ein Teil der Akten blieb erhalten. Es ist anzunehmen, daß der Prozentsatz verurteilter Österreicher weit über dem Durchschnitt in der deutschen Wehrmacht lag. Angaben über ca. 5000 Verfahren in Potsdam befinden sich im DÖW. Im Kriegsarchiv (Wien) liegen aus einer einzigen Division (177.) 523 Todesurteile auf.

[3] H. Mörbitz, *Hohes Kriegsgericht! Ein Tatsachenbericht nach den Erlebnissen eines Kriegsgerichtsverteidigers*, Wien o. J. Mörbitz schildert, wie es ihm gelang, sich für vom Todesurteil Gefährdete einzusetzen. Bundesminister Dr. Christian Broda, der selbst von einem Militärgericht verurteilt wurde, würdigte in einer Ansprache bei der Jahresversammlung des DÖW am 11. März 1974 Richter, Staatsanwälte und Verteidiger, „die den Angeklagten geholfen hatten, so gut sie es nur konnten"; abgedruckt in: *Zeitgeschichte*, Mai 1974, S. 183 ff.

[4] Otto Peter Schweling, *Die deutsche Militärjustiz in der Zeit des Nationalsozialismus*, Marburg 1978, S. 64. Schweling hält die Todesstrafe auch bei Simulanten für gerechtfertigt.

[5] 16. Oktober 1940, RGBl. I, S. 1353.

[6] DÖW 1045. Diese und andere Fälle schildert Friedrich Vogl, *Widerstand im Waffenrock*, Wien 1977.

[7] Vogl, *Widerstand*, S. 150; DÖW 259. Über das Schicksal Anton Schmids gibt es auch einen Film.

[8] Vogl, *Widerstand*, S. 162; DÖW 2442.

ten Wochen und Tage, mit der die Machthaber das Ende ihrer Blutherrschaft abschlossen, seien hier nur einige angeführt. Es gibt nach wie vor Juristen, die sich nicht scheuen, noch heute diese Todesurteile der letzten Stunde zu rechtfertigen. „Die Wehrmacht mußte als Ordnungs- und Machtfaktor erhalten werden, um das Deutsche Reich vor einem Chaos zu bewahren ... nicht nur im Interesse der deutschen Lande, sondern ganz Europas und der gesamten westlichen Welt."[1] Dabei hatten die Standgerichte sogar gesetzliche Möglichkeiten, die Vollstreckung von Hinrichtungen auszusetzen.[2] Während ein Teil Wiens im April 1945 bereits befreit war, gab es auf der anderen Seite der Donau noch die SS und die Wehrmacht. Am 8. April fand in der Polizeikaserne Strebersdorf eine Standgerichtsverhandlung gegen die österreichischen Offiziere Major Karl Biedermann, Hauptmann Alfred Huth und Oberleutnant Rudolf Raschke statt. Auf Antrag des Anklagevertreters Leutnant Dr. Rothe wurden in allen Fällen Todesurteile verhängt.[3] Die drei Offiziere wurden auf Laternenmasten am Floridsdorfer Spitz bestialisch gehängt. Vom Recht der Aussetzung des Urteils wurde kein Gebrauch gemacht. Einen Tag später waren SS und Wehrmacht aus Floridsdorf vertrieben.

Angesichts der nahenden Front hat der Direktor des Gefangenenhauses in Stein, Regierungsrat Franz Kodré, 1900 Häftlinge entlassen. Das wurde sogar schriftlich genehmigt, und doch mußten Kodré und andere österreichische Justizbeamte sowie 386 Häftlinge am 5. April 1945 diesen vernünftigen Akt der Menschlichkeit mit ihrem Leben bezahlen. Unter dem Kommando des NS-Bürgermeisters von Krems, SA-Standartenführer Leo Pilz, rückten Einheiten der Wehrmacht, der SS und des Volkssturms im Gefängnis Stein ein und schossen auf die wehrlosen Gefangenen. Kodré und andere Beamte wurden nach einer Standgerichtsverhandlung erschossen.[4] Wenige Tage später war Krems befreit.

Noch am 1. Mai wurde in Linz eine größere Gruppe von Freiheitskämpfern aus Freistadt ebenso sinnlos hingerichtet. Wir kennen kein einziges Beispiel, daß Richter, Staatsanwälte oder Militärs von ihrem Recht der Vollstreckungsaussetzung Gebrauch gemacht hätten – und so einen kleinen Beitrag zur Rettung von Menschenleben geleistet hätten.

Das empörendste Beispiel dieser Mordjustiz trug sich bereits nach Kriegsende zu. Die nationalsozialistischen Durchhalteoffiziere der 6. Gebirgsjägerdivision in Nordnorwegen gaben den

Major Karl Biedermann (geb. 1890), am 8. April 1945 hingerichtet

Befehl, selbst nach der Kapitulation am 8. Mai „gegen den Feind" weiterzukämpfen.[5] Dagegen stellten sich besonders die Österreicher, die sich auch auf die Erklärung der österreichischen Re-

---

[1] Schweling, *Die deutsche Militärjustiz,* S. 285.
[2] Laut § 13, 13a KSStVO 1. November 1939; siehe auch Schweling, *Die deutsche Militärjustiz,* S. 303; ebenso ist im Leitfaden *Die SS- und Polizeigerichtsbarkeit* vom 1. Juli 1944 auf S. 33 Absatz VII ausdrücklich die Möglichkeit der Strafaussetzung dargestellt.
[3] Dr. Otto Rothe flüchtete 1945 nach Kärnten, wurde in den Justizdienst aufgenommen und ging als Senatspräsident des Obersten Gerichtshofes in den Ruhestand. Rothe, seit 1932 Mitglied der NSDAP, ist Obmann der (deutschnationalen) Österreichischen Landsmannschaft. Siehe dazu auch Friedrich Vogl, *Widerstand.*
[4] Dazu der erwähnte Vortrag von BM Dr. Christian Broda, Steiner, *Gestorben für Österreich,* und Dokumente im DÖW.
[5] Vogl, *Widerstand,* S. 139. Der umfangreiche und komplette Kriegsgerichtsakt: DÖW 4947.

gierung vom 27. April beriefen. Eine Gruppe österreichischer Soldaten marschierte nach Schweden ab, ein Teil von ihnen wurde jedoch gefangen. Am 9. Mai 1945 – einen Tag nach Kriegsende – wurde gegen zwölf Mann eine Kriegsgerichtsverhandlung durchgeführt. Fünf Österreicher wurden zum Tode verurteilt, die anderen erhielten langjährige Gefängnisstrafen. Der deutsche General Jodl bestätigte die Todesurteile mit dem Vermerk: „Sind sofort zu vollstrecken" – was auch prompt geschah. Es war zwei Tage nach Kriegsende, als fünf Österreicher als vorläufig letzte Opfer der NS-Justiz ihr junges Leben lassen mußten. Die Geisteshaltung dieser Offiziere zeigte sich aber in grotesker Form am 18. Mai 1945, als sie abermals zu einer Feldgerichtsverhandlung zusammentraten und „in Abwesenheit" neun weitere Österreicher, die sich bereits in Schweden befanden, verurteilten. Der Gefreite W. Grimburg wurde „zum Tode, zum Verlust der Wehrwürdigkeit und zum Verlust der bürgerlichen Ehrenrechte auf Lebenszeit" verurteilt. Der Befehlshaber in Narvik versäumte nicht – zehn Tage nach Kriegsende –, das Urteil zu bestätigen und festzustellen, daß dagegen „kein Rechtsmittel zulässig" sei.

Der am 23. April 1945 hingerichtete Wehrmachtshäftling Albrecht Haushofer hinterließ uns die Worte:

„Es gibt wohl Zeiten,
die der Irrsinn lenkt,
dann sind die besten Köpfe,
die man henkt."

FORUMSDISKUSSION

Edwin Loebenstein: Je mehr man in existentieller Beziehung zum Recht steht, umso mehr gewinnt die Einsicht an Richtigkeit, daß das Recht, gleich ob es jetzt in der Form der drei Staatsfunktionen Gesetzgebung, Gerichtsbarkeit oder Verwaltung in Erscheinung tritt, sich offenbar nicht genügend verständlich machen kann – und zwar auch nicht genügend verständlich machen kann gegenüber den anderen Wissenschaften. Das scheint unser eigener Fehler zu sein – aber nicht bloß nur ein Juristenfehler, denn in Staatsfunktionen sind keineswegs nur Juristen tätig. Wie dem auch immer sei, diese interdisziplinären Aussprachen sind sehr bedeutungsvoll, und ich glaube, man muß den Veranstaltern dieses Symposions deshalb besonders danken. Ich werde mich lediglich auf einige Bemerkungen zum Referat von Frau Professor Weinzierl, die ich im übrigen sehr zu ihrem Referat beglückwünschen möchte, beschränken, weil ich glaube, gerade von der Seite des Geschichtswissenschaftlers wird dem Juristen klargemacht, ob und was er falsch gemacht hat bzw. wie er sich nicht hat richtig vernehmen lassen können. Sie haben selbst dargelegt, daß das Problem der Kontinuität des gesamten Staatsgeschehens in Österreich seit dem Jahre 1945 eines der brennendsten war. Die Ursache oder eine der Mitursachen dieses Kontinuitätsproblems und der Schwierigkeiten, die der damalige ursprünglich als Staatssekretär, dann als Bundesminister für Justiz tätige Dr. Gerö gehabt hat, dessen Tätigkeit und dessen persönlicher Mut nicht genügend hoch veranschlagt werden können – wenn man es miterlebt hat, wie er bei den Besatzungsmächten aufgetreten ist, kann man heute nur noch sagen, daß wirklich großer Mut dazu gehört hat –, war die, daß wir die Grundlagen unseres Staatsgeschehens, wie wir sie im Jahre 1945 im April im Wege der Rückkehr zur Verfassung von 1929 proklamiert und auch inartikuliert haben, dann durch die Vorläufige Verfassung transitorisch etwas suspendiert haben; das war wieder einer der Hauptpunkte, der das ganze Staatsgeschehen vom April bzw. Mai 1945 bis zum Sommer 1946, glaube ich, in eine sehr harte Spannung gebracht hat. Denn das Ziel der Politik einzelner Besatzungsmächte war unter gar keinen Umständen die Kontinuität, ob es jetzt die Verfassung 1920 in der ursprünglichen Fassung war oder die Verfassung 1920 in der Fassung von 1929, die schon *einer* Besatzungsmacht besonders suspekt vorgekommen ist. Dem stand die Frage gegenüber, wie man all diese Dinge, die durch die Vorläufige Verfassung, wenn ich so sagen darf, nur oberflächlich überdeckt worden waren, halbwegs in das richtige Lot bringen kann. Daran hing auch die Tatsache, die von einigen Referenten heute schon sehr gut aufgezeigt worden ist, daß – insbesondere unter dem Gesichtspunkt der Todesstrafe darlegbar – hier schwere Konflikte der Rechtssetzung seit 1945 im Wege der Provisorischen Staatsregierung im Zusammenhang oder auf den Grundlagen der Verfassung 1929 im Zusammenhang mit der Vorläufigen Verfassung bestanden. All das hat man versucht – ich darf sagen, daß ich ein lebender Zeuge vielleicht dieser ganzen Erscheinung bin, weil ich das in fast täglichen Gesprächen mit den vier Besatzungsmächten aus dem Wege räumen mußte. Das Ziel all dieser Bemühungen der Regierung war es, den Verfassungsübergang zur Verfassung 1929 völlig reibungslos herzustellen, und wie Sie alle wissen, hat man im Jahre 1945, am 19. Dezember 1945, ein Verfassungsüberleitungsgesetz beschlossen, das Sie heute z. B. bei Adamovich Vater, Handausgabe der Bundesverfassung, und bei Klecatsky, Handausgabe der Bundesverfassung[1], abgedruckt finden können – als einen Beschluß des Nationalrates, der aber nicht im Bundesgesetzblatt kundgemacht wurde. Somit handelt es sich bloß um einen Gesetzesbeschluß, der all diese Probleme des Überganges von der Vorläufigen Verfassung, wie etwa bei der Todesstrafe im Kriegsverbrechergesetz, Bestand unmittelbarer Bundesbehörden in Form der Sicherheitsdirektionen, Erweiterung des Legalitätsprinzipes in bezug auf das Verordnungsrecht der Behörden, einheitliche Staatsbürgerschaft, um nur einige markante Stellen zu nennen, berührt. Aber das Konzept der Staatsregierung und des Nationalrates war ein klares. Das Konzept gewisser Besatzungsmächte war aber ebenso ein klares: alles in suspenso lassen, um, wie es am 25. März 1946 ein Beschluß des Alliierten Rates zum Ausdruck gebracht hat, die Bundesregierung aufzufordern, dem Nationalrat einen Gesetzesbeschluß über eine völlig neue Verfassung vorzulegen, der womöglich bis zum 1. Juli zu beschließen ist.[2] Daraus können Sie ersehen, daß jede der Besat-

---

[1] Ludwig Adamovich, *Die Bundesverfassung samt Ausführungs- und Nebengesetzen* (= Handausgabe österreichischer Gesetze und Verordnungen N. F. 1), 5. Aufl. Wien 1947, S. 21 ff. Hans Klecatsky, *Das österreichische Bundesverfassungsrecht*, 2. Aufl. Wien 1973, S. 26 ff.

[2] Brief vom 30. März 1946, in: *Bulletin de la Commission Alliée pour l'Autriche,* Mars 1946, S. 26.

zungsmächte bemüht war, die – sagen wir – Schwerpunkte ihrer Politik in bezug auf Österreich hier in die Verhandlungen einzubringen, bis ein Staatsvertrag zustande kommen wird.

In dieser Atmosphäre müssen Sie auch das Zustandekommen der Länderkonferenzen sehen, die damals unter Vorsitz des Herrn Staatskanzlers Renner Ende September 1945 und im Oktober 1945 stattgefunden haben. Hier waren ja wieder kontradiktorische Spannungsverhältnisse vorgelegen, indem nämlich die Bundesländer erst einmal eine Garantie dafür haben wollten, daß nicht nur in der *verbalen* Diktion der Übergang zur Verfassung und zum bundesstaatlichen Prinzip der Verfassung 1920/29, sondern auch in der „Verfassungswirklichkeit", wenn ich diesen schrecklichen Ausdruck von Wilhelm Hennis gebrauchen darf[1], effektuiert werden sollte. Ich darf Ihnen sagen, Frau Professor, daß der damalige Sektionschef Heiterer-Schaller und meine Wenigkeit vor Eingang in diese Länderkonferenzen gewissermaßen unter dem Tisch einen Verfassungsentwurf gehabt haben, der dann in einem späteren Stadium „Verfassungswirklichkeit" geworden ist, um dieses Mißtrauen der Bundesländer zu beseitigen, das daher rührte, daß man die Gesetzgebung bei der Provisorischen Staatsregierung konzentriert hatte. Am 12. Oktober 1945 hat die Staatsregierung auf Druck der Länder dann eine Novelle zur Vorläufigen Verfassung beschlossen, in der der Übergang zu diesem bundesstaatlichen System inartikuliert wurde. Das war einer der Punkte, der das Ländermißtrauen gegenüber der Provisorischen Staatsregierung ausgeräumt hat, aber keineswegs gegenüber den Besatzungsmächten, denn dieses von ihnen sehr treffend wiederholt zitierte Rechtsanwendungsgesetz, das die Länder ja verlangt haben, war ein Dorn im Auge der Alliierten.

Wenn Sie die Protokolle und die berühmten Bulletins der vier Alliierten nachlesen, werden Sie finden, daß der Alliierte Rat dann in den nächstfolgenden Monaten nichts anderes gemacht hat, als die Gesetzgebung der Provisorischen Staatsregierung zu überprüfen, um zu sehen, ob und mit welchen Änderungen man das Gesetzgebungsrecht der Provisorischen Staatsregierung dann genehmigen könnte. Sie werden auch sehen, daß sich der Nationalrat in den folgenden Monaten mit einer Fülle von Novellen zu diesen aus der Ära der Provisorischen Staatsregierung stammenden Gesetzen befaßt hat, um den Gefallen der Alliierten zu diesem Gesetzgebungswerk zu erreichen.[2] Dazu gehören natürlich auch die früher schon von einigen Herren erwähnten Inkonzinnitäten der Regelungen der Gesetzgebung der Provisorischen Staatsregierung gegenüber dem Verfassungsgesetz von 1920/29, und der Clou der ganzen Angelegenheit war ja der, daß uns nach den Wahlen vom 25. November 1945 eines Tages die Alliierten besuchten, also die Vorsitzenden der vier Rechtsabteilungen, und uns mitteilten, daß dieser von uns vorgelegte Entwurf eines Verfassungsüberleitungsgesetzes, den der Nationalrat am 19. Dezember 1945 zu sanktionieren gehabt hätte (und er hat ihn dann auch beschlossen), auf gar keinen Fall mehr von der Staatsregierung als Gesetzgeber beschlossen werden könne, sondern dem Nationalrat zu überlassen sei. Damit wir überhaupt einen Zusammentritt des Nationalrates erreichen konnten, hatten wir unter dem Druck der Alliierten – ich selbst habe die Ehre gehabt, mit Herrn Staatskanzler Renner mit den Besatzungsmächten darüber zu verhandeln – bloß dieses sogenannte zweite Verfassungsüberleitungsgesetz als Provisorische Staatsregierung noch zu beschließen, weil man seitens der Alliierten gemeint hatte, alles andere ist keine Aufgabe mehr der Staatsregierung als Gesetzgeber, sondern müsse dem Alliierten Rat bzw. müsse dem frei gewählten Nationalrat vorbehalten bleiben. Aber wenn man den Ablauf der Geschichte gesehen hat, war das eine billige Ausrede, um dieses Gesetz auch dann, als es vom Nationalrat beschlossen war, nicht zustande kommen zu lassen. Gemäß dem Zweiten Kontrollabkommen vom Juni 1946 war für ein Verfassungsgesetz die einhellige Zustimmung des gesamten Alliierten Rates, nicht bloß der Fristenablauf, notwendig. Diese Zustimmung haben wir natürlich nie erreicht. Also war damit der Zweck der Übung erreicht, den gewisse Besatzungsmächte verfolgten, nämlich hier ein doppeltes Spiel zu spielen. Das war in Wahrheit die Situation, in der sich die Regierung und auch der damalige Bundesjustizminister befunden haben – wenigstens vom Standpunkt des Verfassungsgeschehens aus, das ebenfalls zur Rechtsordnung gehört.

Laich: Ich möchte etwas dazu ergänzen, was Frau Professor Weinzierl in ihrem Beitrag über

---

[1] Wilhelm Hennis, *Verfassung und Verfassungswirklichkeit* (= Recht und Staat 373/374), Tübingen 1968.

[2] Johann Luger, *Parlament und alliierte Besatzung 1945–1955*, Phil. Diss. Wien 1976, S. 42 ff.

den Wiederaufbau der Justiz in Tirol im Jahr 1945 geschrieben hat.[1] Ich darf bemerken, daß Professor Liebscher im Jahre 1973 eine Festschrift herausgegeben hat, aus Anlaß des 100jährigen Bestehens der Strafprozeßordnung. Ich hatte die Ehre, einen Beitrag zu leisten, der sich mit dieser Frage befaßt hat.[2] Vor acht Jahren habe ich die Akten studiert; jetzt habe ich sie nicht mehr so präsent, und daher darf ich mich entschuldigen, wenn ich die Daten nur ungefähr nenne. Im März 1938 sind die Köpfe der Justiz in Tirol und Vorarlberg beseitigt worden; ausnahmsweise war es so, daß nicht nur die Kleinen, sondern in erster Linie die Großen getroffen worden sind. Es wurde u. a. der Präsident des Oberlandesgerichtes Innsbruck, Dr. Moll, entfernt, es wurde der Leiter der Staatsanwaltschaft Salzburg, die damals noch zum Sprengel Tirol gehört hat, Dr. Albert Rechfeld, in ein KZ gebracht, wo er umgekommen ist. Dr. Rechfeld war nominell Leiter der Staatsanwaltschaft Innsbruck. Tatsächlicher Leiter der Staatsanwaltschaft Innsbruck war Dr. Ernst Grünewald, den Frau Professor Weinzierl erwähnt hat. Er hat gleichzeitig den Oberstaatsanwalt vertreten. Dr. Grünewald wurde gleichfalls verhaftet und später wiederholt verfolgt, vor Gericht gestellt usw. Der Präsident des Landesgerichtes Feldkirch, Dr. Schreiber, wurde ebenfalls entlassen. Interessanterweise ist nur der Leiter der Staatsanwaltschaft Feldkirch, Dr. Allarich Obrist, im Amt geblieben. Er war ein Funktionär, der offenbar der deutschnationalen Bewegung nahegestanden ist. Ich werde auf Herrn Obrist noch zurückkommen. Soweit zum Jahr 1938.

Ich darf erinnern, daß Innsbruck nicht von den Alliierten befreit worden ist, sondern von der österreichischen Widerstandsbewegung, die ein „Exekutivkomitee" gebildet hat, unter dem Vorsitz des späteren provisorischen Landeshauptmannes, dann Außenministers, Botschafters und zuletzt Staatssekretärs, Dr. Karl Gruber. Dieses Exekutivkomitee hat in den ersten Tagen des Mai 1945 die Stadt Innsbruck sozusagen mit bewaffneter Macht in ihren Besitz gebracht. Das „Exekutivkomitee" konstituierte sich zur provisorischen Landesregierung. Deren Referent für das Justizwesen wurde der eben genannte Dr. Ernst Grünewald. Er hat, nachdem am 3. Mai 1945 die amerikanischen Truppen nach Innsbruck hereinberufen worden waren, sofort die Einrichtungen der Justiz reaktiviert. Dabei hat er sich nicht etwa selbst zum Oberlandesgerichtspräsidenten bestellen lassen, sondern hat den letzten Präsidenten des Landesgerichtes Innsbruck, der 1938 ebenfalls entlassen worden ist, Dr. Ludwig Praxmarer, zum Präsidenten des Oberlandesgerichtes eingesetzt. Dr. Grünewald, der selbst die Leitung der Oberstaatsanwaltschaft übernahm, hat nun interessanterweise den schon genannten Dr. Allarich Obrist, der die ganze Zeit im Dienst geblieben war, zum Leiter der Staatsanwaltschaft Innsbruck bestellt. Dies deswegen, weil sich gezeigt hat, daß Dr. Obrist – ich habe ihn persönlich nur flüchtig gekannt – zu jenen Personen gezählt hat, die sich während des Krieges bemüht haben, die Härten auszugleichen und dort, wo es möglich war, einzugreifen. Er hat sich bei den Verfolgten – Dr. Grünewald zählte ja, wie ich erwähnt habe, dazu – Vertrauen erworben und wurde für geeignet befunden, nun eine verantwortungsvolle Position einzunehmen. In Feldkirch war die Situation anders. Vorarlberg ist von den französischen Truppen besetzt worden. Eine Nachrichtenverbindung zwischen Vorarlberg und Tirol hat es zunächst nicht gegeben, man hat erst später erfahren, was geschehen war. Die Staatsanwaltschaft Feldkirch bestand ab 1939 aus einem Chef, der Österreicher war, nämlich Dr. Herbert Möller, der später, glaube ich, Senatspräsident des Obersten Gerichtshofes geworden ist, und aus zwei Herren, die aus Deutschland gekommen waren. Diese wurden natürlich sofort abgeschoben; Dr. Möller ist verhaftet worden. Die Leitung der Staatsanwaltschaft Feldkirch hat ein Rechtsanwalt übernommen, DDr. Arthur Reisinger, ein Tiroler, der während des Krieges zur provisorischen Dienstleistung nach Feldkirch zur Staatsanwaltschaft einberufen worden ist. Ich glaube, daß die erste und einzige Amtshandlung, die er vorgenommen hat, war, ein Gesuch nach Innsbruck an den Oberstaatsanwalt zu richten, man möge ihn des Amtes entheben, weil er nach der Sachlage überhaupt nicht agieren konnte. In Tirol waren, wie ich bereits erwähnt habe, die neuen Köpfe der Justizbehörden ernannt worden. Die amerikanischen Truppen haben die Einsetzungen des Oberlandesgerichtspräsidenten, des Oberstaatsanwaltes und weiterer Staatsanwälte bestätigt. Sie haben so, wie Frau Profes-

---

[1] Erika Weinzierl, *Die Anfänge des Wiederaufbaus der österreichischen Justiz,* 1945, im vorliegenden Band, S. 14ff.

[2] Mario Laich, *Entwicklung der Strafrechtspflege in Tirol und Vorarlberg,* in: *Hundert Jahre österreichische Strafprozeßordnung: 1873–1973,* Festschrift, hrsg. von Viktor Liebscher und Otto Franz Müller, Wien 1973, S. 88f.

sor Weinzierl schreibt, die Säuberung des Justizapparates zunächst mehr oder weniger den österreichischen Funktionären überlassen. Die Säuberung hat stattgefunden, und zwar in einer eher großzügigen Weise. Man hat auch hier offenbar den Maßstab angelegt, daß diejenigen Justizangehörigen, die sich nicht als gehässig und dem österreichischen Gedanken nicht feindlich eingestellt gezeigt haben, bleiben konnten. Diese Vorgangsweise war schon deswegen notwendig, weil es an Personal gemangelt hat. Viele Richter und Staatsanwälte sind im Krieg gefallen oder waren in Kriegsgefangenschaft. Es gab auch viele Reichsdeutsche, die man abgeschoben hatte; es war also Not am Mann. Nun war vorgesehen, daß im Juli 1945, das Datum kann ich nicht mehr auswendig sagen, die österreichische Gerichtsbarkeit in Tirol wieder aufgenommen werden sollte.

Wenige Tage vor diesem Zeitpunkt hat aber ein Wechsel in der Besatzungsmacht stattgefunden. Die Amerikaner haben Tirol den Franzosen überlassen. Dadurch ist die geplante Maßnahme sistiert worden, und nun ist es zu Folgendem gekommen: Die französische Besatzungsmacht hat – offenbar auch unter dem Einfluß von Leuten oder Quellen, die man später nicht genau identifizieren konnte – plötzlich sehr streng durchgegriffen. Eines schönen Tages, im November 1945, hat man, ich will nicht sagen alle, aber fast alle Richter und Staatsanwälte einfach verhaftet und in ein Lager gebracht. Inzwischen war die Verbindung mit Wien wiederhergestellt. Damals hat Staatssekretär Dr. Gerö Unterstaatssekretär Dr. Nagl nach Tirol entsendet, damit er versucht, mit der Besatzungsmacht irgend etwas auszuhandeln und die Situation ins rechte Lot zu bringen. Diese Mission hatte nicht den Erfolg gebracht, den man sich vorgestellt hatte. Das Ergebnis, meine Damen und Herren, war, daß zumindest die Strafgerichtsbarkeit in Tirol und Vorarlberg am 7. Jänner 1946 wieder eingesetzt hat. Bis dahin haben nur die Alliierten, also die französischen Militärgerichte, judiziert und zum Teil auch österreichisches Recht angewendet. Zum Teil wurde auf Grund einer Verlautbarung der Franzosen, ich glaube der Kundmachung Nr. 200, wo alle möglichen strafbaren Handlungen auch politischer Art zusammengefaßt waren, Recht gesprochen.[1] Aber ab diesem 7. Jänner 1946 hat die österreichische Strafjustiz wieder zu funktionieren begonnen, wenn auch nicht vollständig, denn gewisse Personen, z. B. die DPs usw., waren nach wie vor den Militärgerichten unterworfen. Der Titel meines damaligen Beitrages lautete „Kontinuität und persönliche Initiative". Sie sehen, die Kontinuität war gegeben. Die Funktionäre, die 1938 vom Dienst eliminiert wurden und 1945 noch verfügbar waren, haben ihre Tätigkeit sofort wieder aufgenommen. Die persönliche Initiative ging eben von Dr. Ernst Grünewald aus, dem wir wirklich großen Dank schulden. Dr. Grünewald ist Ende 1953 als Oberstaatsanwalt in Pension gegangen und wurde, wie es damals üblich war, mit dem großen Silbernen Ehrenzeichen für Verdienste um die Republik Österreich ausgezeichnet.

Neugebauer: Ich habe einige Fragen und kurze Anmerkungen zu dem Referat von Frau Professor Weinzierl. An mehreren Stellen werden Zahlen über Nationalsozialisten im österreichischen Justizdienst nach 1945 genannt. Auf Seite 15 heißt es, die Hälfte der Richter und Staatsanwälte waren Sympathisanten und Mitläufer des Nationalsozialismus gewesen; ich nehme an, das schließt ein, daß sie Mitglieder der NSDAP gewesen sind. Auf Seite 19 findet sich eine andere wesentliche Zahlenangabe: Am Oberlandesgerichtssprengel Wien amtierten 265 Richter, von diesen seien 76 einfache Parteigenossen. Das heißt, daß selbst nach dieser ersten Säuberung nach dem Mai 1945 noch immer ein Anteil von über dreißig Prozent nationalsozialistischer Richter in der österreichischen Justiz (bezogen auf den Kompetenzbereich der Provisorischen Staatsregierung in der Praxis) vorhanden war. Ich möchte dem gegenüberstellen, daß der Anteil der Nationalsozialisten an der Gesamtbevölkerung ca. zehn Prozent betrug, übertragen auf die erwachsene Bevölkerung fünfzehn bis zwanzig Prozent[2]; auch der Anteil anderer Beamter des nationalsozialistischen Staates lag unter den Werten der Parteimitgliedschaft der Justizfunktionäre.[3] Ich möchte das nicht polemisch verstanden wissen, aber diese Tatsache festzuhalten erscheint mir wichtig, wenn man die personelle Kontinuität oder Nichtkontinuität der nationalsozialistischen Justiz mit jener der demokratischen Republik Österreich untersuchen will.

---

[1] Abgedruckt in: *Bulletin Officiel. Amtsblatt des französischen Oberkommandos in Österreich*, 1ᵉʳ November 1945, S. 26 ff.

[2] Dieter Stiefel, *Entnazifizierung in Österreich*, Wien 1981, S. 50 f. und 87 f. Dieses Buch war zum Zeitpunkt des Symposions noch nicht publiziert, bestätigt aber die bislang zugänglich gewesenen Quellenangaben.

[3] Stiefel, *Entnazifizierung*, S. 125 ff. und 149 ff.

Eine zweite Frage an Frau Professor Weinzierl, aber auch an den Herrn Justizminister: Wie war es möglich, daß auch schwerbelastete nationalsozialistische Richter in der Justiz der Zweiten Republik weiterverwendet wurden? Ich führe da nur ein Beispiel an und nenne auch keine Namen – einen Senatspräsidenten des Obersten Gerichtshofs in Ruhestand, einen Altparteigenossen, Richter in der NSDAP, NS-Richter, der als Anklagevertreter des Sonderstandgerichtes gegen den österreichischen Widerstandskämpfer Major Biedermann im April 1945 in Erscheinung trat. Ich könnte hier auch weitere Beispiele nennen. Meine Frage lautet: Wurden solche Personen in Kenntnis ihrer Vergangenheit eingestellt, und war diese kein Ausschließungsgrund, oder verschwiegen sie bei der Aufnahme ihre nationalsozialistische Vergangenheit? Eine weitere Frage: Wurden die nationalsozialistischen Richter in Österreich, wie etwa in der Bundesrepublik Deutschland, in der DDR oder von alliierten Militärgerichtshöfen, jemals zur Verantwortung gezogen, das heißt vor Gericht gestellt?

Ein anderer Punkt: Auf Seite 15 ist von Eingriffen der russischen und der amerikanischen Besatzungsmacht in bestimmten Punkten die Rede; hier sehe ich einen gewissen Widerspruch zu dem Referat von Dozenten Jagschitz, aus dem hervorgeht, daß diese Eingriffe auf allen Ebenen und sehr massiv erfolgt seien.[1] Ich möchte in diesem Zusammenhang auf die von mir herausgegebene Autobiographie des österreichischen Sozialisten Joseph T. Simon hinweisen, der nach 1945 als Beamter in der Rechtsabteilung des amerikanischen Hochkommissariats tätig war und auch in vielen Fällen als amerikanischer Militärrichter wirkte. Darin kann man einiges über Eingriffe und auch über Kontakte dieser Institutionen zur österreichischen Justiz erfahren.[2]

Zum Punkt Reaustrifizierung 1945: Hier sehe ich doch eine gewisse Problematik darin, daß man an die Justiz vor 1938 anzuknüpfen versuchte. Man muß doch einmal aussprechen, daß das keine demokratische Justiz gewesen ist, und ich verstehe nicht, wieso man die Ereignisse auf dem Gebiet der Justiz in den Jahren 1933 bis 1938 in der Zweiten Republik niemals untersucht hat. Ich sehe also eine doppelte Kontinuität gegeben: Einerseits eine Kontinuität zu der Justiz zwischen 1933 und 1938 und auf der anderen Seite eine Kontinuität zur Justiz 1938 bis 1945, aber ich vermisse so etwas wie eine Kontinuität zu einer demokratischen, republikanischen Justiz in Österreich. Eine weitere Frage: Wie wurden Strafurteile aus der nationalsozialistischen Zeit, die sich gegen kriminelle Täter gerichtet haben und die wesentlich höher waren als Strafen, die von einem österreichischen Gericht ausgesprochen worden waren, behandelt?

Ein weiterer Punkt: In den Referaten scheint mir nicht genügend deutlich zum Ausdruck gebracht, daß die österreichische Verfassungsordnung seit 1945 und 1955 einen antifaschistischen Charakter aufweist, worauf besonders Professor Rabofsky schon in mehreren Artikeln hingewiesen hat.[3] Durch das Verbotsgesetz im Verfassungsrang und dann durch den Staatsvertrag 1955, der ja gleichfalls Verfassungsrang hat, ist der neutrale Inhalt der Verfassung von 1920 bzw. 1929 in einer bestimmten Richtung abgeändert worden; eine bestimmte politische Richtung, nämlich die faschistische, wurde in Österreich kriminalisiert. Es wäre einer eigenen Untersuchung wert, aber darauf möchte ich jetzt nicht eingehen, ob die österreichische Justiz diesem antifaschistischen Auftrag in genügendem Ausmaß nachgekommen ist. Die vorliegenden Referate, insbesondere die über die Zeit nach 1945, erschließen durchwegs wissenschaftliches Neuland, und man muß auch den Mut der Justizverwaltung anerkennen, daß so heikle Eisen überhaupt aufgegriffen worden sind. Aber diese Tagung sollte meines Erachtens nicht einen Schlußpunkt unter diese Forschung setzen, sondern eher den Beginn. Wir sollten uns hier am Vorbild der Bundesrepublik Deutschland orientieren, wo es schon eine umfangreiche wissenschaftliche Literatur zur Nachkriegsjustiz gibt; ich weise vor allem auf die ausführliche Dokumentation *Justiz und NS-Verbrechen* hin, wo Urteile, die in der Bundesrepublik Deutschland im Zeitraum von 1945 bis 1966 gefällt worden sind, in bisher 21 Bänden publiziert worden sind.[4] Ich spreche hier den Wunsch aus, ein solches Werk auch für Österreich zu schaffen.

---

[1] Gerhard Jagschitz, *Der Einfluß der alliierten Besatzungsmächte auf die österreichische Strafgerichtsbarkeit 1945–1955,* in diesem Band, S. 114ff.
[2] Joseph T. Simon, *Augenzeuge,* hrsg. von Wolfgang Neugebauer, Wien 1979, S. 332ff.
[3] Eduard Rabofsky, *Richterpersönlichkeit und entartete Staatsmacht,* in: *Das Recht der Arbeit,* Mai 1964, S. 100ff.; ders., *Die Blutjustiz des Dritten Reiches,* in: *Weg und Ziel,* Dezember 1962, S. 818ff.
[4] *Justiz und NS-Verbrechen. Sammlung deutscher Strafurteile wegen nationalsozialistischer Tötungsverbrechen 1945–1966,* Amsterdam 1968ff.

Einige Angehörige der US-Legal Division im Oktober 1952. Im Hintergrund v.l.n.r.: Loewy (Chief of Austrian Affairs Branch), Philos (Gerichtsoffizier), O'Connor (Director of Legal Division), Harrison (Chief of Justice Branch); im Vordergrund zweiter von links: Schubert (Civilian Matters); dahinter – halb verdeckt – Fearnside (Legal Adviser); rechts von ihm Mrs. Morris (Legal Clerk); gegenüber Simon (Chief of Legal Advise Branch) mit Gattin Maria Dorothea (ganz rechts)

Marschall: Darf ich als seit über zwanzig Jahren im Justizministerium tätiger Beamter zu diesem sowohl für Juristen als auch für Historiker sehr interessanten Symposion einiges beitragen – einige Kleinigkeiten. Zunächst einmal möchte ich zum Referat von Frau Professor Weinzierl etwas sagen, und zwar auch insbesondere danken, daß Sie selbst für mich als Eingeweihten der Justizverwaltung, der ich im Jahr 1945 noch als Jugendlicher die Entwicklung in Wien bewußt erlebt habe, die Probleme, die damals für die österreichische Justiz in einer sehr schweren Zeit bestanden haben, und zwar in Wien, sicher Probleme, die durch die Besatzung noch wesentlich erschwert worden sind, so interessant aufbereitet hat. Einige Bemerkungen dazu, die vielleicht weiterhelfen können:

Erstens: Die Frau Professor hat das Problem der Kontinuität in persönlicher Beziehung, bezogen auf die Zeit vor 1938, unterstrichen. Der spätere Bundesminister Dr. Gerö – er starb 1954, und ich kannte ihn nicht persönlich – war ja vor 1938 als Erster Staatsanwalt Leiter der Abteilung für politische Strafsachen im Bundesministerium für Justiz, insoweit gleichsam mein Amtsvorgänger und somit besonders im Kampf auch gegen den Nationalsozialismus involviert; in seiner Person kulminierte verständlicherweise die Kontinuität in persönlicher Beziehung. Im Anschluß an die interessanten Ausführungen des Herrn Oberstaatsanwalts Dr. Laich möchte ich noch zur sachlichen Kontinuität, also zur Kontinuität in Sachfragen, eine Kleinigkeit beitragen: Wenn wir, insbesondere als Juristen, die wir mit der österreichischen Aktenführung der Zentralbehörden vertraut sind, uns die Akten etwa der deutschen Justiz und der österreichischen Justiz vergleichend anschauen, dann sehen wir, daß man im Jahr 1945 an das Jahr 1938 angeknüpft hat. Es gab einen alten Aktenplan[1], der bis in das Jahr 1848 zurückgeht und in wesentlichen Punkten bis vor kurzem, nämlich bis zum Bundesministeriengesetz 1973, gegolten

---

[1] Vgl. Waldstein-Wartenberg. *Der Aktenlauf im k.k. Justizministerium 1848–1918,* in: *Mitteilungen des Österreichischen Staatsarchivs* 28/1975, S. 226.

hat, den ich noch – fast jahrzehntelang, kann ich sagen – angewendet habe, und an diesen Aktenplan hat man im Jahr 1945 im Staatsamt bzw. Bundesministerium für Justiz angeknüpft. Die deutsche Aktenführung war in wesentlichen Punkten anders.

Ein zweiter Gedanke: Auf dem eherechtlichen Sektor hat die Frau Professor eine Aussage gemacht, daß das Ehegesetz kein nationalsozialistisches Gesetz sei. Formell ist es natürlich schon ein großdeutsches Gesetz aus dem Jahr 1938[1], aber inhaltlich – das war, glaube ich, der Kern der Aussage der Frau Professor – hat es außer für das österreichische Eherecht im Jahre 1945 offenbar als unerträglich empfundene Bestimmungen, wie das Eheverbot bei „Blutverschiedenheit" und der „Mangel der Ehetauglichkeit", die im Jahre 1945 durch ein eigenes Gesetz der Staatsregierung entfernt wurden[2], einen wesentlichen Kernbestand des sehr stark liberal geprägten deutschen BGB nach Österreich gebracht, während das österreichische Eherecht vor 1938, bekanntlich zurückgehend auf das Jahr 1811 und die Konkordate 1855 und 1933, doch sehr stark konfessionell geprägt war. Aus diesem Grund hat offensichtlich die Staatsregierung nach 1945 gemeint, nicht auf das alte konfessionelle Eherecht des ABGB von 1811 zurückgehen zu können.

Ein dritter Punkt und zugleich auch eine Bemerkung zum interessanten Beitrag des Herrn Dr. Konrad, der aus Zeitungen berichtet hat: Frau Professor Dr. Weinzierl hat sehr richtig darauf hingewiesen, daß aus Zeitungen vieles nicht zu entnehmen ist; sie meinte selbst, daß sie aus den Akten des Ministeriums zahlreiche neue Erkenntnisse gewonnen hat. Ich möchte sowohl für die Akten der Zentralbehörden, die ja nach einiger Zeit im Staatsarchiv archiviert werden, als auch insbesondere für die Akten der Gerichte und Staatsanwaltschaften, die sehr wertvolles Material für die künftigen, in dreißig bis vierzig Jahren zu schreibenden Geschichtswerke und jetzt also für die Zeit aus der Ersten Republik, für die NS-Zeit und die Zeit bis 1955 bieten, unterstreichen, daß deren Aufbewahrung und deren Pflege ein wichtiges Anliegen der Justizverwaltung ist. In meiner Abteilung ist auch dies konzentriert, soweit es sich um Strafsachen handelt. Sicher sind die Probleme wegen des Persönlichkeitsschutzes, der natürlich bei individuellen Akten eine erhöhte Bedeutung hat, nicht zu unterschätzen, doch ist die Aktenaufbewahrung, also eine Art „Materialpflege", für die künftige Geschichtsforschung wichtig.

Jetzt einige kurze Bemerkungen zu den Referaten. Zum Referat von Herrn Dr. Neugebauer möchte ich ganz kurz etwas bemerken: Zur Verkündung des Standrechts 1933 wurde formell ein Anlaß genommen, und zwar ein Revolveranschlag am 3. Oktober 1933 auf den damaligen Bundeskanzler Dollfuß, und aus diesem Anlaß hat dann die Regierung – das Parlament war ja ausgeschaltet – das Standrecht verhängt.[3] Die Todesstrafe im standrechtlichen Verfahren wurde nicht 1950, sondern erst 1968 – der Herr Bundesminister hat einleitend ausdrücklich darauf hingewiesen – durch ein Bundesverfassungsgesetz beseitigt und zugleich durch ein einfaches Gesetz die Standgerichtsbarkeit aufgehoben.[4] Die Verabschiedung erfolgte einstimmig durch die drei Parteien im Nationalrat noch vor der kleinen Strafrechtsreform 1971. Ein Problem, das mich als Angehörigen der sogenannten „Nachkriegsgeneration" nur aus historischen Gründen interessiert, ist das Problem, das Dr. Neugebauer angerissen hat, nämlich das der Legalität. Es sei merkwürdig, daß kein Widerstand der Justiz gegen den Nationalsozialismus erfolgt sei. Da muß natürlich eines gesagt werden, obwohl wir das jetzt nicht ausloten können, wobei ich den Hinweis von Herrn Oberstaatsanwalt Dr. Laich unbedingt unterstreichen möchte, daß auch in der Justiz sehr viele Männer (Damen hat es damals in der Justiz noch nicht gegeben) waren, die durchaus Mut gehabt haben und den Leuten auch geholfen haben. Doch sollte man nie übersehen, daß Hitler im Jahr 1933 formell vollkommen richtig vom Reichspräsidenten zum Reichskanzler ernannt wurde und daß der Deutsche Reichstag in der Folge dann verschiedene

---

[1] Gesetz zur Vereinheitlichung des Rechtes der Eheschließung und der Ehescheidung im Land Österreich und im übrigen Reichsgebiet vom 6. Juli 1938, DRGBl. Nr. I/1938, S. 807.
[2] Gesetz vom 26. Juni 1945, StGBl. Nr. 31/1945, über Maßnahmen auf dem Gebiete des Eherechts, des Personenstandrechts und des Erbgesundheitsrechts.
[3] Vgl. die Verordnung der Bundesregierung vom 10. November 1933, BGBl. Nr. 501/1933, betreffend eine Änderung der Vorschriften über das standrechtliche Verfahren und die Kundmachung der Bundesregierung vom 10. November 1933, BGBl. Nr. 505/1933, über das ganze Bundesgebiet.
[4] Bundesverfassungsgesetz vom 7. Februar 1968, BBGBl. Nr. 73/1968, sowie Art. IV Z. 2 des Strafrechtsänderungsgesetzes vom 7. Februar 1968, BGBl. Nr. 74/1968.

Ermächtigungsgesetze[1] beschlossen hat; da sind dann natürlich Probleme, die es einem durch Eid an die Gesetzesanwendung gebundenen Richter sehr schwer machen, einen Widerstand, wie man das jetzt auch immer verstehen mag, zu üben. Im einzelnen möchte ich jetzt zur NS-Justiz, die keine österreichische Justiz ist, wie der Herr Minister betont hat, nur sagen, daß das eine Justiz in Österreich und nicht nur in Österreich, sondern insbesondere in Deutschland war, und daß es sicherlich ein wichtiges Anliegen der Zeitgeschichte ist, das alles zu erforschen.

Noch eine Bemerkung zur unterschiedlichen Rechtsprechung der österreichischen Volksgerichte; es ist dies in einem Referat, ich glaube in jenem von Herrn Dr. Konrad, angeklungen. Am Rande möchte ich nur bemerken, daß die österreichischen Ausnahmsgerichte „Volksgerichte" geheißen haben, während das berüchtigte nationalsozialistische Ausnahmsgericht unter der Präsidentschaft von Freisler „Volksgerichtshof" hieß; es gab nur einen einzigen Volksgerichtshof, der weniger wichtige politische Strafsachen an die „besonderen Senate" der einzelnen Oberlandesgerichte abtreten konnte[2]; Senate des „Volksgerichtshofs" verhandelten auch außerhalb von Berlin, so zum Beispiel in Wien und in Klagenfurt, doch gab es nicht mehrere „Volksgerichtshöfe" in Deutschland. Bezüglich der unterschiedlichen Rechtsprechung der österreichischen Volksgerichte – es gab solche in Wien, Graz, Linz und Innsbruck, wobei auch noch Außensenate agierten – muß man natürlich eines berücksichtigen: Die Provisorische Staatsregierung, deren führende Mitglieder die Unterzeichner der Unabhängigkeitserklärung vom 27. April 1945 waren, hat ihre Regierungsakte vorerst effektiv nur auf dem Gebiet rund um Wien setzen können, sodaß in Wien schon im August 1945 die ersten Volksgerichtsverhandlungen stattgefunden haben und eine Reihe von Todesurteilen gleich in den ersten Monaten gefällt worden sind. Demgegenüber ist in den damals noch von deutschen Truppen besetzten Städten Graz, Linz und Innsbruck nach österreichischer Rechtsauffassung – und diese ist für einen österreichischen Beamten maßgeblich – die Republik Österreich und ihre Rechtsordnung sicher schon mit 27. April 1945 installiert worden; doch hat die gesamtstaatliche Verwaltungs- und Regierungsorganisation tatsächlich viel später begonnen, die Justizstruktur in Tirol, worauf Herr Oberstaatsanwalt Dr. Laich interessanterweise hingewiesen hat, erst praktisch Anfang Jänner 1946; bis dahin haben die Besatzungsmächte in West- und Südösterreich geschaltet und gewaltet, sodaß man die österreichische Gerichtsorganisation dann erst allmählich 1946 aufbauen konnte. Nun war natürlich 1946 auch die Spruchpraxis bezüglich Todesstrafen sicherlich schon milder als im Jahr 1945, noch dazu in dem sowjetisch besetzten Teil Österreichs; das ist doch eine Selbstverständlichkeit bei jedem verfassungsrechtlichen Umschwung.[3]

Zur verfassungsrechtlichen Geltung der Todesstrafe im ordentlichen Verfahren und zu einem Todesurteil aus dem Juni 1946 möchte ich an die interessanten und sowohl für Juristen als auch wahrscheinlich für Historiker sehr beachtlichen Ausführungen des Herrn Präsidenten des Verwaltungsgerichtshofes in Ruhe, Dr. Loebenstein, anknüpfen. Es stellte sich folgendes Problem, und ich möchte versuchen, es jetzt juristisch kurz aufzubereiten: Es gab ein Todesurteil über zwei Giftmörder – ich möchte aus Gründen des Persönlichkeitsschutzes grundsätzlich keine Namen nennen –, und es wurde seine Verfassungsmäßigkeit angezweifelt. Das verfassungsrechtliche Problem hängt mit der Rechtsfrage zusammen, wann die Bundesverfassung 1920 in der Fassung von 1929 in Kraft getreten ist. Ich möchte kurz auf die Ansicht von Walter in seinem *System* verweisen, wo er kurz darlegt, daß es eben zwei Ansichten gab[4], wobei die eine Gruppe von Juristen, wie insbesondere Justizorgane und führende Beamte im Bundesministerium für Justiz, die Ansicht vertreten haben, daß aus einer Übergangsbestimmung des Verfassungs-Überleitungsgesetzes vom 1. Mai 1945,

---

[1] Gesetz zur Behebung der Not von Volk und Reich vom 24. März 1933, DRGBl. Nr. I/1933, S. 141, und Gesetz zur Verlängerung dieses Gesetzes vom 30. Jänner 1937, DRGBl. Nr. I/1937, S. 105; zuletzt erfolgte eine Verlängerung bloß mit „Erlaß des Führers über die Regierungsgesetzgebung" vom 10. Mai 1943, DRGBl. Nr. I/1943, S. 295.

[2] Vgl. an deutschen Rechtsvorschriften die im DRGBl. Nr. I/1938, S. 640, und Nr. I/1943, S. 72, zitierten, weiters Art. 91 Z. 1 und 4 des Gesetzes vom 12. Juni 1945, StGBl. Nr. 25/1945.

[3] Vgl. im einzelnen: *Volksgerichtsbarkeit und Verfolgung von nationalsozialistischen Gewaltverbrechen in Österreich (1945–1972). Eine Dokumentation,* hrsg. vom Bundesministerium für Justiz, für den Inhalt verantwortlich MR Dr. Karl Marschall, Wien 1977, S. 33ff.

[4] Robert Walter, *System des österreichischen Verfassungsrechts,* Wien 1972, S. 28, Anm. 21 und 23.

nämlich aus Art. 4 Abs. 2¹, abzuleiten sei, daß die Bundesverfassung erst sechs Monate nach dem am 19. Dezember 1945 erfolgten ersten Zusammentritt des neugewählten Nationalrates vollinhaltlich in Kraft tritt und die vorläufige Verfassung bis dahin auch noch gilt. In der vorläufigen Verfassung war kein Verbot der Todesstrafe im ordentlichen Verfahren enthalten, und deswegen hat man offenbar innerhalb der Justiz gemeint, man kann bis 19. Juni 1946 Todesstrafen im ordentlichen Verfahren verhängen. Bezeichnenderweise wurde dann durch ein Bundesverfassungsgesetz die Todesstrafe auch im ordentlichen Verfahren „mit Rückwirkung auf den 19. Juni 1946" zugelassen!²

Als letztes möchte ich im Zusammenhang mit der Geschworenengerichtsbarkeit auf etwas verweisen. Es ist das Jahr 1927 angeklungen, das sehr verhängnisvoll für die weitere österreichische Geschichte war – mit dem Urteil des Geschworenengerichtes im „Schattendorfer Prozeß", das zum Justizpalastbrand führte. Da sollte man etwas bedenken: Ich glaube, daß wahrscheinlich viele Historiker einen grundlegenden Unterschied zwischen der alten Geschworenengerichtsbarkeit vor 1933 und der neuen seit 1951 gar nicht kennen; ich selbst als Jurist einer jüngeren Generation bin erst relativ spät daraufgekommen: Zur Bejahung der Schuldfrage war nach § 329 Strafprozeßordnung alte Fassung eine Zwei-Drittel-Mehrheit der zwölf Geschworenen erforderlich, während jetzt nur acht Geschworene tätig sind und auch einfache Mehrheit genügt. Ohne Bruch des Beratungs- und Amtsgeheimnisses – ich nenne ja keinen Namen – möchte ich den Wahrspruch der Geschworenen im „Schattendorfer Prozeß" erwähnen. Eine Mehrheit der Geschworenen für einen Schuldspruch in Richtung der fahrlässigen Tötung nach § 335 StG wegen Notwehrüberschreitung war vorhanden (Stimmenverhältnis 7:5)³, jedoch keine damals erforderliche Zwei-Drittel-Mehrheit, sodaß es zum Freispruch kam! Hätte also ein Geschworenengericht nach der geltenden Rechtslage entschieden, so wäre wahrscheinlich ein Schuldspruch zustande gekommen und kein Freispruch!

Herbert Loebenstein: An sich wollte ich mich erst morgen zu Worte melden, wenn es um die Militärgerichtsbarkeit und die österreichische Justizverwaltung geht, aber einige Ausführungen der Vorredner haben mich veranlaßt, mich doch schon heute zu melden, um einige Fragen klarzustellen. Vielleicht darf ich bei Herrn Dr. Neugebauer anfangen. Denn die Frage des Personals der Justiz, vor allem der Richterschaft, die heute so oft angeschnitten worden ist, bedarf doch einer Erklärung, wie es denn kommen konnte, daß nach 1945 so viele dem Nationalsozialismus gegenüber neutral eingestellte und eine nicht unerhebliche Zahl von Richtern und Staatsanwälten, die Parteimitglieder oder Anwärter der NSDAP waren, in der Justiz tätig waren. Dies geschah auf völlig gesetzliche Weise. Man hatte ja gewußt, daß eine große Zahl von Richtern und Staatsanwälten dem Nationalsozialismus zumindest nicht unverschlossen war. Das ging auf die lange großdeutsche Führung dieses Ressorts in der Zwischenkriegszeit zurück, wie es heute schon erwähnt worden ist. Man hat daher, um überhaupt Richter haben zu können, und weil die Alliierten verboten hatten, daß Richter, die der Nationalsozialistischen Deutschen Arbeiterpartei oder einer ihrer Gliederungen als Mitglied angehört hatten, in der Strafrechtspflege tätig sind, erstens einmal Umschichtungen vorgenommen; ich selber war einer der Unglücklichen, die damals umgeschichtet wurden, weil ich nicht Nationalsozialist war, denn die „Unbelasteten", wie es so schön geheißen hat, wurden in die Strafrechtspflege gesteckt, die damals als das minder angenehme Amt empfunden wurde, zumal es sich ja hier um ungeheure Rückstände gehandelt hat und die unangenehmen politischen Strafsachen zu behandeln waren. So wurde ich vom Zivillandesgericht Wien in das Justizministerium in die Strafabteilung berufen. Und jetzt zum völlig gesetzlichen Vorgang der sogenannten Säuberung. Da hat es das Nationalsozialistengesetz gegeben, und der § 19 dieses Gesetzes hatte Säuberungskommissionen vorgesehen, die zu klären hatten, wer von den bisherigen Beamten, Richtern und Staatsanwälten, Rechtsanwälten und Notaren weiter tätig sein darf und ob sie in Strafrechtssachen tätig sein dürfen. Diese Kommission – die

---

[1] Verfassungsgesetz vom 1. Mai 1945, StGBl. Nr. 4/1945, über das neuerliche Wirksamwerden des Bundes-Verfassungsgesetzes 1920 in der Fassung von 1929. Art. 4 Abs. 2 bestimmte, daß die vorläufige Verfassung „sechs Monate nach dem Zusammentritt der ersten gewählten Volksvertretung außer Kraft tritt".

[2] § 3 des Bundesverfassungsgesetzes vom 24. Juli 1946, BGBl. Nr. 141/1946, über die Anwendung der Todesstrafe und des Schwurgerichtsverfahrens.

[3] Vgl. die im Wiener Stadt- und Landesarchiv befindlichen Strafakten Vr III 411/27 des LGSt Wien II.

Frau Professor hat sie ja auf Grund meiner Information erwähnt, aber ich muß es jetzt etwas ausführlicher darstellen – hat aus einem Vorsitzenden und je einem Angehörigen einer der drei damals zugelassenen politischen Parteien bestanden. Das waren, nach der damaligen Größenordnung gereiht, die ÖVP, die SPÖ und die KPÖ, und dann war ein Beamter des Justizministeriums als sogenannter Vertreter der Dienststelle tätig. Das war kein Staatsanwalt als solcher, sondern er hatte nur die Interessen der Dienststelle wahrzunehmen.

Da ich auch in dieser Kommission als Vertreter der Dienststelle tätig gewesen war, können sie mich nun als lebenden Zeugen, wie es mein Bruder heute schon gesagt hat, dieser Zeit und dieser Säuberungskommission ansehen. Wie ist man hier vorgegangen? Justizminister Dr. Gerö, der unter dem Nationalsozialismus ungeheuer gelitten hatte und, wie mir einmal der spätere Leiter der Staatsdruckerei, Dr. Sobek, geschildert hat, im KZ einer der meistgeschlagenen Häftlinge gewesen war, was sicher zu seinem frühen Tode geführt hat, hat nun versucht, möglichst rasch eine ausreichende Zahl von Richtern und Staatsanwälten vor allem für die Strafrechtspflege zu gewinnen und hat nun einmal sieben lassen: Richter und Staatsanwälte, die man sehr rasch durch diese Kommission bringen wird, und andere, bei denen es schwerer gehen wird. Die sogenannten leichten Fälle, wenn ich das jetzt so sagen darf, wurden vorgezogen. Die sind sehr rasch positiv durch diese Kommission durchgegangen, und es haben immer alle drei Mitglieder der politischen Parteien zugestimmt – „er darf in der Strafrechtspflege tätig sein" oder „er darf als Rechtsanwalt oder als Notar tätig sein". Die anderen Fälle sind später behandelt worden. Man hat dadurch einmal die Möglichkeit gehabt, sehr rasch einen ausreichenden Stab von Richtern und Staatsanwälten zu bekommen, um überhaupt die anwachsenden Massen an politischen und kriminellen Strafrechtsfällen zu erledigen. Die Richter, die übriggeblieben sind, die waren nun zu unterscheiden nach dem Verbotsgesetz in die Fälle nach § 17 Abs. 2 NSG – ich kann es heute noch auswendig – und § 17 Abs. 3. Die §-17-Abs.-2-Fälle, die „Belasteten", das waren die Parteimitglieder mit irgendwelchen Funktionen, vor allem die Illegalen aus dem 6-Millionen-Nummernblock, und die anderen waren die §-17-Abs.-3-NSG-Fälle, die „Minderbelasteten". Diese Minderbelasteten durften in der Zivilrechtspflege tätig sein und sind auch meist einstimmig – ich kann mich kaum an Fälle erinnern, bei denen etwa der Vertreter der KPÖ Einspruch erhoben hätte – ziemlich rasch durchgesiebt worden. Die anderen, die Belasteten, sind durch diese Kommission dann gar nicht durchgeschleust worden, denn diese Richter waren ohnedies von den Alliierten enthoben worden. Anfangs waren einige von ihnen noch kurze Zeit tätig gewesen, mußten aber dann auf Grund des ausgefüllten, sechs Blatt umfassenden Fragebogens – ich sehe ihn heute noch vor mir – auf Anordnung der Alliierten, vor allem der Amerikaner und der Russen, enthoben werden. Manche von diesen sind erst nach den diversen Amnestiegesetzen wieder eingestellt worden. Diese Einstellung der Richter und Staatsanwälte ist also, Herr Dr. Neugebauer, völlig legal auf Grund eines vom österreichischen Nationalrat beschlossenen Gesetzes vor sich gegangen.

Sie haben gemeint, die Justiz hatte einen antifaschistischen Auftrag zu erfüllen. Das mag sicher richtig gewesen sein, als von den Alliierten so gedacht. Gerö hat immer gesagt: „Eine Rachejustiz gibt es bei mir nicht, die Justiz hat wieder auf den Boden des Rechtsstaates zurückzufinden." Also es bestand der Auftrag, zum Rechtsstaat zurückzukommen. Das war der Auftrag der Justiz nach 1945, so wie ihn Gerö verstanden hat, und so hat ihn ja auch Frau Professor Weinzierl, glaube ich, in ihrem Referat sehr nachdrücklich dargelegt. Gerö hatte sich hier sehr gegen die Besatzungsmächte durchzusetzen. Ich habe ihn x-mal zu den Besprechungen begleiten müssen; später bin ich selbst bei den Besatzungsmächten gewesen, und es waren keineswegs leichte Verhandlungen gewesen. Das wollte ich zur Klarstellung sagen.

Und nun ein Wort zu Herrn Kollegen Oberstaatsanwalt Dr. Laich. Obrist war ein ganz besonderer Fall. Er war tatsächlich kein Belasteter, aber weil er in der NS-Zeit als Leiter der Staatsanwaltschaft Feldkirch tätig war, konnte er nun, da er Schwierigkeiten gehabt hat – er wurde von den Franzosen im Anhaltelager Reichenau eingesperrt –, niemals nach Wien kommen, und die Verhandlungen in Wien hat immer der mir sehr gut bekannte gewesene Oberstaatsanwalt Dr. Grünewald geführt, weil er KZler war, und jener hat keine Schwierigkeiten beim Überschreiten der Demarkationslinie gehabt. Soviel wollte ich heute zur Klarstellung der personalen Situation sagen.

Weinzierl: Ich möchte auf die Fragen von Herrn Dr. Neugebauer, soweit ich es kann und soweit sie an mich gerichtet waren, antworten.

Einen Teil der Antwort hat ja soeben Sektionschef Loebenstein gegeben. Von ihm habe ich auch die auf Seite 19 meines Textes erwähnte Zahl. Alle anderen Zahlen – und es kommen noch von den Bundesländern Zahlen vor, aus den Akten, das ist auch von niemandem bestritten worden, auch vom Herrn Sektionschef nicht – liegen natürlich deutlich höher als bei den anderen Bevölkerungsschichten in Österreich. Ein Grund, den mir der Herr Sektionschef gesagt hat und den ich auch angeführt habe, ist eben die alte großdeutsche Tradition in der Justiz gewesen. Ein weiterer ist sicherlich, daß natürlich das nationalsozialistische System die Justiz ganz besonders in ihren Griff bekommen wollte und bekommen hat und daß es auch deshalb diesen überperzentuell hohen Anteil von Nationalsozialisten in der Justiz gab.

Zu dem Fall des Senatspräsidenten kann ich leider nichts sagen, weil ich nicht weiß, worauf Sie angespielt haben. Das gilt auch für die Frage, ob NS-Richter zur Verantwortung gezogen worden sind, die sich schuldig gemacht haben. Das sind aber auch Fragen, die Sie zum Teil ausdrücklich an den Herrn Bundesminister für Justiz gerichtet haben. Was die Eingriffe der Besatzungsmächte in die Justiz betrifft, so ist das bitte bei mir im Sinn einer ausdrücklichen Arbeitsteilung zu verstehen. Ich wußte, daß Dozent Jagschitz über die Besatzungsmächte arbeiten wird. Wir haben auch Material ausgetauscht, und das ist der Grund dafür, daß ich dieses Problem nur gestreift habe. Insgesamt war es aber nicht mein Thema, ich habe es also wirklich nur mit diesem einen Satz behandelt, und wenn man das Wort „besonders" einfügt, so ergibt sich meiner Meinung nach auch kein gravierender Unterschied gegenüber dem Referat Jagschitz.

Was die Problematik der Reaustrifizierung betrifft, stimme ich Ihnen weitgehend zu; ich habe das mündlich stärker betont, als es im schriftlichen Referat zum Ausdruck kommt, und ich werde das bei der Drucklegung dann auch in diesem Sinne noch differenzieren. Die Problematik der verschiedenen Schichten der Gesetzgebung hat niemand bestritten. Zu beurteilen, inwieweit sie insgesamt aufgearbeitet wurden, fehlt mir die Kompetenz. Auch bezüglich der Kriminalisierung des Faschismus hat der Herr Sektionschef schon etwas gesagt. Ich habe es nicht, weil ich mich erklärtermaßen auf die Anfänge beschränkt habe.

Spehar: Gestatten Sie mir, den interessanten Ausführungen des Herrn Dr. Stuhlpfarrer, soweit sich diese auf die Gebühren der Dolmetscher hinsichtlich nationaler Minderheiten beziehen, einige Bemerkungen anzufügen.

Nach Artikel 6 Abs. 3 lit. e der Menschenrechtskonvention, die im Bundesgesetzblatt kundgemacht wurde und Bestandteil der österreichischen Rechtsordnung ist, hat der Angeklagte das Recht, die unentgeltliche Beiziehung eines Dolmetschers zu verlangen, wenn der Angeklagte die Verhandlungssprache des Gerichts nicht versteht oder sich nicht darin ausdrücken kann. Unabhängig von dieser Vorschrift der Menschenrechtskonvention, die – wie gesagt – Bestandteil der österreichischen Rechtsordnung ist, hat das Volksgruppengesetz für einen markanten Teil nationaler Minderheiten, nämlich für die Angehörigen von sogenannten Volksgruppen, in „Ausführung" des Staatsvertrages von Saint-Germain und des Staatsvertrages von Wien folgende Bestimmungen getroffen:

1. Organe, die die Sprache einer Volksgruppe beherrschen, sollen sich im mündlichen Verkehr der Sprache der Volksgruppe bedienen, wenn dies den Verkehr mit Personen erleichtert.
2. Ist das Organ der Sprache der Volksgruppe nicht mächtig, so ist ein Dolmetscher beizuziehen.
3. Alle Kosten, die auf Veranlassung der Behörde durch die Beiziehung von Dolmetschern entstehen, sind von Amts wegen zu tragen und dürfen nicht auf die einer Volksgruppe angehörende Partei überwälzt werden.

In Ergänzung dieser Bestimmungen sieht das Volksgruppengesetz noch vor, daß im Strafverfahren bei der Bemessung des Pauschalkostenbeitrages die Kosten eines nach dem Volksgruppengesetz beigezogenen Dolmetschers nicht zu berücksichtigen sind.

In der österreichischen Rechtsordnung ist demnach klargelegt, daß nationale Minderheiten, insbesondere Angehörige von sogenannten Volksgruppen, nicht für die Dolmetschergebühren, die im Strafverfahren erforderlich sind, aufzukommen haben.

Langbein: Die hier in der Diskussion gefallene Bemerkung, daß es für einen Richter deshalb schwer war, Widerstand gegen das nationalsozialistische Regime zu leisten, weil dieses formell legal zur Macht gekommen war, hat mich zu dieser Wortmeldung veranlaßt.

Es stimmt zwar, daß Hitler in Deutschland legal zur Macht gekommen war, aber schon lange bevor er Österreich annektiert hatte, hat er – allen eindeutig sichtbar – die Legalität verlassen. Am 30. Juni 1934 hat er – wenn ich mich richtig erinnere – mehr als achtzig Menschen, ohne auch nur den geringsten Schein eines Standgerichtes oder einer ähnlichen legalen Verkleidung zu bemühen, erschießen lassen; nicht nur unliebsame Mitkämpfer, sondern auch Leute, die mit der SA nicht das geringste zu tun hatten, so einen General und auch dessen Frau, weil diese zufällig im Weg gestanden war.[1] Leider ist dieser Massenmord noch immer mit der irreführenden Bezeichnung „Röhmputsch" in der Zeitgeschichte erwähnt, obwohl es inzwischen klar geworden ist, daß es sich nicht um einen Putsch oder Putschversuch gehandelt hat, sondern daß diese Menschen Hitler damals einfach im Weg gestanden sind. Hitler hat sich offen in den Zeitungen und im Radio zu diesen Morden bekannt. Zumindest seit damals mußte jedem, der damals erwachsen war – vor allem natürlich jedem juristisch Gebildeten –, klar sein, daß das nationalsozialistische Regime kein legales war. Die in der Diskussion vorgebrachte Entschuldigung kann also für österreichische Richter nach 1938 nicht mehr gelten.

Ich habe oft darüber nachgedacht, wieso Menschen, die damals erwachsen und juristisch gebildet waren, dem Nationalsozialismus so enge Gefolgschaft geleistet haben, selbst dann, wenn sie keine fanatischen Nazis waren. Vielleicht gibt eine Äußerung von Albert Speer eine Antwort auf diese Frage:

Er suchte einmal eine Aussprache mit mir. Ich habe ihm, der Jahrgang 1905 ist, also im Jahr 1934 29 Jahre alt war, die Frage gestellt: Sie haben damals doch gehört, was am 30. Juni 1934 geschehen ist; Sie konnten doch nicht übersehen, daß das auch nach den damals geltenden Gesetzen glatter Mord war. Wieso konnten Sie sich dennoch Ihrem Führer als blind gehorchender Gefolgsmann anschließen? Seine Antwort kann vielleicht die Einstellung der Generation, der Speer angehört, erklären: Er sagte, damals hat der Reichspräsident Hindenburg erklärt, daß das rechtens ist, und das war auch für mich gültig. Die absolute Autoritätshörigkeit der Generation Speers wird durch diesen Ausspruch illustriert. Sie ist mitverantwortlich für das Phänomen, daß so viele Gebildete dem nationalsozialistischen Regime gedient hatten, ohne an einen auch nur passiven Widerstand zu denken.

Gestatten Sie mir aber auch eine Bemerkung zur Verteidigung mancher deutscher und österreichischer Richter; gerechterweise soll darauf hingewiesen werden:

Es war damals wohl allgemein – und vor allem in Kreisen der Justiz – bekannt, daß jemand, der aus politischen Gründen angeklagt wurde, nach Verbüßung seiner Strafe nicht freigelassen, sondern in ein Konzentrationslager eingewiesen wurde. Ebenfalls war bekannt, daß Konzentrationslagerhaft viel schlimmer und lebensgefährlicher war als Haft in einer der Justiz unterstehenden Anstalt. Ich kenne Fälle, in denen Richter politische Angeklagte deswegen zu einer höheren Strafe – als sie von dem Gesetz zwingend vorgeschrieben war – verurteilten, um sie vor der nachfolgenden KZ-Haft zu bewahren. Selbstverständlich war das Motiv für die Verhängung einer außergewöhnlich hohen Haftstrafe nicht in jedem Fall dieses; und es versteht sich ebenso, daß nachträglich das Motiv für einen solchen Schuldspruch in der Regel nicht mehr überprüfbar ist. Aber dennoch wollte ich darauf hinweisen, daß manche Richter von derartigen Überlegungen geleitet worden sind.

Wenn ich schon hier zu Ihnen sprechen darf, gestatten Sie mir noch eine Bemerkung zu einem Papier, das hier vorliegt. In dem von Herbert Steiner gezeichneten Papier werden Zahlen der Opfer des deutschen Nationalsozialismus angeführt und aufgegliedert, die vom Dokumentationsarchiv des österreichischen Widerstandes ausgearbeitet wurden und in der Fachliteratur immer wieder goutiert werden. Dort steht, wie viele österreichische Widerstandskämpfer ermordet wurden; gesondert wird angeführt, wie viele österreichische Juden vernichtet worden sind. Bei dieser Aufzählung fehlt aber immer noch die Zahl der österreichischen Staatsbürger, die nur deswegen ermordet worden sind, weil sie Zigeuner waren.[2] Hier liegt eine Unterlassungssünde vor, die sich in dieser Statistik widerspiegelt: Es soll einmal deutlich ausgesprochen werden, daß die Gesellschaft gegenüber den Zigeunern eine Pflicht der Wiedergutmachung hat, der sie bisher kaum nachgekommen ist; ich denke dabei nicht nur an eine moralische.

Leon: Ich möchte einige Worte zu den Ausführungen von Herrn Dr. Neugebauer sagen. Ich habe das wissenschaftliche Bemühen von Herrn Dr. Neugebauer nun schon zweimal hier in die-

---

[1] Vgl. dazu Charles Bloch, *Die SA und die Krise des NS-Regimes 1934,* Frankfurt/M. 1970, bzw. Max Gollo, *Der Schwarze Freitag der SA,* Wien 1972.

[2] Vgl. dazu Herbert Steiner, *Die Todesstrafe – entscheidender Bestandteil der Struktur des nationalsozialistischen Machtsystems in Österreich 1938 bis 1945,* im vorliegenden Band, S. 82f.

sem Rahmen erlebt und zweifle also keineswegs daran, daß er nach der objektiven, historischen Wahrheit sucht. Ich halte es aber für wissenschaftlich bedenklich, bei der Untersuchung historischer Vorgänge mit vorgefaßten Prämissen zu operieren, und ich halte es für bedenklich, mit diesen Prämissen zu hinterfragen, wie dies heute hinsichtlich gewisser in der Vergangenheit liegender Personalentscheidungen des Bundesministeriums für Justiz geschehen ist.

So wie Herr Sektionschef Dr. Loebenstein dies geschildert hat, sind diese kritisierten Personalentscheidungen und -einstellungen ordnungsgemäß nach dem Gesetz und nach genauer Prüfung des Einzelfalles erfolgt.

Für einen neutralen, außenstehenden Beobachter, der nicht mit den Verhältnissen vertraut ist, muß oder müßte der Eindruck entstanden sein, daß sich die Justizverwaltung über Grundforderungen moralischer und gesetzlicher Art bei der Weiterbeschäftigung oder neuen Beschäftigung ihres Personals hinweggesetzt hat.

Diese Art der Fragestellung halte ich eben für bedenklich. Denn sie erweckt den Eindruck, als würden Sie, Herr Dr. Neugebauer, ganz gleichgültig, ob es sich im Sinne des Verbotsgesetzes um einen Unbelasteten, Minderbelasteten oder Belasteten gehandelt hat, jeden, der in irgendeiner Form das „Prädikat" nationalsozialistisch trug, für sozusagen justizunwürdig ansehen. Das scheint mir eine gefährliche Simplifizierung zu sein.

Ich darf Ihnen folgendes konkrete Beispiel aus meiner persönlichen Kenntnis und Erfahrung anführen. Ich erinnere mich an meinen sehr verehrten Lehrer in meiner Rechtspraktikantenzeit am Landesgericht für ZRS Wien, den ehemaligen Landgerichtspräsidenten von Znaim, späteren Kreisgerichtspräsidenten von St. Pölten und schließlich Vizepräsidenten des OLG Wien, Dr. Friedrich Schläffer. Dr. Schläffer – ich weiß heute nicht, ob er dem Bereich der Minderbelasteten oder Belasteten zuzurechnen war – wurde außer Dienst gestellt, war eine Zeitlang in der Advokatur tätig und ist dann von dem heute schon so oft genannten Minister Dr. Gerö in die Justiz zurückgeholt worden. Von seinem ungewöhnlichen persönlichen Wissen abgesehen, erinnere mich an ein Beispiel. Als er Kreisgerichtspräsident in St. Pölten war, kam ich wenige Tage nach einer Auseinandersetzung, die er mit dem örtlichen russischen Kommandanten gehabt hatte, zu ihm, und er erzählte mir folgendes frisch aus seiner jüngsten Erfahrung.

Er wollte einen Akt im ganz normalen Weg dem OLG Wien im Rahmen eines Rechtsmittelverfahrens vorlegen. Dieser Akt erschien der Besatzungsbehörde bedenklich. Der örtliche Kommandant, den er gut kannte und mit dem er auf relativ gutem Fuß stand, rief ihn telefonisch an und verbot ihm, diesen Akt nach Wien zu senden. Dr. Schläffer erwiderte, daß der Akt nach Wien abgehen werde, da für ihn nur die österreichischen Gesetze und nichts anderes maßgeblich seien. Der Kommandant drohte mit der Verhaftung Dr. Schläffers. Darauf dieser: „Soll ich gleich hinüberkommen, oder hat es in einer halben Stunde Zeit?" Damit war die Sache erledigt, der Akt ging nach Wien, der Kommandant hat nie mehr ein Wort über die Sache verloren.

Nun war Dr. Schläffer eben auch einer jener, die außer Dienst gestellt gewesen waren, zeigte hier aber eine vorbildliche, österreichische Haltung, die die Richtigkeit der Entscheidung, ihn wieder in Dienst zu stellen, bewies. Es ließ und lassen sich eben keine Pauschalurteile fällen, sondern es war und ist jeweils dem Einzelfall gemäß zu entscheiden.

Gassner: Erlauben Sie mir, auf das Referat von Dr. Stuhlpfarrer über „Justiz und nationale Minderheiten" etwas näher, und zwar speziell aus der Sicht des Burgenlandes, einzugehen.

Vorausgeschickt sei, daß der ethnische Pluralismus ein Charakteristikum, ja sogar ein nicht mehr wegzudenkendes, konstitutives Wesensmerkmal des Burgenlandes ist, das ohne seine Volksgruppen vor allem in kultureller Hinsicht nicht nur bedeutend ärmer, sondern ganz einfach nicht das Land wäre, das es heute ist.

In der Zeit des NS-Unrechtsstaates wurden die burgenländischen Volksgruppen (Kroaten, Magyaren, Juden, „Zigeuner" bzw. Roma, wie sie sich selbst bezeichnen) als möglichst restlos zu beseitigende Fremdkörper angesehen und auch entsprechend behandelt.

Einige Zahlen zur Illustration:

1938 gab es rund 8000 „Zigeuner" im Burgenland; die Oberwarter „Zigeunerkolonie" umfaßte damals etwa 350 Personen – nur mehr neun kamen nach 1945 zurück; in der südburgenländischen Ortschaft Buchschachen lebten vor dem Krieg an die 200 „Zigeuner" – nur drei von ihnen überlebten die Zeit der NS-Diktatur.[1]

---

[1] *Widerstand und Verfolgung im Burgenland – eine Dokumentation,* hrsg. vom Dokumentationsarchiv des österreichischen Widerstandes, Wien 1979, S. 244 ff.

Der Großteil der unter Maria Theresia im Gebiet des heutigen Burgenlandes angesiedelten „Neuungarn" oder „Neukolonisten" wurde der „Endlösung" zugeführt und in den Konzentrationslagern auf grausamste Weise physisch vernichtet. Vor dem Gang in die Gaskammern mißbrauchte man die Roma – die den schwarzen Winkel der „Asozialen" auf ihrem Häftlingsgewand tragen mußten – als Arbeitssklaven und für sogenannte „kriegswichtige medizinische Versuche". Für die SS-Ärzte in den Konzentrationslagern waren die Roma Freiwild: an ihnen wurden Gehirneingriffe, Hauttransplantationen, Kastrationen etc. durchgeführt, man infizierte sie mit tödlichen Viren, gab ihnen Benzininjektionen und benutzte sie für verschiedene „Härtetests" – wie lange etwa ein Mensch Durst ertragen oder nackt in winterlicher Kälte stehen kann, ehe er umkommt. Beim Ausfüllen des Totenscheins gaben die SS-Ärzte als Todesursache zynisch meist „Herzschwäche" an; ein SS-Offizier vermerkte 1941 im Bericht an seine Vorgesetzten: „Das Erschießen der Juden ist einfacher als das der Zigeuner. Juden gehen gefaßt in den Tod, während die Zigeuner heulen, schreien und sich dauernd bewegen, wenn sie schon auf dem Erschießungsplatz stehen."[1]

Die Diskriminierung der Roma setzte schon lange vor der Naziherrschaft ein; die Vorurteile, die man dieser erwiesenermaßen aus Indien eingewanderten, eine dem Sanskrit verwandte Sprache (Romanès oder Romany) sprechenden ethnischen Minderheit[2] entgegenbrachte, waren in der Bevölkerung tief verwurzelt. Den Nationalsozialisten freilich blieb es vorbehalten, die Roma-Verfolgung zu einer in der Geschichte noch nie dagewesenen Eskalation der Brutalität zu treiben und organisierten und perfektionierten Völkermord von Staats wegen zu praktizieren (mehr als 500.000 Roma aller Altersstufen wurden in den Konzentrationslagern physisch vernichtet!).

Die Kroaten sind die quantitativ stärkste nationale Minderheit des Burgenlandes. Vor rund 450 Jahren – im Gefolge der Türkenkriege – wurden leibeigene kroatische Bauern im Gebiet des heutigen Burgenlandes, in Teilen Niederösterreichs (Marchfeld, Leitha-Gegend), in Westungarn sowie in der Slowakei (um Bratislava) angesiedelt. Es handelte sich hierbei um eine von den Feudalherren der damaligen Zeit planmäßig in die Wege geleitete Bevölkerungsbewegung größeren Ausmaßes, die sowohl ökonomische als auch militärisch-strategische Gründe hatte. Neueste wissenschaftliche Forschungen[3] haben ergeben, daß damals rund 150.000 Kroaten in die erwähnten Landstriche kamen und an die 200 Dörfer besiedelten; festzuhalten ist, daß sie keinesfalls „Eindringlinge" waren, sondern völlig neue Siedlungen begründeten bzw. verödete und zerstörte wieder aufbauten und deshalb hochwillkommen waren, zumal sie auch große Erfahrungen im Kampf gegen die vordringenden Türken besaßen. Überdies wurde durch die Kroaten, insbesondere ihre Folklore und Musik, das kulturelle Leben der gesamten Region ungemein bereichert. Später ließ sich nachweislich auch Joseph Haydn von kroatischen Volksliedern, die in den Dörfern rund um Eisenstadt gesungen wurden, inspirieren.

Die Geschichte der Kroaten seit ihrer Ansiedlung vor einem halben Jahrtausend bis zur Gegenwart ist die leidvolle Geschichte ihrer Dezimierung und Assimilierung gewesen. In Niederösterreich sind die Kroaten im vorigen Jahrhundert bereits „ausgestorben", d. h. restlos in der deutschsprachigen Bevölkerungsmehrheit aufgegangen; im Burgenland geht ihre Zahl laufend zurück, in Westungarn (in der Gegend um Sopron/Ödenburg) und in der ČSSR gibt es derzeit nur noch einige wenige, winzige kroatische Sprachinseln.

Der Anteil der Kroaten an der burgenländischen Gesamtbevölkerung schrumpfte von 12,3 % im Jahre 1951 auf 9 % im Jahre 1971; bei der Volkszählung 1971 bekannten sich insgesamt 24.526 Personen zum kroatischen Volkstum, bei der Volkszählung 1961 gaben hingegen noch 28.126 das Kroatische als „Umgangssprache" an.[4] Bekanntlich stehen sowohl die Vertreter der burgenländischen Kroaten als auch der Slowenen in Kärnten den offiziellen Volkszählungen – und dies völlig zu Recht! – äußerst skeptisch gegenüber, weil hier zum Teil von willkürlichen Kriterien (Problem der Abgrenzung und Definition der sogenannten „Umgangssprache") ausgegangen wird und darüber hinaus die

---

[1] *In Auschwitz vergast – bis heute verfolgt,* hrsg. von Tilman Zülch für die „Gesellschaft für bedrohte Völker" (rororo-aktuell), Reinbek bei Hamburg 1979, S. 134 ff.

[2] Sergius Golowin, *Der ewige Zigeuner im Abendland,* München 1980, S. 22.

[3] Mirko Valentič, *Gradišćanski Hrvati,* Zagreb 1976, S. 141 ff.

[4] *Für die Rechte der Minderheiten,* hrsg. von Ulrich Trinks im Auftrag des Solidaritätskomitees zur Förderung und für die Rechte der slowenischen und kroatischen Volksgruppen in Österreich, Wien 1976, S. 12.

Zählungen, insbesondere in Kärnten, in einem generell eher minderheitenfeindlichen Klima stattfinden (man denke nur an den von deutsch-chauvinistischen Kräften vor einigen Jahren entfachten „Ortstafelsturm" unseligen Angedenkens!), was natürlich auch mitberücksichtigt werden muß.

Unbestritten ist aber, daß im Burgenland die kroatische Volksgruppe in den letzten Jahrzehnten schwerste Substanzverluste erlitten hat und noch immer einem äußerst intensiven Assimilierungsdruck, der nur multikausal erklärt werden kann, ausgesetzt ist. Die zweifellos vorhandene Tendenz zur umfassenden „Eindeutschung" der burgenländischen Kroaten ist in ihren Auswirkungen vom Standpunkt der Wahrung der ethnischen Vielfalt im Land zu bedauern – macht sie doch das Burgenland kulturell nicht reicher, sondern um vieles ärmer.

Der vor nunmehr 25 Jahren abgeschlossene Staatsvertrag enthält in seinem Art. 7 eine umfassende und allseitige Schutznorm zugunsten der kroatischen nationalen Minderheit in Österreich. Aus gegebenem Anlaß möchte ich darauf hinweisen, daß dieser Art. 7 bis heute noch nicht erfüllt ist und sich die burgenländischen Kroaten immer noch gezwungen sehen, auf die strikte Einhaltung ihnen auch völkerrechtlich garantierter Rechte zu pochen.

Dies sei an einigen prägnanten Beispielen illustriert:

Gemäß Art. 7 Z. 2 St.V. v. 1955 haben die Kroaten des Burgenlandes Anspruch „auf eine verhältnismäßige Anzahl eigener Mittelschulen"; diese klar und unzweideutig formulierte Bestimmung hat für die Minderheit bisher bloß papierenen Wert gehabt, denn bis heute gibt es diese Einrichtungen nicht (hier sind die burgenländischen Kroaten sogar noch schlechter gestellt als die Kärntner Slowenen, die über ein eigenes Bundesgymnasium für Slowenen in Klagenfurt/Celovec verfügen). Der „Kroatischunterricht" an den AHS sieht derzeit so aus: er wird als bloßer Freigegenstand geführt, zwei Stunden wöchentlich, und zwar immer nachmittags, es gibt keine adäquaten Lehrbücher etc. Bis zum heutigen Tag ist die kroatische Sprache im gesamten Schulwesen kraß benachteiligt und keinesfalls gleichberechtigt, wie der Staatsvertrag dies zwingend vorschreibt. Die Folge: Die Sprachkenntnisse und der Vokabelschatz der kroatischen Jugendlichen verkümmern zusehends, sie werden ihrer Muttersprache zwangsläufig immer mehr entfremdet, zumal diese im Unterricht an den AHS sogar schlechter gestellt ist als die im neusprachlichen Zweig zu erlernende zweite lebende Fremdsprache! Auch die Z. 3 des Art. 7 blieb bis heute gänzlich unerfüllt: Zweisprachige Ortstafeln sind im Burgenland trotz eindeutiger staatsvertraglicher Verpflichtung nie aufgestellt worden, obwohl es z. B. im mittleren Burgenland Ortschaften gibt, in denen sich noch über 90% der ansässigen Bevölkerung zum kroatischen Volkstum bekennen. In den Nachbarländern Österreichs (Italien, Ungarn, Jugoslawien, Schweiz . . .) sind zwei- und auch mehrsprachige topographische Aufschriften in gemischtsprachigen Gebieten schon seit geraumer Zeit eine Selbstverständlichkeit, was jeder Auslandsurlauber bestätigen kann. Auch dessen sollte man sich bei den Jubiläumsfeierlichkeiten in diesem Jahr erinnern!

Das Kroatische ist auch nicht zusätzliche Amtssprache im Burgenland. Die Angehörigen der kroatischen Volksgruppe sind somit genötigt, sich vor sämtlichen Ämtern und Gerichten ausschließlich der deutschen Sprache zu befleißigen. Bei einer Studienreise nach Italien in diesem Jahr hatte ich Gelegenheit, die Prätur in Bozen zu besuchen. Was mich besonders beeindruckt hat, war die Tatsache, daß alle Richter in der Provinz Bozen zweisprachig sein müssen, d. h. sie müssen, bevor sie ernannt werden, einen Befähigungsnachweis beibringen, daß sie beide Landessprachen beherrschen.

Auf nähere Einzelheiten in diesem Zusammenhang möchte ich nicht eingehen, sondern verweise auf die ausgezeichnete Monographie von Professor Theodor Veiter, *Das Recht der Volksgruppen und Sprachminderheiten in Österreich.*[1] Professor Veiter, Honorarprofessor an der Universität Innsbruck für allgemeine Staatslehre sowie Volksgruppen- und Flüchtlingsrecht, vertritt gleichfalls die Auffassung, daß der Art. 7 St.V. v. 1955 noch keinesfalls erfüllt ist, sondern für die nationalen Minderheiten nur bloße Verheißung geblieben ist.

In Demokratien sollten Volksgruppen als äußerst wertvolle Bereicherung des geistig-kulturellen Lebens eines Landes geschätzt und tatkräftigst unterstützt werden. Der freien Entfaltung und stetigen Vervollkommnung ihrer nationalen Besonderheiten und Eigenschaften sollte nichts in den Weg gelegt werden.

Die Volksgruppe als solche ist in ihrer kulturellen, geistigen und sprachlichen Eigengeartetheit erhaltungs- und förderungswürdig; nur

---

[1] Theodor Veiter, *Das Recht der Volksgruppen und Sprachminderheiten in Österreich,* Wien 1970.

eine Politik der großzügigen Förderung und Unterstützung der Volksgruppen auf allen Gebieten des gesellschaftlichen Lebens, unabhängig von ihrem Anteil an der Gesamtbevölkerung, entspricht den elementarsten Geboten der Demokratie und Rechtsstaatlichkeit.

Die Slowenen in Kärnten und die Kroaten im Burgenland – bzw. besser gesagt: ihr trotz massivem Assimilationsdruck noch übriggebliebener „Restbestand" – sind leider noch immer Opfer der Nichterfüllung des Art. 7 des St.V. v. 1955.

In den 25 Jahren, die nunmehr seit Abschluß des Staatsvertrages verstrichen sind, ist keine befriedigende Amtssprachen- und Ortstafelregelung gefunden worden; das 1976 beschlossene Volksgruppengesetz bzw. die zu ihm bereits ergangenen Durchführungsverordnungen beruhen nicht auf den im Art. 7 St.V. festgelegten Grundsätzen (Territorialprinzip, keine Berücksichtigung der zahlenmäßigen Stärke der Volksgruppen etc.) und sind somit für die nationalen Minderheiten inakzeptabel, weshalb diese auch nicht bereit sind, die vorgesehenen „Volksgruppenbeiräte" zu beschicken.

Zum Schluß meiner Ausführungen möchte ich noch an alle hier Anwesenden den eindringlichen Appell richten, Verständnis für die spezifischen Anliegen und Nöte der Volksgruppen zu zeigen und dafür einzutreten, daß die ihnen feierlich zugesicherten Rechte endlich konsequent und auf der Grundlage des Art. 7 St.V. verwirklicht werden.

Rabofsky: Ich dürfte hier in dem Ruf stehen, ein Kenner der NS-Justiz, also der Zeit zwischen 1938 und 1945 zu sein. Das nicht allein, weil ich leider die Ehre hatte, diese Einrichtung von innen her genauestens kennenzulernen, sondern auch weil ich mich mit der Aktenlage nach 1945 gründlich beschäftigt habe. Herr Präsident Dr. Leon hat an Herrn Dr. Neugebauer die Frage gerichtet, was ihn berechtigte, eine historische Untersuchung der NS-Justiz in umfassender Form zu fordern. Eine solche haben die überlebenden Verfolgten des NS-Regimes, also die Kenner dieser Justiz, schon verlangt, als sie erkannten, was dort wirklich vorgegangen ist.

Wie kam ich selbst zu einer solchen Forderung? Wir haben hier eine Reihe von anekdotischen und biographischen Darstellungen gehört, und ich möchte ebenfalls eine ganz kurze hier anschließen. Ich kam zu der Frage, was eigentlich alles in dieser Zeit in den Justizgebäuden vor sich gegangen ist, nicht nur etwa deswegen, weil ich selbst lange in Haft war und weil viele meiner Freunde und Genossen von der NS-Justiz hingerichtet, also ermordet worden sind. Erst als ich näheren Einblick in den juristischen Ablauf dieser Dinge bekommen hatte, wurde mir bewußt, daß die Schrecken der NS-Blutjustiz aus dem persönlichen Erlebnis nur bruchstückhaft verengt dargestellt und verstanden werden können. Das legitimiert die Forderung nicht nur des Dokumentationsarchivs des österreichischen Widerstands, sondern insbesondere jene der österreichischen Jugend nach einer Darstellung der juristischen Vorgänge der Vergangenheit. Diese Forderung sollte auch von der österreichischen Rechtswissenschaft ehestens erfüllt werden. Egal ob eine historische Arbeit auf diesem traurigen Gebiet dem einen angenehm ist oder dem anderen nicht.

Hier wurde eben gesagt: Nach dem Jahr 1945 ist es in der Justiz gesetzlich ordnungsgemäß vor sich gegangen. Darüber will ich nicht diskutieren. Aber eines steht fest: Wenn man diese Aussage verwendet, dann können wir sagen, und da werden wir wohl übereinstimmen, vor 1945 ist es in der Justiz absolut nicht nach dem Recht, schon gar nicht nach österreichischen Gesetzen ordnungsgemäß vor sich gegangen. Das heißt also auf deutsch, alles das, was vor allem in der Strafjustiz geschah, sowohl in der politischen Strafjustiz als auch zu einem großen Teil in der Rechtsprechung in Kriminalfällen, war gesetzwidrig nach österreichischem Recht. Schon die Abschaffung des österreichischen bzw. die Einführung deutschen Rechts war unbestritten ein illegitimer Eingriff in die österreichische Rechtsordnung. Es besteht für Österreich die Pflicht, die Handlungen dieser Justiz des Unrechts in vollem Umfang aufzuhellen. Das ist nicht nur eine Forderung der Historiker, sondern auch eine der vielen Opfer solcher Untaten, die, soweit sie zum Tod geführt haben, als Mord zu betrachten sind und in Österreich auch nicht verjähren.

Es ergibt sich die Frage: Wie kommen wir überhaupt an die Fakten heran? Jeder von uns hatte zunächst nur seine eigenen Erfahrungen. Aber wenn man mit dem Problem der NS-Justiz aus historischer Sicht konfrontiert wird, versucht man etwas in die Tiefe zu gehen. Für mich war das so, daß ich 1958 in eine internationale Juristenkommission gewählt wurde, die unter der Leitung des Franzosen Abbé Boulé stand. Diese Kommission beschäftigte sich speziell mit der Aufdeckung der Verbrechen der NS-Justiz und hat außerordentlich interessante Unterlagen zutage gebracht. Es tauchten Fälle und Zusammenhänge auf, die zeigten, daß selbst meine Kenntnisse vieler Justizverbrechen, die ich aus der Nähe miterleben mußte, keine ausreichende Information ermöglichten. Ich muß gestehen, daß erst damit für mich das Motiv gegeben war, mich mit dieser Frage eingehend zu beschäftigen.

Es muß leider festgestellt werden, daß in Österreich auch heute, wenn wir von der schätzenswerten Arbeit des Dokumentationsarchivs und einzelner Historiker absehen, keine wirklich umfassende Darstellung dessen vorliegt, was in der Zeit der NS-Justiz alles geschehen ist. Wir kommen nur schrittweise an die Unterlagen heran, und vor uns steht weiterhin sowohl juristisch als auch historisch die Forderung, das unbewältigte Problem der NS-Justiz restlos aufzuklären. Dabei werden selbstverständlich eine Reihe von Fragen mitgelöst, die zweifelsohne zur Rehabilitierung einer Reihe von österreichischen Richterpersönlichkeiten führen können. Ich darf auf eine Arbeit von mir verweisen, die etwa fünfzehn Jahre zurückliegt. In der Zeitschrift *Das Recht der Arbeit* veröffentlichte ich im Mai 1964, S. 100 ff. einen Aufsatz mit dem Titel „Richter und entartete Staatsmacht", in dem ich mich vor allem als Arbeitsrechtslehrer mit der Frage der Arbeitsrechtsjurisprudenz, bezogen auf den Nationalsozialismus, befaßt habe. Ich fand eine Reihe von Urteilen österreichischer Richter, die keineswegs den Nationalsozialismus begünstigten. Da war z. B. ein bemerkenswertes Urteil des späteren Justizministers Dr. Kapfer, das ich einem Akt entnehmen konnte, der ihm selbst gar nicht mehr zugänglich war. Ich fand es, als ich über Ersuchen der Gewerkschaft Akte der Deutschen Arbeitsfront aufarbeitete.

Also solche lehrreichen Dinge konnten zutage kommen. Aber entsetzt war ich, als in Innsbrucker Strafakten der Name des späteren Ministerialdirigenten Dr. Eduard Dreher, des Schöpfers der ersten Entwürfe zu einem Strafgesetzbuch der BRD, auftauchte. In Fällen, die in der Gegenwart eher der Kleinkriminalität zugeordnet werden, zeigte er sich selbst bei der Einschätzung von Gnadenanträgen als härtester Verfechter der Todesstrafe. Das sind zweifellos nur Einzelergebnisse aus der Befassung mit der Geschichte der NS-Justiz, die aber bestimmt interessant für die eine oder andere Vorlesung wären, wollte man an den juristischen Fakultäten endlich auch die Erfahrungen jüngster Rechtsgeschichte darlegen. Für die Rechtserziehung bieten die Dokumente der NS-Justiz im allgemeinen sehr wertvolle Erkenntnisse, wenn man sich ernsthaft damit beschäftigt.

Gemeinsam mit dem leider bereits verstorbenen Vorstandsmitglied des Verbandes der Widerstandskämpfer und Opfer des Faschismus, Rudolf Jakl, habe ich nach dem Tod unseres Kameraden Kirchweger, der von einem Neofaschisten auf der Straße erschlagen wurde, bei Herrn Bundesminister Dr. Broda vorgesprochen. Wir erhielten von ihm die Zusage, daß das gesamte Material der NS-Justiz aufgearbeitet wird, daß also insbesondere die Gesetzwidrigkeiten – ausgehend vom österreichischen Recht – der Zeit von 1938 bis 1945, die sich innerhalb der österreichischen Gerichtsgebäude ereignet hatten, genau untersucht werden. Es ist auf diesem Gebiet vielleicht einiges geschehen, aber Wesentliches ist noch offen. Ich muß daher Herrn Dr. Neugebauer zustimmen, daß die Offenlegung aller Akte der NS-Justiz eine Forderung bleibt, an deren Erfüllung vor allem die jungen Menschen von heute einen Anspruch haben. Vor allem ist die studierende Jugend berechtigt, zu erfahren: Was ist wirklich geschehen, wieso konnte es geschehen? Das hat nichts mit einem Rachefeldzug in der Gegenwart zu tun. Aber es besteht gar kein Zweifel daran, daß aus den historischen Dokumenten dieses Teils der österreichischen Rechtsgeschichte wichtige Lehren für das Rechtsleben der Gegenwart gezogen werden können.

Broda: Ich werde mir erlauben, selbst einige Bemerkungen zu machen, und damit auch versuchen, die an mich gerichteten Fragen zu beantworten.

Herrn Dr. Gassner möchte ich noch folgendes sagen: Die Bundesregierung steht auf dem Standpunkt, daß Art. 7 des Staatsvertrages erfüllt ist; was nicht bedeutet, daß es nicht – wie in jedem Sachzusammenhang – eine weitere dynamische Entwicklung geben wird. Ich kann mir durchaus vorstellen, daß diese auch die von Dr. Gassner im Hinblick auf seinen engeren Arbeits- und offenbar auch Heimatbereich, das Burgenland, aufgeworfenen Fragen umfassen wird.

Herrn Dozenten Konrad muß ich – entgegen der Meinung des Herrn Generalanwaltes Marschall – zustimmen, da ich glaube, daß die Aufhebung der Verfassungsbestimmungen über das Standrecht und damit die Einreihung Österreichs, wie ich es ausdrücke, unter die wenigen Staaten der Welt, die in keinem Verfahren – nicht einmal im außerordentlichen, ja selbst nicht einmal in jenem im Kriegsfall – die Todesstrafe kennen, durchaus ein Teil der großen Strafrechtsreform der Zweiten Republik gewesen ist. Konkret kam es zu dieser Verfassungsänderung und zu der entsprechenden Änderung des Strafgesetzbuches durch einen Initiativantrag von Abgeordneten zum Nationalrat im Jahre 1967, zu denen auch ich gehörte.[1] Die damalige Regierungspartei hat sich dieser Initiative der großen Oppositionspartei angeschlossen, und auf Grund einer gemeinsamen Initiative aller drei im Parlament vertretenen Parteien wurden das Bundesverfassungsgesetz vom 7. Februar 1968 und das entsprechende Strafrechtsänderungsgesetz beschlossen.[2]

Es ist daher geschichtlich durchaus richtig, diese sehr wichtige, einstimmige Entscheidung der Volksvertretung als Teil der großen Strafrechtsreform der Zweiten Republik zu bezeichnen. Diese Strafrechtsreform ist nicht an Zäsuren, wie Gesetzgebungsperioden, zu messen.

Ich möchte versuchen, zu den von Dr. Neugebauer, Dr. Rabofsky und anderen Herren aufgeworfenen Fragen, dem wissenschaftlichen Charakter dieses Symposions entsprechend, Stellung zu nehmen. Gestatten Sie mir, es in vierfacher Weise zu tun: Als Zeitgenosse, als nicht berufsmäßiger Historiker aus historischer Sicht, als derzeitiger Leiter des Justizressorts und schließlich mit einer sehr persönlichen Bemerkung. Zuerst als Zeitgenosse. Ich verfüge nicht über die weitgespannten Erfahrungen der Herren Langbein und Dr. Rabofsky, aber ich kann aus eigener Erfahrung bestätigen, daß es für Richter und andere Justizangehörige auch im Dritten Reich, fast bis zum Schluß, unter bestimmten Umständen einen Spielraum gegeben hat. In meinem eigenen Fall, d. h. in dem gegen mich anhängigen Kriegsgerichtsprozeß im Jahre 1943, haben sowohl der Ankläger als auch der Vorsitzende – zwei österreichische Anwälte, die als Reserveoffiziere zur deutschen Wehrmacht eingezogen und nicht weniger gegen das Regime eingestellt waren als ich – viel mehr dazu getan und auch tun können als ich selbst, daß es zu einem außerordentlich günstigen Ergebnis des Verfahrens gekommen ist.[3] Das war ein Kriegsgerichtsverfahren im Jahr 1943, also noch vor dem 20. Juli 1944; ich sagte es schon, das waren ganz besondere Umstände. Ich möchte daher für meine Person feststellen, daß man auch hier gar kein generelles Urteil fällen kann; es kam sehr auf die Umstände an, und es kam darauf an, ob die innere Bereitschaft und der Mut vorhanden waren, diese Umstände zu nützen und sich als Richter oder Staatsanwalt gegen das unmenschliche Unrechtsregime zu wehren. Ich habe bei einer Veranstaltung des Dokumentationsarchivs des österreichischen Widerstands im Jahr 1974, bei der ich eingeladen war, über diese Fragen zu sprechen, Solschenizyn zitiert, der in seinem *Archipel Gulag* auf diese Frage zu sprechen kommt und meint, wenn es so wäre, daß man die Menschen nur in Schwarze und Weiße einteilen könnte, dann wäre alles viel leichter.[4] So ist es nicht, denn in jedem Menschen gibt es die eine und die andere Seite. Es kommt sehr auf die Umstände an, welche zum Tragen kommen.

Zweitens, sozusagen in historischer Sicht: Wie war die Durchführung der NS-Verbotsgesetzgebung im Justizressort? Hier kann ich nur dem beipflichten, was ein viel besser Unterrichteter, Sektionschef i. R. Dr. Loebenstein, Ihnen dargelegt hat. Damals war ich weder in verantwortlicher Position noch überhaupt in der Lage, auf die Vorgangsweise Einfluß zu nehmen. Man muß den Männern der damaligen Zeit, insbesondere dem Staatssekretär und späteren Justizminister Dr. Gerö, aber auch den der Provisorischen Staatsregierung folgenden Bundesregierungen und den Parlamenten Gerechtigkeit widerfahren lassen. Sie haben in einer ungemein schwierigen Situation die österreichische Justiz wiederaufgebaut, glaubten es auf diesem Weg nach bestem Wissen und Gewissen zu tun und sahen keine andere Alternative.

Als derzeitiger und früherer Leiter des Justizressorts möchte ich folgendes sagen. Im Jahre 1965, als ich Leiter des Justizressorts war, ist die Frage der seinerzeitigen Wiedereinstellung von Richtern, die zwischen 1938 und 1945 Dienst getan haben, aktualisiert worden, und es hat darüber eine rege öffentliche Diskussion gegeben.[5] Wir haben damals im Justizressort gesagt, wenn neue Tatsachen auftauchen, neue Umstände, die die Wiederaufnahme der seinerzeitigen Dienstrechtsverfahren rechtfertigen würden, dann hätten wir sie ganz gewiß wieder aufge-

---

[1] Vgl. dazu die Rede des damaligen Abgeordneten Dr. Christian Broda, in: Sten.-Prot. des Nationalrats, XI.G.P., 43. Stzg, 20. Jänner 1967, S. 3520 ff. bzw. 3527 ff.
[2] Sten.-Prot., XI. G.P., 93. Stzg., 7. Februar 1968, S. 7344 ff.
[3] Christian Broda, *Demokratie, Recht, Gesellschaft*, Wien 1962, S. 9.
[4] Christian Broda, *1938–1974: Was ist geblieben?*, in: *Zeitgeschichte*, Mai 1974, S. 184.
[5] Vgl. dazu: *Forum*, 1. Sonderheft, Herbst 1965, und *Forum*, November 1965.

nommen, und wir haben in diesem Sinn auch die entsprechenden Veranlassungen getroffen. Ich glaube, daß es zu keiner Wiederaufnahme von Verfahren gekommen ist, einfach aus dem Grund, weil keine neuen Tatsachen vorgelegen sind. Im übrigen bekenne ich mich noch heute, 1980, zu dem, was ich 1965 einmal gesagt habe. Was der Republik 1945 billig war, nämlich Richter, die zwischen 1938 und 1945 Dienst gemacht haben, wieder in den Dienst zu stellen, nach diesen Verfahren, die Ihnen so eindrücklich dargelegt worden sind, das muß der Republik 1965 recht sein[1], und erst recht 1980. Aber das ist eine Generationenfrage, die heute überhaupt keine Rolle mehr spielt. Ich stehe dazu. Es ist das Wesen des demokratischen Rechtsstaates, um den es uns damals ging, ebenso wie jenen vor mir, und um den es uns heute geht. Es wäre nichts damit getan gewesen, Unrecht mit Unrecht zu vergelten. Das Justizressort hat sich aus grundsätzlichen Erwägungen in der Zeit, in der ich die Verantwortung getragen habe und trage, aber auch früher, immer bemüht, ganz besonders dort, wo es möglich war – denken Sie nur an eine ununterbrochene Reihe von Präsidenten des Obersten Gerichtshofes –, gerade jene Richter in führende und verantwortliche Positionen zu berufen, die zwischen 1938 und 1945 selbst Opfer politischer Verfolgung gewesen sind. Ich kann mich hier Dr. Rabofsky anschließen: diese Reihe ist bis zum heutigen Tag nur unterbrochen gewesen durch den Präsidenten des Obersten Gerichtshofes Dr. Kapfer, der selbst kein politisch Geschädigter war. Dr. Rabofsky hat für ihn ein eindruckvolles Zeugnis abgelegt.[2] Dasselbe gilt für die Leiter der Oberstaatsanwaltschaften, dasselbe gilt für zahlreiche wichtige verantwortungsvolle Justizfunktionen. Ich glaube nicht, daß sich die Republik Österreich diesbezüglich ein Beispiel an Nachbarstaaten zu nehmen hat.

Jetzt komme ich zum vierten Aspekt, einem ganz persönlichen. Ich glaube, es soll auch das in dieser Aussprache gesagt werden. Das Dritte Reich war ein so apokalyptisches Ereignis, das menschliche Kraft und menschliches Vermögen einfach überfordert hat; es nachher mit den uns zur Verfügung stehenden Mitteln des Rechtsstaates des demokratischen Rechtsstaates, zu dem wir uns bekennen, zu bewältigen, war ein Vorhaben, das menschliche Kraft überstiegen hat. Ich will gar nicht davon sprechen, daß man nicht das eine oder andere hätte anders machen können, machen sollen und machen müssen. Aber insgesamt scheint mir die Vorstellung an der Wirklichkeit vorbeizugehen, daß durch einige Prozesse mehr, einige Dienstrechtsverfahren mehr, Wesentliches an der inneren Bewältigung des Problems geändert worden wäre.

Hingegen bekenne ich mich uneingeschränkt zu dem – darin sind sich die Teilnehmer des Symposions offenbar einig –, was unsere Generation zur vollständigen Aufhellung dessen, was geschehen ist und wie es gewesen ist, tun konnte und noch tun kann. Dies sind wir der heutigen Generation, aber auch späteren Generationen schuldig. Die Aufgabe dieses Symposions sollte auch in diesem Sinne definiert werden.

Neugebauer[*]: Wenn man als Historiker die Geschichte der Justiz untersucht, so ist es selbstverständlich, daß man auf sachliche Richtigstellungen, Ergänzungen, Kritik und persönliche Meinungen von Justizangehörigen, insbesondere von historischen Akteuren, Bezug nimmt und ihnen Rechnung trägt. In diesem Sinn bin ich für die Stellungnahmen von Herrn Generalanwalt Dr. Marschall, von Herrn Sektionschef Dr. Loebenstein, von Herrn Präsidenten Leon und von Herrn Justizminister Dr. Broda dankbar. Diese Aufgeschlossenheit kann freilich den Historiker nicht daran hindern, an für richtig gehaltenen Auffassungen festzuhalten, andere Werturteile auszusprechen und auch nicht gewünschte Fragestellungen aufzugreifen. Eine Frage, in der ich gewiß nicht mit den hier ausgesprochenen Meinungen der Juristen übereinstimme, ist die Beurteilung des Verhaltens der Justizangehörigen, insbesondere der Richter und Staatsanwälte, im nationalsozialistischen Staat. Kollege Langbein hat hier schon einige wichtige Hinweise dazu gegeben. Auch ich bin der Auffassung, daß nach fünf Jahren terroristischer Diktatur in Deutschland und nach den Ereignissen des März 1938 in Österreich keinem Richter der verbrecherische Charakter des Dritten Reiches verborgen bleiben konnte. Die Justiztätigkeit 1938 bis 1945 erfolgte auch keineswegs stets auf der Basis der damals geltenden Gesetze. Ich erinnere mich z. B. der handschriftlichen Einfügung eines Er-

---

[1] Christian Broda, *Die Republik hat den Schlußstrich gezogen*, in: *Forum*, Dezember 1965, S. 570.
[2] Vgl. dazu den Diskussionsbeitrag von Professor Rabofsky, im vorliegenden Band, S. 108.
[*] Die Statements von Dr. Neugebauer und Dr. Stuhlpfarrer wurden zwar am 25. Oktober 1980 abgegeben, doch schien es der inhaltlichen Geschlossenheit wegen sinnvoll, die Beiträge vorzuziehen.

sten Staatsanwaltes, der dann nach 1945 Senatspräsident des OLG Wien wurde, auf einer Anklageschrift, wo es hieß, das „natürliche Volksempfinden" erfordert eine Überschreitung des gesetzlichen Strafrahmens. Und ich erinnere hier auch an eine Weisung des Reichsjustizministeriums vom Februar 1945, wo angeordnet wurde, die Räumung der Justizvollzugsanstalten feindbedrohter Gebiete habe so zu erfolgen, daß bestimmte Häftlingskategorien der Polizei zur Beseitigung zu überstellen oder, wenn auch dies nicht möglich ist, durch Erschießen unschädlich zu machen seien. Das war eine Aufforderung zum glatten Mord, dem leider auch von vielen Justizfunktionären Folge geleistet wurde. Der verbrecherische Charakter der Justiz im Dritten Reich kann meines Erachtens auch nicht dadurch relativiert werden, wenn man sagt, es hat auch anständige Richter gegeben. Gewiß gab es auch damals Ausnahmen, gab es einen Spielraum der Urteilsfindung für den einzelnen Richter, der auch von manchen genutzt wurde; das kann jedoch im Bereich der politischen Justiz, beim Volksgerichtshof, bei den Sondergerichten, bei Besonderen Senaten der Oberlandesgerichte und bei den Standgerichten nahezu ausgeschlossen werden. Nicht einmal im April und Mai 1945 trat eine Änderung ein. Und selbst wenn ein Richter statt möglicher fünfzig Todesurteile 25 gefällt hat, so ist es zwar vom Standpunkt der auf diese Weise Geretteten anerkennenswert, ändert jedoch nicht das geringste am Gesamtcharakter der nationalsozialistischen Justiz. Daß die Beteiligung der Richter am Widerstand eine sehr geringe war, daß der Anteil der Richter an der Mitgliedschaft der NSDAP außerordentlich groß war, sind unbestreitbare Tatsachen, und ich verstehe nicht, warum dies heute geleugnet, entschuldigt oder bagatellisiert werden sollte.

Was die Weiterverwendung nationalsozialistischer Richter nach 1945 betrifft, so liegt hier ein gewisses Mißverständnis vor: Es geht doch heute nicht mehr um Entlarvungen – ich habe keine Namen genannt –, auch nicht um eine Wiederaufnahme von irgendwelchen Prüfungsverfahren, geschweige denn um Rachejustiz, sondern darum, daß der Historiker auch diese Aspekte der österreichischen Nachkriegsjustiz wissenschaftlich untersucht. Die Feststellung der Tatsache, daß nationalsozialistische Richter weiterverwendet wurden, daß offenbar keine Gerichtsverfahren gegen solche Richter oder Staatsanwälte eingeleitet wurden, wird dem Historiker nicht verwehrt werden dürfen. Ich habe auch nicht die gesetzliche Grundlage und die rechtsstaatliche Durchführung der damals durchgeführten Wiedereinstellungsverfahren in Zweifel gezogen. Das kann ich schon deswegen nicht, weil ich die Akten nicht kenne, um mir selbst ein Urteil zu bilden. Ich habe lediglich die konkrete Frage in einem Einzelfall gestellt, darauf freilich keine konkrete Antwort, sondern eine allgemeine Versicherung erhalten. Ich bin der Meinung, daß es legitim ist, auf einem wissenschaftlichen Symposion über die Justiz nach 1945 so wesentliche Fragen, wie die nach der personellen Kontinuität, nach etwaigen gerichtlichen Untersuchungen, nach der Art und Weise der Durchführung der Einstellungsverfahren zu stellen. Ich nehme nicht an, daß die Äußerungen von Herrn Präsidenten Leon tatsächlich so zu verstehen sind, daß kritische, heikle, unangenehme Fragen hier nicht gestellt werden dürfen. Ich jedenfalls habe die Auffassung, daß wissenschaftliche Forschung nicht die Aufgabe der Verherrlichung oder Legitimierung, sondern der Tatsachenfeststellung, kritischen Analyse und Beurteilung hat.

Stuhlpfarrer: Die Stellungnahmen zu meinem Referat bezogen sich ausschließlich auf die Phase nach dem Abschluß des Staatsvertrages von 1955, also auf das Problem der Durchführung von dessen Art. 7 Z. 3, insbesondere im Bereich des Justizwesens. Auch für mich wäre es natürlich wesentlich und interessant gewesen, auf die Durchführung von Art. 7 einzugehen. Das war aber nicht der eigentliche Gegenstand meines Referates und ist auch nicht, wenn ich es richtig verstanden habe, der eigentliche Gegenstand dieses Symposions.

Trotzdem möchte ich kurz darauf eingehen, was ich aus diesen Stellungnahmen gelernt habe. Herr Ministerialrat Spehar hat auf Art. 6 lit. e der Menschenrechtskonvention verwiesen und betont, daß ein Dolmetsch kostenlos beigezogen werden müsse, wenn eine Partei die Gerichtssprache nicht versteht oder sich nicht in ihr ausdrücken kann. Das gilt, wie bereits gesagt wurde, auch für Ausländer. Aus diesem Grunde begründet es keinen besonderen Minderheitenschutz für österreichische Staatsbürger. Es ergeben sich daraus überdies zwei Probleme: Wer stellt fest, wer sich nicht ausdrücken kann? Und was geschieht mit den Gemischtsprachigen? Auf Grund unseres Schulsystems, das ist allgemein bekannt, gibt es gar keine österreichischen Staatsbürger, die Angehörige nationaler Minderheiten sind, die nicht zweisprachig wären. Das heißt also, daß dieser Passus gerade auf die nationalen Minderheiten in Österreich eben nicht anwendbar ist. Ich habe also aus diesem Hinweis auf die Menschenrechtskonvention gelernt, daß mit Ausnahme der Kostenfrage dies eigentlich keine andere Regelung ist, als wie sie schon seit 1921 in Durchführung des Art. 66 Abs. 4 des Staatsvertrags von Saint-Germain bestanden hat. In Kärnten insbesondere, und darauf habe ich in meinem Referat verwiesen, ist immer betont worden, daß zweisprachiges Gerichtspersonal vorhanden gewesen sei, daß also, wenn z. B. ein Richter eine Partei in ihrer Sprache vernommen hat, deshalb auch keine Kosten entstanden sind. Das heißt, daß diese Regelung, auf die Herr Ministerialrat Spehar hingewiesen hat, im Grunde genommen völlig identisch mit jener Regelung ist, die seit 1921 in Österreich bestanden hat. Ich frage mich daher, wie hier der Art. 7 des österreichischen Staatsvertrags überhaupt in spezifischer Weise zum Tragen kommt.

Herr Minister Broda hat dann die Auffassung der Bundesregierung betont, daß Art. 7 erfüllt sei. Es gibt auch andere Auffassungen, sei es von Rechtsgelehrten, sei es insbesondere auch von den betroffenen Angehörigen der Minderheiten. Ich möchte nicht auf die Problematik der Prozentregelung eingehen, z. B. daß die 25% bei topographischen Aufschriften sehr viel höher liegt als die 20-%-Regelung, die im Zusammenhang mit dem Staatsvertrag von Saint-Germain diskutiert worden ist, auf die Schulfrage, die im Volksgruppengesetz ausgeklammert blieb, auf die Probleme, die sich aus Art. 7 Z. 5 ergeben. Herr Minister Broda hat in seiner Antwort auf den Beitrag von Herrn Richteramtsanwärter Dr. Gassner jedoch auch langfristig den Weg zu einer wirklichen Zweisprachigkeit in der Frage der Volksgruppen in Österreich, wie sie etwa auch in Südtirol realisiert ist, nicht ausgeschlossen. Das erfüllt jene mit Hoffnung, zu denen auch ich mich zähle, die glauben, daß Art. 7 des Staatsvertrages von 1955 noch nicht vollständig realisiert ist. Ein Schritt zu dieser Zweisprachigkeit ist, meine ich, auch hier im Justizministerium schon mit den Arbeiten am Lexikon zur slowenisch-deutschen Rechtssprache geschehen. Ich glaube, wenn dies nicht nur auf den internen Gebrauch im Justizbereich beschränkt bleibt, sondern sich ausweitet und auch den Schulbereich erfaßt, dann könnte langfristig vielleicht auch tatsächlich einmal in Österreich Zweisprachigkeit wie in Südtirol herrschen.

Verzeichnis der Referenten und Diskussionsteilnehmer

Christian BRODA, Dr. jur., Bundesminister für Justiz, Wien.
Hertha FIRNBERG, Dr. phil., Bundesminister für Wissenschaft und Forschung.
Herbert GASSNER, Dr. jur., Richteramtsanwärter beim Bezirksgericht Eisenstadt.
Helmut KONRAD, Dr. phil., ao. Universitätsprofessor am Institut für Neuere Geschichte und Zeitgeschichte der Universität Linz.
Mario LAICH, Dr. jur., Oberstaatsanwalt in Innsbruck.
Hermann LANGBEIN, Historiker und Schriftsteller, Wien.
Fritz LEON, Dr. jur., Vizepräsident der Rechtsanwaltskammer, Wien.
Edwin LOEBENSTEIN, Dr. jur., Präsident des Verwaltungsgerichtshofes i. R., seit 1945 im Verfassungsdienst der Staatskanzlei und 1946–1955 im Bundeskanzleramt Leiter der Verbindungsstelle zum Alliierten Rat für Österreich, Wien.
Herbert LOEBENSTEIN, Dr. jur., Sektionschef i. R., seit November 1945 in leitender Position in der Abteilung 4 (Strafsachen einschließlich Gnadensachen) des Staatsamtes bzw. Bundesministeriums für Justiz tätig, Wien.
Karl MARSCHALL, Dr. jur., Generalanwalt im Bundesministerium für Justiz, Wien.
Wolfgang NEUGEBAUER, Dr. phil., wissenschaftlicher Beamter im Dokumentationsarchiv des österreichischen Widerstandes in Wien.
Eduard RABOFSKY, Dr. jur., Honorarprofessor für Arbeits- und Sozialrecht, Wien.
Herbert SPEHAR, Dr. jur., Ministerialrat im Bundesministerium für Justiz, Wien.
Herbert STEINER, Dr. phil., Prof., wissenschaftlicher Leiter und Sekretär des Dokumentationsarchivs des österreichischen Widerstandes in Wien.
Karl STUHLPFARRER, Dr. phil., Oberassistent am Institut für Zeitgeschichte der Universität Wien.
Erika WEINZIERL, Dr. phil., o. Universitätsprofessor und Vorstand des Instituts für Zeitgeschichte der Universität Wien.

REFERATE VOM 25. OKTOBER 1980

Gerhard Jagschitz

Der Einfluß der alliierten Besatzungsmächte auf die österreichische Strafgerichtsbarkeit von 1945 bis 1955

Die Probleme der alliierten Besatzung Österreichs nach dem Zweiten Weltkrieg blieben lange Zeit von der österreichischen Geschichtswissenschaft wenig beachtet. Erst in jüngster Zeit beginnt eine intensivere Auseinandersetzung mit dieser Periode, wobei sich die Konturen eines facettenreichen, differenzierten Bildes zu zeigen beginnen. Denn wie nur selten davor und danach klaffte zwischen den geschriebenen Normen und der Wirklichkeit eine breite Kluft. Es gab Kontrollabkommen, Gesetze, Verordnungen und Weisungen, doch die Menschen dieses Landes, die gerade ihren Ideenreichtum beim Überleben bewiesen hatten, richteten sich dieses neue Leben nach ihren eigenen Gesetzen und Normen ein, wandten ihre eigenen Interpretationen der geschriebenen Normen an und entwickelten vielschichtige Verhaltensweisen gegenüber den Widrigkeiten des Wiederaufbaus und den ständig gegenwärtigen Besatzungsmächten. Auch die österreichische Bürokratie dieser Zeit – vom kleinsten Dorf bis zur Zentralverwaltung – stand in dieser Tradition.[1] Sie entwickelte eine breite Palette von flexibler Nachgiebigkeit über furchtsame Beugung bis zum störrischen Aufbegehren, blieb jedoch in einer vermeintlichen Offenheit stets unverbindlich und in einer vermeintlichen Willigkeit stets hinhaltend, sodaß sie für die Angehörigen der alliierten Militärverwaltungen kaum faßbar war. Fast hatte es den Anschein, als ob das berühmte, auf die einfallenden Deutschen gemünzte Wort des Wiener Kabaretts nach dem März 1938: „Mir wer'n s' schon demoralisieren"[2] noch immer seine Gültigkeit hatte. Ohne die Bedeutung von Kollaboration und Opportunismus, von Menschenraubaffären und Übergriffen der Besatzungsmächte zu reduzieren, kann man doch auch dieses österreichische Selbstverständnis und Selbstbewußtsein als politisches Element annehmen, das nicht ohne Einfluß auf den Verlauf des Besatzungsjahrzehnts und die Erlangung der Freiheit und Souveränität blieb.

Mit dieser Einleitung soll nur zum Ausdruck gebracht werden, daß dem gestellten Problem nicht mit Akten und Literatur allein beizukom-

---

[1] Vgl. dazu auch die Studie des Instituts für Höhere Studien, *Verwaltung in der Demokratie,* 11 Bände, Wien 1976–1980.
[2] Aus der Kabarettszene „Das chinesische Wunder" von Fritz Eckhardt und Franz Paul im Wiener Werkel Anfang 1939, in: Rudolf Weys, *Wien bleibt Wien und das geschieht ihm ganz recht,* Wien 1974, S. 213.

men ist, der vorliegende Versuch einer Zusammenfassung daher unvollständig bleiben muß. Ein zweites Element erhöht jedoch noch den fragmentarischen Charakter der Untersuchung, denn zwar konnten erstmals Aktenbestände des Bundesministeriums für Justiz herangezogen werden, doch bedürfen diese einer Ergänzung durch Archivalien der Alliierten, wozu noch umfangreiche Forschungsarbeiten notwendig sind.[1]

Die erforderliche Beschränkung auf das gewählte Thema macht es notwendig, einige Probleme beiseite zu lassen. Dazu gehört das Problem der Genehmigung oder Ablehnung österreichischer Gesetze durch den Alliierten Rat auf Grund der Bestimmungen des Ersten und Zweiten Kontrollabkommens[2], die Eingriffe der Besatzungsmächte in die Verwaltung überhaupt und die Eingriffe auf dem Gebiet der Zivilrechtspflege. Obwohl in einem eigenen Beitrag auf die Wiedererrichtung der Justizorganisation nach dem Zweiten Weltkrieg eingegangen wird[3], seien einige Punkte gestreift, die zum Verständnis des vorliegenden Themas notwendig sind. Da ist zunächst einmal die Frage der Anerkennung der österreichischen Regierung unter dem Staatskanzler Karl Renner durch die Alliierten. Die Einsetzung unter entscheidender Beteiligung der Sowjetunion hatte das Mißtrauen der Vereinigten Staaten, Großbritanniens und Frankreichs hervorgerufen[4], die zunächst im Gegensatz zur Sowjetunion – die nahezu uneingeschränkt die zentralen Verwaltungsaufgaben der Regierung Renner übertrug – in den westlichen Besatzungszonen das Agieren der Zentralverwaltung behinderten und einen eigenen starken Militärverwaltungsapparat aufbauten. Der Versuch Renners im August 1945 zu erreichen, daß die alliierten Militärbehörden sich der österreichischen Verwaltungseinrichtungen bedienten und keine direkten Anordnungen gegenüber der Zivilbevölkerung erließen[5], widersprach aber den Prinzipien der westlichen Militärverwaltungen und war daher zum Scheitern verurteilt. Erst mit der Anerkennung der Regierung Renner nach der Länderkonferenz Ende September 1945 und der Aufnahme der Tätigkeit des Alliierten Rates waren auch die Westalliierten bereit, der österreichischen Regierung mehr Verantwortlichkeit zuzugestehen. Verschärft wurde die Lage noch dadurch, daß für mehrere Wochen ein Nebeneinander von alten nationalsozialistischen Verwaltungseinheiten, zum Teil inkompetenten alliierten Militärverwaltungsstellen und neuen demokratischen Verwaltungsorganen bestand. Die schwierige Lage auf dem Verkehrs- und Nachrichtensektor erschwerte darüber hinaus noch die Schaffung eines zentralen Verwaltungsapparates.

Zum zweiten war der Umfang der Autorität der Regierung Renner nicht unbestritten. Denn die Stärke der lokalen und regionalen politischen Verwaltungseinheiten und deren früh einsetzende Handlungsfähigkeit machten es notwendig, das Zusammenspiel von föderalistischen und zentralistischen Interessen erst wieder neu auszutarieren. Renner wurde nicht müde, vor den Gefahren des Partikularismus zu warnen, und war sogar bereit, die straff zentralistischen büro-

---

[1] Der wichtigste archivalische Bestand, der für diesen Beitrag herangezogen wurde, waren die Allgemeinen Präsidialakten des Bundesministeriums für Justiz von 1945 bis 1955. Zweifellos könnten auch Akten aus den einzelnen Sektionen des Bundesministeriums für Justiz sowie der österreichischen Gerichte und des Bundeskanzleramtes weitere Aufschlüsse bringen. Die Akten der amerikanischen Militärverwaltung in Österreich sind verstreut und unvollständig, doch benützbar, seit kurzer Zeit gewährt auch Frankreich Einsicht in die Besatzungsakten. Schwieriger ist die Lage in Großbritannien, und unmöglich scheint es, Aktenbestände der Sowjetunion zu erhalten, wenngleich derzeit ein Projekt einer Aktenedition aller vier Besatzungsmächte zur Entstehung des Staatsvertrages vorbereitet wird. Bis jetzt konnte noch kein Hinweis auf den Verbleib der von den Alliierten abtransportierten Akten der Militärgerichte erhalten werden.

[2] Erstes Kontrollabkommen vom 4. Juli 1945, Art. 8 und 9, sowie Zweites Kontrollabkommen, Art. 6. Stephan Verosta, *Die internationale Stellung Österreichs. Eine Sammlung von Erklärungen und Verträgen aus den Jahren 1938 bis 1947*, Wien 1947, S. 69, 108 f.
Vgl. dazu auch: *Gazette of the Allied Commission for Austria*, Nr. 1 ff., 1945 ff.

[3] Vgl. dazu den Beitrag von Erika Weinzierl, *Die Anfänge des Wiederaufbaus der österreichischen Justiz 1945*, im vorliegenden Band, S. 14 ff.

[4] Zum Problem der Anerkennung der Regierung Renner vgl.: Wilfried Aichinger, *Sowjetische Österreichpolitik 1943–1945* (= Materialien zur Zeitgeschichte 1), Wien 1977, S. 159 ff., 321 ff.; Lydia Lettner, *Die französische Österreichpolitik von 1943 bis 1946*, Phil. Diss. Salzburg 1980, S. 138 ff.; Manfried Rauchensteiner, *Der Sonderfall. Die Besatzungszeit in Österreich 1945 bis 1955*, Wien 1979, S. 63 ff., 110 ff.; Reinhold Wagnleitner, *Großbritannien und die Wiedererrichtung der Republik Österreich*, Phil. Diss. Salzburg 1975, S. 100 ff.

[5] *Denkschrift der Provisorischen Staatsregierung der Republik Österreich über die Organisation der Zusammenarbeit der militärischen und zivilen Behörden*, Wien 1945, S. 10 f.

kratischen Einrichtungen des nationalsozialistischen Regimes noch einige Zeit beizubehalten und den Ländern jedwede Autonomie zu nehmen.[1] Auf dem Gebiet des Rechtes befürchtete das Staatsamt für Justiz unterschiedliche Rechtsnormen und unterschiedliche Rechtsübung in den verschiedenen Besatzungszonen, was dazu führen könnte, daß ein Delikt in einem Gebiet straffrei, im anderen strafbar wäre und auch Nationalsozialisten unterschiedlich behandelt werden könnten.[2] Zusammen mit der schwierigen Personalsituation in der Verwaltung durch Entlassung der belasteten nationalsozialistischen Beamten ergab sich bis weit in das Jahr 1946 hinein nur eine eingeschränkte Autorität der Zentralverwaltung.

Obwohl schon seit Anfang 1944 im Rahmen der „Europäischen Beratungskommission" (European Advisory Commission) von Großbritannien, den Vereinigten Staaten von Amerika und der Sowjetunion – erst später kam Frankreich hinzu – die europäische Nachkriegsordnung geplant wurde, waren die Vorbereitungen für eine Besetzung Österreichs in diesem politischen Gremium im Frühjahr 1945 noch nicht abgeschlossen. Daher kamen zunächst jene Planungen zum Tragen, die in den alliierten militärischen Stäben relativ unabhängig von politischen Überlegungen durchgeführt worden waren, die in der Errichtung von Militärverwaltungen durch die in Österreich einrückenden alliierten Truppen gipfelten. Das erste Land, dessen Armee in Österreich einmarschierte, war die Sowjetunion. Bei der Beurteilung der sowjetischen Österreichpolitik wird jedoch meist außer acht gelassen, daß in der ersten Phase bis etwa Anfang 1946 keinerlei Sowjetisierungstendenzen bestanden, vielmehr weitgehender Kooperationswille und Kompromißbereitschaft vorhanden waren. Das sowjetische Besatzungsregime war daher bis zur Errichtung der Alliierten Kommission weitaus liberaler als das der westlichen Alliierten und wurde erst unter dem Eindruck der steigenden Spannungen zwischen West und Ost im beginnenden kalten Krieg zum Nachteil Österreichs modifiziert.

In den von der Roten Armee besetzten Gebieten wurde die Gerichtsorganisation nicht angetastet, und es wurden auch keine personellen Maßnahmen gegenüber Angehörigen der Justizverwaltung getroffen.[3] Diese österreichische Eigenverantwortlichkeit bewirkte, daß die Gerichte schon im Sommer 1945 ihre Tätigkeit wieder aufnehmen konnten. Anders war es in den westlichen Zonen, wo der einrückende britische Feldmarschall Alexander Anfang Mai in einer Proklamation die höchste gesetzgebende, rechtsprechende und vollziehende Gewalt als oberster Befehlshaber der Alliierten Streitkräfte und Militär-Gouverneur für sich beanspruchte.[4] Die einmarschierenden Briten legten in Kärnten alle Gerichte still, die Justizangestellten konnten erst – soweit sie nicht wegen einer Belastung durch den Nationalsozialismus entlassen wurden – nach Überprüfung ihrer politischen Verläßlichkeit und einer eigenen Erlaubnis durch die britische Militärverwaltung ihren Dienst wieder aufnehmen. In der Steiermark gewährte die russische Besatzung die Aufnahme der Gerichtstätigkeit; als jedoch Ende Juli 1945 die Briten das Bundesland übernahmen, kam es zu massiven Eingriffen. Obwohl die Stillegung der Gerichte nicht mehr verfügt wurde, beanspruchte die Besatzungsmacht selbst die Leitung des Gerichtswesens, ernannte die Gerichtsfunktionäre und Schöffen in ihrem Namen, untersagte jede Verbindung mit der provisorischen österreichischen Regierung und nahm mit dem Dekret Nr. 10 alle Hoheitsrechte der Gerichtsbarkeit für sich in Anspruch. Die britische Besatzungsmacht übte damit in der Steiermark und in Kärnten auch alle Kompetenzen des Staatsamtes für Justiz aus.[5] Diese „chinesische Mauer"[6] wurde auch nach der Anerkennung der Regierung Renner durch die Westalliierten nur unwesentlich abgetragen, da die Briten lediglich Konsultationen mit der zentralen Justizverwaltungsbehörde zuließen, sich aber alle Entscheidungen weiterhin vorbehielten.

In den von den Vereinigten Staaten besetzten Bundesländern Tirol, Salzburg und Oberösterreich wurde zunächst ebenfalls die Tätigkeit

---

[1] Aichinger, *Österreichpolitik*, S. 188.
[2] Stellungnahme des Staatsamtes für Justiz zur Frage der Besetzungszonen, verbunden mit der Bekanntgabe jener Wünsche, die der Interalliierten Militär-Kommission zu unterbreiten wären, ohne Datum. Bundesministerium für Justiz, Präsidium-Allgemein (Präs) 121/45.
[3] Denkschrift über die Einrichtung der Justizverwaltung und Rechtspflege in der Republik Österreich, Präs. 591/46. Information des Bundespressedienstes über Eingriffe der Besatzungsmächte im Bereiche der Justiz und Justizverwaltung, Präs. 5/48 (893/48).
[4] Proklamation Nr. 2, in: Verosta, *Stellung*, S. 65.
[5] Bericht des Oberlandesgerichtspräsidenten Zigeuner von Graz an das Staatsamt für Justiz, 27. Oktober 1945, Präs. 302/45.
[6] Amtserinnerung, 17. Jänner 1946, Präs. 65/46.

der Gerichte untersagt; Richter, Rechtsanwälte und Notare durften ihre Funktionen bis zu einer Überprüfung durch die Militärregierung und einer formellen Zulassung nicht ausüben. Während jedoch in Salzburg schon im Sommer 1945 die Gerichte eingeschränkt agieren konnten – so durfte etwa zunächst die Staatsanwaltschaft nur jene Fälle behandeln, die ihr von der Militärregierung zugewiesen wurden –, kam es in Oberösterreich durch die den österreichischen Anliegen mit Unverständnis und Mißtrauen gegenüberstehenden Besatzungsbehörden, die bis zur Anerkennung der Regierung Renner anordneten, die Gesetze der Wiener Regierung nicht zur Anwendung zu bringen[1], erst Anfang 1946 zu einer Normalisierung des Gerichtswesens, wobei die Amerikaner auf die Entscheidung der einzelnen Fälle keinen Einfluß nahmen, doch Berichte verlangten.[2] In Tirol konnten die Gerichte bald ihre Tätigkeit stillschweigend aufnehmen, doch durften keine Urteile gefällt werden; die amerikanischen Militärbehörden widmeten sich vordringlich der Säuberung der Justizverwaltung von Nationalsozialisten.[3] Verwirrung entstand durch den Wechsel der Besatzungszonen im Sommer 1945, als die Franzosen Tirol übernahmen. Da sie nach anderen Richtlinien und mit anderen Methoden den Aufbau der Gerichtsorganisation begannen, kam es zu einem vollständigen Stillstand der Gerichtstätigkeit. Dadurch wurden nichtbeendete Verfahren oft monatelang verzögert und dann mitunter nach anderen Gesichtspunkten weitergeführt. Insgesamt erwiesen sich jedoch die Maßnahmen der französischen Militärverwaltung in Vorarlberg und Tirol im Vergleich zu den anderen westlichen Zonen als weniger einschneidend. Zu Beginn des Jahres 1946 wurde die Rechtspflege in der englischen und französischen Zone formell, in der amerikanischen Zone nur informell den österreichischen Behörden übergeben, sodaß von diesem Zeitpunkt an die Gerichte einheitlich nach österreichischen Gesetzen vorgingen.[4]

Damit schien die schon im Oktober 1945 ausgedrückte Hoffnung der Dritten Länderkonferenz erfüllt, eine regionale Einflußnahme der Besatzungsmächte auf die Gesetzgebung und Vollziehung erübrige sich durch den Anspruch der Regierung auf volle Autorität[5], doch zeigte sich in der Praxis ein wesentlich differenzierteres Bild. Eine dauernde Quelle der Auseinandersetzungen zwischen österreichischen Behörden und den Besatzungsmächten war die Entnazifizierungsfrage. Es gab Fälle, in welchen österreichische Kommissionen Gerichtsbedienstete wegen nationalsozialistischer Betätigung aus ihren Funktionen entfernten, die Besatzungsbehörden diese aber wieder in Dienst stellten. Ebenso kam es zu Außerdienststellungen durch die alliierten Militärbehörden, obwohl österreichische Behörden ein Verbleiben ausgesprochen hatten. Zu Kriegsende waren zahlreiche prominente Nationalsozialisten und nationalsozialistische Funktionäre in den Westen Österreichs – zum Teil unter falschem Namen – geflüchtet und entzogen sich dadurch der Gerichtsbarkeit. Denn die Verfolgung dieser Personen in den westlichen Zonen wurde höchst willkürlich gehandhabt, ebenso willkürlich wurden auch die Begehren der österreichischen Dienststellen um Auslieferung von Kriegsverbrechern von den westlichen Alliierten behandelt. Versuche, die Auslieferung von prominenten nationalsozialistischen Personen, wie Papen, Schirach, Kaltenbrunner, Scheel und Seyss-Inquart von amerikanischen Militärgerichten in Deutschland zu erreichen, schlugen fehl.[6] Lediglich der nationalsozialistische Bauernführer Reinthaller wurde an ein österreichisches Gericht überstellt.

Trotz der Empfehlung des Staatssekretärs für Justiz Gerö an die höheren Gerichtsfunktionäre im Herbst 1945, gegenüber den – zu dieser Zeit nur im Westen vorkommenden – Eingriffen der Besatzungsmächte in die Unabhängigkeit der Justiz „eine gewisse Nackensteife zu zeigen"[7], waren die österreichischen Behörden machtlos. Denn nur zu einem Teil waren Willkür, Schlamperei, Desorganisation und mangelndes Verständnis die Ursache – zumeist folgten die alliierten Militärverwaltungen klar umschriebenen Anweisungen und Verordnungen. Dabei ist zu

---

[1] Verhandlungsprotokoll der Juridischen Kommission der Ersten Länderkonferenz, 25. September 1945, Präs. 237/45.
[2] Information, Präs. 5/48 (893/48).
Besprechungsprotokoll des Staatssekretärs für Justiz mit den Präsidenten der Oberlandesgerichte und Leitern der Oberstaatsanwaltschaften, 29. u. 30. Oktober 1945, Präs. 302/45.
[3] Besprechungsprotokoll, 29. u. 30. Oktober 1945, Präs. 302/45.
[4] Bereits am 12. Juni 1945 war das Gesetz über die Wiederherstellung des österreichischen Strafrechtes erlassen worden. *Staatsgesetzblatt für die Republik Österreich,* Nr. 25/1945.
[5] Stellungnahme der Juridischen Kommission der Dritten Länderkonferenz, Präs. 237/45.
[6] Auslieferungsbegehren, Präs. 849/46, Präs. 1/49 (671/49).
[7] Besprechungsprotokoll, 29. u. 30. Oktober 1945, Präs. 302/45.

bemerken, daß offensichtlich die Briten und Amerikaner denselben Richtlinien folgten, die Franzosen jedoch nicht in allen Fällen. In der amerikanischen Zone kam es vor, daß Untersuchungshäftlinge von Besatzungsangehörigen überprüft und ohne Aktenkenntnis enthaftet wurden, andererseits mußten Häftlinge oft wochenlang ohne Vernehmungen warten, bis die Frage der Zuständigkeit entschieden war, also ob der Fall einem österreichischen oder amerikanischen Gericht zuzuweisen war. Von britischen und amerikanischen Gerichts- und Sicherheitsoffizieren wurde auch gegenüber von österreichischen Gerichten Verurteilten das Gnadenrecht ausgeübt, oder es wurden Weisungen zur Enthaftung erteilt. Es gab Behinderungen bei der Überstellung von Gefangenen über die Demarkationslinie, auch war es eine von allen vier Alliierten bis Anfang der fünfziger Jahre gelegentlich geübte Praxis, Häftlinge österreichischer Gerichte an eine alliierte Dienststelle oder – meist von den Sowjets praktiziert – an ein Gericht oder eine Polizeistelle in der eigenen Zone überstellen zu lassen, wodurch diese oft auf Dauer der österreichischen Gerichtsbarkeit entzogen waren.

In den Verordnungen, mit welchen die Tätigkeit der österreichischen Gerichte zugelassen wurde[1], waren stets auch einschränkende Bestimmungen für eine den alliierten Militärbehörden vorbehaltene Gerichtsbarkeit enthalten. Danach durfte kein österreichisches Gericht gegen einen Angehörigen der Besatzungsmächte, gegen alliiertes Personal und gegen Personen, die bei den Alliierten Vertrauensstellungen bekleideten, vorgehen, keine Übertretung einer Verordnung der Militärregierung ahnden und mußte die Anordnung einer Abgabe an ein Gericht der Militärregierung akzeptieren. Derartige Verfahren konnten jedoch mit schriftlicher Zustimmung der Militärregierung von österreichischen Gerichten verhandelt werden. Behandelte ein österreichisches Gericht derartige Fälle ohne Zustimmung, so konnten die Verfahren von der alliierten Militärbehörde unterbrochen, beziehungsweise gefällte Urteile annulliert werden. Die Alliierten beanspruchten das Recht, alle Gerichte zu beaufsichtigen, die Verfahren zu überwachen, die Erkenntnisse, Verfügungen, Urteile oder Entscheidungen zu überprüfen, für nichtig zu erklären, aufzuheben, umzuwandeln oder abzuändern und abweichende Anordnungen zu treffen. Die Todesstrafe durfte ohne Zustimmung der Militärbehörden nicht vollstreckt werden. Die Überwachung der Gerichtstätigkeit hatte den Zweck, sicherzustellen, daß die Rechtsprechung in Übereinstimmung mit den von der Militärverwaltung aufgestellten politischen Prinzipien erfolgte. Das Abziehen von Verfahren vor österreichischen Gerichten und die Überweisung an Militärgerichte sollte in allen Fällen erfolgen, in welchen durch lokale Präjudize, politischen oder sonstigen Druck und andere Einflüsse vor österreichischen Gerichten die Interessen der Alliierten nicht gesichert schienen.[2] Diese Bestimmungen eröffneten jedoch einen weiten Spielraum, denn es war durchaus nicht immer klar, wann Interessen der Besatzungsmächte berührt waren, auch führten politische Beweggründe gegenüber den anderen Besatzungsmächten, Interventionen oder ebenso undurchsichtige wie irrationale Motive oft zu derartigen Delegierungen.

In der Verfolgung dieser Anordnungen wurden bis 1955 an den Alliierten Rat sowie an die Militärverwaltungen der einzelnen Zonen laufend – wöchentlich oder monatlich – Verständigungen über den Stand von Verfahren und die Abhaltung der Hauptverhandlung, Ausweise über den Geschäftsanfall und den Stand der Häftlinge durch österreichische Gerichts- und Justizverwaltungsbehörden übermittelt. Auf Ansuchen wurden auch die Originalakten den alliierten Behörden in Rückstellungs-, Zivil- und Strafsachen übersandt, wobei derartige Übersendungen für die Sowjetunion gehäuft im Zeitraum zwischen 1945 und 1950 und für die Vereinigten Staaten für den Zeitraum von 1953 bis 1955 zu bemerken sind. Besonders zwischen 1945 und 1950 finden sich bei allen vier Alliierten laufend Beanstandungen von Volksgerichtsurteilen und Strafgerichtsverfahren. Zu einer speziellen Komplikation kam es 1945 in der britischen Besatzungszone in Kärnten und der Steiermark, da die Militärverwaltung die Anwendung des Verbotsgesetzes – in bezug auf die Volksgerichte –, des Kriegsverbrechergesetzes und des Schöffengesetzes untersagte[3], welches

---

[1] Verordnungen Nr. 101, 103 und 105 der Militärregierung Österreich. Verordnung Nr. 3 der Militärregierung Österreich – Land Kärnten.
Handbook Military Government Legislation. Legal Division (British Element), Allied Commission for Austria, o.O.u.J.
Plakatsammlung Archiv der Stadt Linz.
[2] *Austria Military Government Handbook,* o.O. 1945, Kapitel 22.7.
[3] Bericht Oberlandesgerichtspräsidium Graz an das Staatsamt für Justiz, 27. Oktober 1945, Präs. 302/45.

Verbot erst gegen Ende 1945 aufgehoben wurde. Die alliierten Militärregierungen in Österreich und ihre Anordnungen wurden vom Gesetzgeber ignoriert, denn es gab kein einziges österreichisches Gesetz, das die Kompetenzen der Militärverwaltungen oder die Auswirkungen ihrer Anordnungen auf das österreichische Rechtswesen geregelt hätte. Wohl aber wurde auf dem Erlaßwege die Koordination und Interpretation vorgenommen.

Das bedeutendste Instrument der Einschränkung einer österreichischen Gerichtshoheit war die Institution der Gerichte der Militärregierung. Diese Militärgerichte wurden mit der Verordnung Nr. 100[1] vermutlich schon kurze Zeit nach dem Einmarsch in den westlichen Zonen – nicht aber in Wien – eingerichtet, die Sowjetunion lehnte eine Ausdehnung der Bestimmungen auf ihre Zone als ungerechtfertigte Einengung der Souveränität Österreichs in der Sitzung des Alliierten Rates am 30. September 1945 ab.[2] Die Militärgerichte sollten Verstöße gegen die Interessen der Militärregierung gerichtlich verfolgen und waren zuständig für alle Handlungen gegen das Kriegsrecht und die Kriegsbräuche, gegen Anordnungen der Militärregierung und gegen österreichische Rechtsvorschriften. Ein Verfahren vor dem Militärgericht konnte daher als Grundlage Tatbestände haben, die nach britischem, französischem oder amerikanischem Recht strafbar waren, weiters Tatbestände, die nach dem speziell verkündeten Besatzungsrecht unter Strafe fielen, und schließlich Tatbestände, die nach österreichischem Recht zu beurteilen waren. Dabei konnten Delikte nur nach dem Strafrecht der Besatzungsmächte, nur nach österreichischem Recht oder nach beiden Rechten strafbar sein.[3] Die Gerichte waren in drei Kategorien – Obere, Mittlere und Einfache Militärgerichte – eingeteilt, das Obere Militärgericht konnte auch die Todesstrafe verhängen. Die Gerichte der Militärregierung waren für alle Personen im besetzten Gebiet Österreichs mit Ausnahme von Kriegsgefangenen, Angehörigen der alliierten Streitkräfte und Personen mit diplomatischer Immunität zuständig. Die Mittleren und Einfachen Militärgerichte hatten die Strafbefugnis nur für eine bestimmte Dauer einer Freiheitsstrafe und einen Höchstbetrag bei Geldstrafen, waren jedoch nicht an die Höchststrafen österreichischer Gesetze gebunden. Darüber hinaus konnten noch ergänzende Maßnahmen, wie Vermögensverfall, Beschlagnahme von Wohnungen oder Betrieben und bestimmte Anordnungen über die Person des Angeklagten ge-

Im Herbst 1953 räumten alliierte Truppen den Justizpalast in Wien

troffen werden. Die Verhandlungen waren in der Regel öffentlich, die Angeklagten hatten das Recht, einen Verteidiger beizuziehen, außerdem mußten alle Verfahren auf Wunsch oder bei Verhängung einer Freiheitsstrafe über eine bestimmte Dauer hinaus von einer Instanz überprüft werden. Mit der Einrichtung der Militärgerichte hatte die österreichische Rechtspraxis eine einschneidende Veränderung erfahren, denn es urteilten – zumindest für einige Jahre – nicht Berufsrichter, sondern Offiziere oder Angehörige der Alliierten Kommission, und angelsächsische

---

[1] Verordnung 100 Militärregierung Österreich. *Handbook Military Government Legislation.*
Eine etwas abweichende Fassung der Verordnung 100 für die amerikanische Besatzungszone im Archiv der Stadt Linz.
[2] William Lloyd Stearman, *Die Sowjetunion und Österreich 1945–1955. Ein Beispiel für die Sowjetpolitik gegenüber dem Westen*, Bonn 1962. S. 72.
[3] Gustav Kafka, *Probleme der alliierten Militärgerichtsbarkeit*, in: Österreichische Juristen-Zeitung, 1. Jg., Heft 12, 7. Juni 1946, S. 229.

oder romanische Verfahrensweisen – beispielsweise das Kreuzverhör – erweiterten die traditionelle österreichische Prozeßordnung.[1]

Die Verordnung 200[2] – möglicherweise schon im April 1945 erlassen – führte 41 Delikte an, die von den Alliierten als Verbrechen angesehen wurden. Obwohl es nicht ausdrücklich angeführt war, wurde im allgemeinen diese Verordnung auch als Grundlage für die von Militärgerichten zu ahndenden Delikte genommen. Die Liste reichte von Spionage über bewaffneten Widerstand gegen die alliierten Streitkräfte, Plünderung, Aufhetzung zum Aufruhr, Verstößen gegen alliierte Anordnungen, Vorzeigen eines ungültigen Personalausweises und achtungswidriges Betragen gegenüber den alliierten Streitkräften bis zu Verstößen gegen die öffentliche Ordnung in der jeweiligen Besatzungszone. 18 Delikte waren mit der Todesstrafe bedroht. Auch die stellvertretende Bestrafung eines Bürgermeisters für Verschulden der Gemeinde oder Geldstrafen für alle Gemeindebewohner waren möglich. Eine Verurteilung durch ein österreichisches Gericht schloß nicht die Verfolgung desselben Delikts durch ein Militärgericht aus, jedoch konnte ein vom Militärgericht behandelter Fall nicht nochmals vor ein österreichisches Gericht gestellt werden. Es kam vor, daß Häftlinge aus dem Gewahrsam einer Besatzungsmacht an österreichische Behörden überstellt wurden; konnten sie aber nach österreichischem Recht nicht weiter in Haft behalten werden oder erhielten keine Verurteilung, wurden sie nicht freigelassen, sondern mußten wieder an die Besatzungsmacht zurückgestellt werden.[3]

Die Militärgerichtsbarkeit der Alliierten lief in den ersten Monaten nach Kriegsende unkoordiniert neben der österreichischen Gerichtsbarkeit, denn es war lange geübte Praxis, daß die österreichischen Behörden keine Informationen über Verfahren und Urteile erhielten. Lediglich in österreichischen Gefangenenhäusern mußten Häftlinge der Militärgerichte vor Verhandlungen oder nach der Verurteilung untergebracht werden, was oft zu einem mehrfachen Höchstbelag führte.[4] Die österreichischen Behörden waren daher bemüht, alliierte Strafgefangene aus den Gefangenenhäusern in österreichische Strafanstalten zu transferieren, doch erhielten sie dazu nicht immer die Zustimmung der alliierten Militärverwaltungen. Die anfangs sehr hohe Zahl von Häftlingen der Besatzungsmächte in österreichischen Haftanstalten – beispielsweise wurden im August 1946 von 757 Häftlingen 530 Häftlinge vom amerikanischen Militärgericht im landesgerichtlichen Gefangenenhaus in Salzburg in Haft gehalten – sank jedoch bald ab; 1948 betrug ihr Anteil in ganz Österreich nur mehr acht Prozent, 1949 sogar nur mehr 4,7 Prozent.[5] Die ständige Mischung mit österreichischen Justizeinrichtungen soll an einem Beispiel erläutert werden: Im April 1946 begann vor dem britischen Militärgericht in Graz ein Prozeß gegen zwanzig Angeklagte, die wegen Massenmorden an Juden in Eisenerz belangt wurden.[6] Die Angeklagten waren durchwegs Österreicher und wurden als Häftlinge der Besatzungsmacht im landesgerichtlichen Gefangenenhaus in Graz verwahrt. Das Gericht verhängte zehn Todesurteile, die von einem britischen Erschießungskommando vollstreckt wurden. Die Beerdigung hatte jedoch wieder die Gefangenenhausverwaltung vorzunehmen.

Die vielschichtigen Interessen der Besatzungsmächte und einzelner Angehöriger ließen die Militärgerichtsbarkeit nicht zu einer – im Gegensatz zur nationalsozialistischen Willkürjustiz stehenden – hohen ethischen Institution der Gerechtigkeit werden. Lokale Gerichtsoffiziere entschieden, welche Fälle für das Militärgericht beansprucht wurden, was mitunter schon eine Vorentscheidung für die weitere Behandlung eines Falles war. Auch gab es alle Jahre hindurch Verbrechen von Angehö-

---

[1] Eberhard P. Deutsch, *Militärregierung: Verwaltung besetzter Gebiete*, Manuskript, Bundeskanzleramt – Verbindungsstelle Zl. 1745/VI.
Deutsch war Hauptrechtsberater General Mark W. Clarks in der Alliierten Kommission. Ich danke Herrn Dr. Oliver Rathkolb für den Hinweis auf dieses Manuskript.

[2] Verordnung 200 Militärregierung Österreich erlassen von Feldmarschall Harold Alexander als Oberster Alliierter Befehlshaber Mittelmeer. *Handbook Military Government Legislation*. In den Verordnungen 205 (vom 14. November 1945), 208 und 209 (vom 23. Mai 1949) wurde die Verordnung modifiziert, es wurden einige Delikte neu aufgenommen (etwa Notzucht und Raub), Präzisierungen vorgenommen, die sich aus der Besatzungspraxis ergeben hatten und Verbrechen, auf die die Todesstrafe stand, auf vier reduziert. *Handbook Military Government Legislation*.

[3] Präsidium des Oberlandesgerichtes Linz, Jv 893-16/46, an die Landes- und Kreisgerichtspräsidien, 5. Februar 1946. Kreisgericht Wels Justizverwaltungsakten Jv 50/46 (Kopie im Besitz des Verfassers).

[4] Amtsvortrag, 17. Mai 1946, Präs. 460/46.

[5] Amtserinnerung, 12. August 1946, Präs. 718/46. Information, 5. Jänner 1950, Präs. 1/50 (19/50).

[6] Berichte, Präs. 633/46.

rigen aller vier Besatzungsmächte an österreichischen Staatsbürgern oder österreichischen Einrichtungen, die nicht geahndet wurden, entweder weil die Besatzungsmächte eine Verfolgung nicht unternahmen oder weil ein Einschreiten österreichischer Behörden verhindert wurde oder nicht möglich war. Diese ungesühnten Übergriffe haben – neben vielen anderen Elementen – mit dazu beigetragen, daß das Prestige der Alliierten nicht sehr hoch war.

Ein Streitpunkt zwischen den westlichen Besatzungsmächten und den österreichischen Justizstellen war das Problem der Kriegsverbrecher. Solange die westlichen Alliierten die Verbots- und Kriegsverbrechergesetze nicht anerkannten, verurteilten Militärgerichte der westlichen Besatzungsmächte österreichische Kriegsverbrecher in größerer Zahl. Es war jedoch nicht immer das Motiv der gerechten Strafe die Grundlage des Handelns, denn entweder passierte hochrangigen nationalsozialistischen Führern unter dem Schutz der Besatzungsmächte überhaupt nichts – wie beispielsweise dem Tiroler Gauleiter Hofer – oder schwer Belastete (etwa wegen Mordes) kamen schon nach kurzer Zeit wieder frei, konnten aber von österreichischen Behörden nicht mehr belangt werden. Gelegentlich halfen sich österreichische Gerichte damit, Kriegsverbrecher nicht vor ein Volksgericht zu stellen, sondern nach dem allgemeinen Strafgesetz zu behandeln.[1] Es war dies insofern ein wichtiges politisches Problem, als die österreichische Regierung bestrebt war, der Welt zu zeigen, daß sie die Frage der Kriegsverbrecher allein lösen könne. Außerdem konnte die nun beginnende Spannung zwischen den Anhängern der Strafe und den Anhängern der Amnestie innenpolitisch schwerer austariert werden, wenn die Besatzungsmächte ihre eigenen Kriterien zusätzlich in dieses Problem einbrachten. Die Regierung versuchte daher, die Kriegsverbrecher aus den westlichen Zonen vor die österreichischen Volksgerichtshöfe zu bringen und hatte insofern Erfolg, als Anfang 1946 die Briten zusagten, rein österreichische Fälle in größerem Maß an österreichische Gerichte abzugeben und sich in erster Linie Fälle vorzubehalten, in denen Kriegsverbrechen an Ausländern begangen worden waren. Darunter fielen allerdings auch Juden, da diese nach englischer Ansicht als internationale Gemeinschaft anzusehen waren, sodaß an Juden begangene Kriegsverbrechen von einem alliierten Militärgericht geahndet werden mußten.[2] In Zusammenhang mit diesen Bestrebungen überstellten auch die Amerikaner im April 1946 eine größere Zahl prominenter österreichischer Kriegsverbrecher aus der amerikanischen Zone an das Landesgericht Wien.[3] Doch auch als zunehmend österreichische Gerichte Untersuchungen gegen Kriegsverbrecher durchführten, kam es zu Interventionen der Besatzungsmächte, meist um Einstellungen der Verfahren zu verhindern. Tausende als Kriegsverbrecher Verdächtigte wurden von den Alliierten ohne Gerichtsverfahren in Anhaltelagern festgehalten, wie im amerikanischen Camp Marcus W. Orr (Glasenbach), im britischen Lager Wolfsberg oder in Weissenstein. Diese Lager wurden Mitte 1947 geräumt, die Insassen entweder freigelassen oder österreichischen Gerichten überstellt. Die Franzosen verwahrten Personen, die sie als Kriegsverbrecher ansahen, außer im Lager Reichenau auch in Lagern außerhalb Österreichs[4], ebenso gab es Verschickungen in die Sowjetunion durch die russische Besatzungsmacht. Für die österreichischen Behörden ergab sich daraus das Problem der Anrechnung der Lagerhaft in die Untersuchungs- oder Strafhaft, wenn gegen eine angehaltene Person ein Strafverfahren vor einem österreichischen Gericht durchgeführt wurde. Durch den Alliierten Rat wurden auch ständig Ersuchen um Auslieferung von Kriegsverbrechern an ein Land der Vereinten Nationen gestellt – wie dies im Zweiten Kontrollabkommen vorgesehen war –, die Vereinigten Staaten verhinderten jedoch die direkte Übergabe von Kriegsverbrechern an die Sowjetunion durch Österreich ohne Beschluß des Alliierten Rates.[5]

Die ständigen Forderungen der österreichischen Politiker, die Militärgerichte überhaupt abzuschaffen, verhallten ungehört, doch fühlten sich die westlichen Besatzungsmächte veranlaßt, sporadisch Lockerungen der vorbehaltenen Gerichtsbarkeit vorzunehmen. So wurden 1949 die Delikte, die von den Militärgerichten an sich gezogen wurden, auf 17 reduziert[6]; weiters sollten

---

[1] Anordnung Oberlandesgerichtspräsidium Graz, 1. Oktober 1945, Präs. 312/45.
[2] Amtserinnerung, 18. Jänner 1946, Präs. 460/46.
[3] Bericht, 3. April 1946, Präs. 341/46.
[4] Protokoll der am 30. Juni 1947 im Bundesministerium für Justiz stattgefundenen Konferenz der Leiter der Oberlandesgerichte und Staatsanwaltschaften, Präs. 440/47.
[5] *Gazette of the Allied Commission for Austria*, 1946ff. Amtserinnerung, 22. Jänner 1948, Präs. 79/48.
[6] Verordnung 209 Militärregierung Österreich. *Handbook Military Government Legislation*.

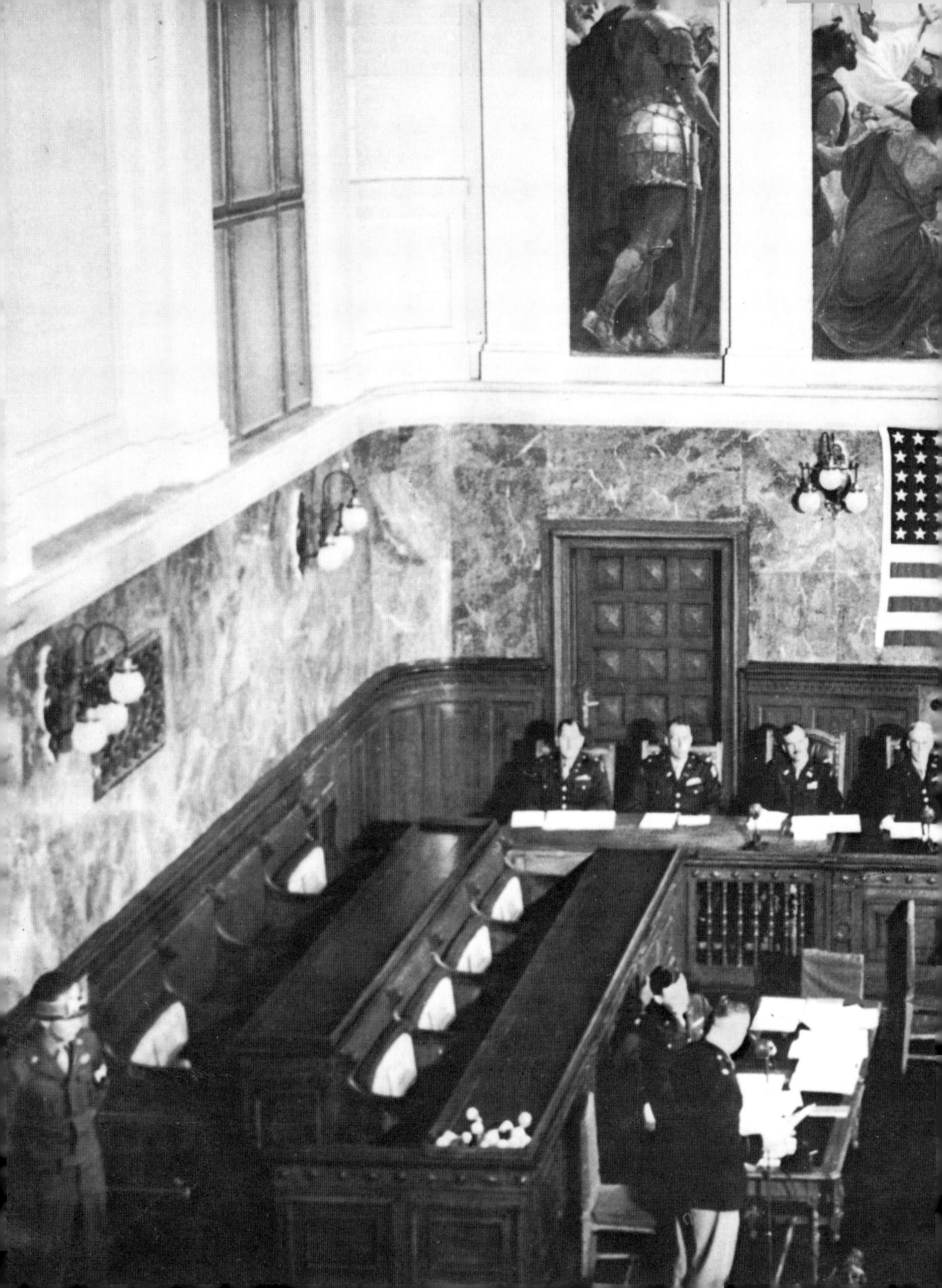

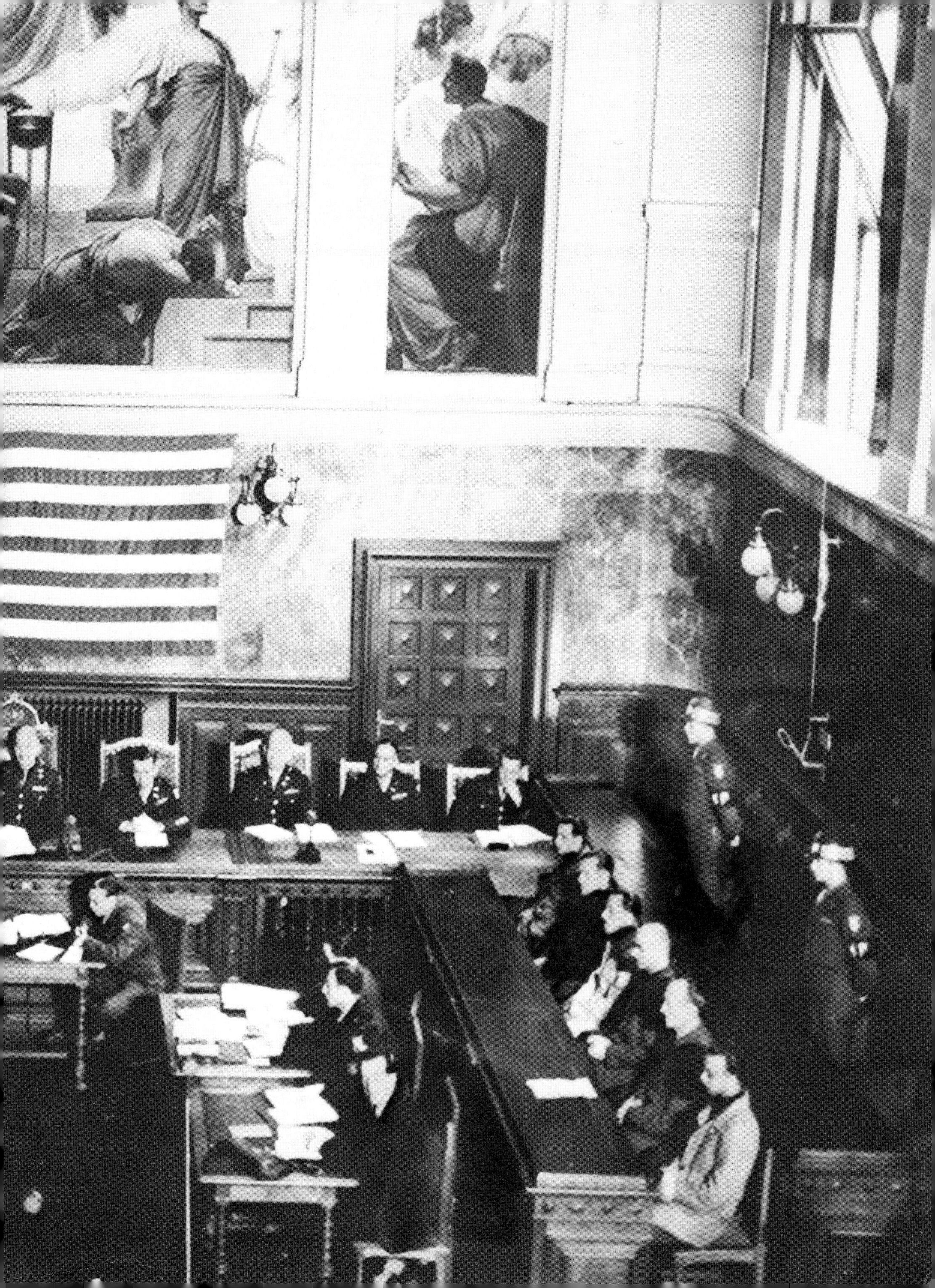

auch Diebstähle an der englischen Besatzungsmacht durch österreichische Gerichte verfolgt werden. Die amerikanische Besatzungsmacht erklärte sich 1950 bereit, in Zukunft die Bestimmungen des österreichischen Strafrechts anzuwenden, sofern das Interesse der Sicherheit der amerikanischen Streitkräfte nicht die Anwendung der Verordnung Nr. 200 erfordere.[1] Die Konzessionen konnten aber nicht über die Tatsache hinwegtäuschen, daß die Militärgerichte unvereinbar mit dem Status eines befreiten Landes blieben; sie waren vielmehr Herrschaftsinstrument von Militärverwaltungen, die sich nicht am Begriff „Befreiung", sondern am Begriff „Besetzung" orientierten. Waren die Militärgerichte in den westlichen Zonen zunächst nur Instrument, um die gegen das sich etablierende Militärregime gerichteten Bestrebungen zu verfolgen und vor allem den Auftrag der Beseitigung des Nationalsozialismus in Österreich zu erfüllen, so wurden sie gegen Ende der vierziger Jahre aus Sorge der Störung von „Ruhe und Ordnung" auch zur Unterdrückung politischer Willensäußerungen eingesetzt, die durchaus im Rahmen der neuen österreichischen Demokratie legitim waren und sich nicht direkt gegen die Besatzungsmächte richteten. Auch ging der kalte Krieg nicht spurlos an der Militärgerichtsbarkeit vorüber. Zunehmend wurden Wirtschaftsdelikte behandelt, die das amerikanische wirtschaftliche Aufbauprogramm zu stören geeignet waren, und Personen vor Gericht gestellt, die im weitesten Sinn verdächtigt wurden, mit der Sowjetunion zu kollaborieren. Als Beispiel mag der Prozeß gegen fünf Österreicher vor dem Militärgericht in Linz im September 1947 gelten, bei welchem wegen der Teilnahme an einer Hungerdemonstration vier Angeklagte zu drakonischen Strafen von insgesamt 28 Jahren Kerker verurteilt wurden.[2] Alle Verurteilten waren Mitglieder der Kommunistischen Partei, einer sogar Vorsitzender der KPÖ von Bad Ischl. Diese Urteile riefen eine breite Protestwelle – nicht nur im kommunistischen Lager – hervor, wobei die Forderung nach Aufhebung der alliierten Militärgerichtsbarkeit überhaupt erhoben wurde.[3] Eine flexiblere Haltung der Westalliierten gegenüber der Verfolgung ehemaliger Nationalsozialisten ist nicht nur durch das Fortdauern nationalsozialistischer Ideologie in der österreichischen Bevölkerung zu erklären[4], sondern auch in der politischen Überlegung, das antibolschewistische Element dieser Schicht in der Auseinandersetzung mit der Sowjetunion zu benötigen.[5] Die Militärgerichte wurden aber auch in jenes Klima des „Dritten Mannes", der Aktionen und Gegenaktionen im dunkel, der Verschleppung, Erpressungen und Geschäftemacherei hineingezogen, das für diese Zeit so charakteristisch ist.

Von den Militärgerichten – richtigerweise den Gerichten der alliierten Militärverwaltung in

Blick in den Gerichtssaal während des 1. US-Kriegsverbrecherprozesses am 22. Mai 1946 in Salzburg. Den Angeklagten, sechs ehemaligen Angehörigen der ungarischen SS-Kampftruppe Rey, wurde die Ermordung von fünf amerikanischen Kriegsgefangenen vorgeworfen. Der amerikanische Sondermilitärgerichtshof für Kriegsverbrechen in Österreich tagte unter dem Vorsitz des Brigadegenerals Loyal Haynes (Stellvertretender Stabschef der United States Forces in Austria); als Anklagevertreter fungierte ein bekannter New Yorker Rechtsanwalt, Oberstleutnant David Paston (im Bildvordergrund stehend)

---

[1] Abschrift des Erlasses 10.645/50 des BMfJ vom 12. Oktober 1950. Kreisgericht Wels, Justizverwaltungsakten Jv 367/50 (Kopie im Besitz des Verfassers).

[2] *Ischl... wie es war* (= Die aktuelle Reihe 5), Wien 1947, S. 3.

[3] Resolution der Arbeiterkammer Klagenfurt, 30. September 1947. Österreichische Nationalbibliothek, Flugschriftensammlung 1947/17.
Aus amerikanischen Aktenbeständen (National Archives, Record Group 260), die mir freundlicherweise Dr. Oliver Rathkolb zur Verfügung gestellt hat, gehen die intensiven Bemühungen der Amerikaner hervor, das propagandistische Defizit gegenüber der kommunistischen und sowjetischen Agitation in dieser Sache abzubauen, die in der Revision der Urteile durch den amerikanischen Hochkommissar Keyes gipfelten.

[4] Nach amerikanischen Meinungsumfragen zwischen August 1947 und März 1948 hielten zwischen 38,7 und 61,9% der Österreicher (Befragungseinheit Bundesländer der amerikanischen Zone und Wien) den Nationalsozialismus für eine gute Idee, zwischen 10 und 19% gaben militant antisemitische Antworten, 62,5% hielten den Kommunismus für sehr schlecht.
Alfred Hiller, *Amerikanische Medien- und Schulpolitik in Österreich 1945–1950*, Phil. Diss. Wien 1974, S. 155ff.

[5] Der Artikel „Zu viele Nazi-Mörder ließ man laufen" in den *Salzburger Nachrichten* vom 27. Februar 1979 bezieht sich zwar auf die Situation in der Bundesrepublik Deutschland, doch kann man ein analoges Verhalten der Westmächte in Österreich annehmen.

Österreich – sind jedoch jene Militärgerichte zu unterscheiden, die eingerichtet worden waren, um kriminelle Delikte innerhalb der Besatzungsarmeen zu ahnden und die Disziplin zu stärken. Diese waren für drei Typen von Verbrechen zuständig: a) Verbrechen, die auch nach zivilen Bestimmungen strafbar waren, jedoch von Militärangehörigen begangen wurden, b) die reinen Militärdelikte und Verletzungen der militärischen Pflichten und c) unwürdiges Verhalten von Offizieren.[1]

Bedauerlicherweise wissen wir nur wenig über Militärgerichte in der sowjetischen Besatzungszone. Zunächst dürften die Militärgerichte in der Regel nur für straffällig gewordene Militärangehörige zuständig gewesen sein, obwohl mündliche Quellen auch von einer größeren Zahl von hingerichteten Zivilpersonen im sowjetischen Zentralgefängnis der Heeres-Gruppe „Mitte" in Baden bei Wien berichteten.[2] Zu einem nicht näher feststellbaren Zeitpunkt begannen Militärgerichte auch gegen Österreicher zu urteilen, und Verurteilte wurden in sowjetischem Gewahrsam gehalten oder in die Sowjetunion abtransportiert. Die Zahl der von russischen Militärgerichten verurteilten Österreicher läßt sich nicht einmal annähernd schätzen, war doch auch der Justizminister 1952 überzeugt, daß von den drei von den Russen verurteilten Häftlingen, die sich in österreichischen Strafanstalten befanden, nicht auf die tatsächliche Zahl geschlossen werden konnte.[3] Von den Zahlen gelegentlicher Entlassungen von Österreichern, die von russischen Gerichten verurteilt worden waren – beispielsweise 30 im Juni 1949 –, sind ebenfalls keine Rückschlüsse auf die Gesamtzahl möglich.[4] Nach dem Abschluß des Staatsvertrages wurden von den sowjetischen Behörden 73 österreichische Staatsbürger aus der Sowjetunion an Österreich überstellt, die wegen Kriegsverbrechen von sowjetischen Gerichten verurteilt und nicht amnestiert worden waren.[5] Die Übergabe war an keine Bedingungen für die weitere Behandlung durch österreichische Gerichte gebunden.

Auch bei den Sowjets findet sich über die Verfolgung durch Militärgerichte hinaus eine breite Palette von Übergriffen, die keine Gerichtsverfahren zur Folge hatten. Wenige Jahre nach dem Einmarsch begannen die Menschenraubfälle und Verhaftungen von Österreichern durch sowjetische Militärangehörige oder Zivilpersonen – allein für 1948 wird die Zahl von etwa 300 angenommen.[6] Einerseits waren davon österreichische Politiker, Beamte und andere Personen betroffen, denen antisowjetische Betätigung oder Gesinnung vorgeworfen wurde, andererseits wurden auch kriminelle Delikte auf diesem kurzen Weg geahndet. Zu den bekanntesten politischen Entführungen gehörten der Beamte des Innenministeriums, Marek, die Leiterin der Planungsabteilung im Bundesministerium für Vermögenssicherung und Wirtschaftsplanung, Ottilinger, der Ministerialrat im Verkehrsministerium, Katscher – der in einem sowjetischen Gefängnis starb –, der Sicherheitsdirektor von Niederösterreich, Liberda, und der niederösterreichische Landtagsabgeordnete Gruber. Die meisten wurden ohne Verfahren in sowjetische Lager gebracht. Anfragen des Justizministeriums bei den sowjetischen Behörden über den Verbleib der entführten Personen wurden nie beantwortet. Die Verfolgung von Straftaten sowjetischer Heeresangehöriger durch die russische Militärverwaltung wurde so unterschiedlich gehandhabt, daß man annehmen muß, den einzelnen Kommandanten sei ein weiter Spielraum bei der Behandlung der Fälle gegeben gewesen. 1945 und Anfang 1946 wurden zahlreiche Anzeigen gegen russische Soldaten wegen Verletzungen, Überfällen, Raufereien, Vergewaltigungen und Morden nicht weiter ver-

---

[1] *Military Justice Procedure. War Department Technical Manual TM 27–255*, Washington, D.C., February 1945.

[2] Nach Aussage mehrerer Bewohner von Baden fanden in einem mit Brettern verschalten Hof neben dem heutigen Rollet-Museum ab Mitte 1945 Hinrichtungen statt; die Häftlinge wurden in den Kellern der umliegenden Villen gefangengehalten. Augenzeugen, die die Exekutionen vom Turm des Museums verfolgten, verweigerten ausnahmslos die Namensnennung, da sie noch heute sowjetische Repressalien befürchten. Vgl. *Die Stunde Null. Katalog der Sonderausstellung*, Wien 1975, Katalog Nr. 307.

[3] Vortrag Minister, 14. Juni 1952, Präs. 32/52 (648/52).

[4] Referatsabschrift Ministerrat, 14. Juni 1949, Präs. 590/49.

[5] Besprechung bei der sowjetischen Rechtsabteilung, 16. und 22. Juni 1955, Präs. 1487/52 (781/55), und 1487/52 (806/55).

[6] Rauchensteiner, *Sonderfall*, S. 241. Innenminister Helmer hatte im Nationalrat mitgeteilt, daß in den ersten zehn Monaten des Jahres 1948 268 Fälle von Verhaftungen von Österreichern durch sowjetische Organe bekannt geworden seien, von welchen sich noch immer 152 in sowjetischer Verwahrung befanden.
Österreichisches Jahrbuch 1948, Wien 1949, S. 23.

folgt. In den folgenden Jahren kam es zwar immer noch zu Druck auf österreichische Sicherheitsstellen, Delikte von Angehörigen der Roten Armee nicht weiter zu verfolgen, doch hat es den Anschein, daß die Kapitaldelikte von den zuständigen sowjetischen Behörden zügiger behandelt wurden. Als Beispiel sei hier der Fall einer 16jährigen Krankenschwester erwähnt, die in Begleitung ihrer Freundin von mehreren russischen Soldaten in die Wiener Prateraun gebracht, dort vergewaltigt und schließlich ermordet wurde.[1] Die russische Ortskommandantur hatte keine Einwände gegen eine weitere Untersuchung durch das zuständige Bundespolizeikommissariat – das gesamte Erhebungsmaterial wurde der russischen Militärbehörde übergeben, der Militärstaatsanwalt erhob gegen die fünf Täter Anklage, und das Militärgericht verurteilte drei von ihnen zum Tode; zwischen Delikt und Urteil lagen lediglich fünf Monate.

Konnte man die Eingriffe der Alliierten in die österreichische Strafgerichtsbarkeit bis Juni 1946 noch dadurch erklären, daß kein ausreichendes Instrumentarium zur Kompetenzabgrenzung zwischen den alliierten Militärverwaltungen und den österreichischen Zentralstellen bestand, so änderte sich das mit dem Inkrafttreten des Zweiten Kontrollabkommens vom 28. Juni 1946. Das Kontrollabkommen regelte, daß die österreichische Regierung und alle untergeordneten österreichischen Behörden Anweisungen der Alliierten Kommission auszuführen hätten (Art. 1 Abs. a) und verpflichtete die einzelnen Hochkommissare in ihren Zonen, die Durchführung der Beschlüsse der Alliierten Kommission zu gewährleisten sowie die Anweisungen der österreichischen Zentralbehörden zu überwachen (Art. 2 Abs. b Z. 2). Auch konnte in bestimmten Fällen – etwa in Angelegenheiten den Schutz und die Sicherheit der alliierten Streitkräfte betreffend – die Alliierte Kommission direkte Maßnahmen ergreifen (Art. 5). Die einzigen Fälle, in denen der Alliierten Kommission die rechtliche Gewalt vorbehalten blieb, beschränkten sich auf Kriegsgefangene und „displaced persons" sowie Kriegsverbrecher, die von einer der vier Mächte, dem Internationalen Gerichtshof oder einem anderen Mitgliedsland der Vereinten Nationen gesucht wurden.[2] Eine eigene Abteilung („Division") der Alliierten Kommission befaßte sich mit Angelegenheiten des Rechtswesens. Keineswegs ist jedoch eine die Autorität der österreichischen Verwaltung einschränkende Anordnung durch eine Besatzungsmacht in ihrer Zone allein – und dazu gehören zweifellos alle Eingriffe im Justizbereich – durch das Kontrollabkommen gedeckt, ebensowenig wie die weiterhin geübte Praxis, Fälle an sich zu ziehen und von den eigenen Militärgerichten aburteilen zu lassen. Die von den Westalliierten nach dem Einmarsch in Österreich erlassenen Verordnungen standen in Widerspruch zum Zweiten Kontrollabkommen, doch blieben sie weiter in Kraft, und alle Versuche des Justizministeriums, die Kontrolle des Alliierten Rates nur auf die Ebene des Ministeriums zu beschränken, nicht aber durch Weisungen an die einzelnen Gerichte auszuüben, waren erfolglos. Die Briten hielten sich – im Gegensatz zu den USA – in bezug auf Bestimmungen über die Strafgerichtsbarkeit weitgehend an das Kontrollabkommen; 1948 verzichteten sie auf das im Kontrollabkommen festgelegte Recht der Gerichtsbarkeit über „displaced persons". Die amerikanischen Militärbehörden in Salzburg dagegen beharrten auch weiterhin auf der Regelung, daß sämtliche Strafanzeigen vor Behandlung durch österreichische Gerichte der Militärregierung vorzulegen seien. Die französische Besatzungsmacht griff nur in die Volksgerichtsbarkeit ein, da die Verfahren nur von der französischen Generaljustizdirektion in die Wege geleitet werden konnten. Schien dieser Stelle das Beweismaterial nicht ausreichend zu sein, so erteilte sie den Auftrag an die österreichischen Behörden, den Beschuldigten auf administrativem Weg zu bestrafen.[3] Im Gegensatz zum Kontrollabkommen beanspruchten die Franzosen auch weiterhin die Gerichtsbarkeit über alle – auch nichtmilitärische – französische Staatsbürger. Dem Abkommen widersprechend war auch die Anordnung, eine Reihe von strafbaren Handlungen, soweit der Täter oder das Opfer französische Staatsbürger waren, weiter von französischen Gerichten behandeln zu lassen. Allerdings übergab der französische Hochkommissar am 28. April 1950 endgültig die Gerichtsbarkeit über „displaced persons" an die österreichischen Behörden.[4] Die russische Besatzungsmacht erließ offiziell keine das Kontrollabkommen einschränkenden Anordnungen, erteilte jedoch insbesondere durch untergeord-

---

[1] Landesgericht für Strafsachen Wien, Vr 11.162/46.
[2] Verosta, *Stellung*, S. 105 ff.
[3] Information, Präs. 5/48 (893/48).
[4] Abschrift des Erlasses 11.295/50 des Bundesministeriums für Justiz vom 8. Mai 1950. Kreisgericht Wels, Justizverwaltungsakten Jv 212/50 (Kopie im Besitz des Verfassers).

nete Dienststellen allgemeine Weisungen zur Behandlung bestimmter Kategorien von Strafsachen oder griff direkt in einzelne Strafverfahren ein. Der Alliierte Rat als Kollegialorgan unterbreitete im Sinne des Kontrollabkommens – außer laufenden Forderungen, bestimmte Kriegsverbrecher an andere Länder auszuliefern – nur einmal offizielle Vorschläge zur Verbesserung der Gerichtsbarkeit[1], enthielt sich aber in seiner Gesamtheit sonst jeden Eingriffes in Strafverfahren.

Unterhalb der Normen wurde jedoch in der Praxis das Verhältnis zu österreichischen Gerichten von den einzelnen Besatzungselementen differenzierter geregelt. So gab es beispielsweise strenge Strafvorschriften für den Fall des Schleichhandels; die Alliierten übten auch ständigen Druck auf österreichische Behörden aus, dieses Delikt schärfer zu bestrafen. Doch wurde ein Schleichhändler verhaftet, verantwortete sich fast jeder damit, im Auftrag einer Besatzungsmacht gehandelt zu haben. Häufig wurden durch die Alliierten bei der Bestrafung der Täter große Schwierigkeiten bereitet, und gelegentlich kam es vor, daß sie von alliierten Besatzungsangehörigen durch Gewalt oder List aus der Haft befreit wurden.[2] Bei Auslieferungen gesuchter Personen an Österreich durch ausländische Staaten war mitunter eine Bedingung, die Gerichtsverfahren und den Strafvollzug nicht in einer bestimmten Besatzungszone durchzuführen.[3] Die Justizbehörden waren daher – wie die gesamte österreichische Politik in dieser Zeit überhaupt – auf ein ständiges Lavieren zwischen hinhaltender Erfüllung der erhaltenen Aufträge der Besatzungsmächte, Möglichkeiten von Abänderungen und offenen Widerstand angewiesen. Im Justizministerium wurde eine eigene Evidenz über die Eingriffe der Alliierten in die Rechtspflege geführt, doch kam es nicht zur geplanten Veröffentlichung in Form eines „Weißbuches", um einzelne Besatzungsmächte nicht herauszufordern und außerdem die Staatsvertragsverhandlungen nicht zu belasten.[4] In ständigen Kontakten mit den einzelnen Rechtsabteilungen suchte man schwierige Fälle zu lösen, und waren die Vorstellungen gegen zu häufige Eingriffe der jeweiligen Besatzungsmacht ohne Resonanz, wählte man auch die Befassung der Regierung, die Information des Parlaments oder die Veröffentlichung krasser Fälle. Ab 1949/50 schienen die westlichen Alliierten den österreichischen Behörden den Rücken bei Beschwerden gegen die sowjetische Besatzungsmacht zu stärken. Ein schwerwiegendes Problem war die Tatsache, daß sich österreichische Staatsbürger im Untersuchungsverfahren oder nach einer Verurteilung direkt an die Besatzungsmächte mit Wünschen nach Strafmilderung oder -aufhebung wandten. Die kurzfristige Absicht, diese Personen wegen Hochverrates zu belangen, scheiterte am Widerstand der Besatzungsmächte, in der österreichischen Bevölkerung blieb aber ein Gefühl zurück, es sich im Notfall mit deren Hilfe irgendwie richten zu können. Bei einer Vorsprache bei der sowjetischen Rechtsabteilung berichtete Justizminister Gerö von einem diesbezüglichen Gerücht – für das es jedoch keinen Beweis gab –, in Korneuburg könne man sich mit ein paar Schillingen hinter den sowjetischen Dolmetsch stecken, um ein Strafverfahren zur Einstellung zu bringen.[5]

Bis zum Jahr 1948 finden sich häufig Beschwerden der österreichischen Justizstellen über Eingriffe der amerikanischen Besatzungsmacht in die Strafrechtspflege. Vor allem bei Verfahren gegen „displaced persons" beanspruchten die Amerikaner die Entscheidung, Fälle an sich zu ziehen, auch kam es in einem Fall in Salzburg zum Versuch der amerikanischen Behörden, das von einem österreichischen Gericht verhängte Urteil aufheben zu lassen und die ausgesprochene Landesverweisung rückgängig zu machen.[6] Schwerwiegendere Fälle waren 1946 das Abhören der Staatsanwaltschaft in einer Hochverratssache durch das CIC und 1948 die Weisung der Militärregierung für das Land Salzburg an den Präsidenten des Landesgerichts Salzburg, ein Urteil gegen jugoslawische Staatsangehörige wegen Diebstahls zurückzuziehen und ein anderes Urteil abzuändern.[7] Als der Präsident dieses ablehnte, wurde ihm von einem

---

[1] *Gazette of the Allied Commission for Austria,* Nr. 15, February 1947, S. 31.
[2] Bericht über den Ministerbesuch beim Leiter der Rechtsabteilung der Sowjetischen Sektion der Alliierten Kommission, 19. November 1946, Präs. 978/46.
[3] Stellungnahme der Abteilung 10 zu Auswirkungen des Staatsvertrages auf die Justiz, 13. Juni 1955, Präs. 1/52 (662/55).
[4] Information, September 1948, Präs. 5/48 (770/48). Zusammenstellung, 5. Jänner 1950, Präs. 1/50 (19/50).
[5] Rücksprache des Bundesministers mit dem Leiter der sowjetischen Rechtsabteilung, 11. April 1953, Präs. 1487/52 (407/53).
[6] Information des Bundespressedienstes über Eingriffe der Besatzungsmächte, 30. September 1948. Vertraulich, äußerst dringend, Präs. 5/48 (893/48).
[7] Information, 21. Jänner 1949, Präs. 1/49 (56/49).

amerikanischen Major gedroht, ihn wegen Ungehorsams vor ein Kriegsgericht zu stellen. Das Verhältnis zwischen der Besatzungsmacht und den österreichischen Justizbehörden in Salzburg war insgesamt überaus schlecht, was den Landesgerichtspräsidenten zu der Klage bewog: „Österreich ist ein unabhängiger Staat, und trotzdem werden die Österreicher wie eine Kolonie behandelt."[1] Auch wurden unter Außerachtlassung des Kontrollabkommens österreichische Schmuggler von einem amerikanischen Militärgericht verurteilt. Erhebliche Schwierigkeiten gab es bei der Überstellung von österreichischen Häftlingen in eine andere Besatzungszone, zum Teil wurde eine Überstellung von amerikanischen Militärbehörden überhaupt untersagt. Die Eingriffe der USA traten 1948 so massiert auf, daß der Justizminister eine Beschwerde an den amerikanischen Gesandten übermitteln ließ, in der er gegen fortdauernden Bruch des Kontrollabkommens protestierte.[2] Offensichtlich erfolgte nach diesem Zeitpunkt eine grundlegende Änderung der amerikanischen Politik im Sinne der Westintegration Österreichs, sodaß danach keine Fälle von Übergriffen in der Strafrechtspflege mehr nachzuweisen sind. Es dauerte jedoch lange, bis die Amerikaner auch bereit waren, die österreichische Justizautorität anzuerkennen – so wurde erst Ende 1954 in Einzelfällen das Begnadigungsrecht für Personen, die von westalliierten Militärgerichten verurteilt worden waren, an die zuständigen österreichischen Behörden übertragen.[3]

Die französische Besatzungsmacht griff anfangs häufig in Strafverfahren ein, hielt sich im allgemeinen aber an eine enge Auslegung des Zweiten Kontrollabkommens. Meldungen über Folterungen an Gefangenen wiederholten sich nach dem Herbst 1945 nicht mehr.[4] Die Sperre von Briefen, Paketen und Besuchen für die Häftlinge im Innsbrucker Landesgerichtlichen Gefangenenhaus nach dem Entweichen eines Häftlings, war kein so schwerwiegender Fall.[5] 1947 forderte der französische Militärbefehlshaber in Wien die sofortige Enthaftung von österreichischen Häftlingen, ein Jahr später suchte die französische Militärverwaltung zwei Strafverfahren gegen Österreicher an sich zu ziehen. Unter Berufung auf eine Sondervorschrift übernahm die französische Verwaltung das Verfahren gegen das Personal eines auf österreichischem Gebiet gelegenen Konzentrationslagers, obwohl ein österreichisches Gericht die Voruntersuchung bereits beendet und die Hauptverhandlung angesetzt hatte.[6] Auch in bezug auf diese Besatzungsmacht finden sich nach 1948 keine Beschwerden mehr.

Auch in der britischen Zone agierten in den ersten Monaten nach Kriegsende gelegentlich Offiziere im Stil von Kolonialherren, so etwa als ein britischer Oberst einem Jugendrichter mit Bestrafung drohte, wenn er nicht in einer bestimmten Zeit Jugendliche abgeurteilt habe.[7] Gelegentlich erfolgten Einmischungen in politische Strafsachen, wobei gleichermaßen Interventionen gegen eine zu strenge Bestrafung von Nationalsozialisten wie für eine schärfere Verfolgung zu finden sind. Dem Leiter der englischen Rechtsabteilung, Sir Alfred Brown, gelang es, Unbill von einem bei ihm tätigen österreichischen Stubenmädchen abzuwenden, das auf Grund des Verbotsgesetzes zu einer vieljährigen Kerkerstrafe verurteilt worden war. Er erwirkte nicht nur eine Strafrechtsnachsicht, sondern durch ein gutes Wort bei Justizminister Gerö auch die Aufhebung des bereits ausgesprochenen Vermögensverfalls.[8] 1947 wurde ein Nationalsozialist nach der Einstellung des Verfahrens durch das Landesgericht Graz vor ein britisches Militärgericht gestellt und verurteilt.[9] Der Fall eines prominenten Kärntner Nationalsozialisten mit ausgezeichneten politischen Beziehungen, der aus der Haft entlassen und gegen den die Voruntersuchung eingestellt wurde, führte zu einem langen Tauziehen mit der britischen Besatzungsmacht, die sich bitter über die pro-nationalsozialistischen Kräfte in Kärnten beschwerte und harte Reaktionen ankündigte, falls dem Richter, der die Verfolgung eingeleitet hatte, irgendein Nachteil daraus entstünde.[10] Zu einer

---

[1] Besprechungsprotokoll, 8. Juli 1948, Präs. 79/48 (591/48).

[2] Beschwerden gegen Eingriffe der US-Besatzungsmacht, 30. November 1948, Präs. 79/48 (862/48) und (1031/48).

[3] Besprechung mit der sowjetischen Rechtsabteilung, 25. März 1955, Präs. 1487/52 (389/55).

[4] Amtsvortrag, 25. Oktober 1946, Präs. 907/46.

[5] Amtsvortrag, 22. Oktober 1946, Präs. 907/46.

[6] Information des Bundespressedienstes über Eingriffe der Besatzungsmächte, 30. September 1948, Präs. 5/48 (893/48).

[7] Amtserinnerung, 27. Oktober 1945, Präs. 314/45.

[8] Amtserinnerung, 26. November 1948, Präs. 1019/48.

[9] Gedächtnisprotokoll, ohne Datum. Geheim, Präs. 163/49 (189/49).

[10] Protokoll einer Unterredung mit Sir Alfred Brown, 1. Dezember 1948, Präs. 1047/48.

großen Affäre weitete sich die monatelange massive Kampagne der Briten in den Jahren 1948 und 1949 gegen einen Oberstaatsanwalt aus Graz aus, dem sie allzugroße Milde gegen ehemalige Nationalsozialisten und Mißachtung der Anordnungen der Besatzung vorwarfen. In diesem Zusammenhang kam es zu einem Ultimatum, einer Befassung der österreichischen Bundesregierung und des britischen Hochkommissars sowie einer Rücktrittsdrohung des Leiters der britischen Rechtsabteilung, wenn der hohe staatsanwaltliche Funktionär nicht abberufen würde. Die Sache wurde schließlich durch eine Beurlaubung diplomatisch gelöst.[1]

Die umfangreichsten Einmischungen in die Strafgerichtsbarkeit gab es durch die sowjetische Besatzungsmacht. Allerdings ist ein deutlicher Unterschied zwischen den Jahren 1945 und 1946 einerseits und den Jahren von 1947 bis etwa 1953 andererseits zu bemerken. Hatten nämlich noch 1945 die höchsten sowjetischen Funktionäre der Militärverwaltung deponiert, daß die russische Besatzungsmacht keine Eingriffe in die österreichische Gerichtsbarkeit beabsichtige[2], und beschränkten sich die Interventionen in der Regel auf die engen Besatzungsziele des Kontrollabkommens (wie etwa Entnazifizierung), so fanden offensichtlich die Anordnungen der lokalen Kommandanten gegenüber österreichischen Gerichten und Justizbehörden in der zweiten Phase die Billigung der höchsten sowjetischen Militärführung in Österreich. 1950 erreichten die Weisungen an österreichische Gerichte einen derartigen Höhepunkt, daß sich die österreichische Regierung eingehend mit dem Problem befaßte und Beschwerde beim Alliierten Rat einlegen wollte. In der ersten Hälfte des Jahres 1953 waren neuerlich die steigenden Eingriffe der sowjetischen Besatzungsstellen als reine Willkür empfunden und nach Meinung des Justizministeriums bereits unerträglich geworden, sodaß Justizminister Gerö in einem Schreiben an den Leiter der sowjetrussischen Rechtsabteilung drohte, die Regierung, das Parlament und die Öffentlichkeit zu mobilisieren, sollten die Eingriffe nicht aufhören.[3] Umgekehrt drohten auch die Mitglieder der sowjetischen Rechtsabteilung mit Konsequenzen und einer Verschlechterung der Beziehungen, wenn nicht Fälle in dem von ihnen gewünschten Sinne erledigt würden.[4] Anläßlich einer Debatte im Parlament gab der damalige Justizminister im November 1950 an, daß seit 1945 von den 185 Einmischungen in die Strafrechtspflege 183 auf die russische Besatzungsmacht entfielen.[5] Wenngleich

Übergabe einer Fahndungsliste durch den damaligen Polizeipräsidenten von Salzburg, Daspelgruber, an den Streifenführer beim Kontrollpunkt Grenze Salzburg–Bayern im März 1946

[1] Gesprächsprotokoll, 1. Dezember 1948, Präs. 1047/48.
Bericht, Präs. 163/49.
Amtserinnerung, 30. Dezember 1948, Präs. 1047/48 (1101/48).
Amtserinnerung betreffend eine Aussprache mit dem Leiter der englischen Rechtsabteilung, 7. April 1949, Präs. 343/49.
[2] Amtserinnerung, 24. Oktober 1945, Präs. 302/45.
[3] Schreiben an den Leiter der Rechtsabteilung der sowjetischen Besatzungsmacht, 22. Mai 1953, Präs. 1487/52 (567/53).
[4] Vorsprache bei der sowjetischen Rechtsabteilung, 27. September 1954, Präs. 1487/52 (1168/54).
[5] *Wiener Zeitung,* 18. November 1950, S. 1.
Eine interne Statistik des Bundesministeriums für Justiz vom Oktober 1950 kommt allerdings nur auf 175 Eingriffe in die Strafrechtspflege, wovon 173 auf die Sowjets und zwei auf Franzosen entfielen. In Zivilangelegenheiten wurden 331 Eingriffe gezählt.
Auskunftsforderungen des sowjetischen Elementes, Oktober 1950. Streng vertraulich, Verschluß, Präs. 28/50 (1079/50).

diese Zahlen nicht genau sind, so ist doch ein Überwiegen sowjetischer Einflüsse, besonders nach 1948, festzustellen; 1952 wurden bereits 272 Eingriffe gezählt.[1]

Ein Konflikt entzündete sich schon im Oktober 1945 im Fall des von der sowjetischen Besatzungsmacht eingesetzten Polizeichefs des 2. Wiener Bezirks.[2] Dieser war mit zwei anderen Angehörigen der Polizei über Auftrag der Staatsanwaltschaft Wien verhaftet und in das Landesgericht eingeliefert worden, mußte jedoch auf Intervention des sowjetischen Stadtkommandanten von Wien Blagodatow wieder freigelassen werden. Die Besatzungsmacht ließ dabei – trotz grundsätzlicher Anerkennung der Kompetenz österreichischer Justizbehörden – wie in einigen anderen Fällen keinen Zweifel daran, daß sie keine Verfahren gegen von ihr eingesetzte Polizeifunktionäre wünsche. Besonderes Interesse der sowjetischen Besatzungsmacht galt den Strafsachen nach dem Waffengesetz, wobei schon der bloße Besitz verboten war. Obwohl dies nach österreichischem Recht nicht strafbar war, gingen österreichische Gerichte dazu über, auch den Besitz zu bestrafen, um zu verhindern, daß Österreicher deswegen vor ein sowjetisches Gericht gestellt würden.[3] Offenbar erhielt dieses Problem aber eine Eigendynamik, denn die Urteile sogar für den Besitz von verrosteten oder unbrauchbaren Waffen waren derart streng, daß der Leiter der sowjetischen Rechtsabteilung Einspruch erhob und sich bei einer Besprechung im November 1953 mit Justizminister Gerö darauf einigte, daß nur schwere Delikte streng zu bestrafen seien und größere Waffenfunde der sowjetischen Landeskommandantur gemeldet werden müßten, wegen kleinerer Delikte aber nur milde Strafen ausgesprochen werden sollten.[4] Eine ständige Auseinandersetzung bildete auch das Problem der gerichtlichen Verfolgung von Kriegsverbrechern und belasteten Nationalsozialisten. Waren zunächst allgemeine Beschwerden wegen zu milder Verfolgung der Nationalsozialisten von Seite der Sowjetbehörde erfolgt, so kam es zwischen 1946 und 1948 nur in 27 Fällen zu Beschwerden gegen Einstellungen von Strafverfahren oder zu geringer Bestrafung in Volksgerichtsfällen.[5] Bis zum Staatsvertrag beharrten die Sowjets auch auf der Forderung, bei Begnadigungen von durch das Volksgericht Verurteilten vorher ihre Zustimmung einzuholen.

Die weiteren Arten der Eingriffe waren vielfältig, doch kann man über die ordnungsgemäße Prüftätigkeit im Sinne der Kontrolle, wie sie im Zweiten Kontrollabkommen festgelegt wurde, hinausgehend vier Bereiche unterscheiden. Zunächst die bloße Abforderung von Strafakten. So kam es vor, daß sowjetische Offiziere während einer Gerichtsverhandlung im Saal erschienen, die Akten an sich nahmen und dadurch die Fortsetzung des Verfahrens verhinderten, wie überhaupt die Anforderung von Akten, die nicht mehr zurückgestellt wurden, eine Methode war, eine Verfolgung unmöglich zu machen. Es wurde aber oft auch nach Prüfung der Akten von den sowjetischen Funktionären die Zustimmung zur weiteren autonomen Behandlung einer Sache durch österreichische Gerichte erteilt. Der zweite Bereich betraf das Verbot der Durchführung von Strafsachen. Da wurde die Inhaftierung eines Mordverdächtigen untersagt, Untersuchungshäftlinge wurden an der Demarkationslinie von Sowjetsoldaten befreit, Verfahren gegen Plünderer von Wohnungen ehemaliger Nationalsozialisten mußten eingestellt werden. Auch wirkten die Sowjets auf Gerichte ein, im Falle von Angehörigen der KPÖ Verfahren einzustellen oder die Täter milde zu bestrafen.[6] Darüber hinaus gab es stets konkrete Weisungen, bestimmte Strafverfahren einzustellen. Die dritte Ebene betraf die Verhinderung von Strafvollzügen. Auch wurde in einigen Fällen die Wiederaufnahme der Verfahren bei nicht genehmen Urteilen verlangt. Die vierte Ebene war die Frage der Haftentlassung. So weigerte sich der Stadtkommandant von Krems, bedingt entlassene oder begnadigte Strafgefangene freizulassen – es gab Anordnungen zur Verhaftung, zur Freilassung oder Überstellung von Häftlingen auch bei Kapitalverbrechen wie Raub oder Mord, wenn die sowjetischen Behörden der

---

[1] Von der Befreiung bis zum 15. Juni 1952 wurden 982 Eingriffe alliierter Dienststellen in die österreichische Rechtspflege festgestellt, wovon 710 die Zivilgerichtsbarkeit und 272 die Strafgerichtsbarkeit betrafen.
Auskunftsforderungen des sowjetischen Elements, Oktober 1950, Präs. 28/50 (1079/50).
[2] Amtserinnerung, 24. Oktober 1945, Präs. 302/45.
[3] Information, 5. Jänner 1950, Präs. 1/50 (19/50).
[4] Besprechung des Justizministers bei der sowjetischen Rechtsabteilung, 12. November 1953, Präs. 1487/52 (1025/53).
[5] Information, 21. Jänner 1949, Präs. 1/49 (56/49).
[6] Information, September 1948, Präs. 5/48 (770/48).
Information, 5. Jänner 1950, Präs. 1/50 (19/50).
Besprechung mit der sowjetischen Rechtsabteilung, 28. Juni 1954, Präs. 1487/52 (804/54).

Meinung waren, die Tat sei aus einem antifaschistischen Motiv begangen worden. Darüber hinaus gab es Druckausübung zur Beschleunigung von Verfahren, Druck auf Richter durch Vorladung auf die Kommandanturen und Verhaftung von Gerichtsfunktionären. Die Russen griffen auch ein, wenn Verurteilte sich an die sowjetische Besatzungsmacht um Hilfe wandten oder bei den regelmäßigen Besuchen von Offizieren in den Gefangenenhäusern.[1] 1952 betrafen die Interventionen dieser Art im Durchschnitt monatlich etwa 20 bis 30 Fälle.[2]

Mit dem Staatsvertrag 1955 wurden alle während der Dauer der Besetzung nicht ordnungsgemäß abgehandelten Fälle saniert. Die Häftlinge, die bloß zur Verwahrung einer Besatzungsmacht in den Gefangenenhäusern einsaßen oder die trotz Begnadigung durch den Bundespräsidenten auf Anordnung einer Besatzungsmacht weiter in Haft gehalten worden waren, erhielten die Freiheit. Die auf Intervention einer Besatzungsmacht nicht beendeten Verfahren oder nicht vollstreckten Strafen konnten beendet und vollzogen werden.[3] Ein Problem, das eingehende Überlegungen erforderte, betraf die Anerkennung der alliierten Militärgerichtsurteile und die Frage, ob sämtliche Urteile aufgehoben und die Häftlinge freigelassen, eine Amnestie verkündet, die Verfahren noch einmal von österreichischen Gerichten durchgeführt werden oder die Urteile auch nach dem Abzug der Besatzungsmächte vollstreckt werden sollten. Ende April 1955 waren etwa 45 Personen, die von einem alliierten Gericht zu einer Freiheitsstrafe verurteilt worden waren und in einer österreichischen Haftanstalt angehalten wurden, unmittelbar von derartigen Überlegungen betroffen.[4] Im Laufe der Jahre war die Haltung zur Anerkennungsfrage uneinheitlich und schwankend, denn es wurden etwa die Verurteilungen durch Militärgerichte im österreichischen Strafregister vermerkt, also die Erkenntnisse wie Urteile österreichischer Gerichte behandelt, auch stimmten die Briten und Amerikaner der Tilgung von Militärgerichtsverurteilungen durch österreichische Behörden zu, nicht aber die Franzosen.[5] Schließlich lief die Regelung aber darauf hinaus, die alliierten Militärgerichte wie ausländische Gerichte einzustufen und die Fälle durch Amnestie beziehungsweise Niederschlagung von Verfahren zu lösen. Aus diesem Grund kam es dazu, daß zu einer Zeit, als die österreichische Gerichtsbarkeit wieder uneingeschränkt ihre Tätigkeit ausüben konnte, noch immer das Erbe des bewegten Jahrzehnts nach dem Ende des Krieges aufgearbeitet werden mußte.

---

[1] Allerdings wurde die erbetene Hilfe nicht immer gewährt. So beschwerte sich ein weiblicher Häftling in der Küche des Gefangenenhauses Favoriten über die Kost bei einem visitierenden russischen Major, der nur lakonisch erwiderte: „Wenn sie nicht gestohlen hätte, könnte sie zu Hause gut essen."
Besuch des Herrn Ministers im Landesgericht für Strafsachen Wien, 21. September 1953, Präs. 1487/52 (1025/53).

[2] Bericht, 27. Februar 1952, Präs. 189/52 (221/52).

[3] Unterlagen für einen Vortrag des Justizministers Kapfer, 16. Mai 1955, Präs. 1/52 (605/55).
Stellungnahmen der Abteilungen des Bundesministeriums für Justiz zu den Auswirkungen des Staatsvertrages auf die Justiz, Juni und Juli 1955, Präs. 1/52 (662/55).

[4] Stellungnahme der Abteilung 20 zu den Auswirkungen des Staatsvertrages auf die Justiz, 2. Juni 1955, Präs. 1/52 (662/55).

[5] Abschrift des Erlasses Jv 1781-29/49 des Präsidiums des Oberlandesgerichtes Linz an die Kreisgerichte Wels, Ried i. I. und Steyr, 9. Mai 1949. Kreisgericht Wels, Justizverwaltungsakten Jv 121/49 (Kopie im Besitz des Verfassers).
Vgl. auch Kafka, *Militärgerichtsbarkeit,* S. 229 ff.

Karl Haas

Zur Frage der Todesstrafe in Österreich 1945 bis 1950

Die Entscheidung, ob das künftige Strafrecht des von der Herrschaft des Faschismus befreiten Österreich Todesstrafdrohungen enthalten sollte oder nicht, war entweder schon in den letzten Apriltagen oder in der ersten Hälfte des Mai 1945 gefallen, jedenfalls noch vor Kundmachung des Verfassungs-Überleitungsgesetzes[1], das die Kontinuität zur Bundesverfassung 1929 herstellte.[2] In den Beratungen, die damals im Staatsamt für Justiz unter dem Vorsitz des Staatssekretärs und im Beisein der Unterstaatssekretäre geführt wurden, hatte in der Frage der Todesstrafe die einhellige Auffassung geherrscht, dieses Strafmittel vorläufig auch im ordentlichen Verfahren beizubehalten. Ebenso bestand Konsens auch darüber, daß die Geschworenengerichte in der Gestalt, wie sie die erste parlamentarische Demokratie gekannt hatte, vorerst nicht wiedereingeführt werden sollten.[3]

Damit scheint 1945 für die Justiz von Anfang an festgestanden zu sein, daß das zu schaffende Strafrecht wie auch die Strafprozeßordnung nicht an die Traditionen der Justizgesetzgebung der ersten demokratischen Republik anknüpfen würden.

1919 hatte die konstituierende Nationalversammlung des demokratischen Österreich mit dem Gesetz vom 3. April die Todesstrafe im ordentlichen Verfahren abgeschafft. Anstelle der Todesstrafdrohung trat die Strafe des lebenslangen schweren Kerkers.[4] Das entscheidende Argument für die Einbringung dieses Gesetzentwurfes, der im wesentlichen auf dem Standpunkt des Liepmannschen Gutachtens basierte[5], das dem deutschen Juristentag 1912 vorgelegen war, dort allerdings keine Mehrheit gefunden hatte, war wohl jenes, das der einschlägige Bericht des Justizausschusses so formuliert hatte: „Es bedarf keiner weiteren Begründung dafür, daß es eine der ersten Pflichten des jungen demokratischen

---

[1] Eine präzisere Datierung wirft allgemein die Frage nach dem Datum der Kundmachung des Verfassungsüberleitungsgesetzes auf. Nach der Meldung, die das *Neue Österreich* in seiner Ausgabe vom 15. Mai 1945 bringt, hatte der Kabinettsrat am 13. Mai 1945 eine Reihe von Verfassungsgesetzen, darunter auch das Verfassungsüberleitungsgesetz, beschlossen.

[2] Leopold Werner, *Das Wiedererstehen Österreichs als Rechtsproblem,* in: *Juristische Blätter,* 29. März 1947, S. 137.

[3] Bundesministerium für Justiz, JAZ 10.138/45.

[4] StGBl. Nr. 215/1919.

[5] 85 der Beilagen. Konstituierende Nationalversammlung 4/1919.

Staates sein müßte, sich dieses Sinnbildes eines auf Gewaltherrschaft gegründeten Systems zu entledigen."[1] 1920 wurde die Abschaffung der Todesstrafe zu einer Verfassungsnorm erhoben, als Artikel 85 der Bundesverfassung vom 1. Oktober 1920 bestimmte: „Die Todesstrafe im ordentlichen Verfahren ist abgeschafft." Bestehen blieb die Todesstrafdrohung im standgerichtlichen Verfahren.

Nicht, daß es in der Folge nicht Bestrebungen gegeben hätte, die Abschaffung der Todesstrafe wieder rückgängig zu machen[2], Artikel 85 blieb auch nach der Verfassungsreform 1929 geltendes Verfassungsrecht. Die Einführung der Todesstrafe im ordentlichen Verfahren sollte dem diktatorischen Regime vorbehalten bleiben. Die diesbezüglichen Absichten hatte die sich etablierende Diktatur bereits 1933 anläßlich der Verordnung vom 3. November über die Verhängung des Standrechtes erkennen lassen. Öffentlich hatte damals Justizminister Schuschnigg, ein seit jeher erklärter Anhänger der Todesstrafe, vor Vertretern der in- und ausländischen Presse bekannt: „Für uns ist die Bestimmung des außerordentlichen Verfahrens, die Verkündung des standrechtlichen Verfahrens, das sage ich offen, gar nichts anderes als die nach bestem Wissen und Gewissen sorgsamst überlegte und als notwendig erkannte Wiedereinführung der Todesstrafe für Bluttaten und besonders gemeingefährliche Gewaltverbrechen."[3] Mochte diese Erklärung auch als Geste der Beruhigung gegenüber dem Ausland gedacht gewesen sein[4], so enthielt sie doch nichts weniger als den einhelligen Regierungsstandpunkt.

Daß in der Frage der Wiedereinführung der Todesstrafe nicht wie vorgegeben, Wissen und Gewissen die Regierung leiteten, sondern ausschließlich Erwägungen der politischen und ökonomischen Zweckmäßigkeit deren Handeln bestimmten, läßt sich schon allein aus dem lapidaren Satz: „Grau ist alle Theorie", mit dem Schuschnigg die Argumente der Strafrechtswissenschaft und der Kriminologie abtat, belegen.[5] Bereits im Juni 1933 hatte die Regierung trotz zahlreicher Terroranschläge die Generalprävention gegen die aus dem Fremdenverkehr zu erwartenden Deviseneinnahmen getauscht, als sie von der erwogenen Verhängung des Standrechtes mit Rücksicht auf die Fremdenverkehrsinteressen abkam.[6] Einen noch deutlicheren Beweis lieferte die entscheidende Ministerratssitzung vom 10. November 1933. Als exemplarischer Beleg sei hier lediglich die überaus bezeichnende Stellungnahme des Bundesministers für soziale Verwaltung Richard Schmitz zitiert, der u. a. meinte: „Außerdem würden gerade jetzt durch die Verhängung des Standrechtes die Interessen des Fremdenverkehrs am wenigsten beeinträchtigt, und wenn die Wochen bis zum Einsetzen des Wintersportes ohne wesentliche Vorfälle vorübergingen, so würde die Verhängung des Standrechtes ohne Einfluß auf den Fremdenverkehr bleiben. Der Aufschub der Maßregel auf einen späteren Zeitpunkt dagegen könnte wirtschaftliche Verluste herbeiführen."[7] Schließlich zeigte die Vollstreckung des ersten Todesurteils im Standgerichtsverfahren gegen Peter Strauss, daß es dem diktatorischen Regime wider besseren Wissens lediglich um die Frage der politischen Zweckmäßigkeit ging, und zweckmäßig erschien die Statuierung eines Exempels.[8]

Im Gegensatz zur Bundesverfassung 1920/29 kannte denn auch die der österreichischen Gesellschaft oktroyierte Verfassung vom 1. Mai 1934 keine Norm mehr, die die Todesstrafe für das ordentliche Verfahren aufgehoben hätte, ebenso wie die Geschworenengerichte verfassungsmäßig nicht mehr verankert waren. Autorisiert durch das sogenannte „Bundesverfassungsgesetz" vom 30. April 1934, in dessen Artikel 3 Absatz 2 ein willfähriges Rumpfparlament der Regierung die Befugnisse der Gesetzgebung überlassen hatte[9], führte das diktatorische Regime mit dem Strafrechtsänderungsgesetz vom 19. Juni 1934, das mit dem Mai-Oktroy in Kraft trat, die Todesstrafe im ordentlichen Verfahren in Österreich ein und sistierte gleichzeitig die Geschworenengerichte.[10]

Als 1945 im Staatsamt für Justiz die Arbeiten an den Entwürfen eines österreichischen Strafrechtes und einer Strafprozeßordnung begannen, war man von der entsprechenden Rechtslage, wie sie am 13. März 1938 in Öster-

---

[1] Bericht des Justizausschusses, 1. April 1919, 113 d. Beilagen. Konstituierende Nationalversammlung.
[2] Siehe beispielsweise die Initiative des Landbundes im Dezember 1927, in: *Der Tag,* 12. Dezember 1927.
[3] *Die Reichspost,* 12. November 1933.
[4] AVA, Ministerratsprotokoll, 10. November 1933, S. 33.
[5] *Die Reichspost,* 12. November 1933.
[6] AVA, Ministerratsprotokoll, S. 24.
[7] Ebenda, S. 34.
[8] Trotz Vorliegens eindeutiger Milderungsgründe hatte die Regierung keinen Gnadenantrag an den Bundespräsidenten gestellt.
[9] BGBl. 255/1933.
[10] BGBl. 77/1934 II.

reich geherrscht hatte, somit von dem damals in Geltung gestandenem Strafrechtsänderungsgesetz aus dem Jahre 1934, ausgegangen.[1] Dieser Auffassung entsprach der Kabinettsrat mit den Gesetzesbeschlüssen vom 12. Juni 1945 über die Wiederherstellung des österreichischen Strafrechtes und der österreichischen Strafprozeßordnung, die das Staatsamt für Justiz ermächtigten, Strafgesetz und Strafprozeßordnung nach dem Stand vom 13. März 1938 neu zu verlautbaren.[2]

Damit und mit dem Wiederverlautbarungsgesetz vom 20. Juni 1945 war eine verfassungsrechtliche Problematik aufgeworfen, die sich unter anderem auch aus den unterschiedlichen, in der Frage der Todesstrafe und der Geschworenengerichtsbarkeit kollidierenden Kontinuitäten von Verfassungs- und Straf- bzw. Strafprozeßrecht ergab. Auf diesen Umstand hatte das Gutachten des Verfassungsdienstes der Staatskanzlei zum Entwurf des Staatsanwendungsgesetzes Ende Juni 1945 hingewiesen.[3] Aus diesem vorerst beiläufigen Hinweis entspann sich zwischen Staatskanzlei und Justizamt eine Kontroverse über die Frage der Rechtmäßigkeit der Todesstrafe im ordentlichen Verfahren. Die Staatskanzlei vertrat dabei die Auffassung, daß die Todesstrafe im ordentlichen Verfahren verfassungswidrig sei, und zwar unter Bezug auf das Verfassungsüberleitungsgesetz vom 1. Mai 1945, das bekanntlich das Bundesverfassungsgesetz in der Fassung von 1929 wieder in Wirksamkeit gesetzt hatte, somit also auch die Bestimmung über die Abschaffung der Todesstrafe durch Artikel 85 der Bundesverfassung.[4] Im Gegensatz dazu waren Bürokratie und politische Parteienvertreter des Justizamtes der Anschauung, daß die Todesstrafdrohung zu Recht bestünde. Diese konträre Position stützte sich im wesentlichen auf folgende Argumentation: Das Strafrechtsänderungsgesetz 1934 sei kein Verfassungsgesetz, sondern lediglich ein einfaches Gesetz, es könne daher nicht den Bestimmungen des Verfassungsüberleitungsgesetzes unterliegen.[5]

Selbst wenn man beachten will, ,,daß es sich damals um Rechtsschöpfungen handelte, die in Zeit schwerster Not und gedrängt durch unaufschiebbare Forderungen des Tages geschaffen werden mußten, bei deren Schöpfung weniger reifliche Überlegung und wissenschaftliche Durchbildung in Frage kamen, als rasches Handeln notwendig war"[6], selbst wenn man also die schwierige Situation der Rechtssetzung und Rechtsanwendung 1945 berücksichtigt, ist die Systemimmanenz der Argumentation des Justizamtes beachtlich. Solcherart positivistisch argumentiert, blieb die Tatsache irrelevant, daß das Strafrechtsänderungsgesetz auf Grund des sogenannten ,,Ermächtigungsgesetzes" vom 30. April 1934 erlassen worden war, eines Gesetzes also, das die parlamentarische Gesetzgebung und das parlamentarische Regierungssystem in Österreich formell beseitigt hatte[7] und vom Verfassungsüberleitungsgesetz sehr wohl als aufgehoben erklärt worden war.[8]

Im Sommer 1945 ging es dem Justizamt aus Gründen der Praxis – die Republikation des Strafrechtes und der Strafprozeßordnung standen vor dem Abschluß, das Strafanwendungsgesetz war vorlagereif – um einen raschen Entscheid in dieser Frage.[9] Wohl aus eben diesen Gründen trachtete die Justiz ihren Standpunkt gegenüber der Staatskanzlei durchzusetzen. Der Passus des eben erlassenen Kriegsverbrechergesetzes, in dem von der Annahme ausgegangen wurde, daß die Todesstrafe auch im ordentlichen Verfahren zulässig sei, diente dabei als zusätzliches Argument.[10] Diesen Bestrebungen eröffnete die Staatskanzlei insofern eine Möglichkeit, als sie, wie es in einem diesbezüglichen Schreiben hieß, glaubte, ,,es dem Staatsamt für Justiz zur Beurteilung überlassen zu sollen, ob sich die Anwendung der Todesstrafe im ordentlichen Verfahren auf der Basis der erwähnten Bestimmung in § 13 Abs. 2 des Kriegsverbrechergesetzes rechtfertigen läßt. Nach Anschauung der Staatskanzlei ist dies nicht der Fall, müßte vielmehr die Grundlage für die Wiedereinführung der Todesstrafe im ordentlichen Verfahren verfassungsgesetzlich geschaffen werden."[11]

---

[1] JAZ. 10.138/45.
[2] Ebenda.
[3] Ebenda.
[4] JAZ. 10.255/45.
[5] JAZ. 10.138/45.
[6] Otto Leonhard, *Rechtssetzung und Rechtsanwendung zwischen Krieg und Frieden*, in: *Juristische Blätter*, 28. September 1946, S. 381.
[7] Leopold Werner, Hans Klecatsky, *Das österreichische Bundesverfassungsrecht*, Wien 1961, S. 10.
[8] Siehe Artikel 3, Abs. 1 des Verfassungsüberleitungsgesetzes vom 1. Mai 1945, StGBl. Nr. 4/1945. Vgl. dazu auch Nikolaus Valters, *Die Todesstrafe im ordentlichen Verfahren*, in: *Juristische Blätter*, 14. September 1946, S. 370. Dazu konträr: Leonhard, *Rechtssetzung*, S. 382, Anm. (1).
[9] JAZ. 10.339/45.
[10] JAZ. 10.255/45.
[11] Ebenda. Schreiben der Staatskanzlei vom 8. August 1945.

Nachdem sich der Staatssekretär für Justiz und in gleicher Weise der KPÖ-Unterstaatssekretär mit Entschiedenheit dafür ausgesprochen hatten, daß das Justizamt auf seinem Standpunkt beharren sollte – letzterer unter Hinweis auf das Fehlen einer die Verfassungsmäßigkeit ordentlich kundgemachter Gesetze prüfenden Instanz[1] –, wurde dann auf „kurzem Wege" im Sinn des Justizamtes das „Einvernehmen" mit der Staatskanzlei hergestellt.[2]

Am 3. November 1945 erfolgte sodann mit der „Amtlichen Sammlung wiederverlautbarter österreichischer Rechtsvorschriften" die Republikation der „Österreichischen Strafprozeßordnung" und des „Österreichischen Strafgesetzes". Obwohl das Wiederverlautbarungsgesetz vom 20. Juni 1945, das die gesetzliche Grundlage der Republikation abgegeben hatte, nach Einspruch des Alliierten Rates im Februar 1946 aufgehoben werden mußte, waren die in der Zwischenzeit wieder verlautbarten Gesetze rechtsverbindlich, da der Aufhebung keine rückwirkende Kraft zugekommen war.[3] Dies bedeutete, daß die im österreichischen Strafgesetz 1945 enthaltene Todesstrafdrohung im ordentlichen Verfahren, trotz ihrer verfassungsrechtlichen Widersprüchlichkeit, für die österreichischen Gerichte bindend war.[4]

Die verfassungsrechtliche Problematik der Todesstrafe sollte bis zum Sommer 1946 bestehen. Die verfassungsgesetzliche Regelung durch das Verfassungsübergangsgesetz (§ 8: Vorläufige Zulässigkeit der Todesstrafe im ordentlichen Verfahren), das der Nationalrat am 19. Dezember 1945 einstimmig beschlossen hatte, scheiterte am Einspruch des Alliierten Rates.[5] Sofern diese Problematik aktualisiert wurde, wie etwa im Februar 1946 durch die Oberstaatsanwaltschaft Graz[6] oder durch die Verteidigung in einem Wiener Mordprozeß im Juni des gleichen Jahres[7], beharrte das Justizamt auf seiner ursprünglichen Position, wie dies die justizinterne Weisung[8] oder der via amtlicher *Wiener Zeitung* vom 22. Juni 1946 in die Öffentlichkeit gebrachte Standpunkt[9] zeigten. Diesem justizamtlichen Standpunkt, der durch weitere Argumente (Todesstrafdrohung im Bedarfdeckungsstrafgesetz, Vorläufige Verfassung ersetzt die Bestimmungen der Bundesverfassung 1929 über die Gerichtsbarkeit durch andere) mittlerweile verbreitert worden war, verfassungsrechtlich jedoch um nichts weniger bedenklich blieb, entsprach auch jener des Obersten Gerichtshofes[10], was wohl nicht zufällig kam, hatte doch dessen zweiter Präsident schon im Sommer 1945 dem Justizamt Argumentationshilfe geleistet.[11]

Erstmals war dabei das Argument aufgetaucht, daß durch die Vorläufige Verfassung die Bestimmungen über die Gerichtsbarkeit der Bundesverfassung 1929 aufgehoben seien. Das Verfassungsprovisorium wurde daher nicht im Sinn des Gesetzgebers verstanden, nämlich „die Lücken in der verfassungsrechtlichen Ordnung auszufüllen, die durch die tatsächliche Undurchführbarkeit der Bundesverfassung entstanden waren".[12] Aus dem provisorischen Charakter der Vorläufigen Verfassung wurde vielmehr abgeleitet, daß sie die wichtigsten Grundsätze, und nur diese enthalte. Daraus wurde nun geschlossen, daß die in der Vorläufigen Verfassung enthaltenen Bestimmungen über die Gerichtsbarkeit dieselbe erschöpfend regeln und daher an

---

[1] JAZ. 10.393/45.
[2] Ebenda.
[3] Valters, *Todesstrafe*, S. 371.
[4] StGBl. 28/1945, Valters, *Todesstrafe*, S. 371; siehe weiters: Hans Gürtler, *Todesstrafe und Schwurgericht*, Wien 1946, S. 21.
[5] Vgl. Werner, *Wiedererstehen Österreichs*, S. 141f.
[6] JMZ. 10.411/46. Im Schreiben der Oberstaatsanwaltschaft Graz vom 24. Februar 1946 an das Bundesministerium für Justiz hat es u. a. geheißen: „Auf Grund der durch das Verfassungsüberleitungsgesetz vom 1. Mai 1945, StGBl. Nr. 4 wieder eingeführten Bundesverfassung aus dem Jahre 1920, erscheint die Todesstrafe im ordentlichen Verfahren jedoch abgeschafft. Die Gerichte bindet allerdings das damit im Widerspruche stehende Gesetz vom 12. Juni 1945, StGBl. Nr. 25, da nach dem V. Abschnitt des V.Ü.G. im § 42 ausdrücklich bestimmt ist, daß die Prüfung der Gültigkeit gehörig kundgemachter Gesetze den Gerichten nicht zusteht. Trotzdem erachte ich es für meine Pflicht, die Aufmerksamkeit des Bundesministeriums für Justiz auf diesen Rechtszustand lenken zu müssen, da ich es nicht für zweckmäßig ansehe, daß in den demnächst vor dem Schwurgerichte in Graz abrollenden Prozessen wegen Verbrechens des Mordes diese Frage zum Gegenstande einer öffentlichen Erörterung im Gerichtssaale gemacht wird."
[7] Hans Gürtler war in diesem Prozeß Strafverteidiger. Seine Argumentation ist publiziert in Gürtler, *Todesstrafe*.
[8] JMZ. 10.411/46.
[9] Siehe dazu JMZ 11.299/46.
[10] JMZ. 11.064/46. OHG, Beratungsprotokolle vom 10. Mai 1946.
[11] JAZ. 10.393/45.
[12] Werner, *Wiedererstehen Österreichs*, S. 138.

die Stelle des Abschnittes „Gerichtsbarkeit" der Bundesverfassung 1929 getreten seien.¹

Diese Meinung, zu der es in einer Prodomo-Bemerkung des Justizamtes geheißen hatte: „Eine etwas starke Behauptung, die durch die noch nicht genehmigte Verfassungsnovelle (gemeint ist die Genehmigung des Verfassungsübergangsgesetzes durch den Alliierten Rat, Anm. d. Verf.) einigermaßen in Frage gestellt wird"², sollte in der Folge ein zentrales Argument der Justiz werden.

Als nach der Nichtgenehmigung des Verfassungsübergangsgesetzes durch den Alliierten Rat im Bundeskanzleramt mit der Vorbereitung entsprechender Einzelgesetze begonnen wurde, und zwar entsprechend der Absicht, das Verfassungsübergangsgesetz, inhaltlich nunmehr in Einzelgesetze zerlegt, vom Nationalrat nach und nach neuerlich beschließen zu lassen, war es dem nunmehrigen Bundesministerium für Justiz um die besondere Dringlichkeit des Gesetzentwurfes über die Todesstrafe und die Schwurgerichte zu tun.

Der Grund für diese Dringlichkeit lag in der schon bekannten, sich auf Verfassungsüberleitungsgesetz und Vorläufige Verfassung stützenden Auffassung von Ministerium und Oberstem Gerichtshof, insbesondere in der von der Justiz vertretenen Anschauung, daß der die Gerichtsbarkeit regelnde Abschnitt der Vorläufigen Verfassung mit 19. Juni 1946 außer Kraft getreten sei.³

Da dieser Zeitpunkt bereits überschritten war, schien es seitens des Ministeriums „dringend geboten, durch ein Bundesverfassungsgesetz den bisherigen Rechtszustand aufrecht zu erhalten und für die Zeit nach dem 19. Juni 1946 rückwirkend zu legalisieren".⁴

Obwohl die lediglich suppletorischen Charakter habende Vorläufige Verfassung mit dem vollen Wirksamwerden der Bundesverfassung 1920 am 19. Dezember 1945 ihre Gültigkeit verloren hatte⁵, blieb die Justiz auf das Datum des 19. Juni 1946 fixiert. Diese Fixierung entsprang ausschließlich „von Seite der Praxis her angestellte(n) Zweckmäßigkeitserwägungen", „die das Verhältnis von Vorläufiger Verfassung und Bundesverfassung so abgegrenzt wissen wollten, ,daß zumindest der V. Abschnitt der Vorläufigen Verfassung (Gerichtsbarkeit) bis zum 19. Juni 1946 in Kraft gestanden ist'. Die Zusammenhänge sind nur allzu durchsichtig, und vor keinem Wissenden werden die wahren Gründe dieser Erwägungen verborgen bleiben."⁶

Das Bundeskanzleramt, dessen Rechtsansicht sich in bezug auf den Zeitpunkt des Außerkrafttretens der Vorläufigen Verfassung von jener des Justizministeriums und des Obersten Gerichtshofes unterschied, und mit der überdies bezweifelt wurde, „daß nach der Vorläufigen Verfassung die Todesstrafe im ordentlichen Verfahren überhaupt zulässig war"⁷, strebte mit seinem Bundesverfassungsgesetzentwurf vom 22. Juni 1946 eine Sanierung dieser verfassungsrechtlichen Problematik an. Der Entwurf sah daher neben dem Passus, daß die seit dem 1. Mai 1945 in Kraft getretenen, die Todesstrafe androhenden gesetzlichen Bestimmungen in Geltung bleiben, auch vor, daß dieses Gesetz rückwirkend mit dem 1. Mai 1945 in Kraft treten sollte. Letzteres erschien sowohl dem Justizministerium wie auch dem Obersten Gerichtshof deswegen „höchst bedenklich", „weil", wie es bezeichnenderweise hieß, „das als Eingeständnis aufgefaßt werden müßte, daß seit 1. Mai 1945 Todesurteile (außer in VB- und KVG-Sachen) zu Unrecht gefällt und unzulässigerweise Schwurgerichte statt Geschworenengerichte geurteilt haben".⁸

Mit diesen „Zweckmäßigkeitserwägungen" ist die Justiz gegenüber dem Bundeskanzleramt schließlich neuerlich durchgedrungen.⁹ Mit Zustimmung des Verfassungsdienstes im Kanzleramt wurde der Wirksamkeitsbeginn des Bundesverfassungsgesetzes vom 24. Juli 1946 über die Anwendung der Todesstrafe und des Schwurgerichtsverfahrens, BGBl. Nr. 141/1946, nicht mit

---

¹ JAZ. 10.393/45. Gleichlautend bei Leonhard, *Rechtssetzung*, S. 381 ff.
Kontär dazu Werner, *Wiedererstehen Österreichs*, S. 138.
² JMZ. 10.411/46.
³ JMZ. 11.315/46. Ebenso Leonhard, *Rechtssetzung*. Auf diesen Zeitpunkt war man auf Grund Artikel 4 Abs. 2 des Verfassungsüberleitungsgesetzes vom 1. Mai 1945, StGBl. Nr. 4/1945, gekommen. Darin heißt es, daß die Vorläufige Verfassung sechs Monate nach dem Zusammentritt der ersten auf Grund des allgemeinen, gleichen, unmittelbaren und geheimen Verhältniswahlrechtes gewählten Volksvertretung außer Kraft tritt. Der Zusammentritt des österreichischen Nationalrates war am 19. Dezember 1945 erfolgt.
⁴ JMZ. 11.315/46.
⁵ Siehe Werner, *Wiedererstehen Österreichs*, S. 139.
⁶ Ebenda, S. 140.
⁷ JMZ. 11.315/46.
⁸ Ebenda.
⁹ Ebenda.

137

Wiener Zeitung

Internationale Musikfeste A. G.
protokolliert — Seite 7

Nr. 120   243. Jahrg.

Donnerstag, 25. Mai 1950

Die Todesstrafe gefallen!

Nationalrat lehnt in geheimer Abstimmung mit 86 zu 64 Stimmen die Weiteranwendung der Todesstrafe ab
Die derzeitigen Schwurgerichte bis Jahresende in Tätigkeit

Amtliche Personalnachrichten

Der Bundespräsident hat mit Entschließung vom 12. Mai 1950 dem Ministerialrat i. R. Dr. Kolumban Vouk aus Anlaß der Beendigung der Weiterverwendung den Titel Sektionschef verliehen.

Der Bundespräsident hat mit Entschließung vom 12. Mai 1950 dem Wirklichen Amtsrat Josef Nowak aus Anlaß seines Übertrittes in den Ruhestand den Titel Regierungsrat verliehen.

Der Bundespräsident hat mit Entschließung vom 26. April 1950 dem Tischlermeister Vinzenz Tschernokomen in Graz den Titel Kommerzialrat verliehen.

Der Bundespräsident hat mit Entschließung vom 3. Mai 1950 dem Landwirt Franz Brückl, Leeb in Niederbuch, Gemeinde Kirchberg, Verwaltungsbezirk Linz-Land, den Titel Ökonomierat verliehen.

Der Bundespräsident hat mit Entschließung vom 10. Mai 1950 dem Landwirt Josef Hundsberger in Unterwald Nr. 100, Gemeinde St. Ulrich, Verwaltungsbezirk Steyr, den Titel Ökonomierat verliehen.

Der Bundespräsident hat mit Entschließung vom 10. Mai 1950 dem Landwirt Anton Kehrer in Neundling Nr. 4, Bezirk Rohrbach, den Titel Ökonomierat verliehen.

Der Bundespräsident hat dem Landtagsabgeordneten Josef Klausner, Landwirt in Moos Nr. 25, den Titel Ökonomierat verliehen.

Der Bundespräsident hat mit Entschließung vom 10. Mai 1950 dem Landwirt Johann Mayr in Diersbach, Verwaltungsbezirk Schärding, den Titel Ökonomierat verliehen.

Überreichung des Beglaubigungsschreibens

Bundespräsident Dr. Renner empfing gestern den neuernannten indischen Gesandten Dhirajlal Bhulabhai Desai zur Überreichung seines Beglaubigungsschreibens. In Begleitung des Gesandten befand sich Attaché K. V. Ramaswamy. Der Gesandte wurde als Kabinettsvizedirektor Dr. Walter feierlich eingeholt. Ein Ehrenzug der Wiener Sicherheitswache leistete bei der An- und Abfahrt unter den Klängen des Generalmarsches die Ehrenbezeigung.

Bei der Überreichung des Beglaubigungsschreibens, die nach Austausch freundschaftlicher Ansprachen stattfand, intervenierten Bundesminister für die Auswärtigen Angelegenheiten Dr. Gruber und Kabinettsdirektor Klastersky.

Wie noch in Erinnerung sein dürfte, war die Todesstrafe in der ersten Republik abgeschafft. Im Jahre 1933 wieder eingeführt, wurde sie 1945 trotz verfassungsrechtlichen Bedenken im Hinblick auf die damaligen Zeitverhältnisse wieder angewendet und später im Verbotsgesetz und im Bedarfsdeckungsstrafgesetz besonders statuiert. Durch Verfassungsgesetze der folgenden Jahre wurde sie im ordentlichen Verfahren weiter für zulässig erklärt, zuletzt bis 30. Juni d. J.

Gestern beschäftigte sich nun das Parlament der zweiten Republik zum viertenmal mit diesem Problem. Dem Nationalrat lag der Antrag des Justizausschusses zur Beschlußfassung vor, die Geltungsdauer des Bundesverfassungsgesetzes über die Anwendung der Todesstrafe bis 31. Dezember 1951 weiter zu verlängern, da, wie in den Motivenbericht zur Regierungsvorlage in den Treffen geführt wurde, die mit dem Tode bedrohten Verbrechen noch immer in gefahrdrohender Weise um sich greifen.

Die Verhandlungen darüber leitete in der gestrigen Plenarsitzung als Berichterstatter Abg. Dr. Häuslmayer (S) ein. Die darauffolgende Debatte bestritten die Abgeordneten Scharf (L), der sich gegen die Todesstrafe aussprach, Gabriele Proft (S), die sich mit den Gründen für und gegen die Todesstrafe auseinandersetzte und die Abgeordneten an ihre große Verantwortung bei ihrem Entscheid über das Problem erinnerte, Dr. Kraus (U), der für seine Fraktion die weitere Zulässigkeit der Todesstrafe ablehnte, und Dr. Bock (V). Als dieser zu Be-

Eine Entscheidung des Gewissens

Der erste Tagesordnungspunkt, mit dem sich der Nationalrat gestern befaßte, war das Bundesverfassungsgesetz, betreffend die weitere Geltungsdauer der Vorschriften über die Anwendung der Todesstrafe. In seinem Bericht darüber erinnerte Abg. Dr. Häuslmayer daran, daß bis Mitte des 18. Jahrhunderts das Recht des Staates, zu töten, unbestritten gewesen sei. In den beiden letzten Jahrhunderten sei die Diskussion über die Todesstrafe nie zur Ruhe gekommen, und bis zur Stunde sei eine einheitliche Auffassung nicht erzielt worden. Abg. Dr. Häuslmayer ging nun auf die

ginn seiner Ausführungen den Unabhängigen das Recht absprach, für Humanität und Menschlichkeit einzutreten, protestierten diese stürmisch gegen diese Äußerung und verließen schließlich unter lebhaftem Lärm geschlossen den Saal, den sie erst wieder betraten, als Abg. Bock seine Rede beendet hatte.

Nachdem neuerlich stürmische Zwischenrufe zwischen der ÖVP und den Unabhängigen gewechselt worden waren und Abg. Dr. Kraus für seine Fraktion die Erklärung abgegeben hatte, sich mit dem Vorredner auseinanderzusetzen, leitete der Abgeordnete Ing. Raab (V) und Dr. Pittermann (S), deren Fraktionen die Abstimmung für ihre Mitglieder freigegeben haben, vom Hause beschlossene geheime Abstimmung ein. Als das Skrutinium beendet war, gab Präsident Kunschak dessen Resultat bekannt.

Abgegeben wurden 150 Stimmen, womit die für die Abstimmung über das Bundesverfassungsgesetz erforderliche Anwesenheit von mehr als der Hälfte der Mitglieder des Nationalrates gegeben war. Die erforderliche Zweidrittelmehrheit betrug 100 Stimmen. Von den abgegebenen Stimmen lauteten 86 auf 64, auf nein 86.

Damit hatte das Haus den Antrag des Justizausschusses auf die Weiterzulässigkeit der Todesstrafe abgelehnt. Das Abstimmungsergebnis wurde von allen Abgeordneten mit starkem Beifall aufgenommen. Dann erledigte das Haus die übrige Tagesordnung.

Todesstrafe weiterhin gelten lassen zu wollen.

Die große Verantwortung des Parlaments

Für die Sozialistische Partei sprach Abg. Gabriele Proft, die an der Spitze ihrer Ausführungen die große Verantwortung des Parlaments stellte, die dieses bei der Beschlußfassung über das Problem der Todesstrafe zu tragen haben werde. Sie erinnerte dann daran, daß in den letzten zehn Jahren bis 1910 im ganzen 504 Todesurteile ausgesprochen, davon nur zehn vollstreckt worden seien, und meinte, diese Tatsache zeige, daß man sich selbst dann, wenn die

sehen zu töten. Die Unabhängigen lehnten diese Worte ab, und diese ihre Ablehnung bedeutete schließlich einen Protest gegen die politischen Hinrichtungen in den letzten 16 Jahren, gleichgültig von welchem Regime sie durchgeführt worden seien.

Exodus der Unabhängigen

Jetzt kam als Sprecher der Volkspartei Abg. Dr. Bock zum Wort. Als er einleitend erklärte, die Ausführungen einzelner Vorredner könnten den Anschein erwecken, als ob ausgerechnet die Vertreter jener Gruppen sich nur für Humanität und Menschlichkeit dazu hätten, erhebt sich bei den Unabhängigen ein schwerlicher Widerspruch. Abg. Dr. Kraus ruft dem Redner zu: Das ist unverschämt! Andere unabhängige Abgeordnete apostrophieren Dr. Bock mit den Worten: Gerade Sie haben keine Ursache! Was haben Sie im Jahre 1934 gemacht! Die Zwischenrufe der Unabhängigen lösen bei der Volkspartei lebhafte Gegenrufe aus, und in diesem Lärm verlassen die Unabhängigen geschlossen den Sitzungssaal.

Schwere Vorwürfe

Nachdem wieder Ruhe eingetreten war, erklärte Abg. Dr. Bock weiter, während der Nazizeit seien an einem einzigen Tage in Wien mehr Menschen hingerichtet worden als während der ganzen Regierungszeit Kaiser Franz Josephs. Unter diesem System habe Herr Stüber dem größten Massenmörder aller Zeiten in überschwenglichen Worten gehuldigt. Ein anderer unabhängiger heutiger Abgeordneter habe jahrelang von seinem Lehrstuhl aus mit wahrscheinlich in der Form das Massenrechtssystem der Massenmordes den Schülern beizubringen versucht. Diese Gruppe habe kein Recht, hier jetzt als Befürworter der Humanität aufzutreten.

Auseinandersetzung mit dem Linksblock

Zu einem weiteren Zwischenfall kam es, als Abg. Dr. Bock weiter sagte, es mute auch geradezu grotesk an, wenn hier ein Vertreter des Linksblocks sich gegen die Todesstrafe ausgesprochen habe und sich damit wahrscheinlich in die Gefahr habe, gelegentlich einmal kominformiert zu werden, weil das in Programm in dieser Richtung nicht hineingehöre. Daraufhin ruft Abg. Scharf dem Redner zu: Sie sollten

---

1. Mai 1945, sondern mit 19. Juni 1946 datiert.

Eben dieses Datum diente dann dem Obersten Gerichtshof in seiner Entscheidung vom 5. Dezember 1946, mit der er die Nichtigkeitsbeschwerde zweier des meuchlerischen Raubmordes Angeklagter verwarf, zur Beweisführung: „Den Beweis für die Richtigkeit dieser Ansichten schafft das Bundesgesetz vom 24. Juli 1946 . . . dessen Wirksamkeitsbeginn ausdrücklich mit 19. Juni 1946 festgesetzt wurde. Diese Bestimmung verlor (sic) ihren Sinn, wenn man nicht annehmen wollte, daß die Vorläufige Verfassung die Todesstrafe im ordentlichen Verfahren zugelassen und das Schwurgericht für zuständig erklären wollte und daß diese Zulassung bis 19. Juni 1946 gegolten hat, was zudem aus

Art. 4 Abs. 2 des Verfassungsüberleitungsgesetzes hervorgeht. Die letzterwähnte Bestimmung ist aber niemals durch Gesetz geändert worden oder aufgehoben worden."[1]

Will man zusammenfassen, so läßt sich zur Frage der Todesstrafe in der Phase 1945/46 sagen, daß die Entscheidung, sie im ordentlichen Verfahren – und ebenso wohl auch im außerordentlichen Verfahren – auszudehnen, vorab gefallen war; in der Folge wurde dann versucht, die aufgebrochene verfassungsrechtliche Problematik zu lösen. Nach dem hier vertretenen Standpunkt ist eine solche Lösung erst mit dem Gesetz

---

[1] Zitiert nach *Juristische Blätter*, 20. Sept. 1947, S. 375.

vom 24. Juli 1946 erfolgt. Das heißt konsequenterweise, daß bis zum Wirksamwerden dieses Gesetzes, also bis zum 19. Juni 1946, die von ordentlichen Gerichten verhängten Todesurteile und deren Vollstreckung verfassungswidrig waren.

Für die Periode 1946 bis 1950 sollte die jeweils zeitlich begrenzte Suspendierung des Artikels 85 durch den Gesetzgeber charakteristisch bleiben. Das Verfassungsgesetz vom 24. Juli 1946 war mit 30. Juni 1947 befristet. Mit dieser Befristung wollte der Gesetzgeber offensichtlich die grundsätzliche Ablehnung der Todesstrafe im ordentlichen Verfahren zum Ausdruck bringen.[1] 1947 wurde dieses Gesetz neuerlich auf ein Jahr, 1948 auf zwei weitere Jahre verlängert. Die Gründe, die Regierung und Gesetzgebung an der Todesstrafe im ordentlichen Verfahren festhalten ließen, waren im wesentlichen die hohe Zahl an Kapitalverbrechen, die von der Todesstrafe versprochene Generalprävention und die Rücksichtnahme auf die wahrscheinliche Einstellung breiter Bevölkerungskreise.[2] Im März 1948 wollte eine Enquete des Justizministeriums, an der Vertreter der drei politischen Parteien, Vertreter der Rechtswissenschaft, der Richter- und Staatsanwaltschaft, der Rechtsanwaltskammern und die Interessenverbände von Gewerbe, Landwirtschaft und Arbeiterschaft sowie die Liga für Menschenrechte teilnahmen, zu einer breiteren Meinungsbildung über die Frage der Abschaffung der Todesstrafe kommen. Auf Grund des Ergebnisses dieser Enquete sah das Justizministerium die Annahme bestätigt, „daß die Abschaffung der Todesstrafe im ordentlichen Verfahren unter den gegenwärtigen Verhältnissen der Mehrheit der Bevölkerung, die in diesem Strafmittel die schärfste Waffe im Kampf gegen Kapitalverbrecher erblickt, geradezu unverständlich wäre".[3] Für die Abschaffung der Todesstrafe waren die Vertreter der Rechtswissenschaft und die Liga für Menschenrechte, ferner die Staatsanwaltschaft Wien, die Rechtsanwaltskammern Wien und Graz, die Arbeiterkammer Klagenfurt und – mit Einschränkung – der Vertreter der KPÖ.[4]

Legitimiert durch diesen Meinungsbildungsprozeß im März 1948 und unter Außerachtlassung der von wissenschaftlicher Seite vorgebrachten, empirisch abgestützten Argumente wurde im April 1948 eine Regierungsvorlage eingebracht, die zunächst vorsah, die Geltungsdauer der Todesstrafe im ordentlichen Verfahren so lange zu verlängern, als „mit dem Tode bedrohte Verbrechen in Gefahr drohender Weise um sich greifen". Nach eingehenden Beratungen im Justizausschuß wurde die Geltungsdauer jedoch mit 30. Juni 1950 begrenzt.[5] Dieser Vorlage entsprach der Nationalrat im Bundesverfassungsgesetz vom 12. Mai 1948. Mit dem am gleichen Tag beschlossenen Gesetz über das außerordentliche Milderungsrecht des Schwurgerichtes bei den mit dem Tode bedrohten Verbrechen war vorerst einmal die absolute Todesstrafdrohung beseitigt.[6]

Als 1950 die Regierung neuerlich die Geltungsdauer der Todesstrafe verlängern wollte, wurde dieser Antrag vom Nationalrat in geheimer Abstimmung mit 86 zu 64 Stimmen am 24. Mai 1950 abgelehnt. Damit war die Todesstrafe im ordentlichen Verfahren gefallen. Laut internen Berichten der Staatsanwaltschaften waren in der Zeit von 1945 bis 1949 von ordentlichen Gerichten 56 Todesurteile gefällt und davon 15 vollstreckt worden.[7] In der Folgezeit bestand in Österreich die Todesstrafdrohung bis 1955 im Volksgerichtshofverfahren und bis zu ihrer endgültigen Abschaffung 1968 im Verfahren vor dem Standgericht.

---

[1] Bericht des Justizausschusses vom 16. Juli 1946. 182 d. Beilagen zu den Stenographischen Protokollen des Nationalrats, JMZ. 11.232/47.

[2] Bericht des Justizausschusses, JMZ. 12.232/47.

[3] JMZ. 11.116/48.

[4] JMZ. 10.859/48, Protokoll, und JMZ. 11.110/48.

[5] Bericht des Justizausschusses. 586 d. Beilagen zu d. Sten.-Prot., JMZ. 11.450/48.

[6] BGBl. Nr. 101/1948. Dazu Heinz Huber, *Die Todesstrafe und das außerordentliche Milderungsrecht*, in: *Österreichische Juristen-Zeitung*, 27. August 1948, S. 361 f.

[7] JMZ. 10.390/50, JMZ. 10.478/50.

MATERIALIEN

Herbert Loebenstein

Auswirkungen der
Besetzung Österreichs
auf die Strafgerichtsbarkeit*

Es ist bedauerlich, daß sich die österreichischen Justizbehörden noch heute – volle acht Jahre, nachdem sich die Truppen der Alliierten als Besatzungstruppen in unserem Lande niedergelassen haben – bei Ausübung der Strafgerichtsbarkeit mit Problemen beschäftigen müssen, die sich aus der Tatsache dieser Besetzung ergeben. Dadurch, daß die Besatzungsmächte Anordnungen strafrechtlicher Art getroffen haben und zum Teil auch heute noch treffen, sowie aus der Tatsache, daß Militärgerichte der Besatzungsmächte in gewissen Fällen die Strafgerichtsbarkeit im Inland ausüben, und schließlich aus den wechselseitigen tatsächlichen und rechtlichen Beziehungen von Angehörigen der Besatzungsmächte zu anderen Personen ergeben sich auch für die österreichische Strafgerichtsbarkeit eine Reihe von Fragen, zu deren Beantwortung die Kenntnis einschlägiger Vorschriften – soweit solche überhaupt bestehen – erforderlich ist. Die gegenständliche Darstellung soll daher einen kurzen zusammenfassenden Überblick über die derzeitigen Verhältnisse auf diesem Gebiet geben, um vor allem dem Praktiker eine Übersicht zu vermitteln.

In der unmittelbar nach der sogenannten „Befreiung" Österreichs (April–Mai 1945) folgenden Zeit haben die einzelnen Besatzungsmächte zum Teil selbständig Anordnungen in ihren Zonen über die Ausübung der Strafgerichtsbarkeit erlassen. Es ist hier überflüssig, alle diese Anordnungen im einzelnen aufzuzählen – soweit es sich im Folgenden als erforderlich zeigt, wird jedoch darauf Bedacht genommen. Die wesentliche Grundlage zur Regelung der Beziehungen der Besatzungsmächte zu Österreich auch auf dem Gebiete der Strafgerichtsbarkeit stellt das sogenannte „Zweite Kontrollabkommen" vom 28. Juni 1946 dar, das zwischen den Regierungen des Vereinigten Königreiches, der Vereinigten Staaten von Amerika, der Union der sozialistischen Sowjetrepubliken und der Französischen Republik abgeschlossen und in der *Gazette*

---

* Dieser Artikel entspricht dem bisher unveröffentlichten Vortragsmanuskript von Sektionschef Dr. Herbert Loebenstein, als er anläßlich der Richterwoche in St. Martin bei Graz am 8. Juni 1953 zum Thema Militärgerichtsbarkeit im besetzten Österreich sprach (herangezogene Gesetzesstellen, Judikatur und Literatur entsprechen daher dem damaligen Stand).

of the Allied Commission for Austria Nr. 7 vom Juni 1946 veröffentlicht wurde.[1]

Österreich selbst ist nicht Signatarstaat dieses Abkommens.

Dieses Kontrollabkommen stellt im wesentlichen die „Hauptrechtsquelle" zur Regelung der Beziehungen der Besatzungsmächte zu Österreich dar. Es muß daher bei Erörterung des hier interessierenden Fragenkomplexes von den strafrechtlich bedeutsamen Bestimmungen dieses Abkommens ausgegangen werden:

Laut Art. 1 haben die österreichische Regierung und alle untergeordneten Behörden die Anweisungen, die sie von der Alliierten Kommission empfangen, auszuführen, und sie können hinsichtlich der in der Folge in Art. 5 aufgezählten Angelegenheiten ohne vorherige schriftliche Zustimmung der Alliierten Kommission keine Maßnahmen ergreifen.

Falls der Alliierte Rat selbst keine Maßnahmen ergreift, können nach Art. 2 lit. d die einzelnen Hochkommissare in jeder Angelegenheit, auf die sich Art. 5 bezieht, unabhängig in ihren entsprechenden Zonen Maßnahmen ergreifen.

In Art. 5 sind nun die Angelegenheiten angeführt, in denen die Alliierte Kommission direkte Maßnahmen ergreifen kann. Es sind dies, soweit dies für das Gebiet des Strafrechtes von Bedeutung ist:

nach Punkt I u. a. die Entwaffnung,

nach Punkt II Schutz und Sicherheit der alliierten Streitkräfte in Österreich . . .

nach Punkt III Schutz, Obsorge und Rückerstattung von Eigentum, das den Regierungen einer der Vereinten Nationen oder deren Staatsbürgern gehört,

nach Punkt V Betreuung und Abtransport von Kriegsgefangenen und versetzten Personen sowie Ausübung der rechtlichen Gewalt über dieselben,

nach Punkt VII die Ausforschung, Verhaftung und Auslieferung irgendwelcher Personen, die von einer der vier Mächte oder vom Internationalen Gerichtshof für Kriegsverbrechen und Verbrechen gegen die Menschlichkeit gesucht werden, sowie jener Personen, die von anderen Vereinten Nationen wegen solcher Verbrechen gesucht werden und die in den Listen der Kommission der Vereinten Nationen für Kriegsverbrechen enthalten sind.

Hinsichtlich aller anderen Personen, die solcher Verbrechen beschuldigt sind, wird ausdrücklich im Schlußsatz des Art. 5 die Zuständigkeit der österreichischen Regierung, sofern diese Personen unter ihre rechtliche Gewalt fallen, zur Aburteilung anerkannt vorbehaltlich des Kontrollrechtes des Alliierten Rates hinsichtlich Verfolgung und Bestrafung solcher Verbrechen.

Die österreichische Regierung und vor allem die Justizverwaltung waren von Anfang an bemüht, die durch die Bestimmungen dieses Kontrollabkommens verfügten Beschränkungen der Justizhoheit auf strafrechtlichem Gebiete weitgehend zu mildern. Diese Bemühungen waren auch bisher, zumindest großteils, von Erfolg gekrönt. Wenn auch der Alliierte Rat selbst keine Ergänzung oder Novellierung des Kontrollabkommens vorgenommen hat, so haben doch die einzelnen Hochkommissare im Laufe der letzten Jahre (gem. Art. 2 lit. d des Kontrollabkommens) Anordnungen erlassen, mit welchen die ihnen vorbehaltene Jurisdiktion auf strafrechtlichem Gebiete, soweit sie diese überhaupt in Anspruch genommen hatten, immer mehr auf die österreichischen Justizbehörden übertragen wurde. Allerdings sind im einzelnen besondere Weisungen der Besatzungsmächte von den Gerichten zu beachten.

Da diese Anordnungen von den jeweiligen Hochkommissaren zu verschiedener Zeit und auf verschiedene Art getroffen wurden, müssen sie getrennt nach den Besatzungsmächten angeführt werden:

1. Das US-Element

Grundlage für die Zuständigkeit dieser als auch der britischen und französischen Besatzungsmacht auf strafrechtlichem Gebiete bildet die Verordnung Nr. 200 über Verbrechen und andere strafbare Handlungen.[2] Durch die Novelle 1, 1949, wurde diese Verordnung von der US-Besatzungsmacht revidiert. Der revidierte Text wurde mit Runderlaß des Bundesministeriums für Justiz vom 11. Februar 1949 an alle Oberlandesgerichtspräsidien und Oberstaatsanwaltschaften bekanntgegeben[3], und gleichzeitig wurde mit Genehmigung des US-Hochkommissariates verlautbart, daß die österreichischen

---

[1] Ludwig Adamovich, *Die österreichischen Bundesverfassungsgesetze samt Ausführungsgesetzen* (= Handausgabe österreichischer Gesetze und Verordnungen, Neue Folge 1), 5. Aufl. Wien 1947, S. 6ff.
[2] Veröffentlicht z. B. in: *Oberösterreichisches Amtsblatt*, 20. Juli 1945, S. 14–16.
[3] Zl. 10.330/49.

Gerichte ab 15. Februar 1949 die Gerichtsbarkeit in Straf- und Zivilsachen über Staatsangehörige der USA, die sich ausschließlich aus persönlichen oder privatgeschäftlichen Gründen in Österreich aufhalten, gegen jederzeitigen Widerruf ausüben dürfen. Über die Ergreifung einer solchen Person oder Anklageerhebung ist an den zuständigen Legal Officer im Wege des Bundesministeriums für Justiz zu berichten.

Ab 14. Oktober 1949 hatten die österreichischen Sicherheitsbehörden und Gerichte die Akten den US-Rechtsoffizieren zwecks Vorprüfung nur mehr vorzulegen in

allen Strafsachen, die alliiertes Personal oder alliiertes Eigentum oder
den Besitz oder den Gebrauch von Feuerwaffen betreffen.[1]

Bis dahin war auch in allen Strafsachen gegen versetzte Personen die Vorprüfung durch den US-Rechtsoffizier erforderlich.

Die US-Besatzungsmacht hat ferner der Ausübung der österreichischen Gerichtsbarkeit gegen Lenker von Kraftfahrzeugen der US-Besatzungsmacht – sofern diese Lenker selbst nicht Angehörige der Besatzungsmacht sind – im Falle der Beteiligung an einem Verkehrsunfall zugestimmt, jedoch unter dem Vorbehalt, daß immer Vorerhebungen einzuleiten und ein Gutachten einer USA-Verkehrskommission von der US-Rechtsabteilung einzuholen ist und erst nach dessen Vorliegen Strafantrag gestellt oder Anklage erhoben werden darf. Daher kann in diesen Fällen keine Strafverfügung gem. § 460 StPO ergehen.[2]

Als mit Wirkung vom 1. April 1950 einige Bestimmungen der oben erwähnten Verordnung Nr. 200 aufgehoben wurden, hatte dies auch für die Strafgerichtsbarkeit eine wesentliche Bedeutung. Die Zuständigkeit der US-Besatzungsmacht ist nämlich damit infolge Aufhebung der §§ 4 bis 13 der Verordnung 200 beschränkt auf Spionage und geheimen Nachrichtendienst gegen die alliierten Streitkräfte und jede Handlung oder Unterlassung, welche der öffentlichen Ordnung oder den Interessen der Sicherheit der alliierten Streitkräfte Abbruch tut.[3] Mit dem Inkrafttreten dieser Novellierung der Verordnung 200 ist z. B. auch der bloße unbefugte Waffenbesitz in der US-Zone nach dem 1. April 1950 auch von österreichischen Gerichten nicht mehr zu bestrafen, worauf noch bei der Behandlung der Bestimmungen des Waffengesetzes kurz zurückgekommen werden wird.

Das US-Hochkommissariat nahm noch eine weitere Einschränkung der seinen Gerichten in Österreich vorbehaltenen Gerichtsbarkeit vor, indem es nämlich zustimmte, daß grundsätzlich die Strafgerichtsbarkeit über alle nicht den US-Streitkräften in Österreich angehörigen Personen – zu diesen zählen im übrigen auch deren Familienangehörige – nunmehr von österreichischen Gerichten ausgeübt werden kann.[4] Ausgenommen sind nur die Fälle, in denen durch die Straftat oder die Durchführung des Strafverfahrens die Sicherheit der US-Streitkräfte in Österreich berührt wird. Gleichzeitig wurde mitgeteilt, daß die Gerichte der US-Besatzungsmacht künftighin die Bestimmungen des österreichischen Strafrechtes anwenden werden, ausgenommen in jenen Fällen, in denen im Interesse der Sicherheit der US-Streitkräfte in Österreich die Anwendung der Verordnung Nr. 200 angezeigt ist.

Die österreichischen Gerichte wurden einzig ersucht, in den überlassenen Fällen die Strafverfahren mit größter Beschleunigung durchzuführen, und verhalten, über den Anfall einer Strafsache, in welcher die Sicherheit der US-Streitkräfte durch die Tat oder durch das Strafverfahren berührt wird, die US-Legal Division in Kenntnis zu setzen, ohne aber deren Zustimmung zur Einleitung oder Fortsetzung des Verfahrens abzuwarten und dieser auch das Ergebnis des Verfahrens mitzuteilen.

Schließlich hat das US-Hochkommissariat den österreichischen Sicherheitsorganen auch die Befugnis zur Anhaltung des USA-Besatzungspersonals in Zivil gegen die Verpflichtung der sofortigen Verständigung und Überstellung an die Militärpolizei erteilt.[5]

Mit Erlaß des Bundesministeriums für Justiz vom 25. August 1952 wurden die Gerichte auf ihre Verständigungspflicht hinsichtlich der Strafverfahren gegen Angehörige der USA aufmerksam gemacht.[6] In diesen Fällen haben die Gerichte einen ausführlichen Bericht in zweifacher Ausfertigung unter Anschluß der Akten im Dienstwege dem Bundesministerium für Justiz zur Weiterleitung an die US-Legal Division vorzulegen.

---

[1] Runderlaß des BMfJ, 22. Oktober 1949, Zl. 12.760/49.
[2] Erlaß des BMfJ an die Oberstaatsanwaltschaften, 22. Mai 1950, Zl. 11.089/50.
[3] Runderlaß des BMfJ, 15. September 1950, Zl. 11.586/50.
[4] Runderlaß des BMfJ, 12. Oktober 1950, Zl. 10.645/50.
[5] Erlaß des BMfJ, 16. Juni 1952, Zl. 11.549–9/52.
[6] Zl. 12.139–9/52.

2. Britisches Element

Dieses hat bereits mit 19. April 1948 die Gerichtsbarkeit über versetzte Personen in der britischen Zone Österreichs und im britischen Sektor Wiens den österreichischen Justizbehörden übertragen[1] und sich nur die Zustimmung zur Außerlandschaffung bei Ausspruch der Landesverweisung oder Abschaffung aus dem gesamten Bundesgebiet vorbehalten, doch hat seit Anfang 1953 die Verständigung der britischen Behörden von Urteilen, in denen die Landesverweisung oder die Abschaffung aus dem gesamten Bundesgebiet verfügt wurde, nicht mehr durch die Justizbehörden, sondern durch die zuständigen Sicherheitsdirektionen zu erfolgen, die die Urteilsabschrift dem britischen Sicherheitsoffizier mit einer Stellungnahme, ob gegen die Außerlandschaffung des Verurteilten Bedenken bestehen, zu übersenden haben. Die Gerichte haben daher künftighin je zwei Abschriften der auf Landesverweisung oder Abschaffung aus dem gesamten Bundesgebiet lautenden Urteile (samt Gründen) über Personen, die sich in der britischen Besatzungszone Österreichs zur Zeit der Durchführung dieser Nebenstrafe aufhalten, der Sicherheitsdirektion in Graz oder Klagenfurt zu übersenden und dieser Gelegenheit zur Abgabe einer Stellungnahme durch Vernehmung des Verurteilten und Einsicht in die Strafakten zu geben.[2]

Mit Wirkung vom 5. September 1948 hatte sich das britische Element die Gerichtsbarkeit nur mehr in jenen Fällen vorbehalten, die das Personal oder das Eigentum der alliierten Verwaltung, Mitglieder derselben oder Vermögenschaften betreffen, die Mitglieder der alliierten Verwaltung als normale Folge ihres Aufenthaltes in Österreich in dieser Eigenschaft besitzen, weiters in Fällen, die Personen – welcher Nationalität immer – betreffen, die von einer Militärregierung oder Streitkräften der Besatzungsmacht in einer höchst persönlichen oder vertraulichen Stellung beschäftigt sind, weiters bei allen strafbaren Zuwiderhandlungen gegen irgendeine Anordnung der britischen Besatzungsstreitkräfte oder gegen irgendeine Verfügung der britischen Militärregierung oder Fälle, die mit der Auslegung oder Gültigkeit einer solchen Anordnung oder Verfügung in Zusammenhang stehen, weiters in Fällen, die von einem Gericht der Militärregierung an sich gezogen wurden oder die der Rechtsprechung ausschließlich dieser Regierung übertragen wurden, und schließlich in Fällen, in denen Angaben gegenüber einer britischen oder alliierten Behörde als Grund des Einschreitens angegeben sind. Zu den Mitgliedern der alliierten Verwaltung zählen im übrigen auch die Verwandten der bei dieser beschäftigten Personen. Dagegen sind alliierte Staatsangehörige, die sich aus privaten oder persönlichen Gründen in Österreich aufhalten (Geschäfts- oder Vergnügungsreisende) von der österreichischen Strafgerichtsbarkeit nicht mehr ausgenommen. Im Falle ihrer Verhaftung oder der Einleitung eines Strafverfahrens ist aber Mitteilung an den PSO zu machen. Auf Verlangen des Beschuldigten ist eine Anzeige auch an den konsularischen Vertreter der betreffenden Besatzungsmacht, deren Staatsangehöriger der Beschuldigte ist, im Wege des Bundesministeriums für Justiz weiterzuleiten. Dem konsularischen Vertreter ist auch Zutritt zum Verhafteten zu gewähren, und er ist vom Ergebnis des Strafverfahrens – bei Verurteilung mittels Abschrift des rechtskräftigen Urteiles samt Gründen – über das Bundesministerium für Justiz in Kenntnis zu setzen.[3]

3. Französisches Element

Der französische Hochkommissar hatte am 23. Mai 1949 der österreichischen Regierung mitgeteilt, daß die Gerichtsbarkeit über versetzte Personen zwar den österreichischen Gerichten überlassen wird, daß aber weiterhin vor Fällung einer Entscheidung in diesen Fällen die Akten den französischen Justizbehörden zur Ermöglichung einer Kontrolle über diese Strafsachen zu übermitteln sind.[4] Gleichzeitig war die Gerichtsbarkeit über französische Staatsangehörige an die österreichische Regierung übertragen worden, sofern sich diese Personen aus privatem Anlaß in Österreich aufhalten. Nur Mitglieder der französischen Verwaltung, der Besatzungsmacht und deren Familien sind von der österreichischen Gerichtsbarkeit ausgenommen. In gleicher Weise wie beim US- und beim britischen Element ist auch bei Einleitung von Strafverfahren gegen französische Staatsangehörige die französische Justizbehörde in Kenntnis zu setzen, ebenso wie auch von der Erledigung des Verfahrens. Die erforderlichen Verständigungen sind im Wege des Bundesministeriums für Justiz weiterzuleiten.

---

[1] Erlaß des BMfJ, 15. Juni 1948, Zl. 11.388/48.
[2] Erlaß des BMfJ, 23. Jänner 1953, Zl. 10.114–9/53.
[3] Erlaß des BMfJ, 11. Oktober 1948, Zl. 13.118/48.
[4] Erlaß des BMfJ, 10. August 1949, Zl. 12.101/49.

In der Folge hat das französische Element mit Note des Hochkommissars vom 28. April 1950 die Gerichtsbarkeit über versetzte Personen *endgültig* den österreichischen Behörden übertragen und nur die Verständigung über erfolgte Verurteilungen solcher Personen verlangt und der österreichischen Gerichtsbarkeit alle strafbaren Handlungen nach dem Waffengesetz in der französischen Zone Österreichs überlassen und nur die Berichterstattung verlangt, falls französische oder alliierte Interessen berührt werden oder ein Waffenlager entdeckt wird, in welchen Fällen sich die französischen Gerichte vorbehalten, weitere Anordnungen zu treffen.[1]

4. Sowjetrussisches Element

Dieses Element hat in der ersten Zeit nach Beendigung des letzten Krieges vereinzelt bei Vergehen nach dem Waffengesetz und bei strafbaren Handlungen, durch die Angehörige der Besatzungsstreitkräfte betroffen wurden, die Gerichtsbarkeit durch seine Militärgerichte selbst ausgeübt, dagegen die Gerichtsbarkeit gegen versetzte Personen von Anfang an den österreichischen Gerichten überlassen. In der Folge hat auch das sowjetrussische Element die Gerichtsbarkeit in Waffensachen grundsätzlich den österreichischen Gerichten überlassen und lediglich eine strenge Verfolgung solcher Delikte durch die österreichischen Gerichte vorausgesetzt. In letzter Zeit wird den österreichischen Gerichten auch die Jurisdiktion über strafbare Handlungen, durch die Angehörige der Besatzungsmacht betroffen werden, vereinzelt überlassen.

Zusammenfassend ist daher festzustellen, daß die Gerichtsbarkeit gegen versetzte Personen und über Waffendelikte grundsätzlich den österreichischen Gerichten überlassen ist und daß heute grundsätzlich von den Militärgerichten der Besatzungsmächte die Gerichtsbarkeit nur in jenen Fällen ausgeübt wird, die strafbare Handlungen von Angehörigen der Besatzungsmächte selbst oder Fälle betreffen, die die Sicherheit oder Interessen der Besatzungsmächte berühren. Die Bestimmungen des Art. 5 Pkt. VII des Kontrollabkommens betreffend Kriegsverbrecher haben kaum mehr praktische Bedeutung, weil nur noch wenige Auslieferungsfälle nicht abgeschlossen sind. Zur Ausführung dieser Bestimmung ist die Entscheidung (decision) des Alliierten Rates betreffend Anhaltung, Verhaftung und Übergabe von Kriegsverbrechern erschienen.[2] Seit Mitte 1948 sind keine einstimmigen Beschlüsse des Alliierten Rates mehr zustande gekommen, sodaß daher entsprechend der Bestimmung des Kontrollabkommens und dieser Ausführungsbestimmung (Seca 702) an Stelle des Alliierten Rates der zuständige Zonenkommandant tritt. Im übrigen sind die zuständigen Dienststellen der Besatzungsmächte, wie oben ausgeführt wurde, von Strafverfahren gegen Staatsangehörige der Besatzungsmächte allgemein in Kenntnis zu setzen. Sollte eine Besatzungsmacht heute noch die Gerichtsbarkeit in einer Angelegenheit in Anspruch nehmen, die sie grundsätzlich den österreichischen Gerichten überlassen hat, ist eine umgehende Verständigung des Bundesministeriums für Justiz angezeigt, um in Wahrung der österreichischen Justizhoheit die Durchführung des Verfahrens vor einem österreichischen Gericht durch unmittelbare Fühlungnahme mit der Besatzungsmacht zu erreichen.

Dadurch nun, daß die Besatzungsmächte im oben angeführten Umfang durch ihre Militärgerichte die Gerichtsbarkeit ausgeübt haben und zum Teil auch heute noch ausüben, ist es erforderlich zu prüfen, welche Wirkungen derartigen Urteilen der Militärgerichte der Besatzungsmächte in der österreichischen Rechtsordnung zukommen. Überflüssig ist es hier, die Organisation der Militärgerichte und die für sie geltenden Vorschriften aufzuzeigen, da sich die österreichischen Gerichte hiermit im allgemeinen nicht zu befassen haben.

Urteile der Militärgerichte der Besatzungsmächte sind als Urteile ausländischer Gerichte zu behandeln.[3] Die Justizhoheit der Besatzungsmacht beruht nicht auf einer durch völkerrechtlichen Vertrag erteilten Vollmacht, sondern auf dem durch Art. 43 der Haager Landkriegsordnung sanktionierten Recht der Besatzungsmacht, die Angelegenheiten des besetzten Gebietes unter Beachtung der Landesgesetze zu regeln, soweit kein zwingendes Hindernis entgegensteht.[4] Für die Frage, ob ein Gericht als ein

---

[1] Erlaß des BMfJ, 8. Mai 1950, Zl. 11.295/50.
[2] Kundgemacht in: *Gazette of the Allied Commission*, Dezember 1946, S. 40.
[3] Vgl. Gustav Kafka, *Probleme der alliierten Militärgerichtsbarkeit*, in: Österreichische Juristen-Zeitung, 7. Juni 1946, S. 229; OGH, 12. März 1948, 2 Os 1113/47; Evidenzblatt 1950, Nr. 132, und Evidenzblatt 1953, Nr. 101.
[4] Vgl. Kafka, *Militärgerichtsbarkeit*.

inländisches oder ausländisches anzusehen ist, ist nicht der Zweck seiner Tätigkeit oder die Örtlichkeit seines Sitzes, sondern der Ursprung seiner Hoheitsgewalt maßgebend, die aber die Gerichte der Besatzungsbehörden von ihrem ausländischen Staat her ableiten.[1] Durch das Urteil eines ausländischen Gerichtes ist aber – wurde die strafbare Handlung im Inland begangen – der Strafanspruch des österreichischen Staates nicht konsumiert.[2] Verfolgungsakte dieser ausländischen Gerichte wegen derselben strafbaren Handlung, die von einem österreichischen Gericht abzuurteilen wäre, unterbrechen daher die Verjährung nicht.[3] Die Verfolgung des Täters durch das österreichische Gericht ist nur für die Dauer der Besatzung gehemmt. Der Oberste Gerichtshof hat auch zur Frage, ob bei Durchführung eines Strafverfahrens vor einem österreichischen Gericht bei der Strafbemessung auf eine vorangegangene militärgerichtliche Verurteilung gem. § 265 StPO Rücksicht zu nehmen ist, in ständiger Rechtsprechung die Anwendung der Bestimmungen des § 265 StPO in einem solchen Fall für unzulässig erklärt. Nach § 56 StPO sei nämlich, wenn einem Beschuldigten mehrere strafbare Handlungen zur Last liegen, das Strafverfahren wegen aller dieser bei demselben Gericht gleichzeitig zu führen und über alle zusammentreffenden Strafsachen *ein* Endurteil zu fällen. Für die Strafbemessung gelte in diesen Fällen das in den §§ 34, 35 und 267 StG verankerte Absorptionsprinzip, wonach die Strafe im Rahmen des Strafsatzes, der für die mit der strengsten Strafe bedrohte strafbare Handlung gilt, jedoch unter Bedachtnahme auf die übrigen der zusammentreffenden strafbaren Handlungen auszumessen ist. § 265 StPO sei eine Ergänzung für die Fälle, in denen diese Regel nicht eingehalten, sondern getrennte Verhandlung und Erledigung durchgeführt werden müsse. Unerläßliche Voraussetzung hierfür aber sei, daß das Strafverfahren wegen der mehreren strafbaren Handlungen gleichzeitig und durch *ein* Urteil beendet werden könne. In Ansehung der von einem Militärgericht abgeurteilten Tat und einer vor einem inländischen Gericht abzuurteilenden Tat sei dies aber ausgeschlossen, weil die diesen Verfahren zugrundeliegenden Strafsachen nicht Gegenstand *eines* Urteils sein können.[4] Urteile der Militärgerichte sind aber, soweit sie auch nach österreichischem Strafrecht von den Gerichten abzuurteilende strafbare Handlungen betreffen, in Wirkungen und Rechtsfolgen wie inländische Urteile anzusehen. Der Verwaltungsgerichtshof hat allerdings in einem Erkenntnis vom 27. Februar 1953 ausgesprochen, daß das Urteil eines Militärgerichtes nicht als ein Urteil im Sinne der österreichischen Rechtsordnung angesehen werden kann, das den Eintritt der im § 26 StG angeführten Rechtsfolgen nach sich zieht.[5] Dieser – ebenfalls nur kursorisch begründeten – Entscheidung wird man aber zumindest auf dem Gebiet der Strafgerichtsbarkeit nicht folgen können, erfordert doch allein schon der „ordre public", daß mit Rücksicht auf die Hemmung des österreichischen Strafanspruches während der Besetzungsdauer diesen im Inland wegen auch nach österreichischem Recht von den Gerichten abzuurteilenden strafbaren Handlungen auch Rechtsfolgen anhaften, allein schon um eine ungleichmäßige Behandlung aller Staatsbürger vor dem Gesetz zu vermeiden. Soweit Urteile der Militärgerichte aber nur Handlungen betreffen, die nach österreichischem Recht offenbar nicht zu den von den Gerichten nach der StPO abzuurteilenden Handlungen gehören, können ihnen sicherlich keine Wirkungen für den inländischen Rechtsbereich zuerkannt werden. Militärgerichtliche Verurteilungen, die daher *bloß* wegen derartiger Handlungen ausgesprochen worden sind, sind daher auch im Strafregister nicht einzutragen. Dies sind z. B. alle Verurteilungen wegen bloßen Besitzes alliierten Gutes – wenn nicht z. B. gleichzeitig Diebstahl oder Veruntreuung vorliegt –, Verurteilungen wegen unbefugten Eintritts in eine Sperrzone, Verurteilungen wegen Begünstigung eines ausländischen Deserteurs und andere mehr.

Die von den alliierten Militärgerichten verhängten Strafen dürften, da es sich um ausländische Urteile handelt, von österreichischen Behörden an sich nicht vollstreckt werden (siehe § 36 Abs. 3 StG). Wenn daher einzelne Besatzungsmächte die von ihren Militärgerichten verhängten Strafen – begrüßenswerterweise – in österreichischen Strafanstalten vollstrecken lassen, so erfolgt die Strafvollstreckung in österreichischen Strafanstalten nur im Auftrage der Besatzungsmächte, also im Wege der sogenannten

---

[1] Evidenzblatt 1950, Nr. 132.
[2] Vgl. Kafka, *Militärgerichtsbarkeit,* und Evidenzblatt 1950, Nr. 132.
[3] Evidenzblatt 1953, Nr. 101, und Kafka, *Militärgerichtsbarkeit.*
[4] Evidenzblatt 1949, Nr. 547; OGH, 26. September 1952, 5 Os 723/52; *Juristische Blätter,* 31. Jänner 1953, S. 76.
[5] Zl. 428/10/50.

Auftragsverwaltung. Das britische Element hat Richtlinien für die Vollstreckung derartiger Freiheitsstrafen bekanntgegeben, die auch mit Erlaß des Bundesministeriums für Justiz vom 18. Februar 1949[1] den zuständigen Behörden zur Kenntnis gebracht wurden. Dieses Element hat auch in einzelnen, namentlich genannten Fällen, mit Ausnahme der ausdrücklich vorbehaltenen Fälle der wegen Kriegsverbrechen oder schwerer Straftaten gegen die Sicherheit der britischen Streitkräfte Verurteilten, dem Bundesminister für Justiz die Befugnis übertragen, neben der Vollstreckung dieser Strafen auch die Unterbrechung des Strafvollzuges zu gewähren, die bedingte Entlassung zu verfügen oder die Strafe im Gnadenwege nachzusehen oder umzuwandeln und auch die Rechtsfolgen solcher Verurteilungen nachzusehen. Alle derartigen Akte, sei es des Bundesministers für Justiz oder z. B. der Strafvollzugsbehörde bei der bedingten Entlassung, erfolgen aber im Einzelfall ausdrücklich unter Bezugnahme auf die Ermächtigung durch das britische Besatzungselement.[2] Auch das US-Element hat sich damit einverstanden erklärt, daß über die bedingte Entlassung der von seinen Militärgerichten verurteilten Personen (mit Ausnahme der wegen Kriegsverbrechen Verurteilten), die ihre Strafen in österreichischen Strafanstalten verbüßen, die österreichischen Strafvollzugsbehörden entscheiden.[3] Auch das französische und sowjetrussische Element hat einzelne der von seinen Militärgerichten verurteilten Personen in österreichische Strafanstalten zur weiteren Durchführung des Strafvollzuges überstellt, weitere Befugnisse den österreichischen Behörden aber bisher noch nicht übertragen.

Wenn ein Militärgerichtsurteil nur eine bedingte Strafe ausgesprochen haben sollte, so ist, wenn der Verurteilte innerhalb der Probezeit neuerlich straffällig wird und nun von einem österreichischen Gerichte abzuurteilen ist, dieses grundsätzlich nicht befugt, den Widerruf des bedingten Strafausspruches zu verfügen. Umgekehrt kann aber ein österreichisches Gericht, das eine bedingte Strafe ausgesprochen hat, falls der Verurteilte innerhalb der Probezeit von einem Militärgericht verurteilt wird, den Strafaufschub nach § 3 des Gesetzes über die bedingte Verurteilung 1949 widerrufen, wenn das militärgerichtliche Urteil eine auch nach österreichischem Recht von den Gerichten abzuurteilende strafbare Handlung betrifft.[4]

In jenen Fällen, in denen bei Vollzug von Strafen aus militärgerichtlichen Urteilen eine bedingte Entlassung aus der Strafhaft von der Strafvollzugsbehörde auf Grund der generellen Ermächtigung durch eine Besatzungsmacht (bisher USA und Großbritannien) verfügt wurde, wird dieser wohl auch das Recht auf Widerruf einer solchen Maßnahme zustehen, wenn die Voraussetzungen nach dem Gesetz über die bedingte Verurteilung vorliegen.

Die Tilgung von Militärgerichtsurteilen, die auch nach österreichischem Recht von den Gerichten nach der Strafprozeßordnung abzuurteilende Handlungen betreffen, wurde von der britischen und von der US-Besatzungsmacht den österreichischen Justizbehörden übertragen. Derartige Militärgerichtsurteile sind – sofern sich die Verurteilung nicht nur auf Handlungen bezieht, die nach österreichischem Recht offenbar nicht zu den von den Gerichten nach der StPO abzuurteilenden Handlungen gehören – hinsichtlich der Behandlung im Strafregister und der Anführung in Führungszeugnissen den Verurteilungen durch inländische Gerichte gleichzusetzen.[5] Wenn die Tilgung durch Richterspruch bei Urteilen britischer und US-Militärgerichte nicht möglich ist, sind derartige Tilgungsgesuche als Gnadengesuche um Tilgung der Verurteilungen zu behandeln. Eine gnadenweise Tilgung in diesen Fällen wird vom Bundespräsidenten ausgesprochen.[6]

Nach einer vom Oberlandesgericht Linz ergangenen und veröffentlichten Entscheidung sind die von Militärgerichten der Besatzungsmächte verhängten Strafen als „Vorstrafen" anzusehen.[7]

Zur Frage der Anwendung der inländischen Amnestiegesetze bei Vorliegen militärgerichtlicher Verurteilungen hat das Oberlandesgericht Wien in seiner Entscheidung vom 2. November 1951 entschieden, daß, da britische Militärgerichtsurteile in das Strafregister einzutragen und in gleicher Weise wie inländische Verurteilungen zu tilgen seien, diese ausländischen Verurteilungen in der verwandten Frage der Rechtsfolgennachsicht so wie inländische Verurteilungen behandelt werden müssen, auch wenn das Amnestiegesetz 1950 hierüber keine ausdrückliche

---

[1] Zl. 10.315/49.
[2] Erlaß des BMfJ, 4. Februar 1952, Zl. 41.248/52.
[3] Erlaß des BMfJ, 17. Mai 1950, Zl. 45.485/50.
[4] Kafka, *Militärgerichtsbarkeit*.
[5] Erlaß des BMfJ, 23. April 1949, Zl. 11.071/49, und 29. November 1950, Zl. 13.105–9/51.
[6] Erlaß des BMfJ, 11. Mai 1950, Zl. 60.579/50.
[7] Evidenzblatt 1949, Nr. 439.

Bestimmung enthält.[1] Zu dieser Entscheidung ist allerdings zu bemerken, daß den militärgerichtlichen Verurteilungen auch nach österreichischem Recht gerichtlich strafbare Handlungen zugrunde liegen müssen, wenn sie bei Anwendung eines Amnestiegesetzes überhaupt berücksichtigt werden sollen.

Die britische und die US-Legal Division haben Ende 1950 bereits der Anwendung der Amnestie 1950 auf Verurteilungen durch Militärgerichte dieser beiden Besatzungsmächte zugestimmt.

Hinsichtlich der von der französischen Besatzungsmacht in einzelnen Fällen erfolgten sogenannten „Amnestierung" der von ihren Militärgerichten in Österreich Verurteilten ist zu prüfen, welche Wirkung einem solchen Gnadenakt im französischen Rechte zukommt, da ihm im österreichischen Rechtsbereich nur die gleiche Wirkung zukommen kann. Eine hierüber eingeholte Stellungnahme der französischen Rechtsabteilung lautete, daß eine gnadenweise Amnestie einer Tilgung nach österreichischem Recht gleichzuhalten ist und eine von ihr erfaßte Verurteilung nur mehr den zuständigen Gerichten und Verwaltungsbehörden, nicht aber Privatpersonen mitgeteilt werden darf. Daher bestimmt sich die Pflicht des Strafregisteramtes zur Auskunftserteilung über eine Verurteilung durch ein französisches Besatzungsgericht, sobald und soweit dem Verurteilten gnadenweise Amnestie gewährt wurde, nicht nach § 6 der Strafregisterverordnung 1933, sondern sie besteht nur gegenüber den Gerichten und den Verwaltungsbehörden. Aus dem Verbot der Auskunft an Privatpersonen ist zu folgern, daß eine solche Verurteilung in einem Führungszeugnis nicht auszuweisen ist.

Es mag verfrüht sein, heute schon Erwägungen darüber anzustellen, wie die Urteile der Besatzungsgerichte nach einem Abzug der Besatzungsmächte innerhalb der österreichischen Rechtsordnung zu behandeln sein werden. Es wird wohl durch internationalen Vertrag oder durch Gesetz eine entsprechende Regelung gefunden werden müssen. *Kafka* meint in dem schon mehrfach zitierten Aufsatz, daß man solche Urteile dann als inländische Urteile behandeln sollte, weil die erneute Sammlung des Beweismaterials zur Durchführung von Strafverfahren vor dem inländischen Gericht größte Schwierigkeiten bereiten würde. Bei allfälliger Übernahme solcher Verurteilungen wird aber Vorsorge dafür getroffen werden müssen, daß mit solchen Verurteilungen gleiche Wirkungen und Rechtsfolgen verbunden sind wie mit inländischen Verurteilungen wegen derartiger strafbarer Handlungen. Bezüglich der Strafen wird allenfalls eine dem § 6 Befreiungsamnestie 1946 gleichartige Bestimmung in Erwägung zu ziehen sein.

Es ist bekannt, daß die Besatzungsmächte die Durchsetzung ihrer allgemeinen Anordnungen nicht nur durch ihre Militärgerichte herbeiführen, sondern daß sie in einzelnen Fällen auf strafrechtlichem Gebiet auch noch Anordnungen treffen, die oft durch die Bestimmungen des Kontrollabkommens nicht gedeckt erscheinen. Es ist hier aber nicht notwendig, Näheres hierüber über solche bei den einzelnen Besatzungsmächten mehr oder weniger häufig vorkommende Eingriffe in die österreichische Strafrechtspflege auszuführen, da sich für die österreichischen Strafgerichte aus solchen Maßnahmen nur tatsächliche, aber keine rechtlichen Wirkungen ergeben. Hierzu zählen z. B. auch die von einzelnen Besatzungsmächten in den ersten Jahren nach Beginn der Besetzung verfügten Gnadenakte hinsichtlich inländischer Verurteilungen. Solchen Gnadenakten können, ob sie nun auf Nachsicht der Strafe oder auf Tilgung der Verurteilungen lauten, keine Wirkungen zuerkannt werden. Sie werden zwar im Strafregister angemerkt, im übrigen wird aber im Einzelfalle lediglich zu prüfen sein, ob auf Grund eines Amnestiegesetzes oder nach dem Tilgungsgesetz eine Strafe nachzusehen oder eine Verurteilung zu tilgen ist. Im allgemeinen berichten die Justizbehörden über solche vereinzelte Maßnahmen der Besatzungsmächte oder ihrer Dienststellen dem Bundesministerium für Justiz, das dadurch in die Lage versetzt wird, in unmittelbare Fühlungnahme mit der zuständigen Rechtsabteilung der Besatzungsmacht zur Bereinigung des Falles zu treten.

Mit Rücksicht auf die in der Praxis besonders bedeutsame Frage der Zustimmung der Besatzungsmächte zur Überstellung von Häftlingen in eine andere Besatzungszone muß dieses rechtlich an sich bedeutungslose Problem doch gestreift werden. Nach einem vom Bundesministerium für Justiz auch den Oberlandesgerichtspräsidenten und Oberstaatsanwaltschaften zur Kenntnis gebrachtem Runderlaß des Bundesministeriums für Inneres an die Sicherheitsbehörden dürfen bei Ausforschungen und Verhaftungen auf Veranlassung einer Besatzungsmacht die

---

[1] Veröffentlicht in: *Juristische Blätter*, 15. März 1952, S. 140.

allenfalls erforderlichen Überstellungen verhafteter Personen in eine andere Besatzungszone nur mit ausdrücklicher Zustimmung derjenigen Besatzungsmacht erfolgen, in deren Zone die Festnahme erfolgte.[1]

Im allgemeinen ist für die Überstellung von Häftlingen, die sich bei österreichischen Gerichten in Haft befinden, in eine andere Besatzungszone die Zustimmung der Besatzungsmacht erforderlich, in deren Zone sich die Person in Haft befindet. Dies gilt in der US-Zone und in der sowjetrussischen Zone für Personen, gleichgültig, welche Staatsangehörigkeit sie besitzen, und auch dann, wenn durch das Strafverfahren Interessen der Besatzungsmacht nicht berührt sind.[2]

Dagegen ist in der britischen Besatzungszone die Überstellung von Österreichern wegen einer in Österreich begangenen strafbaren Handlung, durch die keine Interessen der Besatzungsmacht berührt werden, nicht an die Zustimmung einer britischen Besatzungsbehörde gebunden, wohl aber bei Berührung der Interessen einer Besatzungsmacht oder, wenn der zu Überstellende nicht österreichischer Staatsangehöriger ist, bei Überstellung in die russische Zone oder Durchlieferung durch diese.[3] Die Überstellung von Ausländern im Wege eines Auslieferungsverfahrens über die österreichische Grenze bedarf der Ausstellung eines Zwischenzonenpassierscheins, sofern dabei die sowjetrussische Zonengrenze überschritten werden soll. Dieser wird von allen vier Elementen ausgestellt. Ansonsten ist nur die Zustimmung des Zonenkommandanten einzuholen, aus dessen Zone der Häftling an die Bundesgrenze überstellt werden soll. Sollte, wie dies gelegentlich vorkommt, die Überstellung eines Untersuchungshäftlings an das nach der StPO zuständige Gericht nicht durchführbar sein, weil eine Besatzungsmacht die Zustimmung zur Überschreitung der Zonengrenze nicht erteilt, so bleibt nichts anderes übrig, als die Delegierung eines in dieser Besatzungszone liegenden Gerichts in die Wege zu leiten. Bei Verweigerung der Zustimmung zur Auslieferung wird in der Regel das Strafverfahren im Inland gemäß § 40 StG einzuleiten sein.

Von allgemeinen Anordnungen der Besatzungsmächte, die für das Strafverfahren von Bedeutung sind, ist noch die in allen Besatzungszonen bestehende Vorschrift zu erwähnen, daß Angehörige der Besatzungsstreitkräfte, die als Zeugen vor österreichischen Gerichten vernommen werden sollen, nur im Wege der zuständigen Rechtsabteilung der Besatzungsmacht vorzuladen sind, wobei die Androhung von Strafen für den Fall des Nichterscheinens zu unterbleiben hat. In derartigen Zeugenladungen ist zur Vermeidung überflüssiger Rückfragen Gegenstand und Art des Verfahrens und das Thema, zu dem der Zeuge aussagen soll, anzugeben.

Die bisher aufgezählten Anordnungen der Besatzungsmächte und die bisher geschilderten Auswirkungen der Besetzung liegen vor allem auf strafprozessualem Gebiet.

Die Besetzung Österreichs wirkt sich aber auch, wie gezeigt werden wird, bei der Qualifikation und Beurteilung strafbarer Handlungen in meritorischer Richtung aus und hat auch in österreichischen strafgesetzlichen Bestimmungen einen Niederschlag gefunden. Von diesen Bestimmungen sei hier das Gesetz gegen die Beeinträchtigung der Alliiertenhilfe vom 18. Oktober 1945, StGBl. Nr. 200/1945, erwähnt, nach welchem wegen Verbrechens bestraft wird, wer die von den alliierten Besatzungsmächten zur Versorgung der Bevölkerung bereitgestellten Lebensmittel vorsätzlich ihrer bestimmungsgemäßen Verwendung entzieht, und wegen Vergehens, wer die pflichtgemäße Sorgfalt bei Obhut über solche Lebensmittel vernachlässigt. Weiters ist das Bundesgesetz vom 13. November 1946, BGBl. Nr. 6/1947, gegen falsche Angaben in amtlichen Fragebogen zu erwähnen, nach dessen § 2 die Bestimmungen des Gesetzes auch auf von der Besatzungsmacht ausgegebene Fragebogen sinngemäß Anwendung finden, die wissentlich falsche Angabe in einem solchen Fragebogen der Besatzungsmacht daher als Verbrechen zu ahnden ist. (Bis zum Inkrafttreten dieses Gesetzes war eine falsche Angabe in einem alliierten Fragebogen bloß als Übertretung nach § 320 lit. a StG zu qualifizieren.[4]) Weiters sind die Bestimmungen des Bundesgesetzes vom 7. Juli 1948, BGBl. Nr. 176/1948, über die Fürsorge und den Schutz der Kriegsgräber und Kriegsdenkmäler aus dem Zweiten Weltkrieg für Angehörige der Alliierten, Vereinten Nationen usw. zu erwähnen, weil nach § 6 dieses Gesetzes die aus politischer Gehässigkeit erfolgte Zerstörung, Beschädigung oder Verunehrung derartiger Anlagen als Verbrechen bestraft wird.

Die Besetzung Österreichs und die daraus sich ergebenden Folgeerscheinungen sind – wie

---

[1] Erlaß des BMfJ, 14. November 1947, Zl. 13.547/47.
[2] Bezüglich der US-Zone siehe: Erlaß des BMfJ, 23. Jänner 1953, Zl. 10.136-9/53.
[3] Erlaß des BMfJ, 18. Februar 1949, Zl. 10.315/49.
[4] OGH, 10. Februar 1947, 2 Os 1/47-6.

erwähnt – oft für die Qualifikation strafbarer Handlungen der von österreichischen Gerichten zu verfolgenden Personen von Bedeutung. So hat der Oberste Gerichtshof in seiner Entscheidung vom 30. Jänner 1946 festgestellt, daß die auf Befehl eines Besatzungsangehörigen von einem bei dieser Besatzungsmacht Beschäftigten durchgeführte „Requirierung" infolge Vorliegens des Schuldausschließungsgrundes nach § 2 lit. g StG straflos sei, weil ein solcher Befehl keinen Widerspruch dulde und somit einem unwiderstehlichen Zwang zur Ausführung des erhaltenen Auftrages gleichkomme.[1]

Die von Inländern häufig gegenüber anderen Personen gebrauchte Drohung mit einer Anzeige bei der Besatzungsmacht ist geeignet, den Tatbestand des § 98 lit. b StG zu erfüllen.[2] Die Aufforderung einer Person, die sich der Verhaftung durch österreichische Sicherheitsorgane widersetzt, an Soldaten der Besatzungsmacht, ihr zu helfen, stellt das Vergehen des Auflaufes nach § 279 StG dar.[3]

Die Aneignung von Beutegut durch Inländer anläßlich von Requirierungen durch Besatzungsangehörige kann den Tatbestand des Diebstahls begründen.[4] Zu unterscheiden ist hierbei, ob nach dem Einmarsch der Besatzungstruppen von diesen Privateigentum der Bevölkerung auf Befehl des verantwortlichen Kommandanten zur Deckung des Truppenbedarfs beschlagnahmt worden ist oder ob einzelne Angehörige der fremden Streitkräfte auf eigene Faust Eingriffe in das Privateigentum der Bevölkerung vorgenommen haben. Nur in ersterem Fall kann bei späterem Erwerb derart beschlagnahmter und von der Besatzungsmacht wieder abgestoßener Sachen die Frage nach der Gutgläubigkeit des Erwerbers überhaupt auftauchen. Eingriffe einzelner Angehöriger der Besatzungstruppen in das Privateigentum heben aber die Rechtsordnung für die Bevölkerung des besetzten Gebietes nicht auf. Diese darf weder selbst plündern noch sogenanntes Beutegut an sich bringen, es sei denn, um es dem Verlustträger zu erhalten. Wer mitplündert, hat Diebstahl zu verantworten.

Diebstahlsteilnehmung aber hat derjenige zu verantworten, der Gegenstände, von denen er weiß, daß sie aus einer Plünderung durch Angehörige einer fremden Macht stammen, oder bei denen er zumindest mit dieser Möglichkeit rechnet, an sich bringt. Die Beschlagnahme durch *einzelne* nicht im Truppenverband stehende Angehörige der Besatzungsmacht ist nach österreichischer Rechtsansicht keine Art des Eigentumserwerbes. Der Angehörige der Besatzungsmacht kann daher auch kein Recht an den Sachen auf andere übertragen; gibt er seine Gewahrsame auf, wird das Recht des Eigentümers wieder wirksam. Solche Sachen sind für den Angehörigen des besetzten Gebietes gestohlenen Sachen gleichzuhalten, deren Ansichbringen und Verhehlen den Tatbestand der Diebstahlsteilnehmung bildet.[5] Wer *von der Besatzungsmacht* regulär beschlagnahmte und dann später zurückgelassene Sachen an sich nimmt, hat Fundverheimlichung nach § 201 lit. c StG zu verantworten, da, sobald die Besatzungsmacht die Gewahrsame über eine beschlagnahmte Sache aufgibt, das Recht des Eigentümers wieder wirksam wird und gegen jeden, der diese Sache erwirbt, geltend gemacht werden kann, die Sache daher keine herrenlose, sondern eine fremde Sache darstellt.[6] Derjenige, der vermutete, der Eigentümer einer solchen Sache werde seine Rechte nicht geltend machen können, befindet sich in einem nicht entschuldbaren Rechtsirrtum.[7]

Häufig haben sich die inländischen Gerichte mit Strafverfahren wegen Fälschung oder Verfälschung von Identitätsausweisen zu befassen. In der Mehrzahl handelt es sich hier um von Ausländern begangene Delikte, die durch Vorweis gefälschter Inländeridentitätsausweise ungehindert die Besatzungszonengrenzen zu überschreiten suchen. Der Oberste Gerichtshof hat in fast ständiger Rechtsprechung die Nachmachung oder Verfälschung eines Identitätsausweises zum Zwecke des Überschreitens der Demarkationslinie durch einen Ausländer als Verbrechen nach §§ 197 und 199 lit. b StG beurteilt, ebenso die Ausstellung eines solchen Ausweises durch einen Beamten unter Mißbrauch der Amtsgewalt als Verbrechen nach § 101 StG.[8]

Der Oberste Gerichtshof nimmt nämlich an, daß durch eine solche strafbare Handlung ein konkretes Recht des Staates, nämlich das Recht,

---

[1] 3 Os 3/45, Evidenzblatt 1946, Nr. 105.
[2] Evidenzblatt 1946, Nr. 49, und Evidenzblatt 1949, Nr. 440.
[3] Evidenzblatt 1947, Nr. 296.
[4] Evidenzblatt 1946, Nr. 500; Evidenzblatt 1947, Nr. 476, und Evidenzblatt 1948, Nr. 22.
[5] Evidenzblatt 1946, Nr. 537, und Evidenzblatt 1948, Nr. 94 und 904.
[6] Evidenzblatt 1946, Nr. 52, und Evidenzblatt 1948, Nr. 324.
[7] Evidenzblatt 1948, Nr. 324.
[8] Siehe SSt. XX/81; Evidenzblatt 1951, Nr. 230; vgl. auch Viktor Liebscher, *Die Urkundenfälschung,* in: *Österreichische Juristen-Zeitung,* 7. Oktober 1947, S. 491.

die in Österreich befindlichen Ausländer entsprechend zu überwachen und die Überschreitung der Demarkationslinie durch Ausländer von einer Sonderbewilligung abhängig zu machen, beeinträchtigt werde. Die Entscheidung des Obersten Gerichtshofes, daß in einem solchen Fall nur das Vergehen nach dem Paßgesetz vorliege, ist vereinzelt geblieben.[1]

Derjenige, der einem aus einem Internierungslager einer Besatzungsmacht Flüchtenden einen Weg weist, um ihn der Kontrolle an der Demarkationslinie zu entziehen, begeht das Verbrechen nach § 217 StG, weil darin ein „Hindernislegen" zu sehen ist, durch das die Wiedereinbringung des Flüchtigen zumindest erschwert würde.[2]

Auch die Fälschung einer alliierten Reiseerlaubnis und deren Vorweis an der Demarkationslinie wurde vom Obersten Gerichtshof als Verbrechen der Fälschung öffentlicher Urkunden (§ 199 lit. d StG) qualifiziert, weil durch die listige Täuschung der Kontrollorgane an den Zonengrenzen zwecks Erschleichung des Übertritts von einer Besatzungszone in die andere die alliierten Militärregierungen und der österreichische Staat nicht bloß in einem abstrakten Aufsichtsrecht, sondern in dem konkreten Recht, jedem den Übertritt in eine andere Zone zu verwehren, geschädigt wird.[3]

Die Anhaltungen von Inländern in Lagern der Besatzungsmächte zum Zwecke ihrer Sicherungsverwahrung gegen nationalsozialistische Umtriebe hat bei Durchführung von Strafverfahren gegen solche Personen vor den Volksgerichten insofern Bedeutung erlangt, als nämlich die in den Anhaltelagern der Besatzungsmächte verbrachte Haftzeit auf die von den Volksgerichten wegen politischer Verbrechen verhängten Strafen gem. § 55 lit. a StG anzurechnen ist. Nach der jetzt ständigen Judikatur des Obersten Gerichtshofes ist eine solche Lagerhaft von dem Zeitpunkt an anzurechnen, dem von einer österreichischen Verfolgungsbehörde ein konkreter, unmittelbar gegen die Person des Beschuldigten gerichteter Verfolgungsschritt unternommen worden ist. Dies kann auch eine Maßnahme der Sicherheitsbehörden sein. Neben der Verhängung der Verwahrungs- oder U-Haft ist auch die Einleitung der Voruntersuchung, die Abbrechung des Verfahrens nach § 412 StPO, die Erlassung eines Haftbefehls oder Steckbriefs, ein Überstellungsersuchen an eine Besatzungsmacht ein solcher Verfolgungsakt. Ausgeschlossen sei dagegen die Anrechnung der Lagerhaft, die wegen eines Sachverhalts angeordnet wurde, der nach österreichischem Recht keinen strafbaren Tatbestand darstellt (sogenannte Automatic-Haft).[4] Die Anhaltung in einem Kriegsgefangenensonderlager, auch wenn diese bloß wegen Zugehörigkeit zu einem Wehrverband der NSDAP durchgeführt wurde, ist nicht als Verwahrungshaft im Sinne des § 55 lit. a StG anzusehen, weil sie in erster Linie auf völkerrechtlichen Bestimmungen beruht und ihrem Rechtsgrunde nach mit einer Strafuntersuchung oder Strafverfolgung nichts zu tun hat.[5]

Die Justizverwaltung ist im übrigen bestrebt, allfällige Härten, die sich aus der Unmöglichkeit der Anrechnung einer sogenannten Lagerhaft ergeben sollten, im Gnadenwege zu beseitigen.

Schließlich muß auch noch des Umstandes gedacht werden, daß die Besatzungsmächte in wirtschaftlicher Beziehung eine gewisse Sonderstellung im Inland einnehmen, welche Inländer aus eigennützigen Beweggründen auszunützen suchen. Die Besatzungsmächte, ihre Angehörigen, Einrichtungen oder Organisationen oder deren Angestellte können Waren aus dem Ausland nach Österreich zollbegünstigt einführen. Solange sich eine so eingeführte Ware daher im Besitz einer Besatzungsmacht, ihrer Angehörigen, einer Einrichtung, Organisation oder dort Angestellter befindet, kann diese Ware nicht einem Zollverfahren unterzogen werden, und in der Regel kann auch nicht ein Strafverfahren wegen Nichteinhaltung dieser Vorschriften eingeleitet oder durchgeführt werden. Geht eine solche Ware aber in den Inlandverkehr über, so hat sich der Erwerber so zu verhalten, als ob die Ware aus dem Zollausland oder aus einem Zollfreilager in das Zollinland geliefert würde. Er muß eine Einfuhrgenehmigung haben und die Ware der Zollbehörde stellen. Die Nichteinhaltung dieser Bestimmungen ist daher als Bannbruch nach § 401 lit. a AO und bei zollpflichtigen Waren auch als Zollhinterziehung nach § 396 AO, allenfalls auch als Vergehen nach § 13 AHVG 1951, zu beurteilen. Derjenige aber, der vom Ersterwerber eine solche einfuhrgenehmigungs- und zollpflichtige Ware, hinsichtlich deren Zollhinterziehung oder Bannbruch begangen wurde, in einer der im § 403 AO be-

---

[1] Evidenzblatt 1950, Nr. 479.
[2] Evidenzblatt 1952, Nr. 312.
[3] Evidenzblatt 1947, Nr. 697.
[4] Evidenzblatt 1948, Nr. 269, 627, 673 und 715.
[5] Evidenzblatt 1950, Nr. 101.

zeichneten Begehungsform erhält, ist wegen Zollhehlerei nach § 403 AO zu verfolgen.[1]

Der Handel mit den nur für Angehörige der Besatzungsstreitkräfte für Einkäufe in bestimmten Geschäften ausgegebenen Zahlungsmitteln durch Inländer ist als Vergehen nach dem Devisengesetz zu verfolgen. Solches Geld ist ausländischen Zahlungsmitteln gleichzuhalten. In Österreich lebende Zivilpersonen können nämlich durch Manipulationen mit diesen Zahlungsmitteln Geldbeträge unbefugt in das Ausland schaffen. Diese Zahlungsmittel haben daher im wirtschaftlichen Verkehr eine spezielle Geldfunktion.[2]

Abschließend zu dieser rein demonstrativen Aufzählung sei schließlich der bedeutsamen Verfolgung von Vergehen nach dem Waffengesetz gedacht. Dadurch, daß die Besatzungsmächte in ihren Zonen grundsätzlich schon den Besitz bestimmter Waffengattungen verboten haben und auch noch heute verbieten, war von der österreichischen Strafjustiz zu prüfen, in welcher Form ein gegen eine solche Anordnung verstoßender Waffenbesitz nach dem geltenden Waffengesetz verfolgt werden kann. Mit der Entscheidung des Obersten Gerichtshofes vom 6. April 1950 wurde hier den Gerichten eine entsprechende Richtlinie bekanntgegeben.[3] Der Oberste Gerichtshof hat sich auf den Standpunkt gestellt, daß die von den Besatzungsmächten erlassenen und kundgemachten Verbote von den österreichischen Behörden anerkannt und gehandhabt werden und daher einem von einer österreichischen Verwaltungsbehörde ausgesprochenen Verbot im Sinne des § 23 Abs. 1 Waffengesetz gleichzuhalten sind. In jenen Besatzungszonen, in denen der bloße Waffenbesitz von der Besatzungsmacht jedoch nicht mehr verboten ist, kann er seit Aufhebung eines solchen Verbots auch nicht mehr bestraft werden.[4]

Da eine sehr ausführliche Abhandlung zu diesem Thema von Arnold bereits in der *Österreichischen Juristen-Zeitung* erschienen ist[5], ist es nicht notwendig, hier auf die sehr detaillierten Anordnungen der Besatzungsmächte und die sich daraus für die österreichische Strafgerichtsbarkeit ergebenden Wirkungen nochmals zurückzukommen.

Die vorstehende Abhandlung kann nur einen kleinen, keineswegs vollständigen Überblick über die sich aus der Besetzung Österreichs für die Strafgerichtsbarkeit ergebenden Auswirkungen bieten. Hierbei war, wie schon eingangs erwähnt, vor allem auf jene Punkte Bedacht genommen worden, die für den in der Strafgerichtsbarkeit Tätigen von besonderer praktischer Bedeutung sind. Es darf der Hoffnung Ausdruck gegeben werden, daß sich in absehbarer Zeit nicht mehr der Strafrichter oder sonst mit der Strafrechtspflege Befaßte mit den aus der Besetzung Österreichs sich ergebenden Problemen beschäftigen müssen, sondern dies nur mehr Aufgabe des Rechtshistorikers sein wird.

---

[1] Erlaß des BMfJ. an die Staatsanwaltschaften, 16. Mai 1952, Zl. 11.245-9/52.
[2] Erlaß des BMfJ, 6. März 1953, Zl. 33.670/51, und Entscheidung des OGH, 10. Oktober 1952, 5 Os 626/52; *Juristische Blätter,* 20. Dezember 1952, S. 595.
[3] Evidenzblatt 1950, Nr. 266.
[4] OGH, 18. April 1952, 5 Os 369/51; hinsichtlich der von der US-Besatzungsmacht ab 1. April 1950 erfolgten Novellierung der Verordnung Nr. 200.
[5] Egon Arnold, *Waffen und Waffenverbot,* in: Österreichische Juristen-Zeitung, 21. November 1952 und 5. Dezember 1952, insbesondere S. 623–629.

FORUMSDISKUSSION

Herbert Loebenstein: Herr Kollege Dr. Jagschitz hat ausdrücklich gesagt, es sei nun notwendig, daß sich auch die Juristen mit der Problematik Militärgerichtsbarkeit und Einfluß der Besatzungsmächte auf die Strafgerichtsbarkeit, wie überhaupt auf die Justiz, beschäftigen sollen. Solches ist schon einmal geschehen – ich selbst habe bei der Richterwoche 1953, am 8. Juni, ein ausführliches Referat gehalten über: „Die Auswirkungen der Besetzung Österreichs auf die Strafgerichtsbarkeit."[1] Ich habe gestern am späten Abend noch einen Durchschlag von diesem Referat gefunden; es wurde damals vor dem Abschluß des Staatsvertrages nicht veröffentlicht, denn man hat alles vermeiden wollen, was auch nur irgendwie die Besatzungsmächte hätte provozieren können. Dieses Referat enthält alle Rechtsgrundlagen und tatsächlichen Grundlagen – die Haager Landkriegsordnung und so weiter, alle Einzelvorschriften der Besatzungsmächte, Erkenntnisse des Obersten Gerichtshofes, die sich mit der Judikatur und der Stellung der Militärgerichtsurteile befaßten –, und ich bin gerne bereit, den Durchschlag des Referats dem Institut für Zeitgeschichte zu überlassen. Nun darf ich folgendes hierzu sagen: Alle rechtlichen und tatsächlichen Umstände hier aufzugreifen ist zeitlich ausgeschlossen. Richtig ist – das ist in dem Referat von Herrn Dr. Jagschitz ja ausgezeichnet herausgekommen –, daß die einheitliche Wende mit dem Zweiten Kontrollabkommen vom 28. Juni 1946 eingetreten ist. Darüber hinaus haben sich aber die Besatzungsmächte immer noch einzelne Agenden vorbehalten. Eine der für die Besatzungsmächte wichtigsten war neben dem Kriegsverbrecherproblem und allen Akten, die die Besatzungsmächte betrafen, die Zuständigkeit für alle strafbaren Handlungen von Angehörigen der Besatzungsmächte beziehungsweise für alle strafbaren Handlungen gegen die Besatzungsmacht sowie für die Angelegenheiten der sogenannten „displaced persons", der „versetzten Personen". Das waren jene armen Teufel, die in der Hitlerzeit aus ihrer Heimat waggonweise in das damalige Deutsche Reich verladen worden waren, um dort seßhaft gemacht zu werden. Sie hatten keine Staatsbürgerschaft, sie waren Menschen zwischen zwei Welten. Sich dieser „displaced persons" anzunehmen, war eine der besonderen Aufgaben der Staats- bzw. Bundesregierungen ab 1945. Es hat sich auch der seinerzeitige Innenminister Oskar Helmer dieses Problems angenommen, und einige Bestimmungen des ersten Staatsbürgerschaftsgesetzes bezweckten die Einbürgerung solcher armer Menschen, soweit sie es wollten. Auf diesem Gebiet der „versetzten Personen" waren am Anfang viele Eingriffe der Besatzungsmächte zu verzeichnen; die Schwierigkeit dabei bestand darin, daß der österreichische Staat kaum eine Möglichkeit des Einschreitens gegen solche Eingriffe hatte, weil es sich nicht um eigene Staatsbürger handelte und der Vorbehalt der Alliierten vorlag. In der Folge haben die Alliierten diesen Vorbehalt aufgegeben; zu erwähnen ist die sowjetrussische Besatzungsmacht, die selten die Strafgerichtsbarkeit gegen die „versetzten Personen" in Anspruch nahm. Aber wie hat die Wirklichkeit ausgeschaut! In Wirklichkeit haben sie diese Leute, wenn sie sie haben wollten, z. B. in einen Teppich gewickelt und davongetragen. Also muß man immer zwischen Recht und Realität unterscheiden. Ich habe schon gesagt, daß ich unmöglich alles genau ausführen kann. Ich möchte jedoch an einzelnen Beispielen zeigen, wie schwierig es in dieser Zeit war, einerseits den Interessen des österreichischen Staates im Interesse des Wiederaufbaus der Rechtspflege und des Rechtsbewußtseins der Bevölkerung zu dienen und anderseits den Alliierten doch entsprechend entgegenzutreten, ohne sie zu provozieren. Ich habe schon gestern gesagt, daß sich Justizminister Dr. Gerö und ganz besonders auch Innenminister Oskar Helmer auf diesem Gebiet hervorragende Verdienste erworben haben, ebenso der damalige Wiener Polizeipräsident Josef Holaubek, der mir aus dieser Zeit ein lieber guter Freund geworden ist, weil wir so viel miteinander zu tun hatten.

Ich möchte aus den vielen Fällen einen einzigen herausgreifen, um Ihnen zu zeigen, wie schwierig das Agieren damals war.[2] Es war, glaube ich, im Dezember 1949, da hatte in einem kleinen Ort bei Amstetten (NÖ.) eine Nikolofeier stattgefunden. Diese Nikolofeier hatte auch ein provisorischer Gendarm, der dem Posten Oed bei Amstetten zugeteilt war, in Zivil mit seiner Frau besucht. Es ging lustig zu. Plötzlich tauchten zwei sowjetrussische Offiziere in Uniform auf. Sie haben sich angeschaut, was da los ist, und haben die hübschen Frauen gesehen –

---

[1] Abgedruckt im vorliegenden Band, S. 114 ff.
[2] Zu diesem Fall vgl.: *Arbeiter-Zeitung*, 8. Dezember 1949, S. 2, 17. Dezember 1949, S. 1 f., 18. Dezember 1949, S. 1, und 21. Dezember 1949, S. 1; *Neues Österreich*, 8. Dezember 1949, S. 3, und 18. Dezember 1949, S. 2; *Wiener Zeitung*, 18. Dezember 1949, S. 1, und 21. Dezember, S. 1.

die Frau des Gendarmen soll, den späteren Aktenunterlagen nach, besonders hübsch gewesen sein. Nun machten sich die Offiziere, die dann nach kurzer Zeit wiederkamen – inzwischen hatten sie, wie sich später herausstellte, offenbar Erkundigungen eingeholt, wer da alles dabei ist –, an diese Frau des Gendarmen ganz besonders heran, belästigten sie, umhalsten sie usw. Es kam zu einer Schlägerei zwischen den anwesenden Zivilisten, darunter auch dem in Zivil befindlichen unbewaffneten Gedarmen (ich nenne keinen Namen) und den sowjetischen Offizieren, die ziemlich betrunken waren. Sie gingen dann hinaus; der eine sowjetische Offizier hatte dem Gendarmen, der in Zivil war, gesagt: „Du Polizei, Propusk" (das war der berühmte Ausweis). Der weigerte sich, sich auszuweisen, weil er ja in Zivil war, und ging auf die Straße, wohin ihm der Offizier bewaffnet folgte. Es kam zu einem Gerangel. Jedenfalls wurde der sowjetische Offizier am nächsten Tag, nachdem er abgängig war, von einer Tauchergruppe der Wiener Feuerwehr aus dem Flußbett der Ybbs tot geborgen. Die Konsequenz: Ein Kollege des Gendarmen sagte nun zu ihm am nächsten Tag: „Du, die Russen suchen da den abgängigen Offizier, ich glaub', mit dir wird's grün werden!" Daraufhin hat sich der Gendarm verflüchtigt. Er wurde später – ersparen Sie mir, das zu sagen, was auch nicht in den Akten steht – in der amerikanischen Besatzungszone aufgegriffen, und so rasch wie dieser arme Teufel war noch keiner von der Sicherheitsbehörde in OÖ. in das Linzer Gericht eingeliefert worden. Inzwischen war nämlich auf Grund des Befehls der sowjetischen Besatzungsmacht an das Bezirksgericht Amstetten ein Steckbrief gegen den Gendarmen wegen Mordes an dem sowjetischen Offizier erlassen worden. Die Sowjets hatten die Auslieferung des Gendarmen in die russische Zone verlangt; Justiz- und Innenministerium standen vor einer fürchterlichen Problematik, wissend, daß das Begehren der Sowjets berechtigt war, weil es sich um eine strafbare Handlung – wenn es eine solche war, sofern nicht Notwehr vorlag – gegen einen Angehörigen der Besatzungsmacht gehandelt hat. Die Amerikaner ließen durchblicken, so etwas könne bei ihnen auch passieren, da würden sie sich nicht einmengen. Es war daher zu befürchten, daß der Alliierte Rat, der letztlich einstimmige Beschlüsse fassen mußte, hier einen einstimmigen Beschluß auf Auslieferung des Gendarmen an die Sowjets fassen könnte. Was ihm gedroht hat, war klar. Inzwischen hatte nämlich die sowjetische Besatzungsmacht, weil der Gendarm aus NÖ. geflüchtet war, den damaligen Sicherheitsdirektor von NÖ., den alten sozialistischen Freiheitskämpfer und KZ-Insassen Liberda, in Abwesenheit schuldig gesprochen und zum Tode verurteilt. Liberda konnte sich diesem Urteil entziehen. Ersparen sie mir, hier die näheren Umstände zu schildern.

Die Situation war eine äußerst brenzlige gewesen. Das Ganze ereignete sich im Dezember 1949. Wir hatten seit 9. November 1949 einen neuen Justizminister, Dr. Tschadek. Er wandte sich an Helmer, was zu machen sei. Und Helmer erklärte nun, das richtet der Loebenstein. Ich habe gesagt, danke bestens, sehr lieb. Jedenfalls mußte ich mich – Vater eines Kleinstkindes, das zweite Kind war auf dem Weg – wenige Tage vor dem Heiligen Abend mit dem Dienstwagen des Herrn Bundesministers mit anderer Nummer nach OÖ. aufmachen. Dem Chauffeur habe ich gesagt, wir fahren nach Wels zu einer Amtsuntersuchung. Gefahren sind wir natürlich nach Linz, um dort die Sache zu bereinigen, damit dieser Mann nicht an die sowjetische Besatzungsmacht ausgeliefert wird. Es ist gelungen, die Amerikaner und die sehr furchtsamen Gerichtsbehörden in Linz, die gesagt haben, nur weg mit dem, sonst kommen die noch über die Enns zu uns in den goldenen Westen, zu überzeugen, daß der Mann nicht ausgeliefert werden soll, sonst drohe ihm, da die Sowjets ihm die Notwehr nicht zubilligen würden, das gleiche wie dem völlig unschuldigen Sicherheitsdirektor von NÖ. Die einzige Bitte, die ich damals hatte, war, das Datum des Schreibens der Amerikaner, mit dem die Überstellung in die russische Zone verboten wurde, im Hinblick auf meine Reise vorzudatieren. So blieb der Beschuldigte in österreichischer U-Haft im Landesgericht Linz; den Sowjets hatten wir mitgeteilt, daß die Amerikaner nicht zustimmen. Die Sache kam vor den Alliierten Rat, der aber mangels Einstimmigkeit keinen Beschluß fassen konnte. Wir haben daher die Sowjets um den Akt ersucht, damit wir das Verfahren durchführen können, und nun haben die Russen einen Fehler gemacht: Sie haben uns den Akt nicht gegeben. In dem Akt hatten sie einen eigenen gerichtsmedizinischen Untersuchungsbefund, ob der Offizier ertrunken oder vorher erschlagen worden war, von sowjetischen Gerichtsärzten. Den Akt haben wir nicht bekommen. Dadurch konnten wir das inländische Verfahren zuerst nicht weiterführen; hätte es mit Freispruch wegen Notwehr geendet, wäre dies zur damaligen Zeit ganz schlimm gewesen. Nach zehn Monaten kam eines Tages der U-Richter des Landesgerichtes Linz zu mir. Er hatte Minister Dr. Tschadek, als dieser in Linz war, gefragt, was er mit dem Häftling machen solle. Tschadek hatte ihn an mich verwiesen. Daraufhin kam er zu mir ins Ministerium, sagte, er habe keinen Akt außer dem Beschuldigtenprotokoll, und da verantworte sich der Beschuldigte mit Notwehr. Der Staatsanwalt sagte aber, er könne das Verfahren nicht einstellen; er warte auf das gerichtsmedizinische Protokoll der Russen. Der Mann saß schon zehn Monate, als ich erklärte, ich könne ihm als Richter ja nicht sagen, was er machen solle. Daraufhin fragte der Richter: „Was würden Sie machen?" In der Folge haben wir verschiedenes erörtert. Der Beschuldigte ist aber später aus der Haft geflüchtet. Inzwischen hatten die Russen denjenigen Mann, der ihm gesagt hatte, daß sie nach ihm fahnden, zu fünf Jahren Zwangsarbeit, und den andern, der den Beschuldigten aus dem Gasthaus auf dem Weg in der Nacht begleitet hatte, zu 25 Jahren verurteilt. Dieser ist dann 1955 mit Ihnen zusammen zurückgekommen, Herr Präsident Lachmayer. – So war Recht und Wirklichkeit in Österreich zur Zeit der Besatzungsmächte. Nach der Befreiung Österreichs ist nach Befragung der heimgekehrten Zeugen das Verfahren gegen den Beschuldigten mangels Widerlegbarkeit seiner Verantwortung eingestellt worden. Sie können mir glauben, solche Sachen zu bearbeiten war kein Honiglecken. Ich könnte da noch manches erzählen, etwa aus den Tagen in Wiener Neustadt zur Zeit des sogenannten Kommunistenputsches im Oktober 1950, will Sie aber damit nicht aufhalten. Ich bin nur dankbar, wenn Frau Professor Weinzierl dieses Referat, das jetzt 27 Jahre alt ist, übernimmt.

Darf ich jetzt noch einige ergänzende Bemerkungen zum Referat Jagschitz machen, das mir sehr gefallen hat. Es hat viele Verfahren gegeben, die durch die Besatzungsmächte inhibiert waren; es hat viele Verfahren gegeben, in denen die Besatzungsmächte Österreicher verurteilt hatten, wobei auch ein österreichischer Strafanspruch gegeben sein konnte. Man hat diese Fragen sehr genau geprüft. Die Urteile der Besatzungsmächte galten als Urteile ausländischer Gerichte, die in Österreich den österreichischen Strafanspruch nicht konsumiert haben. Man hat die inländischen Verfahren, soweit die betroffenen Angeklagten nicht vor Gericht gestellt werden konnten, weil sie z. B. bei der Besatzungsmacht inhaftiert waren, nach § 412 oder § 422 StPO abgebrochen. Diese Verfahren hat dann der Staatsvertrag bereinigt. Das war die Arbeit, an der ich beim Staatsvertragsabschluß mitwirken durfte – die Bestimmungen über Amnestien zu Amnestien zu machen und über tatsächliche Niederschlagung von Verfahren auf Grund einer allgemeinen Bestimmung, der Befreiungsamnestie 1955, die es unter anderem ermöglicht hat, Strafverfahren dieser Art auch niederzuschlagen, zu befinden. Dann mußte es noch eine Amnestie für alle jene Verfahren geben, in denen die sowjetische Besatzungsmacht verboten hatte, ein Verfahren durchzuführen; meistens weil es sich um Angehörige der Kommunistischen Partei handelte, die sich irgendwelche widerrechtliche Handlungen zuschulden kommen lassen hatten. Da war es dann notwendig, auch hier durch Amnestiebestimmungen oder Niederschlagung des Verfahrens einen Schlußstrich zu ziehen; einen Schlußstrich, den die Justiz in der Geschichte oft ziehen muß.

Am Ende darf ich noch ein Problem anfügen, weil es so deutlich zeigt, wie sehr man aus der Geschichte lernen kann, wenn sie objektive Grundlagen bietet und auf Grund objektiver Grundlagen ihre Erkenntnisse schöpfen kann. Der Aufbau der österreichischen Justiz, der Aufbau der österreichischen Rechtsprechung wäre ohne ein Instrument überhaupt nicht in dieser Art und so rasch möglich gewesen; ein Instrument, das heute wiederum seit wenigen Tagen im Mittelpunkt des Tagesstreites steht: das sogenannte „Weisungsrecht." Lassen Sie mich das kurz hier sagen: Dieses Weisungsrecht hat sich beschränkt – das, bitte zu beachten – auf rechtliche Darlegungen. Niemand hat damals gewußt, was ist Recht in Österreich, was gilt, was gilt nicht? Es mußte immer wieder gesagt werden, das ist Recht, und danach kannst du vorgehen, das war dann eine sogenannte Weisung. Das ist nichts anderes, als wenn die höhere Gerichtsinstanz bei Aufhebung des Urteils Erster Instanz dem Gericht Erster Instanz seine Rechtsmeinung kundgibt, an welche Rechtsmeinung das Gericht Erster Instanz bei gleichgebliebener Sachlage genauso gebunden ist wie der Staatsanwalt an die Rechtsmeinung des Oberstaatsanwalts; es ist nichts anderes. Diesen aktuellen Bezug erwähne ich deshalb, weil er so deutlich zeigt, wie man aus der Geschichte lernen kann. Ohne dieses vielgeschmähte, aber vielbenützte Weisungsrecht, von dem nur besser jene sprechen sollten, die etwas davon verstehen, wäre der Wiederaufbau der österreichischen Gerichtsbarkeit, der österreichischen Rechtspflege, der österreichischen Justiz nach 1945 nicht möglich gewesen.

Pallin: Ich möchte im Anschluß an das Referat von Frau Professor Weinzierl nur eine kleine historische Reminiszenz vorbringen, und zwar geht es um die Wiederbegründung der österreichischen Justiz im April 1945. Frau Professor Weinzierl schreibt, daß im Bereich des Landesgerichtes für Zivilrechtssachen am 14. April mit dem Wiederaufbau der Justiz in Wien begonnen wurde. Ich war von den Nazis als Richter entlassen worden und bin am 17. April – an dem Tag ist noch geschossen worden – ins Landesgericht im Justizpalast gegangen und wollte mich zur Arbeit melden. Da hat gerade eine Sitzung stattgefunden; an der Spitze dieser Runde saßen Rechtsanwalt Dr. Antosch, der Widerstandskämpfer war; es waren noch einige Herren, hohe Richter und Staatsanwälte, von denen mir nur mehr der Erste Staatsanwalt Dr. Schimak in Erinnerung ist, anwesend. Ich habe mich dort zum Dienst gemeldet, und Dr. Antosch sagte mir, da Sie kein Nazi gewesen sind, können Sie in Strafsachen arbeiten. Gehen Sie ins Landesgericht für Strafsachen hinüber, ins Graue Haus, und melden Sie sich beim designierten Präsidenten des Landesgerichtes für Strafsachen Dr. Gerö. Ich kam dorthin, und es waren Dr. Gerö und der spätere Ministerialrat Dr. Tintara, sein Sekretär, anwesend. Von Tag zu Tag sind mehr Kollegen eingetrudelt – Altmann, Malaniuk, Ullrich, alles ehemalige Richter. Wir haben schon unmittelbar darauf – es war dies mein erster Dienstauftrag vom selbsternannten Landesgerichtspräsidenten – aus zwei Gründen zu arbeiten begonnen: Der eine war, daß, wenn die Russen kommen, und sie kamen immer wieder, um zu schauen, ob gearbeitet wird, man als „Prokuror" den Schreibtisch schon besetzt hat. Aber es war nicht nur äußerer Schein, sondern echte Arbeit, die man verrichtete. Man ging daran, die alten Volksgerichts- und Sondergerichtsakten durchzusehen und nach den Denunzianten zu durchforsten. Ich und viele andere haben diese Akten systematisch bearbeitet, weil man schon damals damit gerechnet hat, daß gegen diejenigen, die andere Leute aus politischen Gründen vor Gericht gebracht haben, vorgegangen werden wird. Bevor wir noch die einschlägigen Bestimmungen des § 7 Kriegsverbrechergesetz gehabt haben, haben wir bereits in dieser Richtung vorgearbeitet. Wir haben hier als Staatsanwälte fungiert. So haben die Dinge begonnen. Nach kurzer Zeit ist dann Dr. Gerö als Staatsvertreter in den Justizpalast übersiedelt. Alle Richter, die irgendwie politisch belastet waren, wurden in Zivilsachen, und die, die unbelastet waren, in Strafsachen eingesetzt. Als ich später einmal bei Vizekanzler Dr. Schärf als Vertreter der Staatsanwälte in der Gewerkschaft vorsprach, hat er sich recht abfällig über die geschilderte Episode ausgedrückt. Da kommt, wie er sagte, irgend jemand daher, setzt sich in den Justizpalast und ernennt sich zum Justizminister, und dann kommen die ehrbaren Staatsanwälte und Richter und übernehmen von ihm die Direktiven. Rückblickend muß ich allerdings sagen, daß die Einsetzung von Dr. Gerö genauso revolutionär und eine Selbsternennung war, wie dies die damalige Situation verlangte.

Marschall: Ich möchte jetzt als Angehöriger der Nachkriegsorganisation, der ich gerade in diesen Tagen 25 Jahre in der österreichischen Justiz tätig bin, einige aktuelle Gedanken, die ich aus der gestrigen und heutigen Diskussion gewonnen habe, zum Gespräch beitragen. Ich möchte durchaus akzeptieren, was der Herr Bundesminister gestern über eine politisch-historische Sicht der Großen Strafrechtsreform gegenüber der von mir erwähnten formal-juristischen gesagt hat. Ich will also bei politisch-historischer Sicht die Aufhebung der Todesstrafe auch im standgerichtlichen Verfahren durch die Verfassungsnovelle 1968 als Maßnahme der Strafrechtsreform im weiteren Sinn werten, und ich möchte noch weiter gehen und sagen, daß dieser Schritt sogar irgendwie die verfassungsrechtliche Grundlage für das Strafrecht der auch von den Alliierten befreiten Zweiten Republik war: Die Republik Österreich will seit 1968 die verfassungsgesetzlich verankerten Lebensrechte[1] umfassend achten, also selbst gegenüber politischen Desperados in Notzeiten auf Todesstrafe verzichten! Das ist die Grundlage unseres modernen Strafrechtes, die ich heute nach einem Bewußtseinswandel durchaus anerkenne. Ich möchte dem nur etwas hinzufügen, weil gestern in der Diskussion von jüngeren Herren und Historikern aus einer anderen Sicht der Jugend die Standgerichtsbarkeit immer wieder angezweifelt und durchaus legitim kritisch beleuchtet wurde. Ich möchte ehrlich und ganz offen sagen, ich habe im Jahre 1968 – ich war damals ja auch nicht mehr so jung, sondern schon 36 Jahre alt – die Abschaffung der Todesstrafe für Notzeiten,

---

[1] Karl Marschall, *Grundsatzfragen der Schwangerschaftsunterbrechung im Hinblick auf die verfassungsgesetzlich gewährleisteten Rechte auf Leben,* in: *Juristische Blätter,* 7. Oktober 1972, S. 497 ff., und 4. November 1972, S. 548 ff.

nämlich im standgerichtlichen Verfahren, momentan auch nicht begriffen. Ich habe erst einige Jahre später anläßlich der Diskussion über die sogenannte „Fristenlösung" eigentlich das innerlich vollzogen, was der Nationalrat im Jahr 1968 einstimmig beschlossen hat. Deswegen sollte man sich sehr hüten, mit Maßstäben der jeweiligen Zeit eine andere Zeit zu beurteilen! Man soll sicherlich analysieren und Schlüsse ziehen, man kann natürlich Werturteile fällen, aber man muß jeweils die Zeit, in der etwas, was wir nachträglich beurteilen, geschah, ansehen: Die dreißiger Jahre waren sicherlich eine andere Zeit als heute, wo die Menschenrechte, das Lebensrecht selbst eines Desperados ganz anders – und ich sage, mit Recht ganz anders, weil ich selbst froh bin über den Bewußtseinswandel, den ich durchgemacht habe – gesehen wird, als es damals gesehen wurde.

Wenn ich im Anschluß an das Referat von Dr. Haas noch etwas erwähnen darf: Man ist versucht, im Bann der Standgerichtsbarkeit von 1934 zu stehen, doch hat die unheilvolle Entwicklung in Österreich letztlich mit der sogenannten „Selbstausschaltung" des Parlaments im März 1933 begonnen, wobei das Verhalten der damaligen Bundesregierung Dollfuß ausschlaggebend war, die das ausgenützt, das Parlament praktisch ausgeschaltet und im Herbst 1933 an sich durchaus legal nach einem Revolverattentat auf Bundeskanzler Dollfuß – im Parlamentsgebäude, wenn ich mich nicht täusche –[1] das Standrecht verhängt hat. Dann wurden Standgerichtsverfahren und die erste Hinrichtung an einem Brandstifter in der Steiermark noch vor den Februarereignissen durchgeführt[2], dann erst kam es zu den Hinrichtungen von führenden Schutzbundfunktionären im Februar 1934 in Vollziehung standgerichtlicher Urteile, weiters zur Auflösung der sozialdemokratischen Partei und schließlich – wie wohl heute unbestritten ist – im Wege des Verfassungsbruches des Rumpfnationalrats, der Bundesregierung und des Bundespräsidenten, also auf revolutionärem Weg, zur Verfassung vom 1. Mai 1934. Im Strafrechtsänderungsgesetz 1934 war dann auch im ordentlichen Verfahren die Todesstrafe wieder vorgesehen, und sie galt in Österreich bis 1950, wenn wir die apokalyptische NS-Zeit – die NS-Justiz war ja die Justiz eines anderen Staates – momentan ausklammern wollen. Die Todesstrafe war also bis 1950 in Österreich im ordentlichen Verfahren vorgesehen, wobei die letzte Hinrichtung an einem Mörder in Österreich am 24. März 1950 vollzogen wurde.[3]

Danach geschah nun etwas, was in den Referaten noch nicht so angeklungen ist und weitgehend unbekannt sein dürfte: Die österreichische Justiz und deren verantwortliche Stellen wurden nach sechzehn Jahren ein zweites Mal, und zwar das vorläufig letzte Mal in unserer Geschichte, mit dem Problem der Standgerichtsbarkeit konfrontiert! Es war dies im Gefolge des sogenannten „Oktoberputsches" 1950. Herr Sektionschef in Ruhe Dr. Loebenstein hat nur ganz kurz über die Tage in Wr. Neustadt im Oktober 1950, also vor dreißig Jahren, die er selbst erlebt hat und über die er sicher noch sehr viel Interessantes erzählen könnte, berichtet. Nun hat es damals nicht nur in Österreich, wo ein allzu energisches Einschreiten der österreichischen Organe schon wegen der russischen Besatzungsmächte natürlich unmöglich gewesen wäre, sondern bekanntlich auch in Linz in der amerikanischen Zone sehr große Demonstrationen gegeben, an denen sich die Belegschaft der verstaatlichten Betriebe beteiligte. Man muß weltpolitisch berücksichtigen: Es war der Korea-Krieg, die Nordkoreaner haben die Streitkräfte der Vereinten Nationen unter amerikanischer Führung auf einen Brückenkopf in Südkorea zurückgedrängt, und die Lage war sehr kritisch; dann ist plötzlich General MacArthur mit den US-Truppen im Rücken der nordkoreanischen Armee gelandet und hat sie zurückgeschlagen – das war, glaube ich, September 1950. Es wurde, wie man später erfahren hat, um diese Zeit der Einsatz der Atombombe in Nordkorea erwogen, und die weltpolitische Lage blieb äußerst gespannt. Dann kam es in Österreich im September infolge eines Lohn- und Preisabkommens der Sozialpartner – die wirtschaftliche Lage war im Land damals noch sehr schlecht – zu Unruhen, die von der KPÖ natürlich unterstützt wurden; zunächst gab es Unruhen im Sinne von Demonstrationen, die sich aber auch in Linz ausgebreitet haben. Die amerikanische Besatzungsmacht wollte sich natürlich nicht einmi-

---

[1] Vgl. Verfahren 6 Vr 6874/33 und 260 Vr 7504/33 des LGSt. Wien I.
[2] Vgl. Verfahren 6 Vr 212/34 des LGSt. Wien I. Das erste standgerichtliche Todesurteil über einen Bauernsohn, der eine von ihm geschwängerte Dienstmagd ermordet hatte (6 Vr 8625/33 des LGSt Wien I), wurde im Gnadenweg umgewandelt, wobei sich der damalige Justizminister Dr. Schuschnigg gegen Vorwürfe wegen der Begnadigung geradezu rechtfertigen mußte (vgl. JMZ 30.427/34).
[3] Vgl. Strafverfahren 20 Vr 4693/49 des LGSt Wien und JMZ 37.785/50 des BMfJ.

schen, weil es dann wahrscheinlich überhaupt zu einer internationalen Krise auch in Österreich gekommen wäre, und die österreichische Exekutive war auf sich allein angewiesen. Es ist die Frage aufgetaucht, ob man in Linz das Standrecht verhängen soll oder nicht. „Standrecht verhängen" hätte natürlich bedeutet, daß einige Rädelsführer dieser Demonstrationen, die keine Toten in Linz verursacht haben, möglicherweise hingerichtet worden wären. Es war sicherlich ein Segen für die weitere Entwicklung, daß der damalige Justizminister, die damalige Bundesregierung die Entscheidung getroffen haben — aus unseren Akten läßt sich manches noch feststellen —, das Standrecht nicht zu verhängen, daß auch der Oberstaatsanwalt in Linz nicht daran gedacht hat[1]; die Frage der Standrechtsverhängung hat sich aber gestellt!

Wenn ich jetzt an den gestrigen Tag anknüpfe: Hätte die damalige politische Führung durchaus legal nach der StPO das Standrecht verhängt, so wäre eine unglückselige Richterbank in die Lage gekommen, binnen ein paar Stunden über Leben und Tod eines Angeklagten entscheiden zu müssen. Hätte man einem solchen Richter nach dreißig Jahren daraus einen Vorwurf machen können? Ich danke Gott, daß ich nie in diese Lage gekommen bin, und hoffe auch, daß die Rechtslage und mein Gesundheitszustand mich auch daran hindern werden, jemals an einem Todesurteil mitwirken zu müssen; doch möchte ich andere deshalb nicht verurteilen. Deswegen bitte ich, man soll die Zeit jeweils aus sich heraus verstehen. Wenn man nun bezüglich einer Beurteilung der Zeit der dreißiger und vierziger Jahre das Wort Autoritätsgläubigkeit hört — Herr Langbein hat das gebracht —, so glaube ich, daß das durchaus richtig ist, daß die Autoritätsgläubigkeit mit dazu geführt hat, daß der Nationalsozialismus so eine Verbreitung gefunden hat. Ich glaube nur nicht, daß gerade bei den Richtern die Autoritätsgläubigkeit so überaus stark ausgeprägt gewesen wäre. Die Richter in der Weimarer Zeit und auch in Österreich sind ja aus der Tradition der Revolution von 1848 entstanden, mit ihrer Unabhängigkeit. Ich glaube, da war nicht so sehr die Autoritätsgläubigkeit der Richter ausschlaggebend, sondern eher die Überzeugung vieler Richter von der Erforderlichkeit der Todesstrafe — ich selbst war noch bis in die siebziger Jahre dieser Meinung — aus der Erkenntnis heraus, doch nur ein kleines Rad in einem riesigen Machtapparat des Staates zu sein. Sicher ist meines Erachtens eines: Es entscheidet in jedem System — in der freiheitlich-demokratischen Republik gleichermaßen wie in einem autoritären Staat und in einer Diktatur apokalyptischen Ausmaßes wie im Falle des Nationalsozialismus oder des Stalinismus — der Mensch, und es kommt letztlich auf den konkreten Menschen an, und diese menschliche Entscheidung, die er vor seinem Gewissen und vor Gott treffen muß, kann ihm auch niemand abnehmen. Eine Verallgemeinerung halte ich für falsch. Das wollte ich aus der Sicht meiner Generation, der Nachkriegsgeneration, sagen.

Wenn ich vielleicht dann noch einen Gedanken zum sogenannten „Röhm-Putsch", wie er gestern angeklungen ist, sagen darf: Wie weit haben an den Ereignissen Unbeteiligte im Sommer 1934 die wahren politischen Hintergründe gekannt? Auch darf man eines nicht vergessen, nämlich, daß die Staatsführung es ja in der Hand hat, Amnestien zu erlassen, wie es letztlich nach dem Röhm-Putsch geschehen ist; immerhin hat der Reichsminister für Justiz Dr. Gürtner, der übrigens schon vor Hitler der Reichsregierung angehörte, dieses Amnestiegesetz unterschrieben.[2] Man hat dann im Jahre 1938, nachdem die Nationalsozialisten in Österreich einmarschiert sind und das Land besetzt haben, in einem Straffreiheitsgesetz 1938 — nicht in einem österreichischen Gesetz, sondern in einem deutschen — auch Straffreiheit für zurückliegende NS-Taten gewährt.[3] Was kann da ein Richter, mag er wie immer zum System gestanden sein, machen, wenn der Gesetzgeber — ob das ein Unrechtsgesetzgeber ist oder nicht, kann er mit letzter Sicherheit sehr oft nicht beurteilen — solche Amnestiegesetze beschließt? Er kann nur den Dienst quittieren; das kann er sicherlich machen. Doch wird man das wohl generell von jedem Amtsträger kaum mit Recht fordern können. Ich möchte also nur nachdrücklich nochmals davor warnen, mit den Maßstäben der Jahre 1970 und 1980 vergangene Zeiten zu messen.

Wrabetz: Da ich mir dessen bewußt bin, daß ich unter Zeitdruck stehe, werde ich mich bemühen, meine Ausführungen kurz zu halten. Zunächst einmal möchte ich ein grundsätzliches Thema anschneiden und eine Frage aufwerfen.

---

[1] Vgl. Bericht der OStA Linz vom 28. September 1950, Jv 5580—1c/50, an das BMfJ in JMZ 69.268/50 (Postzahl 1 der Aktenpartie 4216-IV 3).
[2] Gesetz über Maßnahmen der Staatsnotwehr vom 3. Juli 1934, DRGBl. Nr. I/1934, S. 529.
[3] Gesetz über die Gewährung von Straffreiheit vom 30. April 1938, DRGBl. Nr. I/1938, S. 433.

Als Juristen haben wir einen historischen Studienabschnitt, und es gibt eine an der juridischen Fakultät gelehrte Rechtsgeschichte. Diese neuere Rechtsgeschichte bzw. Zeitrechtsgeschichte vermisse ich bei diesen Veranstaltungen. Soweit ich die Literatur kenne, gibt es sehr wenig Zeitrechtsgeschichte, und es liegt offenbar an der juridischen Fakultät, daß auf diesem Forschungsgebiet zuwenig gemacht wird. Andererseits ist mir bei Ihren Referaten bewußt geworden, welche ungeheure Mühe es für Sie darstellen muß, als Historiker in die ganze Verfassungs- und Rechtsproblematik erst einzudringen. Eine handwerkliche Voraussetzung, die dem juristisch gebildeten Rechtsgeschichtler von vornherein zur Verfügung stehen würde. Ich würde daher meinen und bitten, in diese Tagung „Justiz und Zeitgeschichte", die in diesem Jahr besonders eindrucksvoll und für uns Jüngere besonders interessant ist, weil eine Zeit, die wir schon fast miterlebt haben, nun wissenschaftlich vor unseren Augen aufgearbeitet wird, die Rechtsgeschichte der juridischen Fakultäten miteinzubeziehen und auch zu ermutigen, sei es nun in Zusammenarbeit mit der Zeitgeschichte, sei es in eigenständiger Arbeit, diese Thematik der neueren Rechtsentwicklung aufzugreifen.

Als zweites möchte ich das sagen, was wir, Herr Präsident Schuppich und Herr Vizepräsident Leon, gestern in der Pause nach dem Vortrag von Frau Professor Weinzierl festgestellt haben, daß auch die Advokatur sicher aus ihren Archiven und Beständen einen Beitrag leisten könnte. Wir werden zunächst einmal in uns gehen und uns über den Zustand unserer Archive vergewissern. Aber nach aller Erfahrung müßte es etwas in unseren Archiven geben, und es wäre sicher für die Zeitgeschichte interessant, diese Archive einmal kennenzulernen. Noch mehr, und hier ist leider schon fast ein zeitlicher Druck gegeben, wäre es interessant, mit den noch überlebenden Persönlichkeiten der Rechtsanwaltschaft, die nach 1945 an der Wiedererrichtung der freien Advokatur mitgewirkt haben, persönlichen Kontakt aufzunehmen und ihre Erfahrungen und ihre Erlebnisse, so wie das jetzt in den vergangenen Stunden hier geschehen ist, auch noch dokumentarisch festzuhalten.

Wir Anwälte sind von Berufs wegen und aus Neigung dazu berufen, alle, auch die mildernden, Umstände abzuwägen und dem hohen Gerichte vor Augen zu führen. Wenn Sie als Historiker ein Urteil fällen, so, und das ist ja auch schon in der Diskussion zum Ausdruck gekommen, werden Sie nach Ihrer wissenschaftlichen Methode auch das Für und Wider der Argumente abzuwägen haben. Und so werden auch Sie die kritischen Anmerkungen der hier anwesenden Anwälte und Juristen verstehen, wenn wir meinen, daß in ihren Referaten teilweise zu schnell ein Urteil zustande gekommen ist, ohne daß alle, auch die entlastenden Argumente, berücksichtigt worden wären. Aus diesem Grunde fühle ich mich auch verpflichtet, für die in ihren Referaten sozusagen in Abwesenheit Verurteilten eine Lanze einzulegen. Dort ist zum Ausdruck gekommen, daß in der Justiz, in der Justizverwaltung durch eine Tradition großdeutscher Minister in der Ersten Republik eine Art geistige Voraussetzung gegeben war für das Fehlverhalten der Richter in den folgenden Jahren und für eine politische Justiz, die ich keineswegs verteidigen möchte. Nachdem es diese Partei heute nicht mehr gibt, möchte ich doch darauf hinweisen, daß ich meine, daß diese Beurteilung zumindest vorschnell ist und einer Untersuchung wert wäre. Ich möchte hierzu nur zwei Punkte aufgreifen: Ich erinnere mich, daß Justizminister Dr. Dinghofer, Präsident der Provisorischen Nationalversammlung, der die Ausrufung der Ersten Republik an der Parlamentsrampe vorgenommen hat, daß dieser Minister zurückgetreten ist, weil er dem Wunsch nach Auslieferung des kommunistischen Führers Béla Kun in Ungarn aus rechtsstaatlichen Überlegungen nicht stattgeben wollte.[1] Er ist als Vorsitzender der großdeutschen Partei zurückgetreten und hat sein Amt als Justizminister zur Verfügung gestellt. Und Sie selber haben in Ihren Referaten erwähnt, daß durch die Verfassungsgesetznovelle 1929 die Todesstrafe abgeschafft wurde. Auch dieses Gesetz ist in der Ära und unter maßgeblicher Mitwirkung von Bundeskanzler Schober, also einem den Großdeutschen Nahestehenden, zustande gekommen. Ich habe das jetzt nur aus meiner oberflächlichen und nicht fundierten Erinnerung gesagt, aber ich glaube, daß es notwendig wäre, auch die Untersuchungen auf dieses Thema auszudehnen. Es war eine durchaus gute Beamten- und Richtertradition, die keineswegs als Vorstufe für die spätere Unrechtsgesetzgebung und Unrechtshandhabung im Dritten Reich anzusehen ist.

Ich darf abschließen und schließe mich da meinem Studienkollegen Generalanwalt Dr. Marschall an, daß es sicher richtig ist zu versu-

---

[1] Vgl. dazu: Friedrich Mayrhofer, *Dr. Franz Dinghofer (1873–1956)*, Phil. Diss. Wien 1968, S. 179 ff.

chen, die Zeit aus den Zeitumständen zu verstehen. Es ist sehr leicht, und es gehört nicht viel Mut dazu, heute in diesem schönen Rahmen in Anwesenheit der höchsten Richter und der Staatsanwälte die Justiz zu kritisieren. Man muß sich einmal vorstellen, wie das in der Zeit zwischen 1934 und 1945 hätte passieren können. Es wäre eben nicht passiert. Ich glaube, darüber sollten wir uns freuen, daß eine so offene und fruchtbare Aussprache möglich ist, und wir sollten hoffen, daß eine derartige Möglichkeit für immer bestehen bleibt.

Kunst: Herr Dr. Haas hat wieder einmal die These aufgestellt, daß bis zum 19. Juni 1946 die von ordentlichen Gerichten verhängten Todesurteile und deren Vollstreckung verfassungswidrig waren. Natürlich hat der Begriff der Verfassungswidrigkeit für den Zeitgeschichtler einen anderen Klang als für den Juristen. Aber wer diesen Ausdruck gebrauchet, muß sich schon gefallen lassen, daß er beim Wort genommen wird. Wir wollen auch davon absehen, daß die Ausdrucksweise „die Todesstrafe und ihre Vollstreckung waren verfassungswidrig" eine etwas vereinfachende Darstellung eines reichlich komplexen rechtlichen Sachverhaltes ist. Die rechtlichen Implikationen einer verfassungswidrigen Gesetzeslage oder Vollziehung waren zumindest bis zum 19. Dezember 1945 sicherlich andere als heute.

Die in Rede stehende Behauptung wäre juristisch nur dann haltbar, wenn man nachweisen könnte, daß bis zum 19. Juni 1946 in Österreich ein Verfassungsgesetz in Geltung gestanden ist, das die Verhängung von Todesurteilen im ordentlichen Verfahren und/oder ihre Vollstreckung für unzulässig erklärt hätte. Nach Ansicht von Dr. Haas und seinen Vorgängern soll dieses Verfassungsgesetz der Art. 85 des Bundesverfassungsgesetzes i. d. F. von 1929 gewesen sein. Nun ist es richtig, daß das Verfassungs-Überleitungsgesetz vom 1. Mai 1945 dieses Bundesgesetz wieder in Wirksamkeit gesetzt hat. Aber dieses Überleitungsgesetz enthält die bekannte Klausel, daß an die Stelle der Bestimmungen des B-VG, die infolge der Lahmlegung des parlamentarischen Lebens in Österreich seit 5. März 1933 usw. tatsächlich unanwendbar geworden sind, einstweilen die Bestimmungen der mit gleichem Tag erlassenen Vorläufigen Verfassung treten. Diese Vorläufige Verfassung enthält nun ebenso wie das B-VG einen Abschnitt über die Gerichtsbarkeit. Im B-VG i. d. F. von 1929 stand damals in diesem Abschnitt das Verbot der Todesstrafe im ordentlichen Verfahren, in der Vorläufigen Verfassung stand darüber nichts.

Es liegt nun doch sehr nahe, diese Rechtslage dahin zu interpretieren, daß danach eben dieses verfassungsgesetzliche Verbot der Todesstrafe im ordentlichen Verfahren bis zum Außerkrafttreten der Vorläufigen Verfassung suspendiert war. Ebenso suspendiert war, wie es vom 19. Juni 1946 an zweifelsfrei suspendiert worden ist und wie es schon durch das nicht Gesetz gewordene Verfassungs-Übergangsgesetz 1945 über das Außerkrafttreten der Vorläufigen Verfassung hinaus hätte suspendiert werden sollen.

An dieser Stelle könnte ein Nichtjurist auf den Gedanken kommen, die Frage zu stellen: Warum hat man dann in die Vorläufige Verfassung nicht auch ein vorläufiges Bekenntnis zur Todesstrafe hineingenommen? Das hängt mit der Eigenart der gewählten Rechtssetzungstechnik zusammen: Man hat eben nicht das B-VG i. d. F. von 1929 wieder in Kraft gesetzt und die suspendierten Bestimmungen einzeln aufgelistet, sondern man hat eine zugegebenermaßen etwas verwaschene General-Suspendierungsklausel durch eine Ersatz-Verfassung – die Vorläufige Verfassung – näher ausgeführt.

Noch ein Wort zur Rechtslage ab dem 19. Dezember 1945: Nach dem Verfassungs-Übergangsgesetz 1945 sollte die Vorläufige Verfassung sechs Monate nach dem Zusammentritt der ersten gewählten Volksvertretung außer Kraft treten. Diese Bestimmung ist nie wirksam aufgehoben worden. Dennoch steht die herrschende Lehre auf dem Standpunkt, daß die Vorläufige Verfassung schon mit 19. Dezember 1945 außer Kraft getreten sei. Diese herrschende Lehre hat aber zwei Schönheitsfehler: Erstens ist sie erst um die Jahresmitte 1946 entstanden und 1947/48 zur vollen Blüte gelangt – im nachhinein weiß man's besser –, und zweitens muß sie sich entgegenhalten lassen, was Robert Walter in seinem *System des Österreichischen Verfassungsrechts*, Wien 1972, S. 28, Anm. 23, ausgeführt hat:

„Die Auffassung der herrschenden Lehre und Judikatur ist bestreitbar, da sie sich vorwiegend auf den – nicht zum Gesetz gewordenen und somit juristisch irrelevanten – Gesetzesbeschluß über ein geplantes, jedoch zufolge Einspruch des Alliierten Rates nicht zustande gekommenes Verfassungsübergangsgesetz vom 19. Dezember 1945 stützt, den Inhalt des Art. 4 Abs. 2 V-ÜG 1945 jedoch außer acht läßt, wonach die Vorläufige Verfassung erst sechs Monate nach dem Zusammentritt des Nationalrates außer Kraft tritt. Eine genauere Analyse ... hätte eher zur Annahme führen müssen, daß gewisse Bestimmungen der Vorläufigen Verfassung noch bis 19. Juni 1946 in Kraft blieben (so insbesondere der V. Teil über die Gerichtsbarkeit) ..."

Es hilft nichts: Entweder nimmt man an, daß das Verfassungs-Übergangsgesetz 1945 so wirksam geworden ist, wie es der Nationalrat einstimmig beschlossen hat. Dann muß man aber auch die in diesem Übergangsgesetz enthaltene Bestimmung gelten lassen, derzufolge Art. 85 B-VG weiterhin suspendiert sein, mithin das verfassungsgesetzliche Verbot der Todesstrafe im ordentlichen Verfahren weiterhin nicht gegolten haben sollte. Oder man stellt sich auf den Standpunkt, dieses Verfassungs-Übergangsgesetz sei nicht wirksam geworden. Dann aber muß man von der Weitergeltung dessen ausgehen, was im Mai 1945 beschlossen worden war, nämlich, daß die Vorläufige Verfassung noch sechs weitere Monate hindurch in Kraft bleibt, mithin die Suspendierung des Verbotes der Todesstrafe im ordentlichen Verfahren, die durch diese Verfassung erfolgt ist, sich noch bis in den Juni 1946 hinein erstreckte, zu welchem Zeitpunkt ja dann die in ihrer Gültigkeit allseits unbezweifelte Klarstellung der weiteren Rechtslage durch das bekannte Verfassungsgesetz erfolgt ist.

Fazit: Die These, daß die Todesstrafe im ordentlichen Verfahren und ihre Vollstreckung in Österreich bis zum 19. Juni 1946 verfassungswidrig gewesen sei, ist heute ebensowenig bewiesen wie anno 1946. Ein Satz des Inhalts, wonach Gesetze bei strittiger Verfassungsrechtslage im Zweifel verfassungswidrig seien, ist aber unserer Rechtsordnung fremd.

In der Provinz soll es gelegentlich vorgekommen sein, daß nach einer Aufführung von Schillers *Räubern* der Darsteller des Franz Moor von den Zuschauern verprügelt wird. Vor diesem Auditorium sollte man sicher sein, daß die Vermutung der Verfassungsmäßigkeit der Todesstrafe in einem bestimmten Abschnitt unserer Geschichte nicht mit einer Verteidigung der Todesstrafe, auch nicht für diesen Abschnitt, verwechselt wird.

Lachmayer: Ich glaube, der einzig wirkliche Tatzeuge in diesem illustren Kreise zu sein, der tatsächlich „erlebte" Aussagen über die österreichische Justiz, vom Jahre 1920 an begonnen, zu machen vermag. Ich habe die Zeit, die von den Damen und Herren Historikern dargestellt wurde, selbst mitgemacht, mit Ausnahme der zehn Jahre, die ich in russischer Kriegsgefangenschaft verbrachte. Weil ich vom Jahre 1945 bis zum Jahre 1955 in Kriegsgefangenschaft war, also erst im Juni 1955 zurückkam, habe ich einen sehr wesentlichen Teil des Wiederaufbaus versäumt, und es war mir daher besonders das Referat von Frau Professor Weinzierl eine echte Bereicherung, weil es mir in historischer Aneinanderfolge zeigte, wie und was sich alles zugetragen hat. Mein besonderes Interesse an dieser Darstellung galt der technischen Seite dieser Vorgänge. Es wurde von Frau Professor Weinzierl erwähnt, daß die Vorbereitungen für den Umbruch aus dem Dritten Reich in die Zweite Republik ja schon vor der Proklamation der Zweiten Republik im Gange waren, was mir bekannt war. Ich war auf Grund einer Einladung, die an mich ergangen war, zum Zeitpunkt meiner Gefangennahme auf dem Wege zum späteren Bundespräsidenten Körner, der mit anderen auch mich zu sich gebeten hatte, um über notwendige Maßnahmen zu beraten. Auf diesem Wege bin ich auf eine russische Panzerpatrouille gestoßen und in Gefangenschaft geraten. Daher habe ich an den dargestellten Dingen ein besonderes, auch technisches Interesse, weil ich weiß, daß damals auf mich wahrscheinlich ähnliche Aufgaben zugekommen wären, wie sie hier in einer meisterhaften Weise dargestellt wurden.

Ich habe auch lebhaftes Interesse an den weiteren Vorträgen genommen, die sich mit dem Schwurgericht und der Todesstrafe beschäftigen. Zur Todesstrafe kann ich mit einem persönlichen Erlebnis dienen, das eigentlich ausschlaggebend dafür geworden ist, daß ich ein entschiedener Gegner der Todesstrafe geworden bin. Die hier gebrachten geschichtlichen Darlegungen, die so im Hintergrund und in verschiedenen Ecken kleine Ausfälle gegen die Justiz oder die Richter bringen, sind meines Erachtens korrekturbedürftig, weil unwissenschaftlich – und zwar in mannigfaltiger Hinsicht. Das, was meines Erachtens zu diesen teilweise positiven Darstellungen zu ergänzen wäre, ist – und darum würde ich bitten –, daß die Herren Autoren sich um die Reaktionen kümmern mögen, die die ausübenden Richter zeigten und auch in ihren immer fair gebliebenen Gestionen dann zum Ausdruck gebracht haben. Es ist aus der heutigen Situation heraus fast naiv, sich zu wundern, daß es damals nicht einen Richteraufstand gegeben hat. Meine Damen und Herren, tunc et nunc sind etwas verschiedenes! Zu den kritischen, bedauerlichen Zeiten ist ja auch „geschossen" worden! Und in diesem Zusammenhang ist die Maßnahme der Gerichte mit der Rechtslage zu beurteilen! Und wenn heute das Verhalten der Richter als enttäuschend zu empfinden und die Ursache hieran darin zu finden ist, daß es in der Ersten Republik lauter großdeutsche Justizminister gegeben hat, weshalb die Richterschaft so quasi ihre Pflicht, offenbar nach Meinung des Autors, zum Aufstand verletzt hat, beeinträchtigt den wissenschaftlichen Wert dieses Beitrages. Die österreichische Richterschaft hat jederzeit, und zwar kann ich das für das Jahr 1938, für das Jahr 1934 und für das Jahr 1945 behaupten und zum Teil bezeugen, stets den vom Volke über den ernennungsbefugten Justizminister und den Bundespräsidenten erhaltenen Gesetzesauftrag, und nur diesen, geachtet und angewendet.

Für die Standgerichts- und Militärgerichtssenate wurden nur gereifte und unpolitische Herren herangezogen, die über Objektivität und Abgeklärtheit verfügten. Das gleiche galt für die Staatsanwälte. Ja, auch ich wurde der Staatsanwaltschaft des Militärgerichtshofes zugeteilt. Wir wurden nach dem Gesichtspunkte ausgesucht, weder für die eine noch die andere politische Richtung Ambitionen zu haben. Ich war Wirtschaftsstaatsanwalt und habe einen ganz objektiven Namen gehabt. So war die Auswahl. Damals war kein großdeutscher Justizminister im Amt; überhaupt hatte er an der Auswahl keinen Anteil. Auf Grund welcher Quellen der Autor zu dem Schluß bereit ist, die Ursache der Verkündung und Praktizierung des Standrechtes sei der großdeutsche Minister gewesen, hat der betreffende Verfasser nicht verraten. Die gelesenen Aktenquellen haben ihm diesen Beweis nicht geliefert.

Ich will Ihnen nun an Hand von einigen wenigen Beispielen – mich hat der Justizminister einmal zutreffend als Opfer des Faschismus und Opfer des Antifaschismus bezeichnet – aus persönlicher Erfahrung als Zeuge dieser Zeit erzählen. Wie wurde ich nun absoluter Gegner der Todesstrafe? Ich war als Staatsanwalt zum Militärgerichtshof ohne mein Zutun ernannt worden. Der erste Prozeß ging gegen Planetta und Holzweber über die Bühne. Der Ausgang ist bekannt.[1] Doppeltes Todesurteil. Der Leiter der Militärstaatsanwaltschaft, Hofrat Dr. Tuppy, war ein rechtlich denkender, absolut objektiver und menschlicher Herr, ist sofort nach dem gefaßten Urteil in das Bundeskanzleramt geeilt und hat dort gekämpft. Er hat um die Begnadigung gekämpft. Er hat sie nicht durchgesetzt. Er ist zusammengebrochen, man hat ihn nach Hause gebracht, und er war so erschüttert, daß er an den weiteren Dingen des Tages nicht mehr teilnehmen konnte. Das Todesurteil sollte ungefähr um 2.00 Uhr nachmittags vollzogen werden. Um diese Zeit waren die Zimmer der Staatsanwälte vollständig leer. Ein Teil war beim Mittagessen, ein anderer Teil saß im Kaffeehaus, und alle haben die freie Mittagszeit nicht im Büro verbracht. Ich habe die übliche tote Zeit der Schreibstube ausgenützt und dort meine Diktate absolviert. Da kam der Vorsteher der Geschäftsstelle aufgeregt und sagte: „Herr Staatsanwalt, der einzige Militärstaatsanwalt, der da ist, sind Sie. Ich bitte Sie um Gottes willen, Sie müssen hinuntergehen, es soll die Hinrichtung stattfinden." Ich hatte mit dem Prozeß nichts zu tun. Ich muß Ihnen aber ganz ehrlich sagen, ich hätte genauso gehandelt wie Tuppy; ich mußte also für Tuppy einschreiten und bin zu dieser Hinrichtung wie der Pontius ins Credo gekommen. Für Tuppy habe ich das Hinrichtungsprotokoll unterschrieben. Ich war erschüttert und bin acht Tage arbeitsunfähig gewesen. So vernichtet hat mich dieses Erlebnis und das Ergebnis dieses Bildes, das ich heute noch vor mir habe, daß es mich zum Gegner der Todesstrafe gemacht hat. Das als drastische Begründung für meine Ablehnung der Todesstrafe! Aber ich will Ihnen auch zeigen, daß die Geschichte nicht so ohne Emotionen, ohne Bewegung und ohne Erschütterung bei der richterlichen Arbeit abläuft. Wir Beteiligten haben alle, sowohl im Februar 1934 als auch beim zweiten Putsch, gelitten. Wir haben gewußt, daß die Dinge irgendwo Irrsinn sind.

Noch etwas ist zu bedenken. Diejenigen, die meiner Generation angehören – ich bin Jahrgang 1896, also 84 Jahre alt –, die haben ja ein anderes Geschichtsbild hinter sich als Sie, meine Damen und Herren. Wir haben Heimatverhältnisse gehabt, die noch das Kleid der Monarchie trugen; keinen Autoritätsstaat, aber der Rechtsstaat wurde sehr hoch gehalten. Wie hoch, das kann Ihnen ein Beispiel beweisen, das ich von einem alten, noch tätigen Rechtsanwalt als damaliger Staatsanwalt mitgeteilt erhielt. Er hat mir folgendes erzählt: Der Erzherzog Franz Ferdinand, der mit der Gräfin Chotek verheiratet war, hatte im Zusammenhang mit den böhmischen Gütern seiner Gattin beim österreichischen Verwaltungsgerichtshof einen Prozeß anhängig. Franz Ferdinand hat seinen Adjutanten, den

---

[1] Zum Prozeß „Holzweber-Planetta" vgl.: Gerhard Jagschitz, *Der Putsch*, Graz 1976, S. 118, 120, 134, 171f. und 187.

damaligen Oberst Dr. Bardolff beauftragt, zum Präsidenten des Verwaltungsgerichtshofs zu gehen, in irgendeiner Form vorzusprechen und die Bedeutung der Angelegenheit für den Thronfolger zu unterstreichen. Was tat der damalige Präsident des Verwaltungsgerichtshofs, ein Fürst? Der ist aufgestanden und hat den Dr. Bardolff hinauskomplimentiert. Bardolff erstattet Rapport. Erzherzog Franz Ferdinand, wütend, wirft sich in Gala, meldet sich sofort in der Hofburg beim Kaiser und trägt dem das Erlebnis seines Adjutanten vor; der Kaiser steht auf, und Franz Ferdinand war entlassen. Am gleichen Tag erhielt der Präsident des österreichischen Verwaltungsgerichtshofs von Kaiser Franz Joseph die höchste Klasse des Eisernen-Kronen-Ordens. In diesem Ansehen ist damals die Rechtsstaatlichkeit und der unabhängige Richter gestanden. Heute darüber verächtlich zu lächeln, meine Damen und Herren, das ist meines Erachtens wenig am Platze.

Wir sind also in einer Auffassung aufgewachsen, der Staat mit seiner Autorität sei zu schützen – nicht nur vom Militär, sondern auch von allen anderen Institutionen. Dazu hat selbstverständlich die Justiz gehört. Mit diesem Bewußtsein sind wir 1934 zweimal sozusagen an die Front geworfen worden, und mit diesem Bewußtsein und mit dieser Einstellung haben wir auch die Last des Jahres 1934 mit seinen beiden Putschversuchen auf uns genommen. Wir sind Pflichtmenschen und damit vielleicht Opfer dieses Pflichteifers gewesen.

Damals solidarisch aufzustehen und einen Aufstand hervorzurufen, das hätte, von anderen Reaktionen abgesehen, wenig Verständnis gefunden. Meine Damen und Herren, ein solches Verlangen kommt mir etwas naiv vor. Ich kann Ihnen aber auch noch andere Beispiele von der hohen Auffassung und Ethik meiner Standesgenossen und meiner Kollegen erzählen. Der zweite Standgerichtsprozeß, das erste vollzogene Urteil, betraf wirklich einen geradezu lächerlichen Menschen; der Prozeß ist ausgetragen worden in Graz. Graz war Tatort, zuständig war als einziges Standgericht das Wiener Gericht. Der Chef der Staatsanwaltschaft Wien I war der allseits angesehene Bruder des Prof. Dr. Ferdinand Kadečka. Ludwig Kadečka kam zu mir, ich stammte nämlich aus dem Grazer Sprengel, und sagte: „Weißt', Lachmayer, eigentlich müßtest Du hinunterfahren. Aber das ist ein solcher Fall, der viel Staub aufwirbeln wird, und ist aus dem Grund gefährlich; das kann ich Dir nicht zumuten. Ich fahre selbst." Obwohl von mir u. a. protestiert wurde, sich zu exponieren, ist er selbst gefahren und hat dort ebenfalls mit Erschütterung das Urteil zur Kenntnis genommen. Er hat sich sofort mit der Regierung ins Einvernehmen gesetzt und um eine Begnadigung „gefleht".

Ein anderes Vorkommnis der damaligen Zeit. Der vielgenannte Dr. Tuppy, der, nebenbei bemerkt, in der Geschichte des österreichischen Widerstandes einen namhaften Nachruf erhalten hat, auch er war eines der Opfer. Ich habe schon erwähnt, wie er sich in den Fällen Holzweber und Planetta bemüht hat. Bei den in der Regierung Schuschnigg tätigen Nationalsozialisten genoß er großes Ansehen, und seine Objektivität, die er da entwickelt hat, ist so hoch angesehen gewesen, daß Glaise-Horstenau, Innenminister einer der letzten österreichischen Regierungen, ihm bei seiner Ernennung zum Hofrat ein ehrendes Zeugnis, ein ehrendes Gratulationsschreiben, schickte. Als Tuppy, den man noch im Dritten Reich zwei Tage lang Vorstellungsbesuche machen lassen hat, in Haft genommen wurde und er auf die Roßauer Lände kam, hat sich seine tief erschütterte Gattin mit diesem Zeugnis des Glaise-Horstenau zu den maßgeblichen politischen Stellen begeben und die Redlichkeit ihres Mannes mit diesem Schreiben beweisen wollen. Man hat ihr das Zeugnis abgenommen, sie hat es nie wieder gesehen! Sie hat dann von nichts anderem gehört, als daß er, ihr Mann, in ein besonderes, hartes KZ bei Weimar überstellt worden sei. Von dort teilte man ihr seinen Tod mit, und sie erfuhr, daß sich sein Leichnam in einer Totenhalle befindet. Sie hat den vollständig Entstellten dort unter den vielen Toten an einem kleinen verkümmerten Finger erkannt.

Meine Damen und Herren, ich sehe, daß ich Sie etwas aufhalte, ich bitte um Entschuldigung, daß ich Ihnen so viel gezeigt habe. Ich könnte Ihnen noch eine ganze Menge von den Militärgerichtsprozessen, die ich in der UdSSR mitgemacht habe, erzählen. Ich bin nach Art. 58 des russischen Strafgesetzbuches deswegen verurteilt worden, weil ich das Verbrechen der Kollaboration mit der Welt-Bourgeoisie zum Nachteil des Weltproletariates begangen haben soll; begangen dadurch, daß ich als österreichischer Staatsanwalt einer kapitalistischen oder anders gesinnten Regierung gedient und dadurch geholfen habe, das Weltproletariat zu unterdrücken – dafür 25 Jahre in einem Fünf-Minuten-Prozeß. Nur ein kleines Beispiel noch aus den damals abgehandelten Prozessen. Der Verwalter eines beschlagnahmten Gutes ist unter Anklage gestellt worden, weil er russische und polnische Zwangsarbeiter mißbraucht und malträtiert haben soll. Er hat dies bestritten und erklärt: „Das Gegenteil ist wahr. Ich habe die Leute so behandelt, daß sie von weit und breit kamen und auf diesem Gute arbeiten wollten. Ich habe einen Zeugen; er sitzt als Dolmetsch hier." Der Dolmetsch wurde vernommen und bestätigte die Verantwortung. Der Senat kam zurück und hat 25 Jahre verhängt, und zwar, weil er durch besonders gute Behandlung der russischen und polnischen Arbeiter faschistische Propaganda betrieben habe.

Leon: Ich möchte gerne etwas klarstellen, ohne jetzt in eine Replik und eine Diskussion mit Herrn Dr. Neugebauer einzutreten. Ich habe aus dem gestrigen Diskussionsbeitrag des Herrn Professor Rabofsky und, ein bißchen ähnlich anklingend, aus den Worten des Herrn Dr. Haas den Eindruck gewonnen, daß mein gestriger Diskussionsbeitrag insofern falsch verstanden wurde, als diese Herren, oder zumindest Herr Professor Rabofsky, der mir das auch persönlich sagte, der Meinung waren, ich hätte gesagt, diese Zeitabschnitte sollten nicht historisch untersucht werden. Das genaue Gegenteil ist der Fall. Ich teile schon angesichts meiner eigenen Kinder, die dieselben Fragen stellen wie die jüngeren Herren, die hier anwesend sind, selbstverständlich die Meinung, daß diese ganzen Vorgänge nicht nur untersuchungswürdig, sondern zu untersuchen sind, weil nur so ein richtiges Bild gewonnen werden kann.

Ich bin gerne bereit, mit Herrn Dr. Neugebauer jedes Gespräch über unsere verschiedenen Meinungen weiterzuführen. Persönlich bleibe ich bei der Meinung, daß man bei der historischen Forschung zwar von seinem persönlichen Standpunkt, sei er weltanschaulich oder politisch bedingt, an die Dinge herangeht und herangehen soll, daß man aber trotzdem im Sinne der heutigen Ausführungen von Dr. Marschall und Dr. Wrabetz an die Dinge ohne Prämissen herangehen muß, um sie objektiv erforschen zu können. So wie Herr Dr. Wrabetz sagte: Es ist glückhaft, daß wir in einem freien, demokratischen Rechtsstaat leben. Es lassen sich aber die Reaktionen einzelner Personen in der Vergangenheit nicht ohne weiteres unter dem heutigen Gesichtspunkt richtig beurteilen.

Aus historischer Sicht möchte ich gerne zu den Ausführungen von Herrn Dr. Jagschitz eine Überlegung anstellen. Er hat gesagt – historisch sicherlich zu Recht –, daß in der ersten Zeit, von 1945 bis 1947, die sowjetische Besatzungsmacht eine, sagen wir relative oder wahrscheinlich besser scheinbare, Liberalität an den Tag gelegt hat. Ich will jetzt gar nicht fragen, ob sich die Liberalität nicht nur dadurch bekundet hat, daß eben all die direkten Eingriffe nicht so sehr im Bereich der Justiz aufgetreten sind und diese daher direkt weniger betroffen schien.

Für das in dieser Zeit auffällige Auseinanderfallen der westlichen und der sowjetischen Einstellung als Besatzungsmacht gibt es meiner persönlichen Beobachtung nach einen zeitgenössischen Background.

Während die sowjetische Besatzungsmacht die Tendenz verfolgte, in den von ihr besetzten Ländern im sicheren Bewußtsein ihrer Macht die Bevölkerung, so weit es ging, ihre Dinge selbst machen zu lassen und da und dort, wo sie ihre Interessen bedroht fühlte, direkt einzugreifen, waren die USA von einem größeren Kreuzzugsbewußtsein erfaßt, das den befreiten Ländern den „American way of life" bringen wollte. Tatsache ist – meiner persönlichen Beobachtung als Kriegsgefangener in den USA nach – leider gewesen, daß als Folge von Jalta Amerika im Jahre 1945 Österreich als Ganzes politisch überhaupt nicht in Betracht gezogen, sondern den Osten Österreichs geistig abgeschrieben hat. Bis zu Beginn des Jahres 1946 hat man in der amerikanischen Presse von der österreichischen Regierung genauso gesprochen, wie man dies von den sonstigen im Osten befindlichen Regierungen tat, nämlich als „Soviet Puppet Government". Es gab in Amerika und für deren Presse keine ernst zu nehmenden und glaubwürdigen Zeugen für die freiheitlich-demokratische Ordnung dieses neuen Österreich. Man kannte, dem Maße der Kenntnis der europäischen Geschichte entsprechend, auch die Namen der hier agierenden Persönlichkeiten nicht. Einzig Staatskanzler Renner war ein Mann, der damals in Amerika einen Namen hatte und als Demokrat der westlichen Welt bekannt war. In Amerika selbst war es insbesondere Julius Deutsch, der ganz entscheidend das amerikanische Bild von der Lage in Österreich zu korrigieren imstande war. Auch Dr. Otto Habsburg hat das Seine hierzu beigetragen.

Es hat daher eines langen Entwicklungsprozesses in den USA bedurft, um zu erkennen, daß dieses Österreich fähig war, sein Feld selbst zu bestellen.

So erkläre ich mir aus eineinhalb Jahren persönlicher Beobachtung in den USA die damalige Einstellung der USA einerseits und die Scheineinstellung des Ostens andererseits.

Jesionek: Als Jahrgang 1937 stamme ich aus einer Generation, für die die Dinge, über die wir hier sprechen, größtenteils Geschichte sind. Ich glaube also dazu vielleicht eine etwas größere Distanz zu haben, als ein Großteil meiner Vorredner. Was kann für mich eine solche zeitgeschichtliche Diskussion, die ich sehr schätze und in den letzten zwei Jahren sehr vermißt habe, bringen? Einerseits den Versuch, doch vielleicht irgendeine Erklärung dafür zu finden, wie es zu all dem kam, was uns heute so erschüttert, und wie die Menschen damals sich dazu gestellt haben. Andererseits doch auch den zwar immer wieder geleugneten, aber doch anzustrebenden Versuch, aus der Geschichte zu lernen. Zum ersten einmal: Wie kann man das verstehen, was geschehen ist? Für mich hat Generalanwalt Dr. Marschall das sehr plastisch und kurz ausgedrückt: Man kann eine Zeit, gleichgültig welche, nicht mit den Maßstäben einer anderen Zeit messen. Das ist völlig richtig. Auch ich glaube, man kann die Beurteilung des Handelns auch von Richtern wie Menschen in jeder Funktion immer nur aus der Zeit heraus verstehen.

Mich bewegt schon längere Zeit hindurch die Frage, wie es denn kam, daß Richter Normen anwenden konnten, die uns heute so entsetzlich vorkommen. Für mich gehört zu den entsetzlichsten Geschehen neben der Apokalypse die Schaffung der Nürnberger Gesetze.[1] Das sage ich jetzt nicht, um ein Bonmot anzubringen, versuchen Sie doch selbst einmal ganz ruhig sich diese Bestimmungen, diese Gesetze durchzulesen.

Wie kam es, daß man diese Normen schaffen konnte, daß man sie vollziehen konnte, daß es Leute gab, die glaubten, Recht anzuwenden – ich rede jetzt nicht von den Mitläufern und von den Fantasten und von den Narren und ähnlichen Außenseitern, sondern von den Leuten, die geglaubt haben, sie können sich als Richter reduzieren auf eine formelle Funktion und so diese Normen ohne Rücksicht auf den Inhalt anwenden. Und ich glaube, daß zwei Punkte dafür mit maßgebend waren. Einerseits die Autoritätshörigkeit, die sicherlich in Österreich da war und auch heute noch da ist, die ein Spezifikum dieses mitteleuropäischen Raumes ist, und andererseits – ich wage es in diesen heiligen Hallen kaum auszusprechen, weil es direkt eine Blasphemie ist – der Wiener Rechtspositivismus, und zwar der übertriebene Rechtspositivismus, wie ich ihn von meinem hochverehrten Universitätslehrer Karl Wolff überliefert bekommen habe, den ich an sich sehr geschätzt habe und bei dem ich juristisches Denken gelernt habe. Aber die Reduzierung der Beurteilung jedes menschlichen Handelns auf die formale Rechtsverletzung ist, glaube ich, eine Mitursache dieses Übels gewesen.

Gestern wurde ein interessantes Urteil des damaligen Arbeitsrichters Kapfer zitiert, der eine Entlassung aufgehoben hat, die deswegen ausgesprochen worden war, weil die Frau des Dienstnehmers bei einem Juden gekauft hatte.[2] Kapfer hat diese Entlassung mit der schönen formaljuristischen Begründung aufgehoben, daß Umstände, die in der Ehegattin des Arbeitnehmers liegen, nicht das Arbeitsverhältnis selbst berühren und daher eine Entlassung nicht rechtfertigen. Aber selbst dieses Urteil, das ich also als mutig erachte und das sicher eines der Beispiele dafür ist, wie Richter versucht haben, sich in dieser schweren Zeit herauszuhalten, ist ja doch auch wieder aus diesem positivistischen Geist zu verstehen, der Gesetz und Recht gleichsetzt.

Ich habe große Achtung vor dem Bonner Grundgesetz, das die Richter an Gesetz und Recht bindet und hier differenziert, ohne den Unterschied zu erklären, weil es ihn gar nicht erklären kann. Aber es erschwert diese Reduktion, die dann dazu führt, daß Leute besten Gewissens sagen, sie wenden ja bloß das Gesetz an, und das sei Recht, und der Richter habe nichts anderes zu tun, als das Gesetz anzuwenden. Und dann kommt noch Karl Wolff und sagt, Gesetz sei gleich Recht, und das Recht sei „das dem Souverän Zusinnbare"[3], der Wille des Gesetzgebers, ohne jegliche Beachtung dessen, was alles noch rundherum ist; Moral, Ethik, wie immer man es nennen will. Und ich glaube, daß diese beiden Komponenten, die Autoritätshörigkeit und der Rechtspositivismus, Mitursache des Geschehens waren und dieses daraus zu verstehen ist. Deswegen möchte ich die Leute, die vor 1945 Recht gesprochen haben, nicht verurteilen. Wir tun uns heute furchtbar leicht. Wir könnten es uns auch leicht machen und sagen: „Oh, wie bös' war die Generation vor uns. Wie hat sie es so weit kommen lassen können?" Aber vielleicht sind wir

---

[1] Faksimiledruck in: *Gesetze des Unrechts,* zsgst. von Horst Gerold, Sankt Augustin 1979, S. 23 ff.
[2] Eduard Rabofsky, *Richterpersönlichkeit und entartete Staatsmacht,* in: *Das Recht der Arbeit,* Mai 1964, S. 100 ff.
[3] Karl Wolff, *Grundriß des österreichischen bürgerlichen Rechts* (Rechts- und Staatswissenschaften 2), 2. Aufl. Wien 1946, S. 3 f.

selber auf dem besten Weg, in eine andere Art von Abhängigkeit hineinzurutschen.

Das Zweite ist, was können wir aus der Vergangenheit lernen? Sehen Sie, auch in unserem demokratischen Rechtsstaat, wo die Anfechtungen nicht so elementar auftreten wie zwischen 1934, 1938 und 1945, sind solche trotzdem immer vorhanden – und verstehen Sie bitte aus dieser Sorge meine Stellungnahme zu aktuellen Vorkommnissen, die mich bewegen, weil wir immer wieder versuchen müssen, unser Rechtssystem dauernd und ständig auf Lücken hin zu kontrollieren, und zwar auf Lücken, die es jemandem, der Böses will, ermöglichen könnten, unter Ausnützung dieser Lücken scheinbar legal Illegales zu erreichen. Ich brauche hier in dem Raum nur das „Kriegswirtschaftliche Ermächtigungsgesetz" erwähnen. Für mich sind alle diese „Kriegswirtschaftlichen Ermächtigungsgesetze", die sich überall noch in unserem Rechtssystem finden und immer wieder finden werden, zu suchen und zu beseitigen. Oder zumindest zu diskutieren, zu kontrollieren. Ich halte es für eine der wichtigsten Aufgaben eines verantwortungsvollen Juristen, der aus den Ereignissen der jüngeren Geschichte lernen will, das Rechtssystem unseres demokratischen Rechtsstaates immer wieder daraufhin zu durchforsten, ob es nicht irgendwo solche Lücken gibt, und wahrscheinlich gibt es sie immer wieder; solche Lücken, die es jemandem ermöglichen, auf scheinbar völlig legalem Weg – er kann sich dann verteidigen, er habe nur das Gesetz angewendet – doch letztlich illegale Zwecke zu erreichen. Und deswegen scheinen mir unsere Beschäftigung hier mit diesem Thema und diese ganzen Diskussionen so unerhört wichtig. Denn vor welchen Gefahren stehen wir denn heute? Wir stehen vor den Gefahren des Links- und Rechtsextremismus, wobei ich persönlich aus den Ereignissen der letzten Zeit den Rechtsextremismus für wesentlich gefährlicher halte als noch vor ein paar Jahren. Aber wir stehen auch vor einer anderen Gefahr, nämlich vor der Gefahr einer unerhörten Überbewertung und ausschließlichen Materialisierung unseres ganzen Lebens und Denkens. Das ist für mich sogar die größte Gefahr. Ich sehe die Gefahr für unser Gemeinwesen weniger in den paar Bumsern von links und von rechts, ich persönlich sehe die Gefahr für unsere Demokratie in dem völligen Hinnehmen total amoralischen Verhaltens und dessen letzte Reduktion am Gesetz. „Jeder ist so lange anständig, als er nicht gegen das Strafgesetz verstößt"; das Strafgesetz wird nun Maßstab der Moral schlechthin. Alles andere wird überhaupt nicht mehr geprüft. Für mich aber ist Moral ein wesentlicher Maßstab der Demokratie, und ich wollte das auch hier sagen, weil ich durch das hier Gehörte, durch diese Veranstaltung und durch die Diskussionsbeiträge und diese Vorträge in dieser meiner Haltung ganz wesentlich bestärkt wurde.

Schilder: Ich möchte hier als jemand, der die Zeit aktiv auf der anderen Seite erlebt hat, sprechen. Ich muß die Frage stellen, warum Herr Staatsanwalt Tuppy nicht zurückgetreten ist, bevor er den Antrag auf Todesstrafe gestellt hat? Wir, die damals alle verfolgt waren, haben immer wieder die provokatorische Frage gestellt: Warum ist kein österreichischer Richter in die Emigration gegangen? Ich rede nicht von solchen Leuten wie wir, die politisch und rassisch verfolgt waren; für uns war die Emigration die einzig mögliche Lebensrettung. Aber es sind so und so viele Rechtsanwälte, Künstler, Schriftsteller, die nicht einer Strafverfolgung ausgesetzt waren, aus dem faschistischen Österreich weggegangen. Vielleicht ist die Antwort von Dr. Jesionek gegeben worden: Unter den Richtern war damals noch die Tradition der Monarchie lebendig, man müsse dem Staat dienen, wie immer er aussieht – und das hat uns, alle Antifaschisten erschüttert. Es gibt immer Möglichkeiten zu sagen: „Nein, das tue ich nicht! Ich riskiere das Gefängnis wie alle Widerstandskämpfer." Das hat kein Richter getan.

Wir brauchen Richter, die so ausgewählt und ausgebildet sind, daß sie nicht blind Normen anwenden. Sicher ist, daß die damaligen Richter uns, den Verfolgten, nicht geholfen haben.

Landau: Ich habe gestern nach den Worten des Herrn Bundesministers geglaubt, daß die Frage der Haltung der österreichischen Richterschaft während der NS-Zeit doch wieder ein bißchen zurechtgerückt ist und eine Überlegung nach sich ziehen wird. Ich habe aber heute aus neuen Ausführungen ersehen, daß das nicht nur vollkommen wirkungslos geblieben ist, sondern daß eine vorgefaßte Meinung eine Gefahr mit sich bringt. Sicherlich hat niemand irgend etwas dagegen, die historische Wahrheit zu erforschen. Aber es besteht die Gefahr, daß von einem Standpunkt aus und aus einer vorgefaßten Meinung heraus – weil man die Zeiten nicht miterlebt hat – ein unrichtiges Geschichtsbild zustande kommt. Das beginnt schon damit, daß vornehmlich die Strafjustiz im Blickpunkt steht.

Man müßte nun sofort daran denken, daß natürlich für die Strafjustiz schon von vornherein Leute ausgewählt wurden, vor allem für die Kriminaljustiz, die sich mit den damaligen Ereignissen identifizierten; denn sonst vergißt man dieser Leute wegen das Gros der österreichischen Richter, die zwar nicht Haus, Hof, Frau und Kinder verlassen haben, emigriert sind, ihre Existenz aufgegeben haben, sondern weiter ihre Arbeit, aber nichts Unrechtes getan haben. Man darf nicht von einigen Akten und vor allem nicht nur von Strafakten ausgehen, wenn man die österreichische Richterschaft in der Zeit von 1939 bis 1945 beurteilen will, sondern man muß außer diesen Akten auch die Wirklichkeit, die Rechtswirklichkeit, sehen. Herr Sektionschef Loebenstein hat heute schon von dieser Differenz gesprochen. Es sind das eben zwei sehr verschiedene Dinge. Und alle, die in der Zeit gelebt und sich nicht mit dem Nationalsozialismus in irgendeiner Form identifiziert haben, waren glücklich, bei den Gerichten, zum Unterschied von anderen Stellen, österreichische Richter zu finden und daß es noch die österreichische Richterschaft gab, die zu einem Großteil, und nicht nur in Ausnahmsfällen, zu helfen versuchte, wo es ging, obwohl man heute generalisierende Erklärungen hörte, wie böse die Richter gewesen seien. Demgegenüber wurde heute mit Recht Minister Kapfer erwähnt. Ich kenne von ihm ähnliche Dinge und Urteile, wo er das wunderbar gemacht hat, aber das war kein Ausnahmefall, sondern im großen und ganzen war die österreichische Richterschaft bemüht, Härten zu mildern, und hat sich, so gut es irgendwie ging, auch innerhalb der Gesetze bemüht, alles zu tun, um die rechtsstaatliche Idee doch zu verwirklichen. Das begann schon beim Menschlichen, in der Behandlung der Konsulenten, der jüdischen Anwälte, die noch weiter tätig sein durften, und es war erfreulich, zu sehen, wie die österreichische Richterschaft sie behandelt hat, und auch in Prozessen, die Verfolgte geführt haben, konnte im großen und ganzen, und nicht nur in Ausnahmsfällen, der österreichischen Richterschaft, wie ich aus eigener Erfahrung weiß, kein Vorwurf gemacht werden. Man darf also, auch wenn es in der NS-Zeit keine österreichische Justiz mehr gab, sondern nur die Justiz *in* Österreich, nicht einfach ein negatives Pauschalurteil fällen, soweit es sich um die österreichischen Richter handelte. Es wäre völlig falsch und würde einfach ein falsches Geschichtsbild über die österreichischen Justizfunktionäre geben, wenn man ausschließlich aus Strafakten generell auf den damaligen Zustand schließen wollte. Wir waren froh, daß es die österreichischen Richter so verstanden haben, nach Möglichkeit zu helfen.

Neider: Vor einigen Monaten habe ich das Ministerratsprotokoll vom 10. November 1933 bekommen, das die Überlegungen der Bundesregierung über die Wiedereinführung der Todesstrafe wiedergibt.[1] Ich werde nun einiges zitieren und eine oder zwei Vorbemerkungen machen. Es war damals der Vorschlag des Bundeskanzlers und des damaligen Justizministers Dr. Schuschnigg, die Todesstrafe wieder einzuführen. Das, was mich an diesem Ministerratsprotokoll, das von der Wissenschaftlichen Kommission zur Erforschung der österreichischen Geschichte von 1918 bis 1938 in den nächsten Monaten im Rahmen einer Gesamtedition publiziert werden wird, so bedrückt, ist die Form, wie man sich zur Einführung der Todesstrafe stellt, und hier befinde ich mich im Widerspruch zu Herrn Generalanwalt Dr. Marschall, der meint, es waren eben andere Zeiten, und ich befinde mich im Widerspruch zu Herrn Präsidenten Dr. Jesionek, der sagt, daß unter Umständen auch die Überlegungen des Rechtspositivismus oder des übertriebenen Rechtspositivismus viele Dinge ermöglicht haben.

Im November 1933 waren bei dieser Ministerratssitzung anwesend (ich sage es ohne Titel): Dollfuß, Fey, Schuschnigg, Schmitz, Buresch, Stockinger, Kerber, Ender, die Staatssekretäre Glas, Gleissner, Karwinsky, Neustädter-Stürmer und Schönburg-Hartenstein. Erstaunlicherweise – und im Unterschied zu den Akten des Bundesministeriums für Justiz – gab es eine sehr ausführliche Diskussion darüber, ob und in welcher Form man die Todesstrafe einführen soll, wobei das Ob im wesentlichen außer Frage stand und das Wie die Diskussion bestimmte. Ich darf Ihnen einige Stellen vorlesen. Sie sind, das muß ich dazu sagen, aus Zeitgründen aus dem Zusammenhang gerissen; sie werden veröffentlicht und können dann auf ihre Richtigkeit und ihre Gewichtigkeit überprüft werden.

Der damalige Minister Schuschnigg wies unter anderem darauf hin – eine Sache, die einige Wochen später eine große Rolle spielte –, daß schwer Erkrankte und Schwangere nicht vor das

---

[1] AVA, Ministerratsprotokoll vom 10. November 1933.

Standgericht gestellt werden durften.[1] Es ist anders gekommen.

Dann kam, ebenfalls von Minister Schuschnigg, die Überlegung in dieser Sitzung (ich zitiere): „Im gegenwärtigen Augenblick spiele noch der unmittelbar bevorstehende Staatsfeiertag am 12. November eine gewisse Rolle, da an diesem Tag sowie an den Tagen vorher und nachher besondere Ereignisse gewärtigt werden müssen."[2] Also auch dieser, von den Mitgliedern des Ministerrates in seinem Sinn nicht prinzipiell abgelehnte Festtag war ein Grund, wie es dann später gesagt wurde, die Todesstrafe einzuführen. Staatssekretär Neustädter-Stürmer wies darauf hin, daß – und das bitte ich zu bedenken, das war am 10. November 1933 – jeder unbesonnene Jugendliche, der ein Sprengattentat begehe, sich sage, es könne ihm eigentlich nicht viel geschehen, denn entweder werde ihm ein baldiges NS-Regime in Österreich oder aber eine Amnestie beim Friedensschluß zwischen dem Deutschen Reich und Österreich die Freiheit wiedergeben. Daher könne eine wirkliche Abschreckung nur von der Todesstrafe erwartet werden.

Da also dieser Schritt getan werden müsse, sei es zweckmäßig, ihn jetzt, also im November, in der toten Saison zu vollziehen, damit sich bis zum Einsetzen des Winterreiseverkehrs der Eindruck im Ausland schon wieder etwas verwischt habe. Aus Gründen des Fremdenverkehrs müsse überhaupt der Begriff des Standrechtes möglichst im Hintergrund bleiben und die Maßnahme nur unter dem Titel der Einführung der Todesstrafe vor sich gehen usw.[3]

Staatssekretär Schönburg-Hartenstein sagt dazu, er spreche sich gleichfalls für die Verhängung des Standrechtes aus, weil das Standrecht ein geeignetes Mittel sei, es nicht zum Äußersten kommen zu lassen; hier eine Differenz zwischen den Befürwortern der Todesstrafe und den anderen Mitgliedern der Bundesregierung, die doch Sorge hatten, wie sich das im Ausland auswirken werde. Was war die Konsequenz aus dieser sehr langen – sechsstündigen – Diskussion? Im Jahr 1933 lautete die Frage nicht, ob man dieses Instrument, dieses letzte unbarmherzige Instrument, tatsächlich einführen solle und müsse, beziehungsweise es war nur am Rande die Frage. Die wahre Frage, die sich der Ministerrat stellte, war meiner Meinung nach, ob der Zeitpunkt günstig ist, ein Problem, das in Relation zu der Tatsache, daß Menschen zum Tode verurteilt werden, eher ephemer scheint. Und darin sehe ich den Widerspruch zu dem, was gestern und heute so oft angeklungen ist – daß also aus Gründen der Räson und der Tradition die Todesstrafe, das Strafen an sich, das Weiterschreiten in die Vergangenheit rechtspolitisch so vordringlich und so entscheidend für die Politiker war – , sondern vielmehr war es für sie so, daß es wohl ein politisches Instrument war, das sie brauchten, das sie aber nach ihrer eigenen Aussage anderen politischen Überlegungen nachordneten, sogar ökonomischen Erwägungen, wie der, ob die Todesstrafe dem Fremdenverkehr schade oder nicht. Ich glaube, dies sollte man wissen.

Hartmann: Aus eigener Erfahrung kann ich Ihnen zu diesen Dingen fast nichts sagen. Ich war in dieser apokalyptischen Zeit sechs Jahre lang eingerückt und an der Front. Das war wahrscheinlich nicht viel angenehmer als im Hinterland. Aber prinzipiell wage ich dazu doch etwas zu sagen, nämlich zur Wissenschaftlichkeit der Arbeitsweise. Und da bin ich nicht ganz inkompetent, weil ich immerhin ein halbes Leben lang auch wissenschaftlich gearbeitet habe und unser Symposion gerade diese Wissenschaftlichkeit besonders in den Vordergrund stellt. Meines Erachtens geht die wissenschaftliche Arbeit in drei Phasen vor sich. Erstens im Sammeln des Materials, zweitens in der Sichtung und Ortung des Materials und drittens schließlich in dem Gewinnen von Erkenntnissen, allenfalls Gesetzmäßigkeiten aus dem gesichteten Material. Im Rahmen der Geisteswissenschaften, besonders im Rahmen der Geschichte, ist allerdings die dritte Phase, das Erkennen, wie mir scheint, untrennbar mit dem Verstehen der damaligen Situation verbunden. Gerade daran aber scheiden sich, wie wir gestern und auch heute wieder gesehen haben, die Geister. Ich glaube, daß Kollege Dr. Marschall schon recht hat. Man muß jede Zeit im Lichte des damaligen Zeitgeistes sehen. Nur so gelangt man, so paradox es klingen mag, zu objektiven Erkenntnissen, und ich meine weiter, daß große persönliche Erfahrung und abgeklärte menschliche Einstellung zu den Dingen diesem erkennenden Verstehen oder, wenn Sie wollen, diesem verstehenden Erkennen, besonders förderlich sind und daß andersseits ihr Fehlen leicht in die Irre führt.

Hanisch: Ich möchte eine Bemerkung zum Problem „Großdeutsche Richter und Justiz"

---

[1] AVA, Ministerratsprotokoll, S. 12.
[2] AVA, Ministerratsprotokoll, S. 25.
[3] AVA, Ministerratsprotokoll, S. 29 f.

machen, und zwar am Salzburger Beispiel, weil ich hier die Quellen am besten kenne. Es kann überhaupt kein Zweifel bestehen, daß man den bürgerlich „vornehmen" Nationalismus der Großdeutschen unterscheiden muß von einem jugendlichen Rabauken-Deutsch-Nationalismus der Nationalsozialisten. Sicherlich gab es bei den Großdeutschen durchaus auch liberale demokratische Traditionen. Was aber entscheidend war: 1932/1933 ist ein sozialer Prozeß vor sich gegangen, wodurch diese Großdeutschen weitgehend von den Nationalsozialisten aufgesogen wurden. Wenn ich das am Salzburger Beispiel erläutern darf: 20% großdeutsche Wähler werden 1932 auf 1% reduziert, die übrigen gehen zu den Nationalsozialisten. Was hier entscheidend war, war ein spezifischer Sozialisationsprozeß, dem die großdeutschen Beamten durch die Burschenschaften unterworfen waren; weiters eine spezifische Anschlußideologie, die sich von der sozialdemokratischen Anschlußideologie durchaus unterschieden hat, sowie ein spezifischer Antisemitismus. Diese sozialen Prozesse sind meiner Meinung nach entscheidend. Von meinem Quellenmaterial her kann man durchaus sagen, daß die Salzburger Justiz von diesen sozialen Prozessen sehr stark beeinflußt war. Ich möchte das an einem Beispiel illustrieren:[1] Ein Bezirksrichter in Salzburg, Großdeutscher, dann bei der Heimwehr, wird führender Nationalsozialist – er führt die NS-Fraktion im Landtag. Ein anderer Bezirksrichter ist 1938 kurzfristig Kreisleiter und leitet dann den Untersuchungsausschuß gegen die Beamten der Landesregierung. Wenn man für das Jahr 1938 die personelle Zusammensetzung des Salzburger Landesgerichts ansieht, wird man finden, daß ein Staatsanwalt, der gestern schon genannt wurde, entfernt wurde, ins KZ kam, dort umkam, daß aber die wesentliche Mehrheit blieb. Man wird weiter finden, daß die radikalsten Staatsanwälte, die während der NS-Zeit gegen Hühnerdiebe die Todesstrafe forderten, daß dies Staatsanwälte waren, die schon längst vor 1938 im Dienst waren. Meine Damen und Herren, ich glaube, wir sollen uns vor einem grundsätzlichen Irrtum hüten. Es geht nicht darum, jetzt große moralische Verurteilungen auszusprechen. Es geht um eine historische Erklärung. Es geht um strukturelle Probleme, die analysiert werden müssen. Es heißt Eulen nach Athen tragen, uns Historikern vorzurechnen, daß wir nicht so ohne weiteres mit den Werturteilen unserer Zeit die Vergangenheit beurteilen dürfen. Das wissen wir seit Leopold von Ranke wirklich. Aber das kann doch nicht heißen, daß wir deswegen auf Fragestellungen, die aus der Gegenwart kommen, verzichten. Das würde bedeuten, daß die Geschichte jede soziale Relevanz verliert und zu einer antiquarischen Wissenschaft verkommt.

Lansky: Mein Vorredner hat mir mit viel besseren Argumenten, als ich es gekonnt hätte, einen wesentlichen Teil dessen bereits abgenommen, was ich eigentlich sagen wollte. Meine Auffassung von der Rolle der Justiz im Dritten Reich – von der Rolle der Juristen in dieser Zeit – weicht ganz wesentlich von der Position ab, die in vielen Diskussionsbeiträgen durchgeklungen ist. Auch mein Verständnis von dem, was Wissenschaft leisten solle, wie neutral Wissenschaft (hier Geschichtswissenschaft) sich politischem Geschehen gegenüber verhalten solle, entspricht nicht der Auffassung, die hier von vielen Juristen vertreten wurde. Meine Auffassung entspricht weit eher jener Kurt Tucholskys in seinem schönen Gedicht „Deutsche Richtergeneration 1940", das ich Ihnen auszugsweise vortragen möchte:

Zum Hakenkreuz erzogen,
das damals Mode war,
vom Rektor angelogen –
so wurdst du Referendar.

Du warst im tiefen Flandern
Etappenkommandant.
Du spucktest auf die andern
auch hier, im Vaterland.
. . .

Würg mit dem Paragraphen!
Benutz den Kommentar!
Du mußt den Landsmann strafen,
der kein Teutone war.

Setz auf das Samtbarettchen!
Das Volk, es glaubt an dich.
Justitia, das Kokettchen,
schläft gern beim Ludewich.

Du gibst dich unparteilich
am Strafgesetzbuchband . . .
Du bist es nicht. Nur freilich:
Juristen sind gewandt.
. . .

Ich grüße dich, wunderbare
Zukunft der Richterbank!
Du nennst das einzig Wahre:
Rechtspruch nach Stand und Rang!

[1] Vgl. dazu Ernst Hanisch, *1938 in Salzburg*, in: *Mitteilungen der Gesellschaft für Salzburger Landeskunde,* 118/1978, S. 257 ff.

> Ihr wählt euch eure Zeugen!
> Ihr sichert den Bestand!
> Wo sich euch Rechte beugen,
> ist euer Vaterland![1]

Wenn Rechtsprechung politisch ist, also parteiisch, dann muß es auch die Wissenschaft der Zeitgeschichte sein, die diese Rechtsprechung bewertet. Hier wurde mit dem Argument des „Sich-in-die-Zeit-hineinversetzen-Müssens", mit dem Argument, man müsse den Zeitgeist verstehen, und weiteren ähnlichen Argumenten seitens einiger Juristen versucht, sich die Wertung der Zeitgeschichte zu verbieten. Ja, in die Zeit muß sich der Historiker hineinversetzen, dies kann und darf den Historiker aber nicht der Aufgabe entbinden, zu bewerten. Diese Bewertung kann wiederum nur mit den richtigen – heutigen – hoffentlich unser aller Maßstäben erfolgen. Diese Maßstäbe aber müssen, nach dem, was passiert ist, eindeutig antifaschistische sein. Die Juristen nämlich, die damals „beim Ludewich schliefen", schliefen ebenso bei Adolf und müssen aufwachen. Mit Exkulpierungsversuchen kann ganz sicher unserem Auftrag, der Bewältigung dieser Periode, nicht entsprochen werden.

Ich möchte ganz kurz auf einen weiteren Bericht eingehen, von dem ich glaube, daß er die – im Verlaufe des Symposions zwar etwas gelinder gewordenen, aber dennoch vorhandenen – Differenzen zwischen den Juristen und Historikern in dieser Diskussionsrunde im Kern betrifft. Die Juristen haben – zumindest für Wien trifft dies zu – eine juristische Ausbildung genossen, die einem falsch verstandenen Rechtspositivismus huldigt. So wie Walter es heute sagt, hat Kelsen es nie gemeint. Diese unpolitische Betrachtung der eigenen Wissenschaft (der Rechtswissenschaft), diese bewußte Trennung von Recht und Politik in der gesamten Juristenausbildung, dieser falsch verstandene Rechtspositivismus ist es, der zu derartigen Forderungen führt, die hier heute im Namen der Jurisprudenz an die Historiker gestellt wurden. Die Juristen haben einfach einen entscheidenden Teil der Entwicklung der Erkenntnistheorie versäumt. Ich glaube, Jürgen Habermas hat in seinem Buch *Erkenntnis und Interesse* völlig richtig erkannt, daß Wissenschaft stets von einem erkenntnisleitenden Interesse geprägt ist.[2] Wenn ich nicht er-

---

[1] Kurt Tucholsky, *Politische Justiz*, zgst. von Martin Swarzenski (ro-ro-ro-Taschenbuch Nr. 1336), Reinbek bei Hamburg 1970, S. 15f.
[2] Jürgen Habermas, *Erkenntnis und Interesse*, in: ders., Technik und Wissenschaft als „Ideologie", 5. Aufl. Frankfurt/M. 1971. Diese Frankfurter Antrittsvorlesung von 1965 enthält die systematischen Gesichtspunkte für Habermas' späteres Buch: *Erkenntnis und Interesse*, 3. Aufl. Frankfurt/M. 1973.

kennen kann, ohne meine eigenen erkenntnisleitenden Interessen in diesen Erkenntnisprozeß einzubringen, ja bitte, dann muß ich eben in der Lage sein dürfen, den gesamten Komplex meiner Werthaltung in alle drei Stufen der wissenschaftlichen Befassung mit einem gegebenen Thema einzubringen. Denn schon beim Sammeln des zu behandelnden Materials fängt es doch an, schon beim Selektieren der Themenwahl ist die wertende Überzeugung des Wissenschaftlers eingebracht. Daher ist ja gerade diese Forderung, die hier seitens einiger Juristen an die Historiker gestellt wurde, so falsch. Gibt es erkenntnisleitendes Interesse – davon gehe ich aus –, dann ist diese Objektivitätsforderung utopisch. Dann dient diese Forderung nach Meinungslosigkeit an die Adresse der Historiker lediglich dem eigenen Verdrängungsprozeß. Man muß selbstverständlich auch bereit sein, seine eigene Werthaltung Maßstäben kritischer Überprüfung zu unterziehen. Mehr als das ist aber nicht zu verlangen.

Nun zu einem anderen Punkt: Die Ausführungen von Sektionschef Loebenstein haben mich mit etwas gemischten Gefühlen zurückgelassen. Einerseits halte ich es für eine großartige Tat, jemanden, der offenbar der Todesstrafe ausgesetzt gewesen wäre, dieser Todesstrafe zu entziehen. Andererseits kann ich mich des Eindrucks nicht erwehren, daß für Herrn Dr. Loebenstein das Recht war, was den Russen schadete. Entspricht es tatsächlich dem Rechtsgefühl des Sektionschefs, daß ein Mörder ohne jede Strafe auskommt? Würde dies beispielsweise auch für den Mörder eines Amerikaners gelten? Ich habe den Eindruck gehabt, daß da zweierlei Rechtsmaßstäbe in den Ausführungen enthalten waren. Wenn dem nicht so ist, dann entschuldigen Sie bitte diese Feststellung.

Ein weiterer Punkt, der mir ganz wichtig zu sein scheint, ist die Juristenausbildung, die von Dr. Wrabetz angeschnitten wurde. Ja, Zeitgeschichte für Juristen an den Universitäten brauchen wir ganz, ganz dringend. Ich fürchte aber, daß das mit den Rechtshistorikern, die wir – zumindest an der Wiener Universität – haben, nicht möglich sein wird. Ich würde daher vorschlagen, reine Historiker mit dieser Aufgabe zu betrauen, nicht Personen, die überwiegend Juristen sind. Nicht Geschichte der Rechtsdogmatik benötigen wir, nein, normale Zeitgeschichte. Ich würde es für ausgezeichnet halten, wenn eine eigene Lehrkanzel für beispielsweise Zeitrechtsgeschichte in Wien eingerichtet würde. Wenn diese Kanzel mit den richtigen Leuten besetzt wäre, würde dies eine dramatische Verbesserung des politischen Horizontes der Juristen bewirken können. Ich schließe mit einem letzten Punkt, von dem ich glaube, daß er – allerdings am Rande – zu den Themen des Symposions gehört, mit der Todesstrafe.

Ich bin fest davon überzeugt, daß es für Österreich kein historisches Thema ist. Ich fürchte, daß in ein oder zwei Jahren eine ganz heftige Kampagne der NDP geführt werden wird, in der all diese Elemente, über die wir uns heute aus historischer Sicht unterhalten, wieder aufleben werden. Ich glaube, man sollte sich schon heute den Kopf darüber zerbrechen, wie alle drei im Nationalrat vertretenen Parteien, trotz (und wegen) der ganzen Tiefe der Emotionen und der Werthaltungen, die mit dieser Forderung zur Wiedereinführung der Todesstrafe geweckt werden, geeint und entschieden und wohlbegründet nein sagen könnten zu derartigen Plänen für eine Wiedereinführung der Todesstrafe. Die Prämisse, daß diese unmenschliche und erniedrigende Strafe nicht wieder eingeführt werden darf, müßte – anders als bei der Diskussion der Kernkraft – die Handlungen der politischen Parteien beherrschen. Sollten auch hier wieder kurzfristige wahlstrategische Erwägungen die politische Entscheidung dominieren, so sehe ich schwarz für die Beibehaltung des verfassungsrechtlichen Verbotes der Todesstrafe in Österreich.

Spehar: Ich darf mir erlauben, einige Diskussionsbeiträge in zwei Punkten zu ergänzen.

Zum ersten: Ich weiß nicht, ob es bekannt ist, daß während der nationalsozialistischen Zeit einige in Österreich tätige Richter Personen, die der nationalsozialistischen Verfolgung ausgesetzt und in politische Prozesse eingebunden waren, vor Durchführung der Vernehmungen bzw. Verhandlungen Akteninhalte bekanntgegeben bzw. zugespielt haben, um diese Personen in die Lage zu versetzen, sich gegen die von den nationalsozialistischen Behörden wider sie erhobenen Anschuldigungen wirksam zu verteidigen. Auf diese Weise wurden Strafprozesse „manipuliert", die, wenn sie im Sinne der von den nationalsozialistischen Behörden erhobenen Anklagen durchgeführt worden wären, zum Tode oder zu einer sonstigen schweren Bestrafung der Betroffenen geführt hätten. Den Personengruppen, welche hiervon betroffen waren, gehörten zum Beispiel unter die Nürnberger Rassengesetze fallende Personen an. Im übrigen waren darunter auch Zigeuner und vor allem Ostarbeiter. Der

Ort der Konfrontation zwischen den erwähnten Richtern und den Beschuldigten war das Hotel Weinstock in der Weintraubengasse im 2. Wiener Gemeindebezirk. Ich glaube, es ist inzwischen schon der Spitzhacke zum Opfer gefallen, hätte aber aus diesen und anderen Gründen eine Gedenktafel verdient. Diese Vorgänge waren auch, insbesondere im Hinblick auf die Ostarbeiter, der damals noch etwas von Österreich entfernt stehenden Roten Armee bekannt. Und daher ist es auch verständlich, daß nach 1945 einige Richter, die von einer Kommission wieder zum Dienst zugelassen wurden, über die gestern Herr Sektionschef Dr. Loebenstein eingehend referiert hat, von der sowjetischen Besatzungsmacht nicht verfolgt worden sind, obwohl man wegen ihrer beruflichen Stellung in der nationalsozialistischen Zeit eine solche Verfolgung hätte annehmen können.

Und nun zum zweiten: Es wurde vielfach, und zwar zuletzt vom Kollegen Lansky und dann auch von Herrn Rechtsanwalt Dr. Wrabetz, die Forderung nach mehr Konfrontation, insbesondere der Jugend, mit der Zeitgeschichte erhoben. Die Justizverwaltung ist bestrebt, diese Forderung für ihre Jugend, nämlich für den richterlichen Nachwuchs, zu verwirklichen. Wir haben schon mit dieser Konfrontation begonnen und werden sie mit Unterstützung des Herrn Bundesministers für Justiz auch weiter ausbauen. So werden die Richteramtsanwärter des Oberlandesgerichtssprengels Wien mit den Ereignissen der nationalsozialistischen Zeit konfrontiert, insbesondere im Wege von Führungen durch das Dokumentationsarchiv des österreichischen Widerstandes. Für die Zukunft sind einschlägige Seminare und Diskussionen geplant.

Broda: Mit Ihrer Erlaubnis möchte ich nur ein paar Bemerkungen, aber kein Schlußwort an Sie richten; im Anschluß an meine gestrige Wortmeldung nur einige Hinweise darauf machen, wie ich die Dinge sehe.

Ich glaube, daß von Praktikern und Wissenschaftlern wiederholt darauf hingewiesen worden ist, daß ein Problem, nämlich die besondere Hinneigung der Führung der Justiz und sehr vieler Justizangehöriger in der Ersten Republik zum großdeutschen Lager, um bei der Lagereinteilung zu bleiben, eine sehr wesentliche Rolle gespielt hat. Hinzu kam, daß es in der Zeit, als Österreich in drei Lager geteilt war, die Justiz ausschließlich, wie ich es sehe – ich war damals nicht Justizangehöriger –, ein Zwei-Parteien-Lager gewesen ist, denn das dritte und gewiß nicht kleine Lager der Ersten Republik, nämlich die Sozialdemokratie, war damals, was interessant zu untersuchen wäre, in der Justiz im engeren Sinn praktisch überhaupt nicht vertreten. Ich möchte auch auf eine sehr interessante Rede von Otto Bauer aus dem Jahr 1923 aufmerksam machen. Otto Bauer hat sich Zeit genommen, Teile einer Parlamentsrede dem Umstand zu widmen, daß der Gerichtsvorsteher des Bezirksgerichtes Judenburg, ein Sozialdemokrat und sozialdemokratischer Gemeinderat, sich als einer von wenigen am 1.-Mai-Aufmarsch beteiligt hat.[1] Und das – man bedenke – in Judenburg, in einem Gebiet also, das schon damals wie heute eine sehr große Mehrheit von Sozialdemokraten aufweist. Es ist deshalb zu einer Disziplinaruntersuchung gegen ihn gekommen, und er ist in den wenigen Jahren, in denen es in Österreich relativ friedlich war, unmittelbarer politischer Verfolgung ausgesetzt gewesen. Das schien Otto Bauer so symptomatisch, daß er diesem Mann einen Teil seiner ersten Rede in der neuen Legislaturperiode gewidmet hat.

Es ist das eine oder das andere Mal die Bemerkung gefallen, daß auch diese Hinneigung, die Willfährigkeit von Richtern im Nationalsozialismus, eine besondere österreichische Erscheinung war. Dies ist in keiner Weise wahr! Ich möchte Sie auf einen großartigen, bewegenden Vortrag des gegenwärtigen Präsidenten des Deutschen Bundesgerichtshofs, Professor Pfeiffer, aufmerksam machen, den er vor einem Jahr aus Anlaß des 100jährigen Jubiläums der Einrichtung des Reichsgerichtes gehalten hat.[2] Ich bin mit sehr gemischten Gefühlen mit dem Kollegen Dr. Neider in die BRD gefahren, weil ich mir dachte: Was wird uns hier präsentiert werden? Das ist eigentlich kein Anlaß zum Feiern, 100 Jahre Reichsgericht, mit dieser ganzen geschichtlichen Bürde. Der zur Zeit höchste deutsche Richter hat sich dieser Aufgabe in einer auch für Österreich bewundernswerten und vorbildlichen Weise entledigt, indem er schonungs-

---

[1] Die Rede von Otto Bauer, in der er u. a. den Fall des Richters Dr. Folleritsch aus Judenburg behandelt, gehalten am 21. November 1923 in der Verhandlung über die Regierungserklärung des Bundeskanzlers Seipel, wurde zuletzt abgedruckt in: *Zum Wort gemeldet: Otto Bauer,* hrsg. von Heinz Fischer, Wien 1968, S. 141 f.
[2] Gerd Pfeiffer, *Das Reichsgericht und seine Rechtsprechung,* in: Deutsche Richterzeitung 11, November 1979, S. 325 ff.

los und emotionslos dargelegt hat, daß während der ganzen Zeit der Weimarer Republik die Rechtsprechung, die Richter des Reichsgerichtes, auf einem Auge, nämlich auf dem rechten, blind gewesen sind und ihre Rechtsprechung vor allem gegen links gerichtet haben. Am erschütterndsten war der Teil seiner Ausführungen, in dem er dargelegt hat, wie rasch sich die Mitglieder des Reichsgerichts mit ganz wenigen Ausnahmen gleichgeschaltet haben, wie es damals offiziell geheißen hat, und willfährige, ausführende Organe des NS-Unrechtsstaates geworden sind. Ich möchte dies deshalb sagen, damit hier nicht der Eindruck entsteht, daß das in der Weimarer Republik und dann im Dritten Reich anders gewesen sei. Ich möchte Frau Senatsrat Schilder, mit der ich im übrigen übereinstimme, noch auf einen Punkt hinweisen. Es ist – ich habe das in meinem schon erwähnten Vortrag aus dem Jahre 1974 belegt – eine sehr große Anzahl von österreichischen Richtern und Staatsanwälten sofort, 1938, außer Dienst gestellt und bis 1945 nicht wieder eingestellt worden. Bei jenen hat sich eben die Frage der Willfährigkeit, Nachgiebigkeit überhaupt nicht gestellt. Sie waren von vornherein untragbar, und sie haben auch den Kern jener Schar von Richtern und Staatsanwälten gebildet, die nach 1945 die Justiz wiederaufgebaut haben. Nun zu dem Einwand, daß man eine Zeit aus der Zeit heraus verstehen muß: Ganz gewiß ist das ein notwendiger Gesichtspunkt, aber er darf, meine ich, nicht dazu verleiten, daß man hier einer Art von Postdeterminismus nachgibt, denn es ist nie gut, von der Gesetzmäßigkeit in der Geschichte zu sprechen, und noch schlechter ist, nachher zu meinen, es mußte so kommen, wie es gekommen ist. Das Verständnis aus der Zeit heraus ist sicher ein Aspekt, aber ich glaube nicht, daß er zum Verständnis für die Zeit führen darf. Damit nehme ich nichts zurück, was ich gestern gesagt habe, aber ich glaube, man sollte das auch unter diesem Aspekt sehen. Eine letzte Bemerkung noch, zu einem Thema, das ein anderes Mal, in einem anderen Zusammenhang diskutiert werden könnte. Wenn die berechtigte Bemerkung in die Diskussion geworfen worden ist, daß die Zahl an Nationalsozialisten unter Richtern und Staatsanwälten zweifellos über dem Anteil an Nationalsozialisten in anderen großen Gruppen der Bevölkerung lag, so möchte ich die Frage aufwerfen, ob nicht der Anteil an Nationalsozialisten unter den österreichischen Historikern ebenfalls wesentlich über dem durchschnittlichen Anteil gelegen ist. Auch dies war eine großdeutsche Tradition, die eine sehr große Rolle gespielt hat.

Nun zur Todesstrafe: Was ich so außerordentlich interessant an den Beiträgen, Referaten und Unterlagen besonders des Herrn Dr. Haas, aber auch des Dozenten Konrad gefunden habe, ist, daß das heutige Verständnis eben ein ganz anderes ist. Wie plastisch wird das Problem der Todesstrafe mit dem 3. April 1919, das heißt mit dem Inkrafttreten des Verfassungsgesetzes über die Abschaffung der Todesstrafe im ordentlichen Verfahren, da man offenbar das Problem der Standgerichtsbarkeit und die Gefährlichkeit des Umstandes, daß man hier keine Änderung vorgenommen hatte, überhaupt nicht erkannt hatte. Es wäre interessant, zu untersuchen, ob es nicht ebenso möglich gewesen wäre, damals, nach dem Krieg, die Zustimmung der Nationalversammlung zur gänzlichen Abschaffung der Todesstrafe zu finden. Wie es in der Folge, insbesondere nach 1945, volle fünf Jahre gedauert hat, ehe die Todesstrafe so sehr in das gesellschaftliche Bewußtsein eingedrungen ist, daß man sich wieder zu ihrer Abschaffung entschlossen hatte, das ist aus allen Beiträgen hervorgegangen. Als Ausdruck der gründlich veränderten Bewußtseinshaltung in den Jahren 1967/1968 ist die Tatsache zu werten, daß wir damals einstimmig, durch die Zustimmung der gesamten Volksvertretung, die letzte Erinnerung an die Möglichkeit der Verhängung der Todesstrafe aus der Verfassungs- und Rechtsordnung tilgen konnten. Sicherlich ist es gut, daß wir jetzt, das sollte auch am Nationalfeiertag nochmals betont werden, über unsere Grenzen hinausblicken und dort mitwirken, wo wir zur europaweiten und – langfristig gesehen – weltweiten Zurückdrängung und Abschaffung der Todesstrafe einen Beitrag leisten können. In diesem Zusammenhang nur noch ein Wort. Wir bemühen uns in der internationalen Diskussion über die Todesstrafe auf einen Umstand hinzuweisen: Daß, wenn man es ernst meint, wenn man wirklich mit moralischem Nachdruck der heutigen Erscheinungsform des Terrorismus entgegentreten will, das nur von einer entgegengesetzten Position aus möglich ist.

Diese entgegengesetzte Position ist eben die, daß auch der Staat unter gar keinen Umständen menschliches Leben vernichten darf und vernichten soll. Und darin sehe ich die große erzieherische Bedeutung der Diskussion um die Todesstrafe, so sehr sie für Österreich auch geschichtliche Bedeutung haben mag. Ich bin optimistischer, als hier gesagt wurde. Aber jedenfalls liegt darin, gerade für die Zeitgeschichte, die große Verpflichtung, über die Grenzen Österreichs, mit den bescheidenen Möglichkeiten, die wir haben, hinauszuwirken.

Jagschitz: Ich möchte zuerst nur ganz kurz in den Revieren des Kollegen Haas wildern und auf ein Wort von Herrn Generalanwalt Dr. Marschall eingehen. Sie haben gesagt, es ist in dieser Zeit für Richter eben schwer gewesen, wenn sie vor der Notwendigkeit gestanden sind, Todesurteile verhängen zu müssen. Aber es gibt einen Fall – ich kann jetzt nur leider nicht mehr genau sagen, in welchem Jahr, ich glaube 1947 oder 1948 –, in dem sich ein Justizfunktionär geweigert hat, an einer Exekution teilzunehmen – mit der Begründung, er sei Gegner der Todesstrafe. Ihn hat die volle Strenge der Disziplinierungsgewalt der Justizverwaltung getroffen. Also man kann sehr wohl sagen, daß auch das demokratische System durchaus in dieser Tradition gestanden ist. Ich möchte zu Dr. Wrabetz nur kurz sagen: Vielleicht habe ich ihn mißverstanden, aber ich habe den Eindruck gewonnen bei dem Wort, ,,es sei ungeheuer schwierig für Historiker, sich in Rechtsfragen überhaupt zurechtzufinden", daß man uns ein bißchen abgesprochen hat, kompetent über die Dinge zu reden. Es kann vielleicht stimmen, daß wir uns auf dem Gebiet des formalen Normenwesens schwer tun und im Gestrüpp gelegentlich hängenbleiben. Die Justiz ist jedoch nicht losgelöst vom politischen Bereich zu sehen. Und da tun wir uns ganz sicher nicht schwer und sind auch kompetent für die Frage im politischen Bereich. Ich glaube ebenso im Namen aller anderen Kollegen zu sprechen, daß wir das auch weiterhin tun wollen. Es ist immer wieder der Vorwurf gekommen, daß die jungen Historiker ja nicht dabei waren und den älteren Herrschaften, die das alles miterlebt haben, nicht nur nichts sagen können, sondern sich im Grund genommen von ihnen belehren lassen müßten. Ja, die Zeitgeschichte tut sich da ein bißchen leichter, weil die alten Römer schwer zu befragen sind, wir aber die Möglichkeit der Korrektur noch haben. Doch haben die Zeugen der Zeit eben wie alle anderen Quellen einen bestimmten Stellenwert, und es geht unser Appell daher an die Zeugen der Zeit, zur Kenntnis zu nehmen, daß sie lediglich einen Ausschnitt des gesamten Geschehens genau kennen. Es würde sich ein Richter sehr verwehren, wenn ein Zeuge befragt wird, was er denn nun so alles zu sagen hätte. Er wird ihn sehr genau zu einem konkreten Tatbestand befragen. Und zu diesen konkreten Tatbeständen befragen wir auch unsere Zeugen, die wir in dieser Kompetenzverteilung tatsächlich bei der Suche nach der historischen Wahrheit als Partner benötigen. Mir ist ein so nebenbei hingeworfenes Wort des Dr. Wrabetz ein bißchen tiefer gedrungen. Sie sagten, es wird da bald niemanden mehr geben, den man befragen könnte. Das ist nun ein altes Anliegen der Zeitgeschichte. Und vielleicht könnte man – es ist nur ein Vorschlag –, eingedenk der Erfahrungen und der goldenen Worte, die in den zwei Tagen hier gefallen sind, ein Projekt gemeinsam beginnen, das ein Oral-History-Programm zur Justiz seit 1945 oder davor beinhaltet, mit der Befragung der wichtigsten und entscheidendsten Personen, die etwas zu sagen haben. Denn ich glaube, daß nicht alle etwas niederschreiben und daß sehr viele Dinge unwiderruflich für die Geschichtswissenschaft und für die Erkenntnis verlorengehen.

Ein zweites hat Generalanwalt Dr. Marschall gestern kurz erwähnt, das ist die Frage der Gerichtsakten in den Bezirks-, Kreis- und Landesgerichten. Wir betreuen das Projekt seit 1966, bei dem das Institut für Zeitgeschichte neben dem jeweiligen Landesarchiv in die Skartierung eingeschaltet wurde. Und wir alle haben entsprechend große Erfahrung im Institut, da wir mehrere Millionen Akten durchgesehen haben. Mich hat jedoch immer wieder bedrückt, daß wir zwar die zeitgeschichtlich und politisch bedeutsamen Fälle herausgenommen haben, aber die ungeheure Dimension der Sozialgeschichte, also beispielsweise der Kleinstruktur eines Ortes, weggeworfen haben und noch immer wegwerfen. Vielleicht ist es jetzt noch dramatischer, da die interessantesten Jahre bald auf Grund der Skartierungsordnung endgültig weg sein werden. Vielleicht ist es aber möglich, noch zu retten, was zu retten ist, und zwar den gesamten Bereich der Strafakten. Man kann ja heute im Zeitalter des Mikrofilms die Sachen auch billiger und platzsparender aufbewahren. Man könnte auch versuchen, bis in die kleinen Gerichte hinein Akten wegen ihrer Sozialrelevanz länger aufzubewahren – vielleicht in einem Zwischenarchiv – und erst dann die Mikroverfilmung und die Skartierung vorzunehmen, um bedeutendes Quellenmaterial für die zukünftige Forschung zu sichern. Präsident Jesionek hat mir aus dem Herzen gesprochen. Denn gerade bei meinem speziellen Thema werden Sie mit Rechtspositivismus nicht sehr weit kommen. Ich glaube, daß das unser Anliegen ist und das Anliegen dieses Gesprächs überhaupt zu erkennen, daß es sich um Menschen gehandelt hat und diese Menschen in ih-

Standgericht gegen Peter Strauss, angeklagt wegen Brandstiftung, am 10. Jänner 1934 in Graz. Der Angeklagte wurde zum Tode verurteilt, und zum ersten Mal in der Geschichte der Republik Österreich wurde das Todesurteil vollstreckt

rem Handeln in einem System gestanden sind. Aus diesem Spannungsfeld zwischen Menschen und ihrer individuellen Handlungsfähigkeit und dem System beziehen wir unsere Erklärungen und Erläuterungen. Wenn wir uns auf das einigen können, dann, glaube ich, wird es noch sehr viele Symposien mit fruchtbringenden Ergebnissen geben.

Haas: Ich darf zunächst zu der von Herrn Minister Broda aufgeworfenen Frage nach der Standgerichtsbarkeit 1919 bemerken, daß im Bericht des Justizausschusses vom 1. April 1919 die Hoffnung ausgesprochen wurde, alsbald zu einer Reform des standrechtlichen Verfahrens zu kommen, um, wie es wörtlich hieß, „dieses Anwendungsgebiet der Todesstrafe den Geboten der demokratischen Republik entsprechend" einzuschränken.[1]

Erlauben Sie mir auch eine Bemerkung zu der von Herrn Präsidenten Lachmayer angeschnittenen Frage des ersten Todesurteils im Standgerichtsverfahren Peter Strauss und auch zur Frage nach der Haltung des Staatsanwaltes Kadečka in diesem Verfahren. Bei allem Respekt vor Ihnen, Herr Präsident, als Zeugen der Zeit, muß doch gesagt werden, daß Hofrat Kadečka als öffentlicher Ankläger im Gegensatz zum Senat des Standgerichtes einen harten Standpunkt vertrat und eine Begnadigung nicht befürwortete. Ich darf dazu aus einem Akt der Justizverwaltung, der im Band *Vom Justizpalast zum Heldenplatz* von der Wissenschaftlichen Kommission der Kunschak-Körner-Stiftung publiziert worden ist, zitieren: „Eindruck der Person des Täters auf den Staatsanwalt: arg verwahrlost, geistig zurückgeblieben, doch keineswegs ein besonderer Defekt vorhanden, klug verantwortet. Vagabund, der nie im Leben etwas Gutes gehabt hat. Hofrat Kadečka befürwortet eine Begnadigung nicht: a) wegen der sozialen

---

[1] Bericht des Justizausschusses, 1. April 1919, 113 d. Beilagen. Konstituierende Nationalversammlung.

Schädlichkeit der Brandlegungen und deren Überhandnehmen, b) weil der Schaden (ca. 2500 S) [...] absolut nicht groß, doch für den Abgebrannten erheblich ist, c) weil der letzte Standrechtsfall infolge eingetretener Begnadigung nicht abschreckend gewirkt hat und ein Exempel statuiert werden soll."[1]

Zur Wortmeldung von Herrn Ministerialrat Kunst, die unmittelbar mein Referat betrifft, muß ich sagen, daß diese nicht auf die darin enthaltenen Thesen eingeht, sondern lediglich die von der „Justiz" 1945/46 vorgebrachten Argumente wiederholt. So sind Sie etwa nicht auf die Frage eingegangen, ob das auf Grund des „Ermächtigungsgesetzes" vom 30. April 1930 erlassene Strafrechtsänderungsgesetz 1945 zu Recht bestanden hat oder nicht. Dies ist eine zentrale Frage, und meine diesbezügliche These hätte ich gerne in diesem Kreis diskutiert. In der Antwort von Ministerialrat Kunst hat mir beispielsweise auch die Überlegung gefehlt, warum etwa, wenn die Einführung der Todesstrafe keine verfassungsrechtliche Problematik schuf, das Verfassungsübergangsgesetz vom Dezember 1945 die Todesstrafdrohung im ordentlichen Verfahren verfassungsmäßig regeln wollte.

Gestatten Sie mir noch eine kurze Bemerkung zu dem des öfteren gemachten Vorwurf, wir verstünden die Zeit nicht aus der Zeit heraus. Es ist hier nicht die Zeit, auf erkenntnistheoretische Probleme einzugehen – ich glaube, Kollege Hanisch hat hier sehr treffend geantwortet. Wenn Ministerialrat Kunst gemeint hat, „hinterher weiß man's eben besser", so darf ich für meinen Teil doch auf die zitierten Arbeiten von Werner und Gürtler, die Erklärungen von Parlament und Regierung und nicht zuletzt auf die Akten der Justizverwaltung verweisen.

Verzeichnis der Referenten und Diskussionsteilnehmer

Christian BRODA, Dr. jur., Bundesminister für Justiz, Wien.
Karl HAAS, Dr. phil., Oberassistent am Institut für Zeitgeschichte der Universität Wien.
Ernst HANISCH, Dr. phil., ao. Univ.-Prof. am Institut für Geschichte der Universität Salzburg, Neuere österreichische Geschichte.
Rudolf HARTMANN, Leiter der Generalprokuratur beim Obersten Gerichtshof.
Gerhard JAGSCHITZ, Dr. phil., Univ.-Doz. am Institut für Zeitgeschichte der Universität Wien.
Udo JESIONEK, Dr. jur., Präsident der Vereinigung der österreichischen Richter, LGfSt. Wien.
Günther KUNST, Dr. jur., Ministerialrat im Bundesministerium für Justiz, Wien.
Otto LACHMAYER, Dr. jur., Oberlandesgerichtspräsident in Ruhe; 1945–1955 in der Sowjetunion inhaftiert.
Konrad LANDAU, Dr. jur., Rechtsanwalt in Wien.
Gabriel LANSKY, Dr. jur., Rechtsanwaltsanwärter, Wien.
Fritz LEON, Dr. jur., Vizepräsident der Rechtsanwaltskammer.
Herbert LOEBENSTEIN, Dr. jur., Sektionschef i. R.; seit November 1945 in leitender Position in der Abteilung 4 (Strafsachen einschließlich Gnadensachen) des Staatsamtes bzw. Bundesministeriums für Justiz tätig, Wien.
Karl MARSCHALL, Dr. jur., Generalanwalt im Bundesministerium für Justiz, Wien.
Michael NEIDER, Dr. jur., Leiter der Abteilung V/1 im Bundesministerium für Justiz, Wien.
Franz PALLIN, Dr. jur., Präsident des Obersten Gerichtshofes i. R.
Elisabeth SCHILDER, Dr. jur., Senatsrat i. R., Obmann des Vereins für Bewährungshilfe und soziale Arbeit, Wien.
Herbert SPEHAR, Dr. jur., Ministerialrat im Bundesministerium für Justiz, Wien.
Karl R. STADLER, Dr. phil., o. Universitätsprofessor und Vorstand des Instituts für Neuere Geschichte und Zeitgeschichte der Johannes-Kepler-Universität Linz.
Peter WRABETZ, Dr. jur., Rechtsanwalt in Wien.

---

[1] *Vom Justizpalast zum Heldenplatz,* hrsg. von Ludwig Jedlicka und Rudolf Neck, Wien 1975, S. 379 f.

SCHLUSSWORT

Karl R. Stadler

Ich werde mich aus verständlichen Gründen kurz fassen. Frau Bundesminister Dr. Firnberg hat in ihrer Eröffnungsrede auf die Großzügigkeit des Bundesministeriums für Justiz hingewiesen. Eine Großzügigkeit, die uns in den letzten Jahren einen sehr wichtigen Zugang zum Rohmaterial der Geschichtsschreibung beschert hat. Der Herr Bundesminister für Justiz hat auf die Vorgeschichte hingewiesen. Aber in seiner Bescheidenheit hat er nicht erwähnt, daß in Wirklichkeit diese Verknüpfung von Justiz und zeitgeschichtlicher Forschung nicht erst mit diesen Symposien, sondern schon ein, zwei Jahrzehnte vorher, mit dem Zugänglichmachen von Justizakten aller Art, für die geschichtliche Forschung begonnen hat. Das verdanken wir ihm, und wir glauben zu wissen, daß die Resultate, auch wenn sie nicht immer allen genehm waren, den Einsatz gelohnt haben.

Ich brauche nicht zu resümieren, was bei diesem Symposion zutage gekommen ist. Wir stehen noch alle sowohl unter dem Eindruck der Referate wie der Diskussion. Eines aber muß ich unseren Kollegen von der Justiz gegenüber betonen: Wir auf der Historikerseite haben nicht nur eine wissenschaftliche Verpflichtung, wir haben als akademische Lehrer auch eine pädagogische Verpflichtung und damit auch eine staatspolitische. Die Ausbildung der jungen Generation ist in unseren Händen. Dabei ist es für uns von ganz großem Wert, daß wir bei dieser Tagung Augenzeugen hören konnten, wie die Herren Sektionschef Herbert Loebenstein, Präsident Edwin Loebenstein, Präsident Pallin, Präsident Lachmayer oder Betroffene, Opfer des Systems, wie Hermann Langbein, Professor Rabofsky oder den Herrn Bundesminister selbst. Das ist deshalb so wichtig, weil wir diese Dinge meist nur aus der Literatur kennen.

Die jungen Leute kommen zu uns und fragen, wieso konnten derartig viele Menschen mittun, warum hat man nicht rechtzeitig dies und jenes getan. Ich muß gestehen, die Antworten, die uns die Vertreter der Justiz gegeben haben, sind viel einleuchtender als die bloße Berufung auf die Traditionen der Rechtsstaatlichkeit, der Gesetzmäßigkeit. Denn daneben gibt es natürlich auch, Herr Dr. Jesionek, die Autoritätshörigkeit; und das wird, zusammen mit anderen Aspekten, von unseren kritischen Hörern immer wieder hervorgehoben. Unser pädagogischer Auftrag schließt ein, daß wir auch unangenehme Tatsachen unserer Geschichte zur Sprache bringen, immer eingedenk des Umstandes, daß keiner von uns weiß, wie er sich in einer ähnlichen

Notlage verhalten würde. Es ist zwar oft durchgeklungen, daß wir nicht mit den Maßstäben einer anderen Zeit urteilen dürfen, aber wenn man uns die Frage stellt, ob der Geist, aus dem dies alles entstanden ist, wirklich tot ist oder ob sich ökonomische und soziale Situationen wiederholen können, die zu ähnlichen Zuständen führen, dann sieht die Bewältigung unserer Vergangenheit schon etwas anders aus. In den Stolz auf das, was wir in der Zweiten Republik Österreich erreicht haben, mischt sich die ernste Mahnung, kein falsches Gefühl der Sicherheit aufkommen zu lassen, sondern ernste Warnungen offen auszusprechen.

Sie sehen, mit welchen Schwierigkeiten wir, die wir mit einer kritischen akademischen Jugend zeitgeschichtliche Probleme diskutieren, die unsere Forschungsausrichtung weitgehend bestimmen, zu kämpfen haben. Mit dem Wort von den „voreiligen Urteilen der Historiker" wollte Dr. Wrabetz wohl andeuten, daß wir mit vorgefaßten Meinungen an gewisse Dinge herantreten. Daran ist sicher etwas Richtiges. Ich bin als Christ erzogen worden, ich bin Sozialist geworden und geblieben und habe damit schon gewisse ethische und moralische Vorstellungen mitgebracht. Wenn das eine vorgefaßte Meinung ist, dann bekenne ich mich dazu. In Wirklichkeit geht es doch darum, daß wir aus der Erfahrung dieser Zeit heraus für die junge Generation, wie Professor Hanisch schon sagte, auch positive Vorbilder sein müssen. Wir können uns nicht auf die Schwächen der Generation berufen, der ich angehöre, auf unser Unvermögen, den Anfängen zu wehren: damit den Jungen zu kommen, das genügt nicht, das hilft ihnen nicht. Wir können, im Gegenteil, positive Beispiele des moralischen, politischen und militärischen Widerstandes aufzeigen.

Natürlich waren auch Richter nur kleine Rädchen in dem großen Unrechtssystem, aber es kam ihnen doch eine wichtige Rolle zu, wie den Volks- oder Hochschullehrern. In gewissen Berufsgruppen unserer Gesellschaft sind bestimmte bleibende Charakteristika zu erkennen, auch heute noch in der Zweiten Republik. Ich habe das gestern auf meiner Fakultät in Linz erlebt, wo es wegen einer unpopulären Meinung eines jungen Wissenschaftlers geradezu zu der Forderung nach einem Berufsverbot gekommen ist. Es gilt also, den Anfängen zu wehren, indem man Lehren aus der Vergangenheit zieht.

Wenn wir jetzt auseinandergehen, dann sprechen die anwesenden Historiker die Bitte um Fortsetzung dieser kollegialen Zusammenarbeit, um Bereitstellung von Akten auch weiterhin, um die Fortsetzung jener Gesprächsbereitschaft, die wir bisher gefunden haben, aus, in der Hoffnung, daß wir uns in weiteren solchen Symposien treffen werden. Die Juristen haben unsere Fragen gehört, wir haben unsererseits eine ganze Reihe wichtiger Lehren und Erfahrungen von ihnen mitzunehmen. Das war schon in den bisherigen Symposien der Fall, und so soll es weitergehen. Abschließend wollen wir den beiden Ressortchefs danken, dem Herrn Bundesminister in diesem Hause und Frau Bundesminister Dr. Firnberg, den Referenten und Diskutanten, Frau Professor Weinzierl, die den Löwenanteil der Arbeit zu leisten hatte, und letzten Endes auch Ihnen, meine Damen und Herren, für Ihre fruchtbare Mitarbeit und tolerante Teilnahme.

Personenregister

Die Seitenangaben beziehen sich nur auf den Text- und nicht auf den Anmerkungsteil. Die fett gedruckten Zahlen beziehen sich auf die persönlichen Stellungnahmen des jeweiligen Referenten bzw. Diskussionsteilnehmers sowie auf die schriftlichen, als Materialien publizierten Unterlagen.

Adamovich, Ludwig sen. 92
Alexander, Harold 116
Altmann, Karl 14, 29, 31 ff., 34
Altmann, Kurt 157
Amschl, Hans 29, 33, 38
Antoni, Johann 15, 38
Antosch, Paul 157
Arnold, Egon 151

Bardolff, Carl 164
Barry, Norbert 38
Barta, Gottfrieda 75
Bauer, Otto 173
Berger-Waldenegg, Egon 53
Biedermann, Karl 88
Blagodatow, Alexej V. 130
Bock, Fritz 77
Bölz, Justizwachebeamter 11
Boulé, Abbé 107
Breitwieser, Johann 49
Broda, Christian 8 f., **10–12**, 46, **108–110**, 112, **173–175**, 176, 180 f.
Brown, Alfred 128
Brügel, Johann Wolfgang 76
Bürckel, Josef 33
Buresch, Karl 168

Chamrath, Gustav Camillo 72 ff., 75
Chotek, Sophie, siehe Hohenberg, Sophie
Clark, Mark W. 19

Deutsch, Eberhard 19 f.
Dienstleder, Alois 31 f.
Diesenreiter, Johann 54
Dinghofer, Franz 160
Ditscheiner, Karl 54
Dollfuß, Engelbert 48 ff., 51 f., 98, 158, 168
Dreher, Eduard 108

Emhart, Marie 54
Ender, Otto 168
Engel, Maximilian 15, 17
Ermacora, Felix 82
Erne, Franz Josef 39

Fey, Emil 50 f., 54, 168
Figl, Leopold 14, 28, 44
Firnberg, Hertha **8 f.,** 12, 180 f.
Fischer, Ernst 75
Franckenstein, Georg 51
Franz Ferdinand, Erzherzog 163
Franz Joseph I. 164
Freisler, Roland 99
Friedländer, Adolf Albrecht 74
Fučik, Julius 9
Fundulus, Wilhelm 38
Führer, Erich 53

Gamper, Hans 30, 32 ff., 35
Garhofer, Hermann 39
Gassner, Herbert **104–107,** 108, 112
Gerl, Josef 52
Gerö, Josef 14 ff., 17 ff., 20, 25, 29 f., 32 ff., 35, 37 f., 40 ff., 43 f., 69 ff., 92, 95, 97, 101, 104, 109, 117, 127 ff., 130, 154, 157
Gewürz, Carl 70 f.
Glaise-Horstenau, Edmund 164
Glas, Franz 168
Gleißner, Heinrich 168
Grimburg, W. 89
Gruber, Franz 125
Gruber, Karl 37, 60, 94
Grünewald, Ernst 39, 94 f., 101
Gürtler, Hans 70 f., 177
Gürtner, Franz 159

Haas, Karl 12, **132–138**, 158, 161, 165, 174 f., **176 f.**
Habermas, Jürgen 171
Habsburg, Otto 165
Hanisch, Ernst 80, **169 f.,** 177, 181
Hartmann, Rudolf **169**
Haushofer, Albrecht 89
Häuslmayer, Ferdinand 76
Hawlicek, Hilde 11
Haydn, Joseph 105
Heckenast, Franz 53
Hefel, Ernst 34
Hegel, Georg Wilhelm Friedrich 72
Heiterer-Schaller, Paul 29, 34, 93
Helmer, Oskar 154 f.
Hennis, Wilhelm 93
Hindenburg, Paul von 103
Hitler, Adolf 82, 86, 98, 102, 159
Hofer, Franz 121
Hofmann, Gustav 33
Hofstadler, H. 68

Hohenberg, Sophie von 163
Holaubek, Josef 154
Holtmann, Everhard 46, 54
Holzweber, Friedrich 163 f.
Honner, Franz 29
Hoyer, Viktor 15, 38
Hurst, Oberst der britischen Legal Division 43
Huth, Alfred 88

Jagschitz, Gerhard 12, 46, 96, 102, **114–131**, 154, 156, 165, **175 f.**
Jakl, Rudolf 108
Jedlicka, Ludwig 48
Jesionek, Udo **166 f.**, 168, 175, 180
Jodl, Alfred 89
Joseph II. 77

Kadečka, Ferdinand 72
Kadečka, Ludwig 164, 176
Kafka, Gustav 147
Kaltenbrunner, Ernst 117
Kann, Robert A. 48
Kant, Immanuel 72
Kapfer, Hans 108, 110, 166, 168
Karwinsky, Karl 168
Katscher, Paul 125
Kelsen, Hans 171
Kerber, Robert 168
Kirchweger, Ernst 108
Klecatsky, Hans 92
Köck, Eduard 11
Kodré, Franz 11
Konrad, Helmut 12, **67–78,** 98 f., 108, 174
Körner, Theodor 29, 162
Kral, Karl 86
Kraus, Herbert 77
Krenner, Viktor 87
Kun, Béla 160
Kunst, Günther **161 f.,** 177
Kurz, Fritz 72

Lachmayer, Otto 156, **162–165,** 176, 180
Lahsky, Justizwachebeamter 11
Laich, Mario **93–95,** 97 ff., 101
Landau, Konrad **167 f.**
Lang, Hilde Verena 46
Lang, Johann 53
Lang, Justizwachebeamter 11
Langbein, Hermann **102 f.,** 109 f., 159, 180
Lange, Jörn 27
Lanner, Sixtus 11
Lansky, Gabriel **170–172,** 173
Leissing, Eugen 33
Leon, Fritz **103 f.,** 107, 110 f., 160, **165**
Leonhard, Otto 30, 38
Liberda, Andreas 125, 155
Liebscher, Viktor 94
Loebenstein, Edwin **92 f.,** 99, 180
Loebenstein, Herbert **100 f.,** 102, 104, 109 f., **140–151, 154–156,** 158, 168, 172, 180

Lorenz, Konrad 85
Lorenzoni, Franz 30, 32 f.

MacArthur, Douglas 158
Maier, Regierungsrat 29
Malaniuk, Wilhelm 157
Marek, Anton 125
Maria Theresia, 105
Mark, Karl 70
Marschall, Karl 68, **97–100,** 108, 110, **157–159,** 160, 165 f., 168 f., 175
Meissnitzer, Hans 33
Miklas, Wilhelm 49, 51, 53 f.
Moll, Josef 94
Möller, Herbert 94
Morosow, Aleksandr 42
Münichreiter, Karl 50

Nagl, Ferdinand 14, 95
Neck, Rudolf 49, 51
Neider, Michael **168 f.,** 173
Neugebauer, Wolfgang 12, **46–55,** 80, **95 f.,** 98, 100 f., 103 f., 107 ff. **110 f.,** 165
Neumayr, Anton 31
Neustädter-Stürmer, Odo 52, 168 f.
Newole, Karl 29, 32

Obrist, Allarich 94, 101
Osio, Alois 55
Oswald, Emil 32, 35
Ottilinger, Margarethe 125

Pallin, Franz **157,** 180
Papen, Franz von 117
Paunovic, Nadine 74
Peither, Josef 38
Pfeiffer, Gerd 173
Pilz, Leo 88
Pittermann, Bruno 77
Planetta, Otto 53, 163 f.
Pollak, Oscar 70
Posch, Karl 31
Poslusny, Franz 54
Praxmarer, Ludwig 39, 94
Proft, Gabriele 75 ff.

Raab, Julius 77
Rabofsky, Eduard 96, **107 f.,** 109 f., 109 f., 165, 180
Ranke, Leopold 170
Raschke, Rudolf 88
Rechfeld, Albert 94
Redermeier, Beamtin des Staatsamtes für Justiz 38
Reinisch, Franz D. 87
Reinthaller, Anton 117
Reisinger, Arthur 94
Reisl, Otto 54
Reitinger, Wenzel 38
Renner, Karl 14, 17, 19 f., 28, 36, 93, 115 ff., 165
Rieger, Hans 85
Rinderknecht, Herbert 70 f.

Rintelen, Anton 53
Röhm, Ernst 103, 159
Rothe, Otto 88

Sailer, Karl Hans 54
Saltzman, Charles E. 19
Scharf, Ernst 76
Schärf, Adolf 157
Scheel, Gustav Adolf 117
Scheff, Otto 76
Scheffenegger, Max 14 f., 31 ff.
Schemel, Adolf 30, 33 ff., 36
Schilder, Elisabeth **167**, 174
Schiller, Friedrich 162
Schimak, August 157
Schirach, Baldur von 117
Schläffer, Friedrich 104
Schmid, Anton 87
Schmid, Hans 15, 38
Schmid, Heinrich 40
Schmidt, Egon Arthur 86
Schmidt, Guido 44
Schmitz, Richard 133, 168
Schober, Johann 160
Schönburg-Hartenstein, Alois 168 f.
Schreiber, Martin 94
Schumann, Karl Ferdinand 15
Schuppich, Walter 160
Schuschnigg, Kurt 44, 46, 49 ff., 54 f., 132, 164, 168 f.
Schuster, Lord Claud 43
Schwab, Eduard 14, 25
Schwendenwein, Kurt 38
Seitz, Adolf 14 f., 38
Seyfried, Anton 86
Seyss-Inquart, Arthur 117
Simon, Joseph T. 96
Smith, britischer Legal Officer 43
Sobek, Franz 101
Solschenizyn, Alexander 109
Speer, Albert 103
Spehar, Herbert **102**, 111 f., **172 f.**
Speiser, Paul 30
Stadler, Karl R. 12, 48 f., **180 f.**
Steiner, Herbert **80–89**, 103
Steinhäusl, Otto 54
Stockinger, Fritz 48, 168
Strauss, Peter 49, 133
Strobele, Guido 15, 33, 38, 41
Stronski, Ludwig 39
Stuhlpfarrer, Karl 12, **56–66**, 102, 104, **111 f.**

Thierack, Georg 85
Tintara, Edgar 29, 38, 157
Tolbuchin, Fedor I. 19
Troll, Wolfgang 17
Tschadek, Otto 72, 75 f., 155 f.
Tucholsky, Kurt 170
Tuppy, Karl 163 f., 167
Tzöbl, Josef A. 74

Ullrich, Hermann 157

Veiter, Theodor 58, 106
Vogl, Otto 87

Wallisch, Koloman 51
Walter, Johann 86
Walter, Robert 99, 161, 171
Wandruszka, Adam 54
Weinzetl, Viktor 15
Weinzierl, Erika 10, 12, **14–45**, 92 ff., 95 ff., 98, **101 f.**, 156 f., 160, 162, 181
Weissel, Georg 51, 55
Werner, Leopold 29, 177
Widmann, Josef 15, 38
Willomitzer, Wilhelm 40
Winter, Ernst Karl 52
Wolff, Karl 166
Wrabetz, Peter **159–161**, 165, 172 f., 175, 181

Zigeuner, Gustav 38

Bildnachweis

Gerö (Dr. Gerö, Wien)
Länderkonferenz (Institut für Zeitgeschichte, Wien)
Abteilung für Rechtsfragen (Dr. Loewy, Wien)
Plakat Todesstrafe (Institut für Zeitgeschichte, Wien)
Prozeß Breitwieser (Institut für Zeitgeschichte, Wien)
Breitwieser (Institut für Zeitgeschichte, Wien)
Illustrierte Kronenzeitung (Dokumentationsarchiv des österreichischen Widerstandes, Wien)
Neue Freie Presse (Institut für Zeitgeschichte, Wien)
Strafanstalt Stein/Donau (Votava, Wien)
Todeszelle (Institut für Zeitgeschichte, Wien)
Volksgericht 1946 (Votava, Wien)
Volksgerichtshoffeier 1939 (Institut für Zeitgeschichte, Wien)
Sondergericht Wien 1944 (Institut für Zeitgeschichte, Wien)
Angeklagter vor dem Sondergericht (Institut für Zeitgeschichte, Wien)
Major Biedermann (Dokumentationsarchiv des österreichischen Widerstandes, Wien)
US-Legal Division (Dr. Simon, Wien)
Justizpalast 1953 (Institut für Zeitgeschichte, Wien)
US-Militärgerichtshof (Institut für Zeitgeschichte, Wien)
Übergabe einer Fahndungsliste (Institut für Zeitgeschichte, Wien)
Wiener Zeitung (Institut für Zeitgeschichte, Wien)
Erlaftal-Bote (Mulley, Scheibbs)
Strauss (Institut für Zeitgeschichte, Wien)